O PALACETE PAULISTANO
e outras formas urbanas de morar da elite cafeeira

O PALACETE PAULISTANO
e outras formas urbanas de morar da elite cafeeira

1867-1918

MARIA CECÍLIA NACLÉRIO HOMEM

Copyright © 1996, Livraria Martins Fontes Editora Ltda.
Copyright © 2010, Editora WMF Martins Fontes Ltda.

1ª edição *1996*
2ª edição *2010 (revista pela autora)*
2ª tiragem *2021*

Revisões
Lilian Jenkino
Silvana Cobucci Leite
Produção gráfica
Geraldo Alves
Paginação
Moacir Katsumi Matsusaki
Capa
Adriana Translatti

Dados Internacionais de Catalogação na Publicação (CIP)
(Câmara Brasileira do Livro, SP, Brasil)

Homem, Maria Cecília Naclério
  O palacete paulistano e outras formas urbanas de morar da elite cafeeira : 1867-1918 / Maria Cecília Naclério Homem. – 2.ª ed. – São Paulo : Editora WMF Martins Fontes, 2010.

  ISBN 978-85-7827-268-5

  1. Fazendeiros de café – São Paulo (SP) 2. Habitações – São Paulo (SP) 3. Mansões – São Paulo (SP) I. Título.

10-02506   CDD-728.80981611

Índices para catálogo sistemático:
1. São Paulo : Cidade : Fazendeiros de café : Palacetes : Arquitetura habitacional   728.80981611
2. São Paulo : Cidade : Palacetes : Fazendeiros de café : Arquitetura habitacional   728.80981611

Todos os direitos desta edição reservados à
Editora WMF Martins Fontes Ltda.
Rua Prof. Laerte Ramos de Carvalho, 133 01325-030 São Paulo SP Brasil
Tel. (11) 3293.8150 e-mail: info@wmfmartinsfontes.com.br
http://www.wmfmartinsfontes.com.br

O espaço, protagonista da Arquitetura

Todos os que, ainda que fugazmente, refletiram sobre este tema sabem que o caráter essencial da arquitetura – o que faz distingui-la das outras atividades artísticas – está no fato de agir com um vocabulário tridimensional que inclui o homem.

Bruno Zevi, Saber ver a arquitetura, *1977.*

SUMÁRIO

Agradecimentos 9
Apresentação 11
Introdução 13

Capítulo I 23
O conceito de habitar. O desenvolvimento da privacidade e da higiene na Europa nos séculos XVI, XVII e XVIII. O século XIX e a superposição do privado ao público na casa burguesa.

O morar na cidade de São Paulo até meados do século XIX.

Capítulo II 49
A civilização do café e as primeiras mudanças nas formas de morar (1867-1888).

Capítulo III 63
O novo surto de urbanização, o desmembramento do antigo cinturão verde e a evolução espacial do sobrado e da chácara (1867-1888).

As chácaras dos irmãos Gavião. O solar do Marquês de Três Rios.
A chácara de D. Veridiana Valéria da Silva Prado. O sobrado do Brigadeiro Tobias de Aguiar.

Capítulo IV 85
"A capital dos fazendeiros de café", os primeiros bairros e os palacetes pioneiros, construídos em alvenaria de tijolos: o do Barão de Piracicaba II e o de D. Veridiana Valéria da Silva Prado.

O sobrado do Coronel Carlos Teixeira de Carvalho.

Capítulo V 113
palacete definiu-se com a República Burguesa, no momento em que houve a separação
gêneros e a instituição da higiene pública (1889-1900).

*A Chácara do Carvalho. A casa de D. Angélica de Barros. O Palacete Chaves.
O palacete de Ramos de Azevedo. A casa de D. Olívia Guedes Penteado.*

Capítulo VI 183
São Paulo em 1900. A "metrópole do café", a multiplicação das fortunas e dos palacetes.

*A Vila Penteado. A Vila Horácio Sabino. A casa de José de Souza Queiroz. A casa de Waldomiro
Pinto Alves. O palacete do Dr. Nicolau Moraes Barros. A casa de Numa de Oliveira.*

Conclusão 247

Apêndice 253
Notas 257
Documentação 273
Abreviaturas e siglas 285
Índice das residências apresentadas 287

AGRADECIMENTOS

Este livro nasceu da tese de doutoramento que apresentamos à Faculdade de Arquitetura e Urbanismo da Universidade de São Paulo, em novembro de 1992. Foi todo reescrito, na tentativa de suavizar a rigidez acadêmica.

Agradecemos especialmente ao professor doutor Carlos Alberto Cerqueira Lemos por termos contado sempre com sua competência e boa vontade durante os trabalhos de pesquisa e redação da tese. Aos professores doutores Maria Luíza Marcílio, Laima Mesgravis, Nicolau Sevcenko e Murillo Marx, que fizeram parte da banca examinadora, muito agradecemos pelas observações e valiosas sugestões.

A Gilda e a Antonio Candido de Mello e Souza, pela gênese do tema abordado, e ao professor doutor Edgar Carone, pela leitura e pelos comentários feitos à tese.

Somos muito gratos à professora doutora Sylvia Ficher pela apresentação desta obra.

Parte da pesquisa contou com a subvenção do Conselho Nacional de Desenvolvimento Científico e Tecnológico (CNPq) e da Fundação de Amparo à Pesquisa do Estado de São Paulo (Fapesp). Ela integra um projeto mais amplo que estamos desenvolvendo sobre a história da vida privada em São Paulo, no período 1889-1939, o qual conta com o apoio do CNPq, tendo a FAU como contrapartida.

Dentre os participantes desse projeto, agradecemos principalmente a Herta Franco, Jussiara Freitas Cruz, Mônica Cristina Araújo Lima, Sandra Regina do Nascimento Santos, Maria Aparecida Lima Dias, Simone Mussnich Rotta, Rosa Luíza Zambelli e Telma de Lima.

A Regina Mitie Suzaki e a Ilza Fujimura, às quais devemos os desenhos, as cópias e a padronização dos projetos ora apresentados, sob a orientação do Prof. Carlos Lemos.

À equipe do Laboratório de Fotografia "Produção Didática" da FAU, que trabalhou incansavelmente no projeto, viabilizando o melhor aproveitamento do material fotográfico aqui apresentado.

Os melhores agradecimentos à professora Lygia Naclério Homem, que tanto nos auxiliou nos trabalhos de revisão, e a Heide Afra Lorenzini Ponte, pelo incentivo.

Esta obra contou com a colaboração inestimável de: Amarillys Sandroni Vigorito, Benedito Lima de Toledo, Cecília Pinto Alves de Salles Pinto, Celina Segawa, Christianne F. Lacerda Soares, Edgard Carone, Heloísa Alves de Lima e Motta, Guilherme Rubião, Gustavo Neves da Rocha Filho, Hugo Segawa, Ignez Lucchesi Krümenerl, Luís Roberto de Souza Queiroz, Maria da Penha Müller Carioba, Marina Moraes Barros Cosenza, Nelson Penteado, Olívia da Silva Prado, Paulo de Barros Ulhoa Cintra, Silvio Soares Macedo, Sylvia Laraya Kawall e Vera Ferraz.

Prestamos uma homenagem a todos os nossos entrevistados, os quais se encontram relacionados na bibliografia. Sem a sua memória não teria sido possível realizar o nosso trabalho.

APRESENTAÇÃO

Maria Cecília Naclério Homem mais uma vez inova em suas pesquisas sobre a arquitetura paulistana. Tendo explorado o trabalho monográfico em seus estudos sobre a Vila Penteado e o Edifício Martinelli e estendido seu campo de interesse para a história urbana com seu estudo sobre o bairro de Higienópolis, agora nos presenteia com *O palacete paulistano*.

Neste seu novo livro, oferece-nos um enfoque múltiplo. Na tradição de Gilberto Freyre, analisa a habitação da classe dominante paulistana como produto cultural autônomo, constituindo um espaço com usos e significados próprios. Empregando um instrumento metodológico pouco explorado nas análises arquitetônicas brasileiras, aquele da tipologia, procura detectar as características materiais e espaciais dessa habitação, suas origens e as alterações que sofreu da segunda metade do século XIX a princípios do XX.

Partindo do morar, em seu sentido amplo, como o conjunto de relações sociais entre o público e o privado em que se inserem os indivíduos, e explorando sua concretização histórica em São Paulo no Segundo Império, Maria Cecília vai ampliando o panorama para abranger as mudanças advindas com a República e com a introdução de modas burguesas européias, trazidas em geral daquele que talvez ainda seja o maior país exportador de modas, a França. E demonstra como, na São Paulo da virada do século, mentalidade escravista e modernidade foram sintetizadas em um novo tipo de residência — o palacete — em substituição ao sobrado geminado e à casa suburbana das chácaras.

Contudo, não só de modas e mentalidades se faz a forma urbana, e encontramos também em sua análise os moldes físicos e espaciais a partir dos quais mudanças no gosto e nos costumes são traduzidas para a cidade e seus edifícios: no caso, as posturas municipais e os códigos sanitários que passam a ser adotados no período. O quadro se completa com a caracterização dos agentes sociais — loteadores, projetistas, construtores, decoradores, etc. — que completam o serviço e constroem São Paulo.

Ao abordar a residência burguesa, de meados do século XIX ao primeiro quarto do século XX, o trabalho de Maria Cecília contribui para a superação do repúdio um tanto provinciano que cerca a produção arquitetônica daquele longo período, depreciativamente rotulada de Ecletismo, raramente estudada com a atenção que merece, tratada mesmo como um equívoco. Mas vai além e, ao esboçar uma história da própria cidade de São Paulo do ponto de vista da localização de seus bairros e das moradias de seus habitantes, sugere uma perspectiva de pesquisa em que os métodos da História da Arquitetura e de outras ciências humanas se unem para uma melhor compreensão da ação coletiva que é a cidade.

Maria Cecília e eu iniciamos nossas pesquisas históricas na mesma época, em 1974, na Faculdade de Arquitetura e Urbanismo da Universidade de São Paulo. Duas décadas depois, apresentar seu livro é mais do que um reencontro com nossas origens comuns. É também constatar como uma geração de pesquisadores contribuiu de modo original para a nossa disciplina.

Distante de controvérsias quase sempre comprometidas com uma ou outra ideologia arquitetônica — que tiveram entre seus efeitos mais perniciosos a defesa intransigente e irracional de determinadas correntes estéticas e o silêncio crítico quanto à produção arquitetônica contemporânea —, o trabalho dessa nova geração tem evitado a confusão entre fazer histórico e partisanismo estético. Pelo contrário, o que sobressai em sua produção é a ênfase e a profundidade na pesquisa de campo, a exploração de fontes de informação não-convencionais ou pouco utilizadas, a experimentação com instrumentos de análise advindos de outras disciplinas e a renovação dos objetos de estudo. Recusando falsos problemas — como julgamentos artísticos desvinculados do contexto histórico —, seu objetivo maior é a busca de explicações para o fenômeno Arquitetura.

Felizmente, o resultado tem sido — como no caso de *O palacete paulistano* — uma leitura da Arquitetura que procura transmitir toda a sua riqueza e complexidade.

Sylvia Ficher
São Paulo, outubro de 1995

INTRODUÇÃO

O palacete foi a casa mais luxuosa de São Paulo no período que vai de finais do século retrasado até as primeiras décadas da última centúria. Teria correspondido às mansões atuais dos bairros mais novos ditos de alto padrão ou classe A, Cidade Jardim, Morumbi, Jardim Guedala, Granja Viana, Alphaville, Tamboré, etc. Hoje, grande parte dos palacetes paulistanos desapareceu sob as picaretas para ceder lugar aos arranha-céus. Alguns se deterioraram ou se descaracterizaram, reformados para abrigar casas de comércio. Muitos exemplares remanescentes encontram-se abandonados, devido, entre outros motivos, à obsolescência dos materiais de construção e das instalações hidráulicas e elétricas, à pouca segurança que oferecem e à falta de mão-de-obra para os serviços de limpeza e manutenção, etc. O certo é que o palacete não corresponde mais às necessidades dos nossos dias.

Esse tipo de residência definiu-se no alvorecer da República Velha, quando surgia uma nova São Paulo, construída em alvenaria de tijolos, e os capitais provinham da lavoura do café, comandados pelo grupo cafeicultor que deteria a liderança econômica, política e cultural do Estado durante pelo menos quarenta anos. Apesar de existir um corte profundo entre a cidade republicana e a imperial de meados do século XIX, edificada em taipa de pilão, ou barro socado, o modo de vida e as formas de morar começaram a sofrer as mudanças que desaguariam no palacete no momento em que se iniciava a passagem da economia mercantil-escravista à economia exportadora capitalista, baseada na monocultura do café e no transporte ferroviário. Os capitais provenientes da lavoura açucareira, do comércio das Monções e do ciclo das tropas de mulas passariam a ser canalizados para a cafeicultura.

Na tentativa de captar o processo evolutivo do morar tradicional para a casa mais abastada do Ecletismo, mais próxima da morada proposta pela Revolução Industrial, este livro começa em 1867, ano da chegada do trem de ferro, e termina em 1918, período em que a produção do café era colocada no mercado internacional sob o controle da Grã-Bretanha. Após a Primeira Guerra Mundial, os Estados Unidos emergiram como líderes da economia mundial, substituindo o poderio britânico. Em São Paulo, a atividade industrial cresceria em importância e, com ela, um grupo de estrangeiros, em parte imigrantes recém enriquecidos no ramo da indústria e do comércio, os quais também teriam acesso ao palacete. Os bairros elegantes inspirados no urbanismo francês continuavam a ser ocupados enquanto surgiam os bairros-jardins com uma proposta de implantação calcada em moldes ingleses. Assim, quando na Avenida Paulista, preferida pela elite da indústria, se compunha o maior conjunto de palacetes, esse tipo de residência já havia realizado toda uma progressão pela cidade que ia desde as zonas adjacentes ao centro, nos caminhos da Estação da Luz, passando pelos bairros dos

Campos Elíseos, da Liberdade, de Santa Cecília e Higienópolis.

O conceito de palacete foi obtido mediante a análise de cerca de trezentas plantas dos mais diversos tipos de casas existentes na cidade de São Paulo, na virada do século. Dada a utilização de termos franceses nas casas mais amplas e abastadas, comparamos aquele resultado com as plantas da residência da burguesia européia, notadamente a francesa. A seguir, confrontamos o palacete com as formas de morar tradicionais paulistanas que obedeciam a um tipo de distribuição feita no sentido frente-fundos: zona de estar na parte fronteira, seguida da zona de repouso, da sala de jantar e da cozinha. As demais dependências de serviço ficavam no quintal, atrás da construção principal. O sobrado geminado e a casa térrea, localizados no velho centro ou nas antigas saídas da cidade, situavam-se no alinhamento da rua. À beira dos caminhos, havia as casas térreas para moradia, tenda de artesãos e pousos de tropas de mulas. Interessa-nos, contudo, a chácara, tipo de residência semi-rural, dispersa pelos arredores da cidade, que se caracterizava pelo auto-abastecimento. Dessa comparação obtivemos diversas respostas.

O palacete apresentava o mesmo sistema de implantação e distribuição interna da residência da burguesia francesa do século XIX. A construção principal afastava-se das divisas do lote e sua planta compunha-se de três setores independentes: social, íntimo e serviços, sendo a circulação feita a partir do vestíbulo e de entradas distintas, a social e a de serviços. A maioria das dependências e de funções seguia a casa francesa. A esse propósito, ela fora considerada a "casa moderna" por excelência. Deve-se aos tratadistas franceses de Arquitetura a definição de seu espaço, no qual sintetizaram diversas experiências da casa européia, italiana, inglesa, holandesa, etc. Como tal, ela correu o mundo, uma vez que ia ao encontro das necessidades da burguesia em ascensão. O mesmo esquema de planta e de circulação também foi adotado nos apartamentos parisienses construídos nos *boulevards* abertos por iniciativa do Barão Georges Haussmann (1809-1891), autor de uma série de reformas urbanas levadas a cabo em Paris, no período 1853-1870, que a transformaram na capital mais bela e arrojada do século XIX[1]. Em São Paulo, a partir dos anos 1930, coincidindo com o alvorecer da arquitetura moderna, que inaugurava outro espaço residencial, aquele esquema de planta introduzido pelo palacete ainda se repetiria à exaustão nos apartamentos de classe média.

Porém, no palacete paulistano, em que pesasse a sua proposta de renovação, também persistiram elementos da morada tradicional paulista, tais como a sala de jantar mais ampla do que os demais cômodos, em posição centralizada e próxima à cozinha, o gabinete e um quarto independente para hóspedes, ambos na parte fronteira da casa térrea e do sobrado. Fora, havia a entrada de serviços e, nos fundos, horta, pomar ou algumas árvores frutíferas, forno, lenheiro e até poço, córrego ou desvio do curso de um rio. As edículas da moradia francesa, como a casa do porteiro e as cocheiras, foram reproduzidas no palacete, onde, contudo, as construções destinadas a acomodar os criados e o tipo de instalação utilizada para os tanques evocavam as antigas senzalas e os telheiros dos quintais.

Obtivemos, assim, o conceito de palacete: constituiu um tipo de casa unifamiliar, de um ou mais andares, com porão, ostentando apuro estilístico, afastada das divisas do lote, de preferência nos quatro lados, situada em meio a jardins, possuindo área de serviços e edículas nos fundos. Internamente, sua distribuição era feita a partir do vestíbulo ou de um *hall* com escada social, resultando na divisão da casa em três grandes zonas: estar, serviços e repouso.

Com esse conceito, temos um dos eixos centrais do livro, qual seja: o palacete, do ponto de vista do espaço, dos seus usos ou dos programas das necessidades, resultaria da transposição do "morar à francesa", ao qual se incorporaram elementos da casa paulistana preexistente. Mas houve alternativas importantes. Em muitas residências, a implantação podia ou não coincidir com o novo espaço. Nesse caso, a construção principal contava somente com o andar térreo, além do porão, cuja distribuição se orientava no sentido frente-fundos. Por outro lado, diversas casas foram construídas com plantas, materiais de construção, equipamento e decoração provenientes do exterior. Edificadas em chácaras, apresentaram uma distribuição totalmente alienígena.

O termo "programa" ou a expressão "programas das necessidades" são conhecidos no jargão arquitetônico para indicar a série de atuações que ocorrem no âmbito doméstico, ou "todos os atos ou expectativas do destinatário com relação à residência feita". Com o tempo, passaram a significar as dependências onde elas poderiam ocorrer[2]. Nesta obra, significam as expectativas dos moradores, assim como todas as atividades que se desenvolvem na habitação. Num segundo nível, acrescentaremos a maneira como elas aí acontecem.

Pelo levantamento dos usos do espaço desenvolvidos pelos moradores, chegaremos às práticas privadas do dia-a-dia que dizem respeito à solução das necessidades básicas, ligadas à manutenção corporal, tais como comer, dormir, urinar, defecar, ter atividade sexual, limpar, preparar alimentos, etc., mais a situação familiar, a condição feminina, a privacidade e a comunicação social. Todas elas dependem, por sua vez, da situação socioeconômica e cultural do proprietário e da família, isto é, além do poder aquisitivo, elas abrangem fatores como a eleição, o gosto e as aptidões. Será a situação dos proprietários que determinará o modo como aquelas atividades ocorrem no âmbito doméstico. Amos Rapoport, arquiteto e antropólogo inglês, denomina *genre de vie*, ou modo de vida, a maneira como elas acontecem na habitação[3].

A situação do proprietário, conjugada com tais práticas, será aqui considerada na medida em que visamos reconstituir, pelo estudo da casa, dos seus usos e de como elas ocorreram, o modo de vida das famílias mais abastadas, a maioria pertencente a um grupo ligado à cafeicultura, o qual se concentraria na capital paulista a partir do último quarto do século XIX e pode ser considerado como uma elite.

A princípio, elite significaria o conjunto "dos que detêm os índices mais elevados no ramo de suas atividades", com poder de decisão na política, no tocante aos feitos do governo, segundo conceito elaborado por Vilfredo Pareto, em 1916. Em 1952, H. D. Laswell ampliou o conceito, compreendendo o grupo de pessoas que dispõem de maior acesso aos valores e ao seu controle nas diversas áreas de atuação, especialmente no campo econômico, político, intelectual e social[4]. Assim, o grupo a que nos referimos se compunha dos detentores dos principais meios de produção, de fazendeiros e demais empresários do café, como comissários, banqueiros, investidores da construção civil e pioneiros da indústria, compreendendo, ainda, os profissionais liberais, os funcionários públicos e os políticos bem-sucedidos que estiveram vinculados a tais famílias, quer por laços de parentesco quer como prestadores de serviço. Constituíram uma minoria que se destacou no campo econômico, político e cultural, durante a I República, tendo exercido lideranças que extrapolaram as fronteiras do Estado, resultando na hegemonia paulista. Visto que essas pessoas exerceram papéis eminentes e se encontravam no topo da sociedade, podemos dizer que formaram uma elite. Desse modo, denominaremos "elite do café" a esse grupo.

Esse conjunto de famílias faria parte da chamada "aristocracia" do café, termo que, entre nós, diria respeito, antes, a uma série de grupos de famílias que conseguiram acumular poder, riqueza e autoridade, aliados à cor branca[5]. Cada ciclo econômico, ocorrido em tempos e regiões diferentes, teria produzido a sua "aristocracia". Caio Prado Júnior escreveu:

O café deu origem, cronologicamente, à última das três grandes aristocracias do país. Depois dos senhores de engenho e dos grandes mineradores, os fazendeiros se tornam a elite social brasileira. E, em consequência (uma vez que o país já era livre e soberano), na política[6].

Elizabeth Anne Kuznesof, discorrendo sobre a família na sociedade brasileira no período 1700-1980, sobretudo em São Paulo, observou a importância do seu papel no desenvolvimento econômico no século passado. A necessidade de empreender a construção de ferrovias ou de instituir a imigração fez com que a atuação da família se estendesse ao campo da política. Kuznesof conclui:

(...) as redes familiares e as oligarquias foram os principais meios através dos quais as economias regionais conquistaram reconhecimento e desenvolvimento nacionais, e partidos locais se transformaram em partidos nacionais[7].

Mais adiante vamos discorrer sobre a condição socioeconômica e cultural das famílias pertencentes à elite do café. Por ora, importa observar que o seu modo de vida passou por mudanças radicais com a urbanização. Entendemos por urbanização a organização do espaço para que se possa usufruir coletivamente de uma vida gregária[8]. Durante o século passado, passou-se a utilizar a ciência e a tecnologia para solucionar problemas advindos das concentrações humanas das cidades industriais.

O modo de vida urbano diz respeito ao conjunto de atividades e facilidades proporcionadas pelos serviços e instituições próprios dos aglomerados gigantescos em que vive o homem moderno. As facilidades que tais aglomerados apresentam relativas à prestação de serviços como comércio, indústria, transporte, administração, comunicação e as instituições culturais, religiosas, políticas e de lazer, os grandes espetáculos, os órgãos de classe, etc., tudo isso constitui o viver urbano e o distingue do rural. A civilização urbana seria o conjunto das práticas e das idéias que irradiam dos grandes centros[9].

Mas a civilização pode ir além. Antecede a Revolução Industrial para englobar uma série de atuações que vão desde a civilidade ou formas de cortesia relativas a um estilo de vida, no sentido de como comportar-se, o que dizer e como dizer, o que vestir e comer, etc. observadas nas cortes dos papas e dos reis absolutistas dos Estados nacionais, até as práticas religiosas e o sistema judiciário, incluindo o Direito advindo com a Revolução Francesa. Compreende o que Norbert Elias denomina de processo civilizador, o qual, no século XIX, associado ao desenvolvimento científico e à tecnologia, não perde de vista o modo de vida aristocrático, influenciando o comportamento da burguesia[10].

O termo "civilização", em princípio, significa a soma das forças espirituais e das atividades racionais que se sobrepõem ao instinto e à força[11]. No decorrer daquele século, o vocábulo adquiriu uma conotação elogiosa e admirativa que se vinculou à idéia de poder. A civilização passou a ser proposta como remédio para melhorar a condição humana. Porém, com o avanço da tecnologia e o fortalecimento do Estado, a civilização passou a abarcar a lei, a ordem, o poder, além da urbanidade, dos valores cívicos e da racionalidade. Assim, a idéia de um Estado organizado, poderoso e operante associou-se ao conceito de civilização sem que, no entanto, ela tivesse conseguido sanar muitos dos males que afligem a humanidade. Por isso mesmo, diversos autores escrevem "civilização"[12].

O processo civilizador urbano surgiu no Brasil no século passado, em diferentes etapas, variáveis no tempo e no espaço, trazendo também consigo uma conotação elogiosa. Aqui, opôs-se à civilização rural, com raízes em nossa tradição colonial, na exploração extensiva e perdulária das terras da lavoura, baseada na autoridade patriarcal e na mão-de-obra escrava, bem como numa sociedade urbana que começou a despontar naquele século.

Segundo Sérgio Buarque de Holanda, nos domínios rurais, o quadro familiar fora então poderoso e exigente, e o privado, que quase se bastava a si mesmo, precedia sempre a entidade pública. Em nosso país, o século XIX caracterizou-se pela oscilação entre o mundo agrário, patriarcal e paternalista, e o mundo urbano, copiado das nações social e tecnologicamente mais avançadas, entre a autosuficiência e o desenvolvimento comercial. Estabeleceu-se um duelo entre a tradição e a razão, entre o urbano e o cosmopolita, de um lado, e o regional ou o paroquial, de outro[13].

A mudança nas mentalidades foi concomitante à decadência do patriarcado rural no Brasil, que

Introdução

acabou por se desintegrar sob o regime do trabalho livre. São Paulo, um Estado enriquecido com o café e politicamente organizado, teria levado adiante a tentativa de superpor a civilização urbana à agrária, no decorrer da República Velha.

Gilberto Freyre chama de "reeuropeização" do país o contato que o Brasil estabeleceu com uma Europa revitalizada do ponto de vista industrial e comercial, encontrando-se mecanizada e dependente de uma burguesia econômica e politicamente fortalecida. Esse processo teria acontecido por assimilação, imitação e imposição[14].

Temos, assim, outro eixo desta obra: os programas das casas mais amplas e abastadas bem como o modo de vida dos moradores resultaram da superposição do processo civilizador urbano à civilização rural preexistente, que teria prevalecido até a Abolição da Escravatura, em 1888. Porém, para que se construísse um novo espaço, foi necessário que se alterasse primeiro o modo de vida, o qual, no entanto, ocorreria de forma independente do espaço.

Em São Paulo, o processo civilizador urbano aconteceu tardiamente e de maneira peculiar, devido a certas características inerentes à cidade, à sua geografia e à sua história, como veremos adiante. Os resultados desse confronto de culturas mostram o seu componente primitivo, conferindo identidade ao palacete, daí o emprego do adjetivo *paulistano* no título do livro.

Os usos do palacete paulistano remontam ao mercado expansionista do capitalismo europeu e se pautariam nas práticas e no comportamento próprios da aristocracia e da burguesia européias. Em São Paulo, esses usos fundamentaram-se no regime capitalista de exportação baseado na monocultura do café, inserido naquele mercado, na implantação do regime de trabalho livre e assalariado, nas viagens aos países industrializados, na vinda para a capital de diversos fazendeiros de café e na emergência do Estado republicano. Em dado momento, ao enriquecer, um número notável de fazendeiros e de comissários de café deixou suas fazendas e casas de moradia nas cidades do Interior para residir na capital paulista, onde já viviam cafeicultores pertencentes a famílias locais. A maior parte dessas famílias vinculou-se culturalmente à França, embora a influência da Inglaterra e da Alemanha também fosse notável.

O termo cultura é utilizado na acepção apresentada pela antropóloga Eunice Ribeiro Durham. Consistiria no movimento de criação, transmissão e reformulação do ambiente artificial produzido pelo homem através de sistemas simbólicos, ambiente em que ele vive e que está continuamente transformando[15]. A casa e os seus usos constituem manifestação do processo civilizador numa relação de "colonizados", se nos reportarmos à condição de dependência econômica e cultural dos paulistas com relação aos europeus, e de "vencedores" para "vencidos", se pensarmos na liderança que a elite do café exerceu em nível nacional, no período enfocado.

Com a urbanização, a elite do café passou a adotar as práticas e representações da burguesia como classe dominante, ditadas pelas nações social e tecnologicamente desenvolvidas. A teoria do *habitus* formulada por Pierre Bourdieu explica o comportamento das classes sociais e, neste caso, da burguesia. O autor apresenta o *habitus* como o gerador das práticas e representações e como resultante da assimilação ou interiorização consciente ou inconsciente das estratégias. As estratégias educacionais seriam as mais importantes por serem fornecidas pela família e decorrentes da posição de classe. Seguem-se as pedagógicas, econômicas, profissionais, matrimoniais, os investimentos culturais ou as estratégias ditadas pelos meios de produção, etc. Para o autor, o *habitus* faz a pessoa social com todas as disposições que são marcas da posição social

e, portanto, da distância social entre as posições objetivas, entre as pessoas sociais conjunturalmente aproximadas (no espaço físico, que não é o espaço social) e a reafirmação dessa distância e das condutas exigidas para "guardar suas distâncias" ou para manipulá-las, estratégica, simbólica ou realmente, reduzi-las (coisa mais fácil para o dominante do que para o dominado), aumentá-las ou simplesmente mantê-las (evitando "deixar-se levar", "familiarizar-se", em poucas palavras, "guardando" seu lugar...)[16].

O *habitus* faz gerar novas práticas e estratégias. Posteriormente, Bourdieu reconsiderou o conceito de *habitus*, deixando espaço para uma parte de inventividade e adaptação que permitem uma coexistência entre elementos de permanência e de transformação[17].

Roger Chartier complementa Bourdieu e Norbert Elias ao dizer que é possível denominar formas de representação aos modos de se comportar das classes dominantes, estruturadas em papéis abstratos e em estereótipos. Uma série de discursos e a exibição de signos e aparatos teatralizam a vida social, levando a crer que a aparência vale pela realidade. Essas formas sugerem a linguagem teatral na medida em que o indivíduo está continuamente repetindo, de modo consciente ou inconsciente, mecanismos fabricados para a erradicação e monopolização da violência. O objetivo é obter a submissão e o respeito ao mais forte, pois o que está em jogo é a ordenação ou a hierarquização da própria estrutura social[18].

Na relação cotidiano-espaço-tempo, Michel de Certeau identifica o poder com a propriedade. Para ele, as práticas que se desenvolvem numa propriedade nos possibilitam chegar ao *habitus* ou assimilação das estratégias do poder que agem em detrimento das metamorfoses do tempo, bem como das táticas ou dos golpes aplicados ao espaço do proprietário. Temos as rupturas que levam à reformulação do passado, constituindo o presente, o qual nada mais é do que o próprio tempo da história[19]. Assim, nem sempre se assimilou ou se imitou com perfeição. Copiar revelou-se opressivo e, da antidisciplina ou do improviso, nasceram as táticas ou rupturas. Acreditamos que o modo como se utilizou o espaço doméstico irá indicar estratégias e táticas, isto é, o cotidiano das famílias, procurando os papéis informais que vão além das fórmulas impostas legíveis no espaço construído.

O levantamento dos papéis formais e informais da elite cafeeira constitui o objetivo final desta obra. Visto que se trata do espaço e de seu uso, serão considerados o modo de vida da burguesia pautado na civilização urbana, e o rol das atividades que ocorrem no âmbito doméstico, incluindo as conexões com a rua, e a maneira como elas acontecem. Teríamos o seu modo de vida formal, incluído, em parte, no programa das necessidades, mais o espaço e o seu uso, compreendendo-se a indisciplina ou a recriação do próprio espaço de que nos fala Certeau.

Baseada em Pierre Bourdieu, Maria Helena Bueno Trigo analisa os mecanismos de reprodução social do grupo cafeicultor e observa que a sua morada integra os capitais cultural e simbólico, englobando, também, os nomes, o renome ou a fama, os títulos nobiliárquicos, os diplomas universitários, sobretudo o de bacharel, a escolha dos bairros para residir, os vizinhos, os clubes, etc.[20]. Bourdieu explica que esses capitais acompanham ou não o capital econômico e o capital social, e podem ser tão ou mais importantes do que estes. o capital social seria o ponto de apoio para se estabelecer uma rede durável de relações mais ou menos institucionalizadas de interconhecimento ou de inter-reconhecimento. Essa rede proviria da própria família, de ex-alunos de escolas da elite, clubes seletos, nobreza, etc. e exerce efeito multiplicador sobre o capital propriamente possuído[21].

A residência paulistana da elite do café passaria a ser a mais bem cuidada e de maior luxo, para individualizar-se, a fim de expressar o êxito econômico, o gosto, as preferências culturais do proprietário, transformando-se no cartão de visitas dos moradores. O palacete, como veremos, foi um espaço especialmente programado para as necessidades da burguesia. Foi a primeira casa de luxo que a cidade conheceu, quando se começou a buscar o isolamento e a privacidade, em finais do século. Os seus recuos fronteiros e laterais estenderam-se à casa média e a algumas vilas operárias. Por outro lado, tornou-se célula difusora da civilização urbana, como o foram os hotéis, as lojas de produtos importados, os restaurantes estrangeiros e até os bordéis de luxo. De certo modo, anteciparam a urbanização, no sentido do crescimento e da modernização da cidade, tendo sido resolvidos, primeiro, com recursos provenientes do exterior.

Na ausência de pontos de encontro da elite e de academias científicas e literárias, formaram-se no palacete pequenas cortes e salões onde se cultivaram o luxo, a moda, a etiqueta, as formas de cortesia e as atividades artísticas como o teatro e a música, abrindo caminho para as vanguardas artísticas da década de 1920. Assinalemos, porém, que houve famílias ricas e importantes que se mantiveram sóbrias e simples, vivendo em casas onde se dispensavam o cerimonial e o luxo dos palacetes[22]. Por outro lado, as famílias de origem anglo-saxônica levavam vida bastante refinada e culturalmente ativa[23].

O termo palacete é o diminutivo irregular de palácio, residência urbana, vasta e suntuosa, de príncipes e outros nobres, ou de chefes de Estado, e até local onde se instalam setores do poder público[24]. Designou sempre, em São Paulo, a casa melhor e mais ampla, o sobrado de dois pavimentos, em oposição à casa térrea, popular. Encontramos a expressão "Palacete do Carmo" para designar o sobrado da Marquesa de Santos, na Rua do Carmo, datado do século XVIII e reformado no seguinte, ou "Palacete Jordão", evocativo do sobrado que essa família abastada possuía na Rua de São Bento[25]. Ou ainda, o "palacete do Barão de Santa Branca", em Pindamonhangaba, Província de São Paulo[26].

Em termos de arquitetura civil, o sobrado era apenas superado pelo Palácio do Governo, no Pátio do Colégio, construído em situação privilegiada, sobre a colina histórica, dominando o vale do Tamanduateí e o caminho da Penha. Resultou das reformas sofridas pelo antigo colégio jesuítico que existira no local. De linhas severas e sem arquitetura, o prédio impressionava somente pelas dimensões, lembrando um mosteiro[27].

Já a palavra paço é sinônimo de palácio, e designou a residência oficial dos vice-reis do Brasil, construída no Rio de Janeiro, no século XVIII, denominada Paço da Cidade. Também significou a corte, os cortesãos. Na Província, referia-se aos sobrados particulares onde se hospedaram os membros da família imperial[28]. Em São Paulo, apenas no último quarto do século passado é que a arquitetura civil se enriqueceu, principiando pelas residências particulares: com a cidade rica, a casa de luxo[29].

De fato, o incremento da cafeicultura a oeste da Província de São Paulo trouxe população e riqueza à cidade, que conheceu um novo surto de urbanização e de prosperidade material. Até então, ela não passara de lugar de depósito para as mercadorias da Europa (muitas chegavam via Rio de Janeiro) e de passagem para os produtos do país. Daí eram distribuídas com vistas a alimentar boa parte das cidades menores da Província. São Paulo teria florescido mais do que Santos porque se tornara capital e residência das autoridades civis e eclesiásticas[30].

Com exceção de alguns donos de engenhos de açúcar, de "tropeiros", proprietários de tropa de mulas, e dos últimos sertanistas do ciclo das Monções, as fortunas não eram consideráveis e não se comparavam à opulência dos produtores do Nordeste[31]. O paulista do período colonial era pobre e austero, visto que não dispunha de meios favoráveis ao consumo. Faltava-lhe ouro suficiente e a Serra do Mar constituía importante obstáculo à importação. A lavoura canavieira e a pecuária haviam sido lentas e difíceis entre nós. As ferramentas e o vestuário chegavam apenas esporadicamente da metrópole, após terem atravessado um sem-número de dificuldades[32].

O entrave que o progresso da colonização sofreu devido às dificuldades da região não invalidou, contudo, a importância do velho Caminho do Mar. Por ele transitavam os produtos importados e os destinados à exportação, mas também os gêneros alimentícios consumidos no litoral, todos eles produzidos no Interior[33]. Na economia colonial, São Paulo participava como produtor da "agricultura de subsistência", devendo fornecer alimentos à população do país, ao consumo interno, à "grande lavoura", cujos gêneros (açúcar, algodão, etc.), por sua vez, se destinavam ao comércio exterior[34].

No primeiro caso, o contato com o mundo exterior era efetuado de modo "indireto". No segundo, aquela unidade ligava-se diretamente à metrópole[35]. O isolamento de São Paulo com relação ao mar e a Lisboa teria sido responsável por um tipo característico de paulista, austero, sóbrio e arredio, uma "gente apática e provinciana" que no século XVIII fora mesmo descrita como selvagem e estúpida[36]. Na primeira metade do século passado, ela mantinha-se conservadora e zelosa de seus costumes tradicionais, para desespero dos estudantes da Academia de Direito e dos viajantes que visitavam a cidade. Por exemplo, o botânico francês Auguste de Saint-Hilaire, embora fosse cientista de envergadura, professor e membro de renomadas academias científicas de seu país e do exterior, Cavaleiro da Legião de Honra, etc., queixou-se de não ter sido convidado nem para recepções nem para jantares, não tendo também visto senhoras[37].

Em 1844, Álvares de Azevedo, ao descrever o baile de gala que o Sr. Souza Queiroz ofereceu em seu sobrado em honra da formatura de seu primogênito, pela Academia de Direito, entusiasmou-se a princípio, mas concluiu: "(...) contudo São Paulo nunca será como o Rio"[38].

Houve ainda quem tivesse observado o caráter "desconfiado" e "às vezes pouco sociável" dos paulistas, donos de um sotaque descansado que lhes era peculiar[39]. O paulistano incorporara hábitos rurais de vida e mostrava-se conservador quando comparado à sociedade da corte do Rio de Janeiro. Sua vida cotidiana regulava-se pelos astros e pelos sinos das igrejas, antes do que pelo relógio. Acordava ao raiar do dia e fazia as refeições muito cedo. Às nove e meia da noite, os sinos da Igreja do Carmo davam o toque de recolher e as ruas ficavam entregues aos retardatários, às prostitutas e aos arruaceiros, envoltos pela garoa gelada, característica de um clima mais ameno, sem os rigores das cidades litorâneas[40].

Do aglomerado urbano, concentrado na colina histórica onde se dera a fundação da cidade, viam-se os caminhos, os campos, os casebres e as chácaras a ultrapassar as várzeas dos rios Tamanduateí e Anhangabaú, que circundavam o promontório, para se perderem no azul das montanhas e do horizonte. Sua arquitetura conservadora manteve até 1873 as rótulas, os postigos e as cancelas, característicos da arquitetura colonial, quando foram proibidas pelo Código de Posturas, que impôs a sua retirada.

Com a passagem da economia de subsistência para a de grande exportação, baseada na monocultura do café, é que São Paulo se abriu pela primeira vez de modo direto para o mundo exterior, entrando na chamada divisão internacional do trabalho, liderada pela Grã-Bretanha. Em troca da colocação do café no mercado internacional, São Paulo deveria adquirir bens industrializados, matérias-primas, manufaturas, máquinas para a lavoura e a indústria nascente, etc. À Grã-Bretanha devem-se também financiamentos e obras de tecnologia no setor de infra-estrutura urbana e do complexo cafeeiro. E, se muita coisa chegou fabricada em outros países, ainda assim aquela nação foi a intermediária.

A procura por artigos franceses de luxo era muito grande, sobretudo relativos à decoração, à moda e à arte, em geral, ainda que fossem colocados aqui por iniciativa dos britânicos. Apreciavam-se a literatura, a filosofia e a etiqueta francesas. Assim, embora a liderança econômica e tecnológica fosse exercida pelos ingleses, os costumes eram influenciados pelos franceses. Desde o século XVIII e, principalmente, na primeira metade do século seguinte, a França realizara "uma missão emancipadora e educadora" na Europa e o francês era o idioma adotado pelas cortes, pela ciência e pela diplomacia[41]. As famílias da elite utilizavam esse idioma no dia-a-dia. A França, além da fazenda e da capital, representou um novo pólo de atração que superou a corte do Rio de Janeiro.

Entramos em nova etapa do processo civilizador iniciado em São Paulo com a abertura de lojas da Maçonaria a partir de finais do século XVIII, e dos cursos jurídicos, em 1827. Veículos das idéias liberais, concorreram para o desenvolvimento da vida política, cultural e social da cidade. Os titulares do Império recebiam o Imperador e os membros da família imperial, ou apresentavam-se na corte. Por outro lado, governadores da Província haviam movimentado o Palácio do Governo com bailes memoráveis. Mas ainda era pouco. O processo civilizador tornou-se mais intenso. O Positivismo, o culto da ciência e do progresso material levaram à secularização da vida cotidiana e assinalaram o segundo surto desse processo. A Abolição e a República, o terceiro.

Vamos trabalhar com a cidade de São Paulo em seus vínculos com o complexo cafeeiro da Zona Oeste do território paulista, composto pela capital e o porto de Santos. Doravante, toda vez que falarmos de cafeicultura, fazendeiros ou empresários, estaremos nos reportando a esse complexo cafeeiro.

É possível dizer que, com a maior abertura para o comércio, chegou o Ecletismo. O palacete paulistano despontou no bojo desse movimento que ocorreu na arquitetura européia em inícios do século XIX, após discussões sobre a coexistência do Neoclássico e do Neogótico. Estendeu-se até a Primeira Guerra Mundial e correspondeu à auto-afirmação da burguesia. O Ecletismo na arquitetura seguiu caminho semelhante ao filosófico, propondo uma conciliação nas polêmicas sobre os estilos históricos[42]. Ao invadir nossas cidades, no último quarto do século passado, aliou-se ao progresso, à riqueza e à liberdade de escolha. Juntou-se ao Neoclássico que surgira, por sua vez, como reação ao Barroco[43].

Para tanto, introduziram-se novos materiais de construção, como a alvenaria de tijolos, por exemplo. A maioria desses materiais chegou até nós via importação e foi vulgarizada graças ao afluxo e ao trabalho de técnicos e de profissionais liberais estrangeiros, apoiados na mão-de-obra livre e assalariada, constituída, em sua maioria, por imigrantes que vieram substituir o trabalho escravo. A nova organização política representada pela República e a passagem do trabalho escravo para o remunerado levaram aos novos usos da construção. Construíram-se uma série de obras de grande porte, tanto públicas quanto particulares, tais como escolas, quartéis, cadeias, prédios para as secretarias relativas à administração pública, para as instituições científicas e acadêmicas, etc.

Mas a casa do Ecletismo foi considerada antes em seus aspectos técnico-estilísticos do que com referência aos seus programas. A importância que estes tiveram na obra de Gilberto Freyre não sofreu continuidade. Nos anos 30 o autor estudou a grande propriedade rural do Nordeste, o engenho de açúcar, e os sobrados da cidade brasileira do século passado, em seus aspectos econômicos, sociais, políticos e culturais, detendo-se na cultura material, na religião, nas mentalidades, no clima, na topografia e nos recursos naturais[44].

Quarenta anos depois, Carlos Lemos enfocaria a zona de serviço da casa paulista, à luz da tradição lusitana transplantada e sobreposta a outro clima e às necessidades do meio, sujeita à influência de outras culturas como a indígena, a africana e, depois, a do imigrante europeu, que aqui chegou em plena economia do café. Chamou a atenção para o fato de que a diferença entre as residências está na maneira como as atividades ocorrem no espaço doméstico[45].

Com relação ao palacete do Ecletismo, tais aspectos deverão ser considerados, propondo-se ainda diversas questões. Quais os programas tradicionais e por que foram substituídos? Qual o processo de decadência dos primeiros e como se deu a opção pelos programas franceses? Houve persistências culturais? Ocorreu subordinação ou adaptação ao novo espaço? Teria ele correspondido às reais necessidades dos moradores? Ou ainda: As questões podem ser respondidas simplesmente pela mudança do gosto ou porque morar em palacete virou moda?

O gosto não existe de modo independente. Ao estudar a transformação dos gostos, Pierre Bourdieu fala da espera e de sua realização:

Os gostos são o produto deste encontro entre duas histórias — uma em estado objetivado, outra em estado incorporado — que se conciliam objetivamente. Daí, sem dúvida, uma das dimensões do milagre do encontro com a obra de arte: descobrir uma coisa de seu gosto é se descobrir, é descobrir aquilo que se quer ("é exatamente o que eu queria"), aquilo que se tinha a dizer e que não se sabia dizer, e que, em conseqüência, não se sabia.

Nesse encontro, menciona o artista, o terceiro ausente, "o profissional da transformação do implícito em explícito, da objetivação que transforma o gosto em objeto... definida a operação artística como operação mágica, isto é, tipicamente social"[46].

Por conseguinte, a explicação pela mudança do gosto resultaria insatisfatória enquanto considerasse apenas a casa e o arquiteto. Colocaria de lado a história das expectativas, suas relações com o modo de vida e com a maneira como se realizaram no espaço construído. Tampoco explicaria as persistências culturais. Devemos considerar que o objetivo deste livro é estudar as origens do palacete, as atividades que nele se desenvolveram e como se desenvolveram, a fim de chegarmos aos papéis formais e informais e, com eles, ao cotidiano das famílias pertencentes à elite cafeeira. Desse modo, é preciso partir do estudo do morar tradicional paulistano, da mudança do modo de vida e da evolução do espaço doméstico até a chegada do morar à francesa.

Para tanto, serão consideradas todas as fontes disponíveis: plantas, livros de memórias, romances, inventários, iconografia, textos e anúncios de jornal e de revistas, e depoimentos orais. Neste caso, entrevistamos antigos usuários do palacete, em sua maioria filhos, netos e empregados dos moradores. Alguns nos franquearam seus arquivos, emprestando-nos dados iconográficos e objetos.

Não pretendemos fazer uma reconstituição fiel do passado, mas o mais aproximada possível da realidade de então mediante as suas sobras. Basta lembrar que, se muitos palacetes foram demolidos ou os projetos originais se perderam, as construções remanescentes de taipa são esporádicas. Não almejamos falar de todos os palacetes, nem queremos dizer que toda a elite do café tenha morado nesse tipo de residência, onde também residiram outras elites como a da indústria. Mas a do café foi a pioneira. Lançou a moda e viveu em casas exponenciais. Salientaram-se as que pertenceram a importantes personagens do ciclo do café, tais como Rafael Tobias de Aguiar Paes de Barros, o Conselheiro Antônio Prado, Elias Pacheco e Chaves, Antônio Álvares Penteado, os irmãos Souza Queiroz, etc., ao lado de mulheres notáveis como D. Veridiana Valéria da Silva Prado, D. Angélica de Souza Queiroz Aguiar de Barros, D. Olívia Guedes Penteado e outras.

Entre as plantas levantadas, selecionamos cerca de trinta, como uma amostragem mais significativa do conceito de palacete e de suas variantes. Tampouco esse conceito visa ser a última palavra, mas tão-somente uma interpretação. Dos palacetes escolhidos, veremos doze exemplares de modo mais aprofundado, como estudo detalhado do modo de vida. Os critérios de escolha foram variados: o cronológico, a localização das residências, a importância dos moradores e a disponibilidade das fontes.

CAPÍTULO I

O conceito de habitar. O desenvolvimento da privacidade e da higiene na Europa nos séculos XVI, XVII e XVIII. O século XIX e a superposição do privado ao público na casa burguesa.

Comecemos pelo conceito de moradia. A função precípua da casa é servir de abrigo contra as intempéries. Do *Dicionário da arquitetura brasileira* transcrevemos o verbete "habitação": "Constitui em arquitetura o abrigo ou invólucro que protege o homem, favorecendo sua vida no aspecto material e espiritual. Ato ou efeito de habitar. Morada. Residência."[1]

Daí deduzimos que, além de servir como abrigo contra as intempéries, a casa é o espaço delimitado onde se desenvolve uma série de atividades relativas à sobrevivência ou à manutenção do corpo e do espírito, no domínio do privado, isto é, aquelas atividades que devem ocorrer na intimidade, fora das vistas do público ou de estranhos. A arquitetura deve garantir o seu desenvolvimento em circunstâncias ideais, pois a sua qualidade de desempenho depende das condições oferecidas pela construção. O arquiteto ou o mestre-de-obras equacionam também os problemas de construção referentes ao meio físico e à legislação.

A partir do século XVI, assistimos ao desenvolvimento da privacidade e da higiene. O primeiro termo é tradução literal do inglês e ainda não foi consagrado oficialmente em nosso idioma, em que só existe o vocábulo privado, sinônimo de particular, e vida privada, ou vida particular. Privacidade diz respeito ao conjunto de atuações que devem ocorrer na esfera do velado, no intramuros: satisfação das necessidades fisiológicas, relações sexuais, afetividade, religiosidade, atividade intelectual, convívio familiar, etc. No século passado, privacidade tornou-se uma das funções mais importantes da casa[2].

Para Philippe Ariès, historiador das mentalidades, diversos motivos explicam essa valorização[3]. A invenção da imprensa desencadeou a difusão do gosto pela leitura, e a Reforma e a Contra-Reforma, pelo exame de consciência, pela oração e pela meditação. As confissões foram cultivadas como gênero literário, e tornaram-se costumeiros os diários íntimos. A vulgarização da civilidade transformou em hábitos certos cuidados corporais e regras de higiene, como lavar as mãos e assoar o nariz, o uso do lenço, saber portar-se à mesa e usar talheres; a preocupação em esconder certas partes do corpo e atos como a excreção; o respeito ao espaço de cada um; o autocontrole, etc. O Romantismo trouxe o culto dos sentimentos, dos estados de espírito, dos sonhos ou dos devaneios, e da solidão. Entre as emoções, deu-se um novo sentido à amizade que, ao ser compartilhada com alguém, pas-

1.
Fachada de *hôtel privé* de primeira classe, conforme projeto dos arquitetos Nolau e Convents, apresentado por César Daly, em 1867. Trata-se de um exemplar de residência urbana na Paris de Haussmann, que se caracterizava pelo apuro construtivo e pelo programa das necessidades mais amplo.

sou a exigir lealdade de ambas as partes. A generalização do hábito da leitura e a retomada dos gêneros literários como cartas e biografias possibilitaram o interesse pelo autoconhecimento. Por outro lado, o desenvolvimento da arte de viver, como o gosto pela culinária e pelos vinhos, pela mesa farta, pelas roupas e pela moda, pode ser visto como outro fator.

Após a Revolução Francesa, o burguês recolheu-se junto à família, transformada em refúgio, centro de afeto ou do espaço privado, onde escapava dos olhares de fora[4].

Até então, nas cortes ou nos palácios da aristocracia européia, desconhecia-se a privacidade. Nobres e criados entravam e saíam a qualquer hora. O sistema era a mesa aberta, isto é, "os freqüentadores tinham seus talheres colocados permanentemente e chegavam sem avisar". Possuíam livre acesso aos dormitórios, onde eram recebidos por pessoas deitadas ou recostadas em seus leitos. O parto e a morte eram públicos[5]. Nos palácios principescos ou ducais, recrutava-se a criadagem junto à fidalguia, a começar do mordomo, sendo uma honra servir o Rei ou os grandes personagens. Na corte de Luís XIV, os nobres presenciavam o seu despertar; era um privilégio poder participar de sua *toilette*[6].

Na casa da burguesia francesa, a noção de intimidade associou-se à de conforto, repugnando ao rico a justaposição das desigualdades sociais[7]. Lançou-se mão de soluções arquitetônicas que garantissem o menor número possível de contatos com os criados e com as classes menos abastadas. Instituíram-se o dia e a hora marcados. Tais costumes alteraram o espaço da habitação. Primeiramente, nos interiores, diminuíram as dimensões dos cômodos, e os aposentos pequenos, como o gabinete, a alcova e a *ruelle* (espaço entre a cama e a parede), adquiriram autonomia. Cada aposento ganhou uma função específica, enquanto os corredores, a escada privada e o *hall* surgiram como recursos utilizados naquele intento[8]. A descoberta de que o calor e a luz solar — aos quais se acrescentaram a aeração e a limpeza — são tão importantes para a vida humana como o pão e a água também alterou a arquitetura, complementando a noção de conforto e salubridade.

A casa moderna teria nascido no século XVIII, quando os palacetes (*hôtels*) perderam a influência italiana para se tornarem mais cômodos e com janelas maiores, permitindo mais intimidade[9]. A distribuição a partir do vestíbulo foi uma inovação devida ao arquiteto francês Jacques-François Blondel (1705-1774)[10]. Retomada no decorrer do século seguinte pelos professores da Escola de Belas-Artes e da Politécnica de Paris, ela devia isolar a casa, iluminá-la de todos os lados e separar as construções acessórias do corpo principal[11]. A casa recuou do alinhamento da rua em vista da proposta de isolamento dos moradores, dificultando a audição dos ruídos e a propagação dos odores. Os porões foram utilizados como recurso contra a umidade. Ao mesmo tempo, a elevação do imóvel desestimulava os olhares indiscretos e fornecia perspectiva para que se apreciasse, da rua, o jogo dos telhados. Os jardins tornaram-se fonte permanente de ar e luz, deixando à mostra plantas e flores perfumadas[12].

No século XIX, assistimos à superposição do privado ao público. A sociedade civil conferiu maior importância à dimensão privada da vida. A divisão dos papéis masculinos e femininos, das tarefas e dos espaços tornou-se mais rígida. A mulher foi supervalorizada como mãe e educadora porque se acreditou que ela detinha nas mãos os destinos do gênero humano. Confiava-se na sua capacidade de transmitir os princípios da civilização, de modo que era considerada força civilizadora[13]. Enquanto o sexo se mantinha separado do amor e se colocava em dúvida a sexualidade feminina, a mulher simbolizava a criação, a natureza, a afetividade, o coração, a piedade interior e a virtude. Ela era a reprodutora e a consumidora, cabendo ao homem o trabalho e a produção que ocorriam fora do âmbito doméstico. Além de reprodutor, ele representava a razão, a ciência, a cultura, a política e a rua[14]. É possível dizer que o homem seria o público, re-

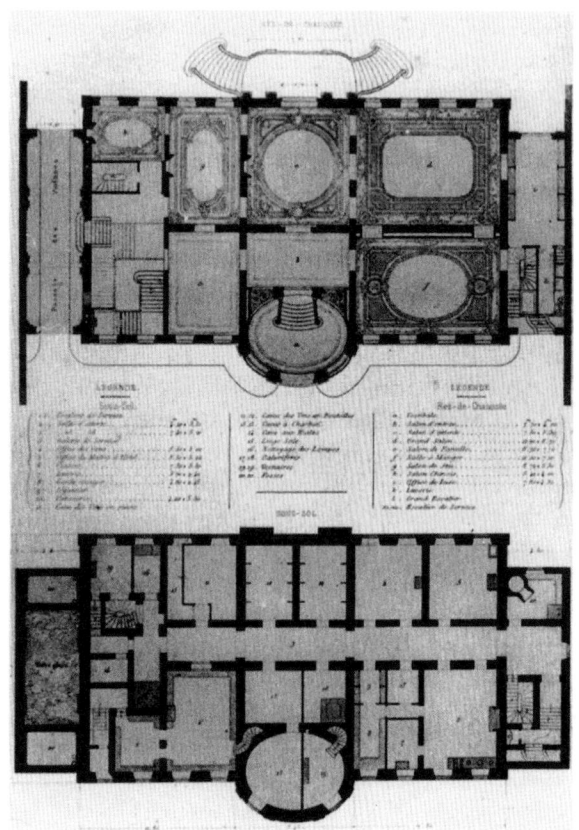

2.
Planta do rés-do-chão e do subsolo do *hôtel privé* projetado pelos arquitetos Nolau e Convents. As zonas de serviços, estar e repouso eram nitidamente separadas umas das outras, encontrando-se a cozinha no subsolo, ligada à sala de jantar pela escada de serviços e por um monta-cargas.

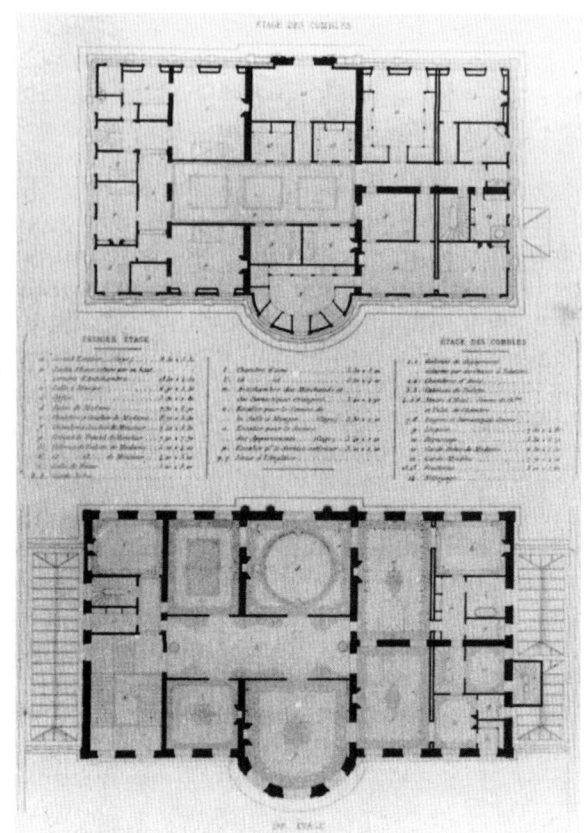

3.
Planta do primeiro andar e do sótão do mesmo *hôtel privé*.

presentando também o Estado ou o serviço deste, e a mulher, o privado, sendo a casa o seu reino por excelência, onde exerça as tarefas conhecidas como prendas domésticas, relativas à solução das necessidades básicas, aliadas à missão de "mãe extremosa" e de "esposa devotada". Para o homem, a rua significava a heterogeneidade, o desconhecido, a liberdade e o vício; para a mulher, a perda da virtude.

O trabalho masculino ficou claramente apartado da habitação. Nos interiores, surgiram espaços exclusivos para cada sexo e para cada atividade. Ao homem destinou-se o gabinete, lugar com entrada independente, onde ele se isolava a fim de tratar de assuntos confidenciais. Era onde tanto a mulher quanto os filhos entravam na ponta dos pés, em sinal de respeito ao seu comando. Contudo, em princípio, o profissional liberal usou-o como consultório, mesclando, portanto, o trabalho com a casa, que ainda contaria com outros espaços também utilizados pelo elemento masculino: o *fumoir*, o bilhar e a biblioteca. À mulher reservou-se apenas um cômodo exclusivo, a sala da senhora, situada entre a zona de serviços, a sala de jantar e a sala de visitas, numa clara alusão às suas atribuições: incursões pelos serviços e pelo estar informal. Desse modo, as tarefas atribuídas à senhora seriam desempenhadas em meio aos ruídos e odores peculiares da cozinha, do vaivém dos criados e dos visitantes.

Tornou-se patente a onipotência do homem, no decorrer do século passado, o qual não só dominou o espaço público (apenas ele goza dos direitos políticos), como também o doméstico, cujos poderes iam desde o controle das despesas e as decisões fundamentais no âmbito econômico até as decisões pedagógicas e as alianças matrimoniais. Assim, em face da "mulher rainha do lar", definida ainda no século XVIII pela literatura inglesa e endossada por Jean-Jacques Rousseau na sua obra pedagógica, o *Emílio*, respondeu-se com a máxima "o marido é o senhor da casa"[15].

Da mesma forma, as fronteiras entre o público e o privado eram bastante sinuosas e escapavam do espaço doméstico. Mesmo porque saber portar-se em público fazia parte da educação de ambos os sexos. O filósofo Habermas fala que a linha do público passa dentro da casa burguesa, na zona de estar. Público, para ele, significa tudo o que escapa ao privado e que se regulamenta pela autoridade e é reivindicado pelas pessoas privadas. Seria a política que, durante a regência de Luís Filipe, saiu da corte para a cidade, passando esta a formar a opinião pública[16]. Originária dos espaços públicos, da própria rua (sociabilidade anônima), ou do convívio nas academias, nos salões literários e nos cafés, a sociabilidade perdeu a informalidade para tornar-se formal e restrita a determinados lugares[17]. A zona destinada ao estar transformou-se na parte mais bem cuidada tanto do ponto de vista arquitetônico quanto decorativo. Era o local onde se exibiam a riqueza, a opulência e a educação da família e dos convivas. Por isso mesmo, na França, ela chamou-se zona de representação[18]. O tratamento dado à zona de representação de um *hôtel privé* ou a uma *villa* — tipos de casa burguesa do século XIX — e o seu apuro construtivo é que determinavam a categoria da casa[19].

Além da sala de jantar e do *petit salon* (saleta destinada ao estar familiar informal), a maior parte dessa zona não passou de substituição do espaço ocupado pela galeria dos palácios e dos chefes de Estado, ricamente decorada, mas desprovida de mobiliário. Em seu lugar, surgiram o *salon* (sala de visitas), onde sempre esteve o piano, o *fumoir* e o bilhar.

A residência burguesa tornou-se a expressão da individualidade do proprietário, pois, doravante, ele passou a ter valor por si mesmo e não mais por títulos de nobreza herdados de seus antepassados. Fariam o homem o seu êxito financeiro e profissional[20]. A casa não contaria mais com a mera sucessão de espaços sem outra utilidade que a de mostrar os troféus e as façanhas dos nobres de uma família. A exemplo da moda ou das roupas que também faziam o homem, a casa também passou a expressar solidez financeira. Ela tornou-se refúgio do mundo das contradições e das lutas pela vida[21].

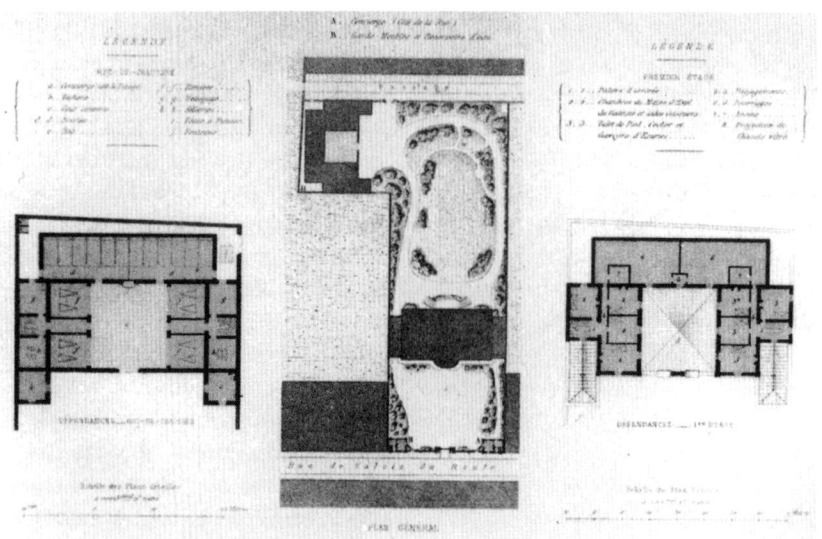

4.
Implantação do *hôtel privé*, em meio a jardins e edículas, cocheiras e estábulos.

5.
Exemplo de *villa* suburbana de primeira classe, projetada pelo arquiteto Azemar, e também apresentada por César Daly, em suas publicações (vide bibliografia).

O estilo arquitetônico e a decoração interna deveriam sugerir o poder econômico, o gosto, o grau de ilustração e o cosmopolitismo dos proprietários, ao mesmo tempo que proporcionariam as condições necessárias ao seu isolamento. Nos interiores, acumulou-se uma massa de objetos caros, de prata, bronze, porcelana e cristal, freqüentemente misturados ao excesso de tecidos que revestiam as paredes: cortinas, reposteiros e toldos de renda e seda, além de papéis ou pinturas nas paredes. Coleções de peças raras, de valor histórico ou arqueológico, recolhidas durante viagens internacionais feitas pelo proprietário, eram exibidas em vitrines colocadas nas salas de visita ou de jantar.

Mesmo que a casa possuísse fachadas formais, ou fosse de aluguel, os interiores apresentavam-se com aquela intenção, onde não faltava o piano, instrumento por excelência do século XIX, evocativo da cultura musical dos moradores[22]. Aliaram-se a tudo isso a ordem, a meticulosidade e a limpeza, e eis que se delineou a morada da burguesia do século XIX, onde estariam jogados *ao acaso* objetos evocativos das prendas maternas, tais como xales, bordados, pinturas, etc., especialidades da dona da casa.

Mas a maior revolução na casa estaria por vir, na segunda metade do século passado, quando a maioria das cidades passou a ser regularmente abastecida de água, possibilitando a vulgarização da água corrente nas residências. Ela chegou primeiro ao andar de baixo, depois aos superiores e, finalmente, a cada apartamento. A industrialização dos canos galvanizados e do material impermeável, a fabricação da torneira, bem como a invenção do sifão e da privada sifonada, patenteada pelos ingleses, permitiram que a água corrente passasse da pia da cozinha ao lavabo e ao w.c. e, daí, ao banheiro. Ao mesmo tempo, eliminava-se o mau cheiro e canalizavam-se as águas servidas[23]. O banho pôde passar de nômade a estável, e as peças apropriadas, de portáteis a fixas. As residências de luxo destinaram-lhe um cômodo exclusivo. Da mesma forma, o suprimento de água quente também ocorreu a partir do aquecimento de tubos acoplados à fornalha do fogão. Em 1840, nos Estados Unidos, começaram a ser utilizadas caldeiras de cobre e ferro conectadas com os fogões[24].

Desse modo, a cozinha e o banheiro transformaram-se nos dois focos da mecanização da casa, onde se concentrariam outras invenções que concorreram para aliviar o trabalho doméstico. Na cozinha, surgiram, em maior escala, as máquinas de moer carne, as batedeiras de manteiga e ovos, os moinhos de café, o aparelho de fazer gelo e sorvete, etc., que se somaram a gêneros alimentícios pré-elaborados, refinados ou em conservas[25].

Quanto ao banheiro, a Inglaterra criou o mais luxuoso do mundo. Produziu e exportou artigos sanitários belíssimos e de excelente qualidade, entre 1880 e 1910[26]. Reuniu todas as peças no mesmo local, deixando espaço aos exercícios físicos.

Tais invenções vieram ao encontro da revalorização do asseio pessoal e de uma nova noção de conforto e de salubridade preconizada pela Medicina e pela Química contemporâneas[27].

Os arquitetos franceses propuseram uma planta de residência conforme as necessidades do morar burguês. A construção recuada das laterais do lote urbano e a distribuição a partir do vestíbulo possibilitariam a ventilação e a iluminação de todos os cômodos, bem como a independência de cada um. Ao mesmo tempo, destinaram um compartimento para cada função a fim de evitar a superposição das atividades e de atender as normas: "cada tempo e cada espaço, uma função" ou "cada um no seu lugar". Conferiram também um tratamento especial à chamada zona de representação: sala de jantar, sala de visitas e salão, destinados à formalidade.

Embora flexível, o esquema era o seguinte:

	S	
E	V	R

Na França, as residências burguesas mais ricas eram os *hôtels privés*, urbanos, e as *villas*, suburbanas.

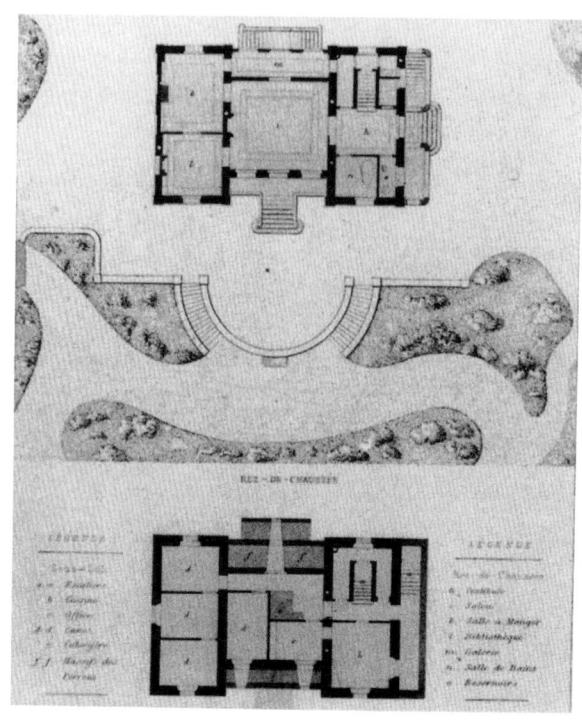

Os primeiros resultaram do encontro da habitação burguesa padronizada com o palácio dos nobres. César Daly, arquiteto oficial de Napoleão III, considerava os *hôtels privés* de primeira categoria por terem os cômodos de recepção mais amplos e luxuosos. Mesmo assim, dividiam-se em primeira, segunda e terceira classes, segundo o apuro da construção e o tratamento dado à zona de estar, relativos às dimensões e à decoração. Caracterizavam-nos os pátios fronteiros seguidos da casa, e esta, dos jardins. Possuíam portaria e cocheira, mas os serviços concentravam-se no subsolo, sendo exercidos por uma série de criados que obedeciam a uma hierarquia rígida, em cujo ápice ficava o mordomo ou *maître d'hôtel*. Nesses casos, a residência funcionava sem a presença da mulher. A distribuição era sempre à francesa: os serviços no subsolo e nas edículas, o estar no térreo, o repouso no primeiro andar, destinando-se o sótão aos hóspedes, aos amigos e à criadagem mais próxima aos patrões[28].

Já as meias fortunas, dadas as facilidades proporcionadas pelas ferrovias, preferiram morar nos arredores de Paris, ou nas grandes cidades industriais da França, nas chamadas *villas*[29]. César Daly também disserta sobre as *villas*. As de segunda classe, de menor luxo, eram iguais às de primeira classe, mas não tinham varanda nem estufa. Nas de terceira classe, a decoração era desprovida de luxo, inexistindo também a marquise e a estufa. As *villas* parisienses encontravam-se a meio caminho da casa urbana e da casa de campo. Esse tipo de residência, de remota origem italiana, era ideal para as fortunas médias, porque a proximidade do campo dispensava o excesso de etiqueta, cedendo maior espaço ao reino da mulher, onde a imaginação correria mais à solta, ao sabor do sonho e do Romantismo. Os estilos deviam ser os românticos nacionais ou os pitorescos, considerados mais adequados à arquitetura residencial, destinada à mulher. O *hôtel privé* devia ser no estilo do Renascimento francês, com telhados de ardósia e mansardas. As *villas* semi-rurais tornaram-se possíveis não só com a ferrovia, mas também graças à abertura de novos bairros e das avenidas periféricas, os *faubourgs* elegantes abertos pelo Prefeito Haussmann. Situavam-se próximo às estações, em cidades estabelecidas num raio de algumas léguas[30].

O morar na cidade de São Paulo até meados do século XIX

No que se refere à cidade de São Paulo da metade do século passado até o início do ciclo do café-ferrovia dependente do binômio capital-porto de Santos, o morar ainda era bem diferente do mundo burguês europeu contemporâneo. Os modos de resolução das necessidades básicas eram outros, assim como a privacidade e a sociabilidade.

No pequeno aglomerado que ficava sobre a colina histórica, o sobrado constituía morada nobre de dois pisos, sendo o primeiro andar assoalhado, em oposição à casa térrea, popular, de menores dimensões, de chão de terra batida, ou de piso de tijolos. Muitas vezes, na parte fronteira da casa térrea, existia uma oficina ou armazém. A moradia ficava nos fundos.

De início, o sobrado urbano tradicional era, principalmente, propriedade de comerciantes abastados, encerrando sempre solução compacta de trabalho e moradia. Ficavam no térreo as lojas, depósitos, armazéns e escritórios, além das oficinas dos escravos e de algumas alcovas (quartos sem janelas). O primeiro andar destinava-se à habitação da família. Repetia-se a mesma disposição de planta alongada, mediante a qual o estar ficava na parte da

6.
Planta do porão e do térreo da *villa* suburbana.
A distribuição francesa faz-se pelo vestíbulo.
O programa das necessidades é menor do que o do *hôtel privé*.

7.
Implantação de *villa* suburbana.

8.
Modelos de *villas* suburbanas apresentadas por César Daly.

frente e o repouso no centro. Nos fundos, situavam-se a sala de jantar, a cozinha e os serviços. Enquanto os anexos do quintal se construíam a título precário, de pau-a-pique, tanto o sobrado quanto a casa térrea eram edificados em taipa de pilão, técnica de construção costumeira do Planalto Paulista. Além do número de andares, conferia-se importância ao sobrado pelas dimensões, pelo número de cômodos e de janelas envidraçadas, guarnecidas de balcões de ferro batido. Temos o seguinte esquema:

Esse esquema era induzido pelo lote urbano estreito, padronizado, herança do século anterior, cujas origens remontavam à tradição medievo-renascentista portuguesa, o que teria levado, no país todo, e com poucas diferenças regionais, "a um tipo de arquitetura bastante padronizada, tanto nas suas plantas quanto nas suas técnicas construtivas"[31]. Assim, as construções urbanas, sobrados e populares, resultaram geminadas, levantadas em terrenos estreitos e profundos, possuindo os cômodos encarreirados[32]. Raramente providas de passagem lateral para carros, as casas de taipa eram cobertas por telhados de duas águas, sendo a cumeeira necessariamente paralela ao alinhamento[33].

Nas casas rurais e semi-rurais do período colonial, o estar se situava entre os cômodos destinados ao repouso e aos serviços:

	S	
R	E	R

Essa distribuição apresentava-se em um ou mais lances (seqüência de cômodos) e pôde ser encontrada nas casas sedes de chácaras durante o século XIX. Construída em taipa de pilão, esse tipo de morada, conhecida tradicionalmente como "casa paulista", foi estudada pelos eruditos sob a designação de "casa bandeirista". Sua rígida simetria dividia-se em três faixas: na frente, o alpendre era ladeado pelo quarto de hóspedes e pela capela. O estar situava-se no centro, entre os dormitórios. Na zona posterior, os serviços, onde ocorreriam atividades relativas a uma cozinha voltada para o quintal[34].

Na casa urbana do século XIX, sempre no alinhamento da rua e geminada, a iluminação fazia-se pelas envasaduras da frente ou dos fundos, de modo que no corpo central, sombrio, ficavam as alcovas. Daniel P. Kidder afirma que todas as moradias paulistas eram construídas de modo a deixar uma área interna para arejar os dormitórios[35]. Na entrada, guardavam-se as liteiras ou as seges. Fala-se na existência de cocheiras e estábulos no térreo, e na entrada de carros de boi que chegavam da "roça", trazendo lenha e gêneros alimentícios a serem descarregados nos pátios situados nos fundos[36]. Houve quem confirmasse a existência de quarto de castigos corporais dos escravos faltosos, no térreo de antigos sobrados[37]. Nos quintais, ficavam as hortas, algumas plantas medicinais e árvores frutíferas, cujos galhos se esparramavam sobre os muros de taipa. Havia criação de aves e porcos, telheiros para os serviços e rancho para acomodação dos escravos, além de fornos e lenheiros. Não faltavam poço ou mina d'água.

O que caracterizava o sobrado era também a superposição de funções e a localização do estar formal. Este, utilizado por hóspedes ou visitantes, permanecia separado, pelas alcovas, do estar informal ou familiar, que transcorria na sala de jantar. Um corredor no sentido frente-fundos levava os escravos, criados e membros da família a cruzar as diversas zonas. Nos grandes sobrados, esse esquema era mais amplo, destinando-se uma sala da frente para as mulheres e outra para os homens, de forma que no estar formal o convívio masculino se apartava do feminino[38].

Na residência senhorial era comum a presença do elemento escravo tanto nas lides domésticas quanto no convívio familiar. Lúcio Costa observou a importância que o negro escravo teve para o funcionamento da casa:

A máquina brasileira de morar ao tempo da Colônia e do Império dependia dessa mistura de coisa, de bicho e de gente que era o escravo. Se os casarões remanescentes do tempo antigo parecem inabitáveis devido ao desconforto, é porque o negro está ausente. Era ele que fazia a casa funcionar: havia negro para tudo, desde negrinhos sempre à mão para recados, até negra velha, babá. O negro era esgoto, era água corrente no quarto, quente e fria; era interruptor de luz e botão de campainha; o negro tapava goteira e subia vidraça pesada; era lavador automático, abanava que nem ventilador[39].

O escravo era, ainda, muito mais do que isso. É possível afirmar que o viver das pessoas de posses dependia, em grande parte, da mão-de-obra servil. O comércio era incipiente. Segundo Vieira Bueno, por volta de 1830-40, restringia-se a vinte lojas de tecidos, uma de ferragens, uma de louça e uma de vinho. Esse memorialista também discorre sobre o abastecimento irregular da cidade:

Para a venda de gêneros alimentícios, hortaliças, frutas, etc., não havia mercado. Tudo era vendido pelas ruas, pelas pretas de tabuleiro, ou pelos caipiras (matutos), que vinham com seus cargueiros dos sítios circunvizinhos. O mesmo se dava com as tropilhas carregadas com mantimentos, vindas, de mais longe, como de Cotia, de Juqueri, de Nazaré, etc., quando os atravessadores não as cercavam fora da cidade. Somente as carregações de toicinho e de carne salgada é que iam para as casinhas, carreira de casebres, que ocupava um dos lados da travessa fronteira ao Mercadinho, a qual se chamava, por isso, rua das Casinhas[40].

Havia nas ruas um comércio informal, de artesanato, doces, frutas e hortaliças realizado por mu-

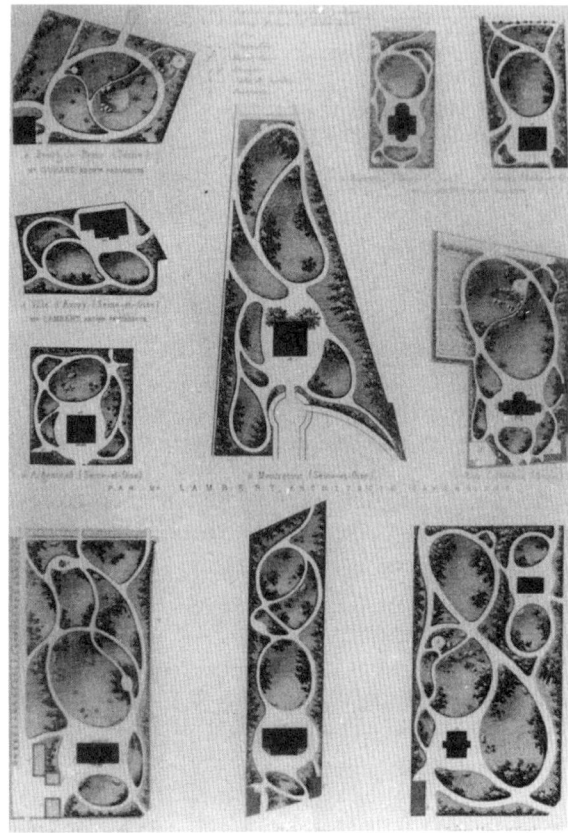

9.
Tipos de implantação das *villas* suburbanas. *Ibid.*

lheres pobres, brancas, negras e pardas, sós ou chefes de família, e pelos escravos de ganho à base de produtos caseiros feitos pelas "sinhás"[41].

Desse modo, o artesanato primitivo e a indústria doméstica ainda não haviam sido destruídos pela importação. Com exceção do sal, da farinha de trigo, do azeite e de mais alguns produtos comestíveis pré-elaborados, que vinham do exterior e ficavam em mãos dos grandes comerciantes como o Barão de Iguape, o Senador Vergueiro e o Barão de Antonina, resolvia-se em domicílio o beneficiamento de produtos como arroz, café, milho, mandioca e açúcar. Fabricavam-se em casa peças rústicas de mobiliário e utensílios domésticos; fiavam-se e teciam-se panos grosseiros; procedia-se à costura de roupas e à confecção de calçados para os escravos[42].

Na primeira metade do século, a capacidade das importações no país era muito pequena. Em 1850, para uma população estimada em 8.020.000 habitantes, o Brasil exportava, tomando-se por base o decênio 1841-1850, a média de 5.468.000 libras por ano, o que dava apenas 0,68 libras por ano, *per capita*[43]. As importações de farinha de trigo, bebidas, charque, manteiga, bacalhau, azeite e sal representavam 21% do total gasto em compras no exterior. A maior parte das necessidades de bens manufaturados da população (mesmo considerando-se o baixíssimo padrão de vida da maioria) deveria ter sido atendida por produção nacional, inserida no setor de subsistência, principalmente[44]. As velas de espermacete, os candeeiros que iluminavam a casa à base de óleo de rícino ou de mamona, o sabão de cinzas, a banha de porco, tudo era obtido numa cozinha extrovertida, suja e fumarenta, subdividida em vários compartimentos, dispersos pelos quintais a partir do puxado da construção principal[45].

Os escravos resolviam os problemas de abastecimento de água indo buscá-la nos chafarizes dos largos públicos, nas fontes, nos rios e nos poços existentes no fundo dos quintais, carregando-a para dentro de casa. Promoviam a limpeza e a retirada dos esgotos e das águas servidas por meio de barricas denominadas "tigres". Eram ferradores, sapateiros e tecelões. Cuidavam da criação, conduziam os meios de transporte ou levavam os animais às pastagens. O escravo era moleque de recados, saía às compras ou a vender os excedentes da produção doméstica, auxiliando a sobrevivência das senhoras[46]. As negras cozinhavam e também beneficiavam as matérias-primas alimentícias na peneira e no pilão. Eram amas-de-leite, pajeavam as crianças, costuravam e faziam rendas.

Eni Samara de Mesquita procurou reconstituir os grupos domésticos com base no recenseamento da cidade de São Paulo de 1836, na composição dos domicílios, na sua distribuição (áreas urbanas ou arredores rurais) e na situação do chefe do fogo (sexo, cor, idade, estado civil e ocupação). Dos 1.516 domicílios existentes, 802 abrigavam famílias possuidoras de escravos[47]. Tratava-se de famílias de estrutura mais complexa, as quais predominavam nos fogos, onde a ocupação fundamental era a lavoura ou o comércio, e, especialmente, entre os indivíduos em melhor situação financeira. Distribuíam-se entre os sobrados e as chácaras ou as zonas mais ligadas à lavoura, concentrando-se, de preferência, em Santa Efigênia, nos distritos do sul e do norte da Sé, e na Freguesia do Ó. Nos demais tipos de casas, foram mais comuns as famílias de composição simplificada[48].

Índice de riqueza, o escravo também significava conforto. Mesmo quem não o possuísse procurava alugá-lo, caso contrário passava por dificuldades de sobrevivência[49]. Após 1850, quando se deu a extinção do tráfico negreiro e o incremento da cafeicultura, diminuiu o número de escravos na cidade, quer encaminhando-se a maioria para a grande lavoura, quer como alforriados. Na tendência à concentração da riqueza, eles permaneceram nas mãos dos grandes proprietários que mantinham a média de sete a quatorze escravos, no sobrado, e de vinte a quarenta na chácara[50]. Embora a mão-de-obra negra já sofresse a concorrência de assalariados e do incremento das importações, o sistema de auto-abastecimento tinha a sua razão de ser.

O palacete paulistano

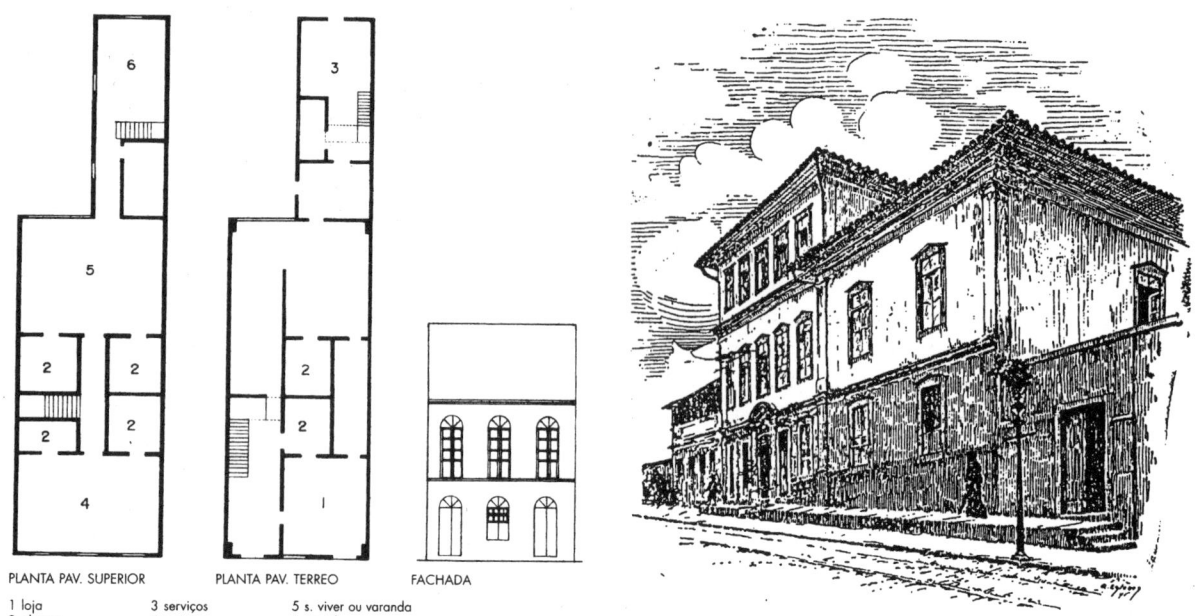

PLANTA PAV. SUPERIOR   PLANTA PAV. TERREO   FACHADA

1 loja 3 serviços 5 s. viver ou varanda
2 alcova 4 s. visitas 6 cozinha

10.
Planta do 1º andar do sobrado urbano, obedecendo ao esquema zona de estar na frente, seguida da zona de repouso, da sala de jantar e, finalmente, da zona de serviços, nos fundos. Levantamento de Adelaide M. W. D'Esposito.

11.
Sobrado que pertenceu ao Comendador Barros, onde morou D. Maria Paes de Barros, sua filha. Ficava pouco afastado do centro e dispunha de amplo quintal.
BARROS, D. M. P. *No tempo de dantes*, 1943, p. 19.

Talvez o sobrado e a chácara tenham sido os últimos redutos da escravidão urbana que, em 1886, contava com apenas 593 escravos, considerando-se uma população de 47.697 habitantes[51]. Seja como for, levantamos uma série de chácaras e de sobrados existentes na cidade de São Paulo até a Abolição, onde viveram famílias abastadas pelo menos até a última década do século.

Nas chácaras, o ciclo de sobrevivência procurava ser o mais completo possível, o que lhes dava certa autonomia. Além da presença obrigatória dos veios d'água, do plantio de gêneros alimentícios como arroz, feijão, milho, mandioca, acrescentavam-se algumas culturas extensivas para a troca ou para a venda dos excedentes, tais como o café, o chá ou a vide. Contavam ainda com olarias, máquinas para beneficiamento dos produtos da lavoura, como o monjolo, a moenda e as prensas, bem como com árvores frutíferas, armazéns, senzalas, capinzais, criações várias, etc.

Por intermédio de anúncios de aluguel ou de venda de chácaras publicados no terceiro quartel do século passado, ficamos sabendo que elas apresentavam os programas abaixo discriminados.

Em 1859, pouco adiante da Igreja do Brás, vendia-se

uma chácara com boa casa de morada, casas com utensílios próprios para o fabrico de farinha e de chá, cômodos para escravos com água corrente no terreiro, com plantação de chá, mandioca e capim, além de muitos arvoredos, dando e novos (sic), um carro, uma carroça e um carro de andar gente (sic) (...)[52]

Em 1867, J. Joly, ao querer vender sua chácara na Rua do Brás, 90, informava que ela possuía

bestas, cavalos, vacas, etc. e todos os apetrechos da mesma. A extensão da propriedade cujo terreno é excelente, bem dividido em pastos e terras para trabalhar, e bem circunvalado, tem perto de 200 braças de comprimento sobre a Rua do Brás, e perto de 300 sobre a do Pari, e está atravessado por um córrego d'água muito boa que pertence à mesma. A casa de morada é vasta, tem um sobrado, muitos cômodos para uma família numerosa, escravos e criados. Além de seu produto diário em capim, hortaliças e outras plantas, tem mais de mil pés de árvore (sic) de toda a qualidade, já dando frutos, assim como parreiral imenso, vinhas, caramanchões, latadas, tanques, etc. que reúnem na mesma vivenda o agradável ao produtivo (...)[53]

A Chácara das Palmeiras, de D. Angélica de Barros, foi a primeira a possuir vacas holandesas em São Paulo. Ainda em 1872, quando pertencia ao Dr. Frederico Borghoff, o anúncio em que o médico a colocou à venda dizia:

Esta chácara contém mais de 25 alqueires de terra, em parte cultivadas com grande pomar, plantações de chá, mandioca, capim e dá bom rendimento. A casa de morada, reedificada e empapelada, dá cômodo para grande família, e outros edifícios, armazéns, cocheiras, estrebarias, senzalas, etc., acham-se em bom estado[54].

A Chácara do Pacaembu de Cima, quando esteve à venda, em 1873, apresentava-se nas seguintes condições:

(...) situada a menos de meia légua da cidade, sua casa de vivenda que se acha vantajosamente edificada em lugar ameno e risonho é cômoda e vasta e dela se desfruta uma vista deliciosa. Tem olaria, muitas outras benfeitorias, excelentes pastagens, divididas em diversos apartadores, águas com suficiência para tocar qualquer máquina, muito barro para tijolos e mesmo para telhas, e grande mataria, na qual se encontra até madeira para construção. É muito grande e está toda fechada com valos de lei. Dá-se com toda a criação e utensílios de seu custeio, e mesmo com alguns escravos moços e práticos de serviço (...)[55]

Conforme a literatura dos viajantes que estiveram em São Paulo, no decorrer do século XIX, as chácaras eram residências de famílias aristocráticas. Em 1818, D'Alincourt observava:

12.
Sobrado na Rua de São Bento esquina com a Rua do Ouvidor. Pertenceu ao Brigadeiro Luís Antônio de Souza
e depois ao seu filho, o Barão de Souza Queiroz.
Foto de Militão Augusto Azevedo, 1862. Dim, DPH/SMC/PMSP.

É a cidade cercada de quintais ou chácaras que embelecem os seus subúrbios[56].

Vinte e um anos depois, Kidder registrou:

Os subúrbios e arredores de São Paulo são muito interessantes e neles encontram-se numerosas residências elegantes, cercadas de jardins (...)[57]

Zaluar, que entrou na cidade pelo Brás, em 1860, notou que se tratava de

um dos arrabaldes mais belos e concorridos da cidade, já notável pelas elegantes casas de campo e deliciosas chácaras, onde residem muitas famílias abastadas, ao lado todavia de alguns casebres e ranchos (...)[58]

Temos notícia de que fazendeiros de açúcar, professores, estudantes de Direito, banqueiros, etc. moravam em chácaras[59].

Embora esse tipo de propriedade estivesse isolada do centro com referência à prestação de serviços, ela representava, por outro lado, certo conforto e abundância. Na cidade, o fornecimento de água era precário e o de gêneros sofria a ação dos intermediários ou atravessadores que os exportavam para outras regiões, o que provocava crises de abastecimento e carestia dos gêneros da roça[60].

A necessidade de se manter transporte próprio a tração animal, pois inexistiam os transportes coletivos urbanos, levava à posse de extensões de terra e capinzais que servissem de pastos aos animais particulares. Tudo indica que ficava mais barato manter os escravos na chácara porque nela era possível vesti-los mais simplesmente do que na cidade, sendo mais fácil efetuar o auto-abastecimento.

Assim, os sobrados que não dispusessem de quintais amplos apoiavam-se nas chácaras. A maioria dos proprietários dos grandes sobrados contava com chácara ou sítio nos arredores da cidade, os quais, a rigor, não passavam de quintais dos sobrados. As famílias que não possuíssem terras valiam-se das áreas de uso comum. As várzeas serviam de pasto a seus animais e o mato fornecia lenha. Valiam-se dos rios para a pesca e a lavagem das roupas, que também se processava nos chafarizes públicos. A criação ficaria solta pelas ruas e pelos terrenos vizinhos[61]. Isso explica, em parte, a dispersão dos fogos e das freguesias e o fato de algumas chácaras chegarem até junto ao aglomerado urbano.

O sistema de auto-abastecimento, mais a troca e a venda dos excedentes, características das chácaras, levam-nos a considerá-las como herdeiras das culturas de subsistência instaladas na periferia da cidade desde os tempos coloniais. O escravo largamente contribuiu para a preservação das chácaras até o período republicano. Portanto, a divisão social do trabalho era pequena, assim como imprecisa a separação campo-cidade[62].

As demais atividades que se processavam na moradia eram também bastante marcadas pelo escravo, presente por toda a parte do espaço doméstico. A começar pela própria circulação da casa que, como vimos, permitia que os serviçais negros se misturassem aos moradores e visitantes. As mucamas ficavam ao pé de suas sinhás e as crianças eram entregues aos cuidados das mães-pretas. Os negros aglomeravam-se junto às portas das casas nas ruas. Havia negras donzelas que dormiam nas cozinhas para manterem distância do espaço destinado à acomodação masculina. Houve casas em que as negras costuravam junto das senhoras. Em outras, mucamas serviam a mesa de peitos nus e abanavam os convivas acalorados até com páginas de jornal. As mais belas chegavam a participar de jogos de salão[63]. Aos domingos, os escravos acompanhavam a família à missa, caminhando em verdadeiro séquito.

Vivia-se em intimidade com o negro, em meio à confusão, ao som de muito alvoroço e de algazarra, para espanto dos discretos viajantes estrangeiros que visitavam as famílias paulistas. Não faltavam promiscuidade e desalinho ao espaço doméstico, em prejuízo tanto da privacidade quanto do formalismo.

Já que muita coisa se registrou sobre os escravos e sua atuação nos serviços domésticos e no eito, tem sido mais difícil chegar ao cotidiano da mu-

O palacete paulistano

13.
Rua da Quitanda, em 1862, esquina com a Rua do Comércio, predominando casas térreas.
Foto de Militão Augusto Azevedo, Dim, DPH/SMC/PMSP.

14.
Rua da Quitanda, em 1887, mostrando o aumento do número de sobrados com relação a 1862.
Foto de Militão Augusto Azevedo, Dim, DPH/SMC/PMSP.

lher no âmbito da casa. A historiografia do século XIX refere-se a ela como pouco mais que ociosa, realizando trabalhos leves, dona de pouca instrução e confinada nos interiores de uma casa de aspecto severo e triste. Auguste de Saint-Hilaire, que esteve em São Paulo em 1819, assinalou que ela não costumava recepcionar visitantes desconhecidos e muito menos se sentava à mesa com eles[64]. Era-lhe vedado sair sozinha à rua e fazer compras, tarefa que delegava aos pajens[65]. Muito austera, andava nas ruas de mantilha e de baeta preta, e espreitava os passantes por trás das rótulas[66].

Por volta de 1840, Vieira Bueno descreve a mulher paulista como autora de trabalhos delicados:

(...) As prestimosas donas de casa, livres ainda de preocupações das reuniões, das soirées, dos bailes e das modas, dividindo seu tempo entre as rendas, os crivos, os bordados, com os saborosos guisados e os belos doces que faziam por suas mãos ou que mandavam fazer[67].

Para Charles Expilly, a mulher brasileira seria pouco mais que "a maior escrava de seu lar", pois que ficava à mercê de seu marido e soberano. O autor acrescenta:

(...) uma mulher já é bastante instruída quando lê corretamente as suas orações e sabe escrever a receita de goiabada[68].

Gilberto Freyre continuou vendo a mulher do século XIX pelas convenções sociais do período. O homem seria "o sexo forte, ela o fraco; ele o sexo nobre, ela o belo", desejando-se fosse a mulher "a menina do tipo franzino, quase doente", ou "a senhora gorda, mole, caseira, maternal, coxas e nádegas largas". O essencial seriam os papéis distintos, em vista da não competição entre os sexos nem no campo econômico nem no político[69].

A mulher no Brasil fugia aos padrões europeus contemporâneos, como também realizava as tarefas do diário fora das vistas dos estranhos, devido ao preconceito que existia com referência ao trabalho manual. Adèle Toussaint-Samson, escritora francesa que esteve no país entre 1850 e 1862, observou a respeito da mulher do sul:

Uma das opiniões mais geralmente creditadas acerca da brasileira é que ela é preguiçosa e conserva-se ociosa todo o dia. É um engano.

A brasileira não faz nada por si mesma, mas manda fazer; põe o maior empenho em não ser vista nunca em ocupação qualquer. Entretanto, quem for admitido à intimidade, achá-la-á pela manhã de tamancas, sem meias, com um penteador de caça por vestido, presidindo à fabricação de doces, cocadas, arrumando-os em tabuleiros de pretos e pretas, que os levam a vender pela cidade, qual doces, qual frutas, qual outro os legumes da horta.

Logo que estes saem, as senhoras dão tarefa de costuras às mulatas, pois quase todos os vestidos das crianças, do dono e da dona da casa são cortados e cosidos em casa. Fazem ainda lenços e guardanapos de ponto de crivo, que mandam também vender. Cumpre que cada um dos escravos, chamados de ganho, traga à senhora a quantia designada no fim do dia, e muitos são castigados, quando vêm sem ela. É isto o que constitui o dinheiro para os alfinetes das brasileiras e lhes permite satisfazer as suas fantasias. (...)

Como ia dizendo, uma brasileira se envergonharia de ser apanhada em qualquer ocupação, porque professam todas o maior desdém para quem quer que trabalhe. O orgulho dos americanos do sul é extremo. Todos querem mandar, ninguém quer servir. Não se admitem no Brasil outras profissões além do médico, advogado ou negociante de grosso trato[70].

Antonio Candido foi o primeiro autor a chamar a atenção para a existência de mulheres fortes no sul do país e às dificuldades quanto à definição dos papéis naquele século. Ainda que fossem submissas aos maridos e os costumes as condenassem a um sistema de reclusão, muitas revelaram capacidade de comando e de iniciativa:

A mulher dirigia a mão-de-obra escrava nos trabalhos da cozinha, fiação, tecelagem e costuras, além das ativida-

O palacete paulistano

15.
O assentamento dos trilhos dos bondes da Light, em 1902, nos Quatro Cantos (antiga confluência da Rua Direita com a Rua de S. Bento), vendo-se à direita o sobrado do Barão de Iguape.
Álbum *A cidade da Light*, 1899-1930, 1990, p. 115.

16.
Assentamento dos trilhos dos bondes da Light, no Largo do Tesouro, em 1902. Ao fundo, o sobrado de três andares, na esquina da Rua do Rosário ou Rua da Imperatriz (atual Rua XV de Novembro), que pertenceu a Domingos de Paiva Azevedo. Foi construído em 1854, como desafio a Antônio Cavalheiro, que construíra o seu, de um andar, em 1852, situado à direita do primeiro.
Foto *A cidade da Light*, 1899-1930, 1990, v. 1, p. 115.

des referentes à confecção de roupas dos escravos, do marido e dos filhos e às rendas e bordados. Era tarefa sua providenciar a comida dos escravos e agregados, de tratar das aves domésticas, do pomar, da jardinagem e culturas de flores (...) Cuidava das crianças e dos animais domésticos. Com freqüência auxiliava o marido na abertura de novas fazendas, na derrubada das florestas e nas plantações. Dirigia as atividades comemorativas (...) Não foram raras as viúvas que levaram adiante os negócios da família com energia e sucesso, revelando-se verdadeiras líderes e assumindo o lugar dos maridos incapazes ou incapacitados, transformando-se em chefes de família[71].

Ernani da Silva Bruno fala-nos um pouco da mulher solteira, na cidade:

No casarão das irmãs do Marechal Arouche de Toledo Rendon, conhecidas como Meninas da Casa Verde, trabalhavam 39 escravos, entre homens e mulheres. Elas viviam de aluguéis e da lavoura de sua chácara[72].

De fato, diversas histórias de vida e livros de memórias deixam entrever os papéis informais da mulher do século XIX. Tanto na cidade como no campo, casada, solteira ou viúva, ela surge como adestradora dos escravos ou no comando dos criados, à testa da resolução das necessidades básicas e da organização da vida familiar. Muitas mulheres casadas auxiliavam na administração dos negócios dos maridos e do próprio eito, os quais, via de regra, levavam adiante na sua ausência ou quando ficavam viúvas[73].

À mulher na casa urbana restava pouco tempo em face do número de tarefas que devia supervisionar. Logo pela manhã ela se dirigia para uma cozinha suja e enfumaçada, coberta de telhas vãs, por cujos interstícios saía a fumaceira do fogão a lenha. Extrovertida e compartimentada, a cozinha apoiava-se nos elementos que se espraiavam pelo quintal[74]. Encomendava o almoço que ficava a cargo de uma preta cozinheira e suas auxiliares. Acompanhava a produção dos pães e das broas feitos pela forneira. Das árvores frutíferas do quintal e da chácara chegavam os frutos para os doces: cidras, marmelos, goiabas, abóboras, figos, etc. Ponto alto de qualquer refeição que se prezasse, os doces exigiam cuidados especiais, segredos de família que ela, quando sabia ler, começava a copiar desde cedo. Juntamente com os queijos, eram guardados no quarto de doces, cuja chave ficava no bolso da dona.

Era sobretudo na sala de jantar que reinava a "sinhá". Esse compartimento, também denominado "varanda", gozava de situação *sui generis*. Muito amplo, iluminado pelas janelas do pátio de serviços, era para onde davam as portas das alcovas (a sala-praça)[75]. Ali, superpunha-se uma série de funções que iam desde as refeições e passagem, até o estar familiar, a recepção a parentes e amigos mais íntimos e a realização de tarefas como costurar, bordar, fazer rendas, etc. Contígua à cozinha e até mesmo às acomodações reservadas às negras, a varanda tornara-se "um precioso posto de observação para a dona-de-casa..."[76]. Sentada numa cadeira ou na rede instalada a um canto, ela empunhava o chicote ou a vara de marmelo enquanto supervisionava as escravas que teciam redes, bordavam e costuravam, trazendo os filhos pequenos nos balaios. Via ainda as mucamas passando roupa e amassando o pão, enquanto um moleque engraxava os sapatos, tudo isso em meio à algazarra da criançada. Um relógio de parede cronometrava as tarefas do dia-a-dia.

Alguns sobrados contavam com a sala de estar que também era usada para as costuras. D. Maria Paes de Barros recorda-se de sua mãe, empenhada nas tarefas cotidianas:

Na grande sala de estar, ou antes, de costuras, sentava-se a senhora, na sua cadeirinha baixa, tendo à frente uma mesinha com a almofada dura para prender o trabalho. Ao lado, o pequeno balaio com todos os seus apetrechos. (...) A pouca distância, sentavam-se as pretas costureiras, cada uma tendo seu banquinho e seu balaio. Faziam ali os trabalhos que a senhora determinava, até a noitinha, quando levantavam acampamento[77].

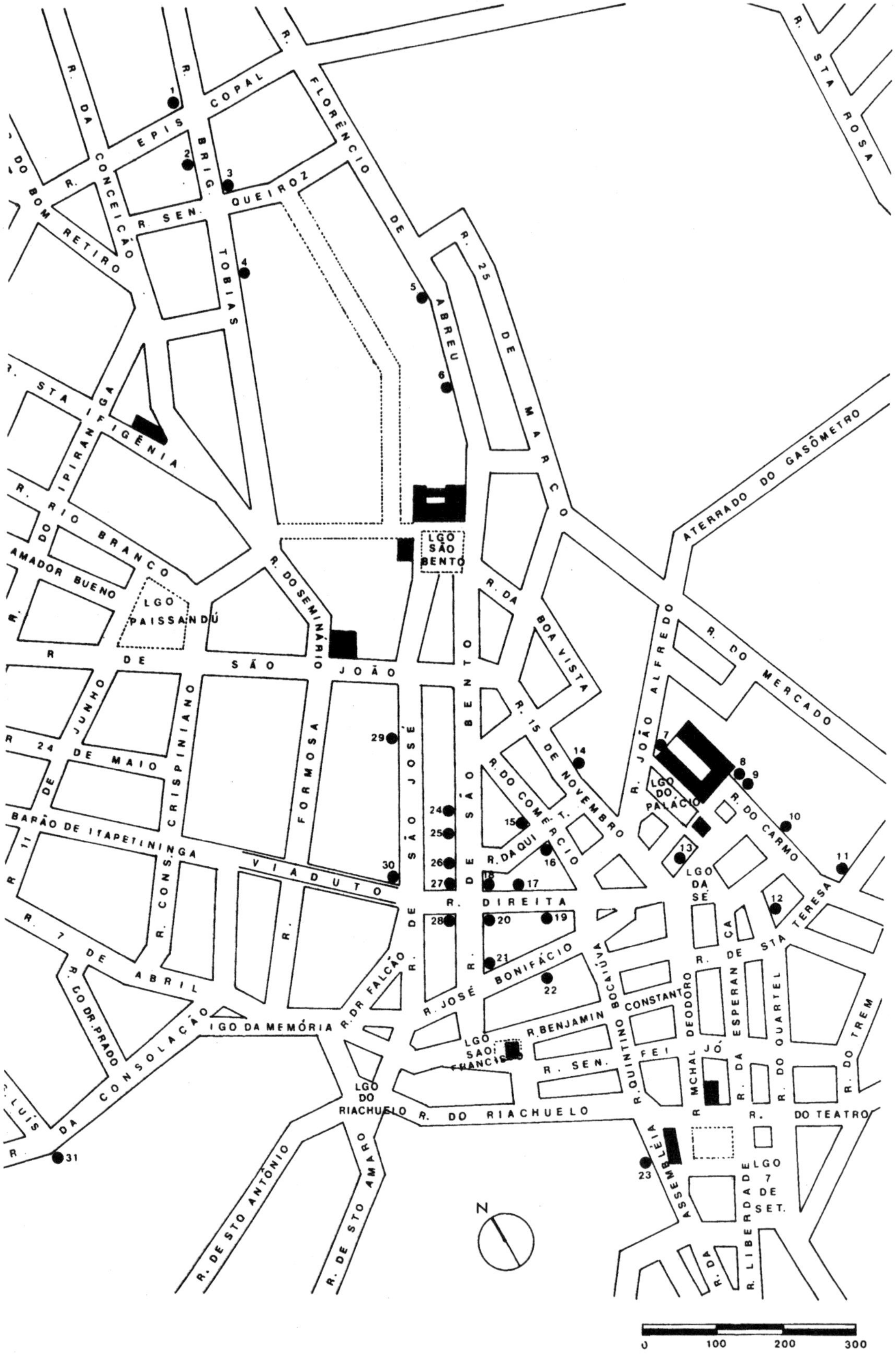
R. EPISCOPAL
R. BRIG. TOBIAS
R. FLORÊNCIO DE ABREU
R. DA CONCEIÇÃO
R. SEN. QUEIROZ
R. DO BOM RETIRO
R. STA ROSA
R. 25 DE MARÇO
R. STA IFIGÊNIA
R. IPIRANGA
R. DO RIO BRANCO
AMADOR BUENO
LGO PAISSANDÚ
LGO SÃO BENTO
R. DO SEMINÁRIO
ATERRADO DO GASÔMETRO
R. DA BOA VISTA
R. JOÃO ALFREDO
R. DO MERCADO
R. DE SÃO JOÃO
R. SÃO BENTO
R. 15 DE NOVEMBRO
R. 24 DE MAIO
R. DE JUNHO
R. CRISPINIANO
R. FORMOSA
R. SÃO JOSÉ
R. DE SÃO BENTO
R. DO COMÉRCIO
R. DA QUITANDA
LGO DO PALÁCIO
R. DO CARMO
BARÃO DE ITAPETININGA
VIADUTO
R. DIREITA
LGO DA SÉ
R. 11
R. CONS. CRISPINIANO
R. 7 DE ABRIL
R. JOSÉ BONIFÁCIO
R. BOCAIÚVA
R. DE STA TERESA
R. DA ESPERANÇA
R. DO QUARTEL
R. DO TREM
R. DR FALCÃO
LGO DA MEMÓRIA
R. DO DR. PRADO
DA CONSOLAÇÃO
R. BENJAMIN CONSTANT
R. QUINTINO BOCAIÚVA
R. MCHAL DEODORO
R. SEN. FEIJÓ
LGO SÃO FRANCISCO
LGO DO RIACHUELO
R. DO RIACHUELO
R. DO TEATRO
R. LUÍS
R. DE STO ANTÔNIO
R. DE STO AMARO
ASSEMBLÉIA
LGO 7 DE SET.
R. DA
R. LIBERDADE
N
1
2
3
4
5
6
7
8
9
10
11
12
13
14
15
16
17
18
19
20
21
22
23
24
25
26
27
28
29
30
31
0
100
200
300

O conceito de habitar

AMOSTRAGEM DOS SOBRADOS RELEVANTES DA CIDADE DE SÃO PAULO NO SÉCULO XIX
(BASEADO NA PLANTA DA CIDADE DE SÃO PAULO — JULES MARTIN, 1890)

SOBRADOS

1. Marquês de Itú 1893
2. • Antônio Álvares Penteado
3. • Conde do Pinhal
4. • Dr. Cincinato Almeida Lima
5. • Barão de Piracicaba I
6. Cel. Carlos Teixeira de Carvalho
7. • Irmãs Rendon
8. Casa nº 1
9. Marquesa de Santos
10. • Barão de Três Rios 1878
11. • Barão de São João do Rio Claro 1873
12. • Barão de Lorena 1860
13. Barão de Antonina 1857
14. • Res. Henrique Fox (relojoeiro)
15. Domingos Paiva Azevedo 1854
16. Antônio Cavalheiro 1852
17. • Barão da Silva Gameiro 1859 e 1872
18. Barão de Iguape
19. • Barão de Tietê 1857
20. Palacete Jordão
21. Senador Souza Queiroz
22. • Marquês de Montalegre 1822
23. João Mendes de Almeida
24. Elias Chaves
25. Antônio da Silva Prado
26. Henrique Schaumann (Botica ao Veado d'Ouro)
27. Benedito da Luz
28. Colégio D. Maria Amaral
29. • Barão de São João do Rio Claro 1857
30. Barão de Tatuí
31. Lúcio Manuel Capelo (boticário)

Obs.: • local aproximado

Era com o mesmo relógio da sala de jantar que a senhora controlava as obrigações diárias das crianças e dos jovens, que iam desde acordar cedo, receber aulas de tabuada, português, francês, canto, dança, piano, etc., intercaladas pelas merendas, grandes caminhadas, almoço, jantar, trabalhos de agulha e leituras feitas em voz alta. À tardinha, quando os sinos anunciavam as vésperas, a família reunia-se para rezar o terço, ajoelhada diante do oratório embutido no armário da sala de jantar. Tudo funcionando com ordem e disciplina conventuais.

Parentes e amigos não tinham hora certa para chegar, mas retiravam-se, o mais tardar, às nove horas, ao toque de recolher dos sinos do antigo Convento do Carmo, após terem compartilhado do chá da noite, servido com pão-de-ló, bolo e sequilhos. Em meados do século, os sobrados maiores já contavam com uma sala para a senhora, a sala de estudos e biblioteca. As recepções eram oferecidas nos salões, mas restringiam-se a bailes e outras comemorações relativas a casamentos, aniversários e batizados na família, aos quais começavam a comparecer os estudantes da Academia de Direito. O piano não podia faltar numa sala de visitas ainda despida de tapetes e outros ornamentos, simplesmente mobiliada:

(...) Um grande sofá de jacarandá, algumas cadeiras enfileiradas, duas pequenas consolas com flores artificiais cobertas por redomas de vidro e figurinhas chinesas[78].

Chegaram as primeiras governantes e as primeiras máquinas de costuras. Observamos ainda a saída de jovens recém-casados para abrir fazendas no Oeste coberto de matas. Haviam recebido como dotes pedaços de terras, escravos e jóias. Foi o que nos contaram os descendentes de mulheres que vivenciaram essas experiências ainda muito jovens: Luís da Silva Prado descreve os primeiros tempos como jovem fazendeira vividos por sua avó, D. Veridiana Valéria da Silva Prado, filha do Barão de Iguape e casada com seu meio-tio Martinho da Silva Prado:

(...) por ocasião do nascimento de minha tia Chuchuta, não houve tempo de minha avó chegar a São Paulo, tendo ela dado à luz em pequeno rancho à margem da estrada que levava a Mogi-Mirim... Os primeiros anos de vida conjugal de minha avó foram totalmente tomados pelos zelos e cuidados maternos. A vida na fazenda era rude, sem conforto, as viagens penosas... Assistida pelo marido, começava a seguir de perto a educação dos filhos, tomando grande interesse nos seus estudos e mesmo aprendendo com eles[79].

Paulo de Barros Ulhoa Cintra assim se refere a sua avó, D. Angélica de Souza Queiroz Aguiar de Barros, filha do Senador e Barão de Souza Queiroz e casada com seu primo Dr. Francisco Aguiar de Barros:

A sede da fazenda Bela Aliança, em Descalvado, era bastante precária, de chão de terra batido, coberta de telhas vãs. Minha avó precisava andar de touca, tanto que ventava dentro da casa. Era ela quem cortava a roupa dos escravos, provava a sua comida (...)[80].

Maria Helena Bueno Trigo recolheu os seguintes depoimentos:

(...) minha mãe casou-se e foi para a fazenda com meu pai; teve que assumir tarefas na administração da fazenda para ajudá-lo; todos os dias tinha que ser feita a comida para os empregados e, quando meu pai viajava para outras terras, muita coisa ficava por conta dela, que era bem moça nessa época (...) minha mãe era extremamente autoritária: sempre se interessou pelos negócios da fazenda e acredito que, com jeito, desse conselhos a meu pai (...)[81].

Para concluir, observamos a indefinição de gêneros nesse período, dada a importância da atuação feminina nos afazeres domésticos, que se estendiam até a esfera da economia de subsistência e da economia informal urbana, a organização da vida familiar e os negócios do marido. Ela começava a estudar, preparando-se para entrar nos salões e participando na educação e no estudo dos filhos. Quanto à casa propriamente dita, vemos a adaptação do modo de vida a um espaço imposto, gerando tensões e falta de privacidade, seguidas de uma separação muito grande entre o estar formal e o informal.

Para que o espaço doméstico se alterasse, foi preciso mudar primeiro o nível socioeconômico e o modo de vida do proprietário e da família e, com eles, os programas das necessidades. Esse processo será estudado no capítulo seguinte.

CAPÍTULO II

A civilização do café e as primeiras mudanças nas formas de morar (1867-1888).

Com o desenvolvimento da cafeicultura e o papel que São Paulo desempenhou na divisão internacional do trabalho, a que nos referimos na introdução, diversos fatores determinaram a metamorfose do modo de vida e a renovação dos programas das necessidades: o aumento do número das fortunas, as viagens à Europa, o advento do transporte ferroviário, seguido de um novo surto de urbanização.

Primeiramente, assistiu-se ao enriquecimento das famílias paulistanas cujos bens se diversificaram. As propriedades se distribuíam entre fazendas no Interior, sítios e chácaras próximas à cidade, casas urbanas e ações de companhias ferroviárias, de bancos, de fábricas, etc., além de escravos. Os últimos encontravam-se presentes em todas as propriedades voltadas à produção do café e do açúcar, à criação de animais, no transporte e na circulação de mercadorias, bem como nos trabalhos domésticos[1].

Ao estudar os inventários da segunda metade do século passado, Zélia Cardoso de Mello verificou que os paulistanos mais abastados pertenciam às famílias Paes de Barros, Souza Barros, Souza Queiroz, Souza Aranha, Silva Prado, Dias da Silva, Monteiro de Barros, Santos e Prates. Tratava-se de "grandes fazendeiros de café com múltiplas atividades urbanas ou, em pequeno número, proprietá-rios urbanos com fazendas de café"[2]. Podemos incluir nesse rol membros das famílias Queiroz Telles, Pereira de Queiroz e Vergueiro[3].

Além de grandes proprietários, detinham reconhecido prestígio social e político. Muitos eram bacharéis em Direito e haviam participado do governo provincial e imperial como vice-governadores, vereadores, senadores e ministros. Alguns possuíam títulos do Império e descendiam de antepassados ilustres.

Para se ter uma idéia da elite que despontava salientamos alguns nomes e seus títulos: Veríssimo da Silva Prado herdou parte da fortuna de seu pai, Antônio da Silva Prado (1778-1875), que fora Vice-Presidente da Província de São Paulo (1841) e Barão de Iguape com Grandeza (1848)[4]. A filha deste, Veridiana da Silva Prado, casou-se com o meio-irmão de seu pai, Martinho da Silva Prado.

Natural de Jundiaí, o bacharel Antônio de Queiroz Telles veio morar na capital. Era filho do Barão de Jundiaí e foi um dos organizadores e presidentes da Estrada de Ferro Mogiana. Quando Presidente da Província (1886-1887), juntamente com os irmãos Antônio e Martinico da Silva Prado, instituiu a imigração estrangeira subvencionada, fundando a Sociedade Promotora da Imigração

17.
Grupo de excursionistas que realizou o Circuito de Itapecerica, em 1908. Da esquerda para a direita, em primeiro plano, encostado no capô, Sílvio Penteado e Bento Canabarro. Sentado no estribo, Armando Penteado. As meninas são Laura e Heloísa, filhas de Numa de Oliveira. No outro automóvel, Antônio Prado Jr. e Edgar Conceição.
Atrás, o motorista de Antônio Prado Jr., Eglantine Prado e Betita Nogueira.
Foto cedida por Maria Helena Ramos, em 1979.

18.
Armando Álvares Penteado em seu Fiat, numa das cidades da margem do Lago Leman, após um "raid" de 240 km, realizado em duas horas e doze minutos.

(1886). Recebeu, entre outros títulos, o de Conde de Parnaíba (1887)[5].

Antônio Egídio de Souza Aranha (1821-1893), proveniente de Campinas, foi Vice-Presidente da Província por diversas vezes (1878 e 1881), deputado provincial e Marquês de Três Rios (1887). Apareceram também diversos membros da família Souza Queiroz: dois filhos do Brigadeiro Luís Antônio de Souza: Luiz Antônio de Souza Barros e Francisco Antônio de Souza Queiroz, Senador do Império, Barão de Souza Queiroz, e um neto, Fernão de Souza Queiroz, filho de Vicente de Souza Queiroz, Barão de Limeira.

Francisco Antônio de Souza Queiroz possuiu uma das maiores fortunas, em seu tempo. A exemplo de seu sogro, o Senador Vergueiro, também introduziu em suas fazendas braços livres de colonos contratados no exterior. Em 1871, fundou a Associação Auxiliadora da Colonização e Imigração. Pertencia ao Partido Liberal, tendo sido Vereador, Deputado Provincial, Deputado Geral (1845-1847) e Senador (1855). O decreto imperial de 1874 conferiu-lhe o título de Barão de Souza Queiroz[6].

Salientaram-se ainda dois filhos de Bento Paes de Barros, Barão de Itu; mais os bacharéis em Direito: Francisco e Raphael Paes de Barros. Incluímos o neto do Barão de Iguape e filho de Martinho e de D. Veridiana da Silva Prado, o Conselheiro Antônio da Silva Prado (1840-1929), um dos fundadores da Cia. Paulista de Estradas de Ferro, proprietário de diversas fazendas de café, fundador do Banco Comércio e Indústria de São Paulo e de indústrias pioneiras. Foi um dos políticos de maior prestígio no Império: Deputado Geral (1887 em diante) e Ministro da Agricultura (1885)[7].

Ainda por intermédio de alguns inventários datados de meados do século, verificamos a presença de famílias patriarcais nesse grupo. Aparecem o casal, filhos, enteados, afilhados, agregados, primos e amigos, além dos escravos. Há menção de mulheres casadas como herdeiras (seriam filhas ilegítimas?). Esse tipo de família era composto de um núcleo central, legalizado, constituído do casal de cor branca e dos filhos legítimos, e um grupo periférico, bem delineado, englobando escravos, agregados, índios, negros ou mestiços, entre os quais se incluíam as concubinas do chefe e seus filhos ilegítimos[8]. Baseado na legislação, Darrell Levi precisa uma das características do patriarcalismo: o direito do pai "de dirigir a pessoa e a fortuna do filho, qualquer que fosse a idade deste...". Esse direito estendia-se à mulher, aos escravos e a todos os que habitassem o domicílio. Em 1831, os filhos varões adquiriram os direitos civis aos 21 anos. Contudo, o pátrio poder manteve-se arraigado no decorrer do século passado[9].

A família patriarcal, que na Colônia e no Império liderava a produção econômica, encontrando-se no ápice da sociedade estamental, variou no tempo e no espaço, tendo sido concomitante à existência de um número maior de uniões irregulares[10]. Em São Paulo, esse tipo de família também não era numeroso se comparado aos outros tipos de famílias urbanas. Por exemplo: dos 1516 fogos existentes na cidade de São Paulo, em 1836, apenas 382 abrigavam aquele tipo de família[11]. Sem perder a sua importância, ela não foi nem tão opulenta nem tão numerosa como no Nordeste açucareiro, enriquecendo-se apenas na passagem da economia de subsistência para a da grande exportação. Ou era chefiada pelo grande proprietário de terras com negócios na cidade, ou pelo grande comerciante com fazenda de café. Embora a cafeicultura tivesse partido de certa acumulação decorrente do ciclo monçoeiro, das tropas de mula e do açúcar, a família patriarcal ampliou tais fortunas e fez outras tantas[12].

O café veio encontrá-la bastante alterada e provocou outras transformações. A princípio ocorrera o fenômeno observado por Gilberto Freyre, segundo o qual os estudos ou a profissionalização já haviam trazido para a capital, ou levado para o exterior, os filhos varões dos patriarcas. Ao adquirirem uma visão nacional e até universal, os jovens passariam a fazer frente ao regionalismo paterno, enfraquecendo-se os laços existentes entre pais e filhos[13].

A Abolição e a Constituição republicana contribuíram para a "civilização" das famílias patriarcais, secularizando o casamento e desfazendo ou afastando da casa o antigo núcleo periférico. Mudou a sua estrutura interna, os filhos conseguiram independência profissional e as concubinas foram substituídas pela mulher branca européia, vulgarmente conhecida como a "francesa". Pelos usos do palacete, veremos que parentes e agregados persistiram no seio das famílias tradicionais que atravessaram esse período.

A partir do terceiro quarto do século passado, os fazendeiros de café provenientes do Interior e do Vale do Paraíba vieram juntar-se a essas famílias tradicionais. Aproveitando-se das facilidades proporcionadas pela ferrovia, chegaram à capital, onde foram bastante ativos. Fundaram bancos e indústrias, formaram uma rede ferroviária que se ramificou pelo território, possibilitando a ampliação do complexo cafeeiro. Juntamente com o Governo, instituíram a imigração européia subvencionada que proporcionou mão-de-obra para a lavoura e para a indústria nascente.

Consideraram-se os cafeicultores do Oeste bastante arrojados pelo fato de terem passado das culturas de subsistência à grande lavoura monocultural de exportação, o que levou a mão-de-obra escrava de passiva a ativa[14]. Extremamente criativos ao instalarem as ferrovias e ao instituírem a imigração européia, foram chamados de empresários do café, expressão que nos parece mais correta porque sugere o complexo de atividades que acumulavam[15]. Ao se enriquecerem e se concentrarem na capital, deram início a uma nova etapa urbana, "a capital dos fazendeiros de café". Discorreremos sobre ela no próximo capítulo. Por ora, interessa-nos apenas no que se refere ao modo de vida[16].

Por outro lado, a rede ferroviária facilitou o trajeto que essas famílias passaram a desenvolver. O empresariado do café caracterizou-se pela itinerância. Dividia seu tempo entre a fazenda, para on-

19.
Balão de Sílvio Álvares Penteado em Paris, no início do século, aparecendo Sílvio e sua irmã Antonieta da Silva Prado. Arquivo de Honório Álvares Penteado.

de ia em meados do ano, nos meses de colheita, a capital, onde passara a residir, e Santos, onde possuía escritório de café, a fim de realizar transações comerciais. Um trem diário, chamado "trem dos fazendeiros de café", saía cedo da Estação da Luz, levando fazendeiros e comissários a Santos, de onde retornavam à tardinha.

A cidade próxima à fazenda passou a ficar esquecida pelo cafeicultor, que se dirigia, agora, diretamente à sua fazenda, atada à ferrovia principal por ramais. Conforme a importância do fazendeiro, a locomotiva entrava pelos desvios, permitindo que ele apeasse o mais perto possível da sede[17].

Com exceção das zonas mais antigas, cuja riqueza remontava ao ciclo do açúcar, a maioria das sedes da fazenda era inferior à casa urbana. Possuíam piso de tijolos, sendo desprovidas de forro, no teto. Improvisavam-se as instalações sanitárias na parte externa, sobre desvios dos cursos de água. Impressionavam pela parcimônia dos recursos utilizados e pela ausência de conforto, demonstrando seu caráter provisório. Quando a família amealhava fortuna, deixava a casa da sede para o administrador, regressando à capital[18].

Além da fazenda e da capital, existia outro pólo de atração: a Europa. Ia-se para lá a negócios, estudos, lazer, tratamentos médicos, e mesmo para morar. Era em Paris, a grande meca, que o fazendeiro passava longas temporadas. Acompanhado da família e de criados, alugava apartamentos ou andares inteiros em hotéis. — "Paris, o resto é paisagem!", dizia o Conselheiro Antônio Prado, uma das figuras mais expressivas do seu tempo[19]. Ele levava consigo uma vaca leiteira, seu médico particular e dois amigos. Elias Pacheco e Chaves, seu cunhado, levava filhos, noras, genros, netos e criados.

Em meados do século passado, a burguesia afirmara-se politicamente, emergindo vitoriosa da revolução de 1848, e o Império de Napoleão III estava no auge de seu poder. As exposições universais e os grandes espetáculos atraíam "peregrinos" do mundo inteiro. Segundo Walter Benjamin, por ocasião da Exposição Universal de Paris, de 1867, a civilização capitalista atingiu o seu desenvolvimento máximo[20]. Paris se transformara na capital do luxo e da moda. Assistia-se ao culto da mercadoria, passando o uso para o segundo plano. Enquanto o luxo constituía estímulo ao crescimento econômico, Benjamin observava: "A moda prescreve o ritual segundo o qual a mercadoria fetiche exige ser venerada"[21].

As mulheres tornaram-se as principais agentes da difusão da moda e do luxo, usando-os como forma de agradar os homens[22]. Nos países onde persistiam as cortes, a aristocracia ainda influenciava o comportamento burguês. Gozava de diversos privilégios e mantinha-se em cargos políticos e administrativos, controlava a cultura oficial. A burguesia aspirava aos títulos de nobreza, conseguindo-os quer por casamentos com aristocratas quer por aquisição. Estudava nas escolas tradicionais e adquiria castelos no campo[23].

A mulher paulista, em Paris, dedicava-se à moda. Ia às compras, aos museus, aos teatros, e aos antiquários. Aprendia canto e dança. Praticava equitação e ia ao Bois de Boulogne, ponto de encontro da sociedade parisiense[24]. Em 27 de março de 1894, Lucila Chaves escrevia de Paris ao irmão Fernando:

(...) pois não tenho tido tempo para nada, senão o seguinte: lições, costureiras (...), courses (não de cavalos), visitas (são poucas, porém (...), enfim os belos passeios no Bois (...) Eis aí como tem sido empregado o meu tempo depois que vim de Nice (...) Sabes? Vou tomar lições de equitação.

Mantinham relações sociais, como se nota pelo teor da mesma carta:

A Mme Koch esteve hoje aqui com a filha e o filho que é militar, perguntou notícias (sic) suas. Mme Posoe vem sempre cá; o filho casou-se com uma moça rica, era o que ela queria. Ela creio que fez como as americanas que trazem o dinheiro para casarem com um militar, "en um mot": Compram os maridos (...)[25]

O palacete paulistano

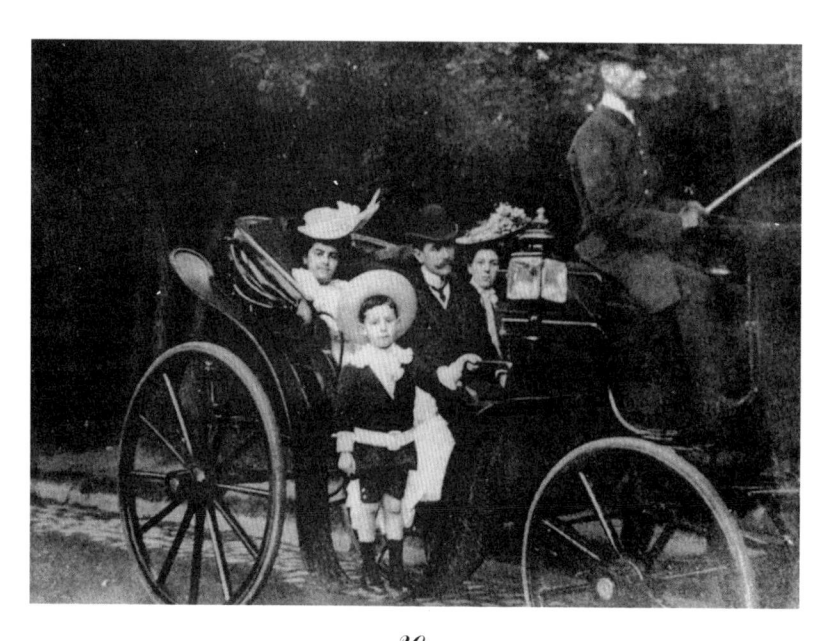

20.
Paulistas no "Bois de Boulogne", em Paris, em 1905: Francisca Nogueira, Carlos Américo de Arruda Botelho,
Carmem Nogueira de Arruda Botelho e Carlito de A. Botelho.
Arquivo de Marina Moraes Barros Cosenza.

21.
Francisquinha Nogueira e José Paulino Nogueira em Evian, Suíça, no começo do século.
Arquivo de Marina Moraes Barros Cosenza.

Em 14 de abril do mesmo ano, Lucila descreveria ainda a sociedade parisiense para Fernando:

O concurso hípico tem sido muito freqüentado, vê-se toda a "crème de la crème". Fomos convidados para um baile "chez" Mme de Neery, porém não vamos. Terça-feira começarei as lições d'equitação (sic)*, não o fiz antes por não estar pronta a minha amazona, agora que tenho tudo para ficar bem chic, começarei (...)*[26]

Em cartão sem data, enviado a Francisquinha Nogueira, Stela Penteado escrevia:

O baile da Concórdia esteve bem divertido (...)[27]

Quando a dama vivia em apartamento, adotava o costume da mulher elegante européia de oferecer um chá semanal para receber a sociedade. Membros da nobreza, burgueses endinheirados, intelectuais e escritores famosos freqüentavam esses chás. O dia escolhido tornava-se conhecido por todos como *le jour de Mme X*.

O francês era o idioma universal, a língua das cortes, da literatura e da ciência. Além da moda e do luxo, a França exportava civilização para os países onde existiam cortes, para as províncias e para as demais nações, passando pela burguesia e pelos novos ricos. Ser civilizado era ter *civilité*, ou boas maneiras, saber e praticar a etiqueta, conter as emoções e ser polido. Era falar corretamente e vestir-se conforme a moda. Era ser bem educado. À *civilité*, a burguesia acrescentou o culto à inteligência. Na busca de formas de distinção, a inteligência passou a ser obrigatória devido à especialização e à competitividade que se estabeleceram em vista do êxito profissional e econômico imprescindíveis no universo burguês. A racionalidade e a mente calculista passaram a ser atitudes permanentes do homem da metrópole, devido à alta divisão econômica do trabalho[28].

Ao falar sobre o binômio mulher-moda no século XIX, Gilda de Mello e Souza observou a importância da inteligência "no jogo da ascensão social e na luta entre os sexos (...) É o cordão mágico que abre todas as portas". Isso explica a aceitação dos jovens inteligentes, embora sem fortuna, nos salões do século passado[29]. Em São Paulo, além da cortesia, o ideal masculino tornou-se o doutor, não só como profissão definida, mas também como homem culto, no sentido de preparado para a vida. Em 15 de junho de 1925, Fernando Chaves aconselhava o filho Olegário, que cursava a Escola Politécnica no Rio de Janeiro:

(...) O mundo pertence hoje aos fortes e aos competentes, e esse tirocínio a que quero que você se sujeite é, até certo ponto, um preparo geral para a vida, porque fará de você um homem culto e só um homem culto pode ser forte e competente[30].

O paulistano em Paris tornou-se civilizado, assimilou a *civilité* francesa (*civilty* em inglês e *civiltà* em italiano), à qual se associaram a ordem e os hábitos de higiene pessoal, da indumentária, do espaço doméstico e do público. Ser civilizado era ser educado e levar a vida conforme as metrópoles européias, entre as quais não podia faltar Paris. Numa palavra, era levar vida elegante. Tudo o que fugisse ao civilizado tornou-se alvo de preconceito. Incultos, bárbaros, incivis, passaram a ser os negros. Ao passo que se chamaram "acaipiradas" as famílias ricas que permaneceram à margem do processo.

Na verdade, o grupo de empresários do café, com um pé no latifúndio e na escravidão e o outro na cidade, acrescentou à condição econômica a posição de mando, tendo assimilado o modo de vida que a alta burguesia e a nobreza levavam na Europa da Revolução Industrial, solidamente estruturada na cultura material. Nesse processo, a civilização urbana procurou eclipsar a civilização agrária. Mas não obteve êxito por se achar bastante comprometida com o passado. Em troca, respondeu com alienação e preconceito.

Paralelamente, em São Paulo, a atividade comercial se tornava mais ativa e a cidade se equipava, proporcionando melhor prestação de serviços, atividades de lazer e pontos de encontro para o povo e a burguesia. O trem de ferro veio assinalar o aumento do consumo, devido à intensificação das importações e da abertura de casas comerciais. Richard Grahan considera como início da modernização o período que se inicia com a instalação das primeiras ferrovias e a abertura das linhas regulares de vapores entre os portos do Rio de Janeiro e de Santos e a Grã-Bretanha, a qual se encerra na Primeira Guerra Mundial, quando os Estados Unidos substituíram a liderança daquele país. Para o autor, contam a tecnologia, a infra-estrutura do capitalismo industrial, que possibilitou a sistematização do mercado e a adaptação de todo o modo de vida ao compasso e à capacidade da máquina[31].

Com referência ao espaço doméstico, os usos também começaram a se transformar a partir da regularização do movimento de vapores em Santos e do transporte ferroviário, ligando esse porto à capital e a Jundiaí. Tais serviços propiciaram um volume crescente das importações, como contrapartida do movimento de exportação de café, intensificando-se o consumo de bens industrializados ou pré-elaborados[32]. O porto de Santos tornou-se o segundo maior importador do país, apenas superado pelo Rio de Janeiro. As Ilhas Britânicas eram as maiores exportadoras, seguidas dos Estados Unidos, da Alemanha, da Argentina, da França e de outros países[33]. Vinham do exterior o algodão, o aço, o ferro, máquinas e ferramentas. Entre os comestíveis, sardinha, bacalhau, batatas, presunto britânico, queijos, manteiga irlandesa, chocolates, biscoitos em latas, uva e vinhos em barricas, trigo, azeitonas, águas minerais, licores, etc.[34] Nos armazéns, multiplicavam-se os tonéis de óleo e azeite e as conservas estrangeiras; patês de *foie gras* e de perdizes, lagostas e ostras enlatadas, bacalhau, lingüiça e salames, queijos flamengos, suíços e londrinos, caixas com arenques e com massas[35].

Com a regulamentação da importação, houve visível tendência a aumentar o número de objetos e utensílios domésticos, a maioria dos quais ficava em exposição nos interiores. A par da valorização do útil, assistiu-se ao *horror vacui*, opondo-se à tradição de singeleza e de austeridade habituais da antiga casa paulista, a que nos referimos na introdução.

Em matéria de utensílios domésticos, os fogões de ferro de muitas bocas substituíram os fogões caipiras. Eram os chamados "fogões econômicos", norte-americanos. Gastavam menos lenha e possuíam chama mais duradoura, sendo equipados com serpentinas. O "fogão econômico" trouxe consigo a bateria de ferro, que substituiu a de barro. Os moinhos de café aliviaram o uso do pilão. Chegaram leiteiras e cafeteiras de cobre, máquinas de costura, batedeira de ovos e de manteiga, máquinas de fazer sorvete e de moer carne e tábuas de bife[36]. Surgiram os picadores de carne, espanadores, escovas, ratoeiras, baldes para *toilette*, oleados e malas de viagem. O uso das banheiras foi outra grande novidade, tendo sido instaladas em dormitórios ou nos quartos de banhos construídos nos quintais. Apareceram as primeiras rodas de borracha para os carros a tração animal[37]. Móveis estofados e dourados franceses para a sala de visitas e móveis ingleses para biblioteca e escritórios substituíram os móveis tradicionais. Guarda-roupas, cômodas, criados-mudos, escrivaninhas, *toilettes* com tampos de mármore, penicos e escarradeiras invadiram os quartos e as salas. Multiplicaram-se as cortinas, os estofados, tapetes, vidros, cristais, porcelanas, espelhos, quadros, retratos, molduras, lareiras, pratas e bronzes[38].

Foi notável a presença, em São Paulo, de comerciantes, técnicos e artesãos, alemães, ingleses, franceses, suecos e italianos: boticários, relojoeiros, padeiros, confeiteiros, cozinheiros, livreiros, cervejeiros, modistas, donos de restaurantes, de hotéis e de casas importadoras de móveis, de secos e molhados, de modas, etc. Chegaram as primeiras levas de imigrantes europeus, destacando-se os construtores, os mestres-de-obras e pedreiros alemães, italianos e portugueses.

Cresceu o número de padarias, confeitarias, armazéns de secos e molhados e depósitos de materiais de construção. Instalaram-se refinarias de açúcar, torrefações de café e moinhos de fubá, arroz e trigo. A Casa Garraux e a Casa Worms vendiam móveis e objetos de arte importados. Mais numerosas foram as lojas de modas francesas: Notre Dame de Paris, Au Palais Royal, Au Boulevard, Au Louvre, etc.[39]. Entre 1872 e 1884, foram inaugurados de 6 a 33 hotéis, e os primeiros hotéis de luxo, o Hotel de França e o Grand Hôtel, pertencentes a alemães; teatros como o Mineiro, o ginásio Paulistano e o São José; alguns cafés como o Java; restaurantes como o da Sereia Paulista e sociedades recreativas. Em 1876, fundou-se o Jockey Club, na Moóca.

A cidade tornou-se importante centro comercial, financeiro e industrial. As reformas urbanas levadas a cabo na gestão do Governador João Teodoro Xavier (1872-75), tais como organização das primeiras redes de iluminação a gás, de água e de esgotos e de transportes coletivos, abertura e calçamento de vias, embelezamento de jardins públicos, etc., passaram a atrair os lucros da lavoura e mais população para a cidade[40]. Como conseqüência, observou-se o aumento da sua demografia. Em 1872, contava com 31.385 habitantes e, quatorze anos depois, às vésperas da abolição, com 47.697 habitantes, 25,7% dos quais eram europeus, existindo apenas 1% de escravos[41].

Paulatinamente, a alvenaria de tijolos foi sendo introduzida, a princípio nos terreiros de café e nas reformas dos prédios, fazendo-se acompanhar de novos materiais de construção: mármores, pinho-de-riga, pedras de cantaria, gesso, cal, telhas nacionais e francesas, ripas, pranchões, tábuas e forros de pinho sueco e norte-americano, cimento Portland, etc.[42] Ao mesmo tempo, crescia o número de edificações.

Índice da riqueza foi a multiplicação de sobrados, onde se instalariam também os proprietários de terras, invadindo o espaço térreo destinado às lojas. Foi quando esse tipo de residência se individualizou e saiu do centro em direção às chácaras. Azulejos revestiram as fachadas e substituíram-se os beirais por platibandas encimadas por estátuas, pinhas ou crateras. Também data dessa época o revestimento das fachadas em tijolos, o que possibilitou as primeiras em estilo neoclássico[43]. Internamente, surgiram novas necessidades. No térreo, funcionaram alcovas, dormitórios dos jovens e das governantes, sala de estudos, etc.

A casa passou de unidade de subsistência, cuja produção se destinava ao auto-abastecimento, à venda e à troca dos excedentes, para unidade quase exclusiva de consumo. A chegada de bens industrializados e de gêneros alimentícios pré-elaborados e o uso da tecnologia no solo urbano propiciaram a diminuição do número das necessidades básicas a serem resolvidas na habitação. Assim, os escravos puderam afastar-se das lides domésticas. Antes exibidos como manifestação de riqueza e de conforto, foram então substituídos por criados assalariados, de preferência europeus, e por novo equipamento doméstico. As mesas passaram a oferecer cardápios diferentes, servindo-se, doravante, à moda francesa. Nos sobrados, acumularam-se móveis e objetos os mais diversos, aliados aos tecidos nobres. Decoraram-se as salas, cada qual à base de uma cor diferente. Entraram na moda a sala azul, a saleta verde, o salão vermelho, etc.

A casa e suas novas formas de acomodação doméstica tornaram-se prova de força pecuniária. Destarte, ela constituiria o que Thorstein Veblen chama de manifestação do consumo conspícuo, notável. O marido delegaria poderes à esposa para que ela a comandasse. A presença intensa do supérfluo, demonstrado por uma decoração profusa, objetos de arte, coleção de animais, criados vestidos de libré, bibliotecas, etc., deveria expressar aquela força[44]. Fazer doces, bordados e arranjos florais seriam as atividades mais recomendáveis à mulher da elite, no sentido de transmitir uma idéia positiva do poder econômico masculino. Pelo contrário, trabalhar seria passar atestado de incompetência ao marido. Por isso ela deveria auxiliar o próximo, se possível, publicamente, exercendo a filantropia[45].

Tanto para a casa quanto para a mulher, iniciou-se uma nova era: a do consumo, do utilitário, da higiene e da publicidade e também dos estudos. No

O palacete paulistano

22.
Nos jardins da Baronesa de Arari, vendo-se em primeiro plano, Lili (Otília) Lacerda e Lúcia Moraes Barros.
Ao fundo, Celina Lacerda e Francisquinha Nogueira.
Arquivo de Marina Moraes Barros Cosenza.

tocante à sociabilidade, introduziram-se os cartões de visitas, o dia e a hora marcados. Os salões tornaram-se políticos e intelectuais.

Ao diminuir o número das tarefas domésticas, a mulher da elite passou a dedicar mais tampo à moda, ao supérfluo e ao público. Ir às compras, às confeitarias, ao teatro e aos espetáculos de luxo, exibindo roupas elegantes, constituíram os primeiros passos desacompanhados na rua. Para tanto, muito contribuiu a presença da mulher européia na cidade, que se dirigiu ao comércio, ao artesanato, às oficinas e ao magistério[46]. A cidade passou a contar com professores, mestres de música, de canto, de línguas estrangeiras, etc. Tornou-se habitual a presença da governante preceptora das crianças, na casa abastada. Era proveniente da França, Alemanha, Bélgica, Inglaterra, etc. *Mademoiselle*, *Fräulein* ou *Nanny*, coube a ela, talvez, o papel mais importante porque se tratava de transmitir e fazer com que se tornassem automatismos, tanto para a criança, quanto para a mulher, hábitos de higiene e de etiqueta. Ensinou-lhes línguas estrangeiras, literatura, música, dança e piano[47]. O francês tornou-se o idioma do trato diário na maioria das famílias. A mulher inteirou-se da moda, das artes plásticas e da culinária francesas. Para tanto, as famílias assinavam a revista *Illustration Française*, publicação semanal de variedades que trazia em suplemento tudo o que era levado em Paris. Tornara-se leitura obrigatória das jovens preparadas para brilhar nos salões, onde se ouviam a flauta e a harpa, além do piano, e se declamava ao som da célebre valsa "Dalila".

Também teve início uma nova etapa para a educação. Em 1884, já havia 32 mulheres no magistério de instrução primária, enquanto que, em 1846, esse curso só era freqüentado por rapazes, tendo durado apenas vinte anos. Agora, na Escola Normal, lecionavam duas professoras, existindo 284 alunos de ambos os sexos[48].

Por outro lado, pedagogos alemães e norte-americanos abriram escolas femininas, cujos currículos mantinham disciplinas de interesse para o lar, tais como Economia Doméstica, Bordados, Arte Culinária, Costuras, Crochê, Tricô, etc., ou aos salões, como canto, a dança, estudo de piano, declamação, etc. Cursos como Português, línguas estrangeiras, Caligrafia, História, Geografia, Geometria, Desenho, Aritmética, Música, Poética, Retórica, Literatura, Botânica, Flores, etc. aos quais foram incluídos os Direitos da Mulher na Sociedade Brasileira, denotam que faltava especialização, existindo, antes, acomodação do presente à tradição. Sugerem também, que vogou a ilustração antes do que a educação[49].

Porém tanto o ócio quanto a educação feminina, por serem novidades, suscitavam temores e polêmicas. O primeiro, como gerador de todos os vícios. Por outro lado, "a mulher que se preocupava com os livros era considerada fútil, ridícula". Doravante a educação feminina só se explicaria enquanto a mulher fosse útil à família, sua verdadeira razão de ser. Os seus deveres eram "os de esposa e mãe (os mais puros e santos), formando o coração do homem desde a sua tenra infância para os preceitos de moral". Ela só deveria estudar em vista da educação dos filhos, sobretudo varões, ou se agradasse seu marido pelos dotes de inteligência, auxiliando-o na vida pública, na política e nos negócios. "Caso contrário, ela procurará fazê-lo fora de casa, resultando em vida exterior licenciosa."[50]

As mulheres da elite iam ao Parque Antarctica, às corridas no Hipódromo da Moóca e às óperas; ouviam concertos junto ao coreto do Jardim da Luz; no Velódromo, assistiam a partidas de *football* ou, em grupos alegres, andavam de bicicleta. Confeitarias como Progridior, Castelões, Fasoli e o Bar Viaduto eram freqüentadas pelas senhoras e pelos jovens que aí tomavam chá, ao som das músicas clássicas e de valsas vienenses. Os lugares mais próximos aos que elas ocupavam eram disputadíssimos pelas outras mulheres a fim de verem melhor como eram confeccionados os *derniers cris*, modelos recém-chegados de Paris. Em dezembro de 1905, Lucila Chaves escrevia à sua cunhada Alzira, que se achava fora do Brasil, dando-nos uma idéia do que fazia fora de casa:

Nada há de novo por aqui, sempre a mesma vidinha; para variar alguns espetáculos líricos no Santana, dois ou três bailes, regatas na Ponte Grande. Oh! Ia esquecendo de falar sobre as conferências literárias, tivemos duas esplêndidas, a do Olavo Bilac que falou sobre a Esperança e a do Afonso Celso, cujo assunto foi "Notas de Arte"[51].

Preparavam com antecedência jóias e *toilletes* para os espetáculos do Teatro Municipal, cuja inauguração movimentou a sociedade paulistana. Lembra-se Laura Rodrigo Octavio:

Marietta nos trouxe (de Paris) os vestidos com os quais deveríamos assistir à inauguração do Municipal... Vinha também um manteau *de cetim* double-face *preto e avesso esmeralda, um chapéu com* pleureuse *azul clara. Sabem o que é* pleureuse? *Uma pluma de avestruz... Que azáfama a inauguração do Municipal! Como vibrávamos, nós mocinhas*[52].

Os cinemas eram outro ponto de encontro das famílias e dos jovens:

Nos cinemas havia as salas de espera, local apropriado para encontro dos namorados (...) as fitas eram pequenas e várias, piano tocando para animar[53].

O grupo cafeicultor já passava temporadas no Guarujá, um empreendimento iniciado pela Companhia Prado & Chaves, no fim do século. Em 18 de junho de 1905, Nesita Pacheco e Chaves escreveu do Guarujá para sua sogra, Alzira Pacheco e Chaves:

(...) todos os dias fazemos longos passeios a pé, num dia deste fomos até o fim da Enseada, para amanhã está projetado um passeio ao Guaiúba (...) tomamos banho todos os dias (...)[54].

Mas o principal papel atribuído à mulher casada da elite burguesa seria o de divulgadora da civilização, onde se incluíam esses princípios todos. Como vimos, as constantes viagens à Europa completariam o rol de suas atividades, bem como o preparo para o bom desempenho de seus papéis, os quais, à primeira vista, se chocariam com o desempenho feminino tradicional.

O modo de vida urbano buscou sobrepor-se ao modo de vida provinciano, característico da sociedade anterior, e foi considerado como nova forma de distinção ou de aristocratização. Parece, contudo, que São Paulo estava longe de proporcionar esse alvo. Em carta de 19 de junho de 1922, Fernando Chaves aconselhava o filho Olegário, que cursava a Politécnica no Rio de Janeiro, a permanecer na capital da República, como forma de:

(...) fugir ao paulistismo de vistas curtas, sem horizontes, que aqui domina e que não é senão um caipirismo agravado, caipirismo que se julga adiantamento, progresso, superioridade (...) No Rio (...) já são mais cidadãos do mundo, sendo, ao mesmo tempo, mais brasileiros do que fluminenses[55].

Pela ótica do viver elegante, o empresariado do café crivou toda a sociedade durante décadas, em prejuízo de tudo o que dela fugisse: o mundo caipira, os negros, o passado colonial e o próprio povo. Com base no universo de seu amigo, o escritor paulista Eduardo Prado, um dos membros mais relevantes da elite do café, o monóculo de Eça de Queiroz foi o primeiro a acusar os prejuízos causados por esse crivo, por intermédio do comportamento de Jacinto de Tormes, a personagem central de *A cidade e as serras*, romance da lavra do grande autor português[56].

A classificação formulada por Alfredo Mesquita, referente à velha sociedade republicana e que foi transmitida a nós por Antonio Candido, confirma a nossa assertiva. Segundo Mesquita, aquela sociedade compunha-se das seguintes camadas:

a classe alta dos chamados grã-finos, isto é, daqueles que levavam vida elegante; classe média, pequena burguesia e povo.

A classe alta dos grã-finos, por sua vez, incluía algumas camadas que formavam a elite: classe alta tradicional, on-

de sobressaíam elementos de famílias antigas como Prado, Álvares Penteado, Paes de Barros, Monteiro de Barros, Alves de Lima, Souza Queiroz, etc. Seus bairros preferidos eram Santa Ifigênia, Campos Elíseos e Higienópolis.

A seguir, a classe alta nova, englobando magnatas estrangeiros como Matarazzo, Crespi, Siciliano, Gamba, Jafet, Calfat, etc., que se concentravam de preferência na Avenida Paulista, na Bela Vista e em alguns bairros médios como Vila Mariana, Paraíso, Aclimação e Ipiranga.

Elementos da classe média alta tomaram parte na elite. São aqueles que, não sendo milionários, possuíam boa posição econômica e social, apresentando-se fortemente urbanizados. Eram representantes de médias fortunas ou profissionais liberais pertencentes a famílias gradas como Pinto Alves, Morais Barros, Thiollier, Lébeis, Freitas Valle e outras. Procuraram fixar residência nos bairros mais elegantes.

Em vista das estratégias relativas à preservação do poder, as famílias pertencentes ao grupo cafeicultor acabariam por assimilar, tanto pelas viagens ao exterior, quanto pelos estudos, apoiadas pela urbanização de São Paulo, os princípios propostos pela burguesia como a separação de gêneros, a divisão dos papéis sociais, a necessidade de respeito à hierarquia e de se colocar cada um no seu lugar, bem como a valorização da privacidade e da sociabilidade. Se a casa burguesa em Londres era padronizada, reservando-se o individualismo na arquitetura apenas para a casa de campo, acreditou-se que a distribuição francesa a partir do vestíbulo atenderia melhor às necessidades do estilo de vida do burguês abastado. Desse modo, esta foi exportada para o mundo todo no século passado, para ressurgir nas residências paulistanas da burguesia do café.

O palacete refletirá os códigos da burguesia, fechando-se, aparentemente, para a outra realidade, em que se encontrariam os papéis informais, cujos ecos se farão ouvir com bastante dificuldade. Contudo, até que a sociedade "reeuropeizada" ocupasse o palacete, a casa mais abastada ainda evoluiria espacialmente.

CAPÍTULO III

O novo surto de urbanização, o desmembramento do antigo cinturão verde e a evolução espacial do sobrado e da chácara (1867-1888).

A estrada de ferro, as obras pioneiras de infra-estrutura urbana e a chegada dos primeiros imigrantes levaram à fundação de indústrias de bens de consumo e à pequena propriedade agrícola, resultando na especialização das chácaras, voltadas agora para determinadas culturas como hortaliças, flores ou frutas. Surgiram ainda as chácaras semi-urbanizadas que se beneficiaram com algum tipo de serviço urbano: transporte coletivo, iluminação, água encanada, etc. Foi nestas últimas que nasceram os palacetes.

Neste capítulo apresentaremos alguns exemplares de chácaras especializadas e de chácaras semi-urbanizadas ou modernizantes.

Diversos estudos realizados sobre a cidade de São Paulo no século XIX mencionam a existência de chácaras, sítios e fazendas ao redor do velho núcleo central. Por volta de 1860, quase metade da população ainda vivia na área rural, sendo possível que pessoas que moravam na área urbana também se dedicassem às atividades agrícolas. Visto que as chácaras chegavam até as zonas adjacentes ao centro, conclui-se que a maior parte do abastecimento da capital provinha de sua própria produção agrícola[1]. Devemos a Langenbuch a expressão "cinturão de chácaras" utilizada para designar as extensas áreas existentes ao redor do velho centro, possuidoras de função agrícola e residencial, além de "sua beleza paisagística"(*sic*). Mais afastados, encontravam-se sítios e fazendas, que se caracterizavam por sua função agropecuária[2]. Contrastavam com os ranchos que serviam de pousos aos tropeiros, e com as casas térreas e casebres miseráveis, dispersos todos ao longo das principais saídas da cidade, correspondentes às ruas Brigadeiro Tobias, Sete de Abril, Santo Amaro, da Glória, Lavapés e da Consolação e à Avenida São João[3].

Em breve, a ferrovia, conjugada com a imigração, começou a contribuir para o maior adensamento urbano e para a diminuição do número de necessidades básicas a serem cumpridas no âmbito doméstico. Por onde passava, iniciava-se o fracionamento da grande para a pequena propriedade e para as colônias de estrangeiros. A mercadoria passaria a chegar à casa pela entrada de serviço, trazida pelo comerciante ou pelo produtor. Proviria ainda do exterior.

Sintoma do início da produção de excedentes foi a abertura do primeiro mercado de abastecimento regular da cidade, o mercado velho, na Rua 25 de Março, ocorrida em 1867.

Em 1877, chegaram a São Paulo dois mil imi-

O palacete paulistano

23.
Fundos da Chácara do Miguel Carlos, com puxado e telheiro no quintal. Era voltada para a Rua da Constituição, depois Rua Florêncio de Abreu.
Foto de Militão Augusto Azevedo, 1862. Dim, DPH/SMC/PMSP.

grantes italianos, que foram encaminhados para a Fazenda São Caetano, Santo André, Santana e para as terras onde constituiriam a Colônia da Glória. Trabalharam no campo, cultivando cereais, vinhas e outras espécies frutíferas, ao mesmo tempo que fundaram tecelagens e olarias[4]. Datam desse período diversas fábricas de sabão, fósforo, refinarias de açúcar e outras indústrias voltadas para a produção de licores, chá, cerveja, chocolate, macarrão, vinagre, além de cigarros e charutos. As confeitarias produziam doces em calda, biscoitos acondicionados em latas, concorrentes dos biscoitos inglês e norte-americano. O queijo e a manteiga fresca vinham de Minas Gerais. Até 1889, a quantidade de açougues aumentou de dez para 34 e a de casas de secos e molhados de 84 para 297; as seis padarias então existentes passaram a 40; o número de cafés cresceu de um para 26 e o de hotéis de três para 16[5]. Todos os dias os fornecedores vinham entregar em domicílio pão, leite, manteiga, verduras e frutas. Em 1884, a instalação do telefone veio facilitar o serviço de encomendas em domicílio e a remessa de roupas para as lavanderias a vapor.

Em 1890, foi construído o mercado da Rua de São João. Raffard observava que

os caipiras continuam afluindo ao centro todas as manhãs, com seus burrinhos carregados, e pelas onze horas alguns são encontrados no velho mercado, outros preferem oferecer o seu gênero de porta em porta[6].

No ano de 1882, tiveram origem, em Sorocaba, as atividades pioneiras de Francisco Matarazzo, que vieram atender às deficiências da antiga cozinha, tanto em relação ao beneficiamento de grãos como à produção de alimentos e materiais de limpeza. O uso de vários tipos de embalagens veio facilitar a comercialização desses produtos, a começar da banha[7].

Enquanto Alexandre Siciliano fundava a Cia. Mecânica e Importadora, que colocaria no mercado de máquinas de beneficiar café e arroz, em 1888 assistia-se à Abolição da Escravatura. Paralelamente, os melhoramentos urbanos realizados no governo de João Teodoro Xavier (1872-1875) complementavam o papel da indústria nascente e dos imigrantes[8]. A iluminação a gás, tanto pública quanto residencial, constituiu um grande avanço. A partir de 1872, começaram a funcionar setecentos lampiões de gás nas ruas de São Paulo. Em 1880, tiveram início os suprimentos domiciliares para iluminação dos interiores, instalados pela San Paulo Gas Company Ltd.[9]. Eliminaram o mau cheiro exalado pela combustão dos produtos caseiros como a banha, o óleo de mamona, além do querosene, dispensando o uso e a produção caseira de velas e candeeiros.

Em 1872, formava-se a Companhia Cantareira de Águas e de Esgotos. Seis anos depois, lançou-se a pedra fundamental do reservatório da Rua da Consolação, que deveria receber a água captada dos mananciais, e ampliou-se o serviço de abastecimento de água da capital. Em 1882, colocaram-se mais chafarizes nos principais largos dos bairros próximos ao centro. No ano seguinte, a Cia. Cantareira abastecia o centro da cidade e o primeiro distrito de esgotos no Bairro da Luz, embora beneficiando apenas algumas casas[10].

Ao instalar-se na Luz, em parte dos terrenos ocupados pelo Jardim Público, a ferrovia constituiu o novo pólo de atração, depois da Sé. Em função de suas ligações com esta última é que se inaugurou o primeiro serviço de transporte de carros e de tílburis de aluguel, no Largo da Sé. Foi ainda em 1872 que apareceram as primeiras linhas de bondes a tração animal que iam da Rua do Carmo à Estação da Luz e, em 1877, à Estação do Norte. Em 1886, inaugurou-se o trem a vapor para Santo Amaro, partindo da Liberdade, enquanto os bondes a tração animal serviam os bairros mais antigos como Santa Ifigênia, Santa Cecília, Consolação e Moóca. Seis anos depois, chegavam ao Ipiranga, ao Bom Retiro, à Bela Vista e à Avenida Paulista[11].

O equipamento começava a contar como medida de conforto. Além do gás de rua ou do gás acetileno para a iluminação, apareciam poços com

O palacete paulistano

24.
Sede da Chácara Velha, situada na atual Rua da Consolação esquina com a Rua São Luís.
Arquivo de Paulo de Barros Ulhoa Cintra.

bombas e encanamento com água corrente nas pias, aproveitada das nascentes e mesmo dos mananciais da Cantareira.

Introduziram-se as chaminés e recursos como o uso de torneiras, pias e azulejos no revestimento das paredes, permitindo uma cozinha mais compacta e limpa, como veremos no próximo capítulo. Chegou, finalmente, a privada inglesa patenteada, provida de sifão.

Nos anúncios de venda ou aluguel, mencionavam-se tanques para lavar roupa e banheiros com ducha, além de fogões econômicos.

Por exemplo, em 1875, lia-se na *Província de São Paulo*:

Vende-se uma chácara toda plantada, com excelente água e casa de habitação novamente construída, com gás encanado e a três minutos da linha de bondes (...)[12]

Quatro anos depois, no mesmo jornal:

Aluga-se a chácara número 6A da Rua do Ipiranga, desta cidade, com bastante cômodos, água encanada desde o poço até a cozinha, banheiro de chuva, tanque de lavar roupa, jardim e pomar (...)[13]

Estes anúncios confirmam a existência de casas com água encanada e corrente nas pias, obtidas, em boa parte, do poço ou mina.

Nos finais do II Império, ao lado da especialização das chácaras produtivas, as casas de luxo apresentavam-se, todavia, em algumas dessas propriedades, possuindo

instalações mais dispendiosas para satisfazer a hábitos mais refinados de conforto. Elas podiam ter adegas, despensa, latrina patente e banheiro quente, frio e de chuva, cozinha com pia, fogão com oito furos (bocas) com forno e depósito de lenha, tanque e lavagem de roupa (...) galinheiro, quarto fora para criados, dito para carros e mais três cômodos para despejos ou criados: quintal e jardim caprichosamente arborizados (Rua Maria Thereza)[14].

Outro exemplo situava-se na Rua Piratininga, no Brás:

A casa é muito bem construída e primorosamente acabada, com gás, água de primeira ordem, banheiro, repuxos, quiosques e todos os acessórios de uma habitação para família de tratamento, em terreno de 27 metros de frente, sobre mais de 100 metros de fundo, fechado de muros e gradis de ferro, com grande jardim inglês, talvez o mais rico da capital, e extenso pomar de árvores frutíferas, todas já com fruto, entre as quais jaboticabeiras e laranjeiras de várias qualidades[15].

Os exemplos mais modestos diziam respeito a casas com

pequeno quintal, poço, forno, às vezes um pequeno jardim, a cozinha, a sala de jantar, os quartos de dormir[16].

Comparado com o aluguel das casas (30$000, 50$000), o das chácaras era muito superior (100$000), o que significa que nestas, todavia, residiam famílias de posses.

Na maioria das chácaras desse período, ainda se produzia ou se cultivava, de modo extensivo, um produto para a venda: videiras, chá, flores. Em apenas oito havia hortaliças, enquanto que todas contavam com pomar e capinzal, incluindo-se as chácaras pequenas e as olarias, pertencentes aos imigrantes, e as que serviam de residência a famílias aristocráticas ou de algum recurso.

Em quase todos os anúncios apresentados, o escravo convivia com o criado europeu, antes de ser totalmente substituído por este, tanto no eito quanto nos interiores da habitação. Em 1872, para uma população de 31.385 habitantes em São Paulo, os escravos perfaziam um total de 3.602, dos quais 826 se encontravam nos trabalhos agrícolas e 1.304 nos serviços domésticos, distribuídos entre as sete freguesias da comarca. Em contrapartida, já existiam 3.747 trabalhadores livres na agricultura e 3.506 nos serviços domésticos[17].

As chácaras mais nobres situavam-se nas vias

O palacete paulistano

25.
Sede da Chácara das Palmeiras que pertenceu ao Dr. Frederico Borghoff e, depois, ao casal D. Angélica e Francisco de Aguiar Barros. Acrescentou-se o primeiro andar à casa colonial primitiva.
Arquivo de Paulo Barros Ulhoa Cintra.

O novo surto de urbanização

26.
A sede da Chácara das Palmeiras transformada em Casa Pia de São Vicente de Paula. Arquivo de Paulo Barros Ulhoa Cintra.
Gentileza de Sílvio Soares Macedo.

27.
Sala de visitas da referida Casa Pia, com móveis originais da Chácara das Palmeiras.
Foto da autora.

O palacete paulistano

28.
Chácara Loskiel, no Brás, com suas culturas.
Foto de Militão Augusto Azevedo, 1862, do álbum do fotógrafo, na biblioteca da Escola Politécnica da USP.

29.
Sede da Chácara da Rua Tabatinguera.
Foto de Militão Augusto Azevedo, 1862, do álbum do fotógrafo, na biblioteca da Escola Politécnica da USP.

principais, dando os fundos para os rios ou várzeas, ou em pontos mais altos, nas encostas do espigão central ou sobre as colinas ao redor do centro, que constituíam locais aprazíveis, arejados e secos, de onde se descortinavam belos panoramas e se usufruía mais salubridade, por estarem a salvo das enchentes dos rios. As chácaras dos imigrantes ficaram nas terras úmidas das várzeas por serem mais baratas.

Verificamos agora a inexistência do equipamento indicativo da indústria caseira de transformação, como o monjolo, o engenho e a casa de farinha. Isso quer dizer que a parte agrícola ficou reduzida e que os cereais e o açúcar já se produziam fora e eram comercializados.

As chácaras semi-urbanizadas surgiram, de preferência, nos caminhos das estações ferroviárias e nas proximidades do leito das estradas de ferro. Despontaram, também, nas ruas servidas pelos transportes a tração animal. Porém o processo de urbanização da zona semi-rural ainda tardaria a se completar, estendendo-se até o período da Primeira Guerra Mundial, ocorrendo em etapas. Nesta primeira etapa, que vai até a Abolição da Escravatura, além do transporte coletivo, vemos que muitas chácaras se beneficiavam dos primeiros melhoramentos urbanos. Mas a maioria contava com água encanada proveniente do poço ou da mina d'água e podia apresentar depósito de gás acetileno.

O uso do tijolo começou a concorrer com a taipa, primeiramente nas reformas, permitindo o remanejamento das fachadas. Nesse período, surgiram interpretações singelas do Neoclassicismo em voga no Rio de Janeiro. Encontramos exemplares reformados em tijolos ou construídos em técnica mista, com soluções que prenunciavam o palacete. São elas: jardins e entradas laterais, gradis de ferro na frente e entrada de serviços nos fundos, as quais levavam ao pátio onde se descarregavam os carroções que traziam a mercadoria da roça e onde os cavalos eram ferrados.

No início do século XIX, em alguns sobrados urbanos surgiram os jardins, desmembrados das culturas. Bem tratados, serviam de estar ou lazer. Eram fechados por muros de taipa e cobertos com telhas de canal, com entrada pela rua de trás.

Na metade daquele século, apareceram, em maior número, os sobrados nas chácaras, com jardins nas laterais. Porém já se falava em chácaras com jardins fronteiros. Vejamos alguns exemplos.

Ficava na Várzea do Pari, pouco adiante do Largo da Concórdia, uma chácara com

*casa de sobrado nova e solidamente construída, toda forrada de papel, com outros edifícios e acomodações próprias para morada de caseiro, etc., poço de excelente água, todo calçado e coberto, espaçoso galinheiro, com tanque no centro, grande terreno valado, cercado e plantado com muito arvoredo crescido, e bastante capim já de corte, além de suficiente espaço para cercado de animais, tendo, **na frente, dois jardins perfeitamente acabados** (...)*[18] (grifo nosso).

Outro anúncio de aluguel de chácara, datado de 1868, descrevia a propriedade

*com muitas plantações, árvores frutíferas, **grande jardim na frente** (grifo nosso), espaçosa casa (...) situada defronte à Praça do Mercado*[19].

A concretização desses recursos só seria possível na zona semi-rural, fora do alcance da legislação. Uma vez no centro, esta mostrava-se rigorosa a respeito do alinhamento, preservando a tradição colonial de casas geminadas junto aos passeios ou às vias públicas[20].

O Código de Posturas de 1873 manteve as construções centrais no alinhamento da rua. Estipulou a largura mínima das ruas (60 palmos), mas proibiu definitivamente o uso das rótulas, postigos e cancelas, concedendo um prazo mínimo para que a população os suprimisse de suas casas. A legislação de 1886 consagrou apenas aquilo que as chácaras, e depois os primeiros palacetes, inovaram nos bairros afastados do centro velho, como veremos adiante.

O palacete paulistano

30.
Chácara da família Gavião, na Rua Alegre, depois Rua Brigadeiro Tobias. É considerada uma das construções neoclássicas mais antigas da cidade. Dispunha de duas entradas laterais, uma delas para o pátio interno, mais um terraço superior. Nela também residiu Cândida de Campos Barros, até ser adaptada para hotel e comércio.
Foto de Militão Augusto Azevedo, 1862, na biblioteca da Escola Politécnica.

O novo surto de urbanização

31.
Situada na Rua Alegre, esta casa térrea sobre porão baixo também pertenceu à família Gavião. Além do estilo neoclássico recém-chegado do Rio de Janeiro, já apresentava jardins laterais e gradis de ferro.
Foto de Militão Augusto Azevedo, 1862, na biblioteca da Escola Politécnica.

O palacete paulistano

32.
Sobrado de taipa do século XVIII, que pertenceu ao casal D. Veridiana e Martinho da Silva Prado, na Rua da Consolação, ao lado da igreja do mesmo nome. Era sede de uma chácara existente no local e possuía entrada e jardins laterais.
Foto de Caio Prado Jr., arquivo da autora.

As casas das chácaras semi-urbanizadas eram de taipa ou de técnica mista. Contavam com escravos e com criados. Os exemplares dessas chácaras tornaram-se conhecidos graças à série de fotografias tiradas por Militão Azevedo, por volta de 1860. Algumas se preservaram avançando por este século, adaptadas a escolas ou hotéis.

Como exemplos, apresentaremos as chácaras dos irmãos Gavião Peixoto, na antiga Rua Alegre, de D. Veridiana Valéria da Silva Prado, na Rua da Consolação, e o solar do Marquês de Três Rios, no velho Caminho da Luz (atual Avenida Tiradentes).

As chácaras dos irmãos Gavião

Uma das casas da Rua Alegre devia ter sido de taipa, anterior à chegada dos pedreiros alemães que introduziram o uso da alvenaria de tijolos. A fachada, as platibandas e as muretas foram posteriores, executadas em tijolos, cujas possibilidades atenderam à moda do estilo neoclássico que provinha do Rio de Janeiro[21]. Os frontões, pilastras e platibandas ornamentadas com estátuas de louça constituíam elementos característicos daquele estilo que, na Província, ter-se-ia manifestado com certo acanhamento, se comparado com a matriz[22]. Esse sobrado foi adaptado para receber as instalações de um hotel, tendo pertencido antes a Cândida de Campos Barros[23].

Por outro lado, a casa térrea da mesma rua já apresentava porão baixo, com aberturas assinaladas sob cada janela.

O solar do Marquês de Três Rios

No antigo Caminho da Luz, atual Avenida Tiradentes, esquina com a Praça Visconde de Congonhas do Campo, existiu o solar de Joaquim Egídio de Souza Aranha, o Marquês de Três Rios, casado em segundas núpcias com Maria Hipólita, filha do Barão de Itapetininga. Ela, por sua vez, era viúva do Comendador Fidélis Nepomuceno Prates, para quem se construiu esse sobrado, entre 1850 e 1860. Em 1884, o Conde d'Eu, a Princesa Isabel e três filhos aí se hospedaram.

De 1891 a 1893 o sobrado abrigou as instalações da Companhia São Paulo Hotel, antes de ser adquirido pelo Estado para que nele funcionasse a Escola Politécnica.

O terreno do antigo Solar do Marquês de Três Rios media 58,50 metros de frente para a Avenida Tiradentes, 166 metros no lado que dava para a Praça Visconde de Congonhas do Campo, incluindo-se o terreno ocupado por outras dependências, e 146 metros de fundos[24].

O engenheiro Alexandre D'Alessandro assim o descreveu, em 1943:

Os seus janelões de ombreiras e vergas de granito importado (do reino sem nenhuma dúvida), com as sacadas do primeiro andar em ferro fundido, os seus cunhais de cantaria lavrada, o cornijão de coroamento e as platibandas encimadas por figuras simbólicas (da cultura e da inteligência), em faiança de vidrado branco, era tudo bem achado para um edifício que ia ser a sede de um estabelecimento de ensino do porte e do feitio da Escola Politécnica de São Paulo.

Junte-se a isso, posteriormente, a aplicação de azulejos policrômicos e ter-se-á dito tudo sobre o velho casarão (...)[25]

O feliz acaso fez chegar até nós o seu programa das necessidades:

(...) tendo nas duas faces três portas e dezoito janelas no pavimento térreo, e vinte e uma ditas no pavimento superior. (...) Uma casa térrea com frente para a Praça do Visconde de Congonhas do Campo, medindo vinte e dois metros de frente e com portas e janelas, uma casa para cocheira, com frente para a mesma Praça, com vinte e um metros de frente, três portas e quatro janelas, grande pomar, jardim, muros de tijolos e de pedra, taipa, poço de água, tanque, ruas apedregulhadas, estrebarias e mais casas de diferentes aplicações no interior do terreno[26].

O palacete paulistano

33.
Fundos do sobrado do Seminário das Educandas que fora casa da chácara de D. Veridiana Prado.
Foto da Dim, DPH/SMC/PMSP.

O solar possuía entrada, jardins laterais e pátio nos fundos para onde davam os quartos do primeiro andar e os alpendres do térreo. A fachada revestida de azulejos e as platibandas ornadas com estátuas também sugeriam certa influência do Neoclassicismo do Rio de Janeiro. No térreo, os serviços comumente encontrados no sobrado urbano haviam cedido espaço para um grande *hall* com escadaria e uma série de salas. Mas a parte nobre da casa, incluindo o estar formal, representado pela sala de visitas e a sala de jantar, ficava no primeiro andar. Contudo, receberam tratamento especial, possuindo amplas dimensões e paredes empapeladas.

O prédio foi demolido em 1928, encontrando-se excessivamente danificado para ser reformado a contento, por ter sido alvo de bombardeios durante a Revolução de 1924.

Os programas e o estilo do solar do Marquês de Três Rios logo ficaram ultrapassados. Em 1900, Ramos de Azevedo, um dos arquitetos introdutores do Ecletismo e, especialmente, da distribuição francesa, assim o analisou:

A casa principal, conquanto constituía um verdadeiro padrão da arte de construir, em passados tempos (cerca de quarenta anos), muito deixa a desejar em relação à sua distribuição e aspecto. A disposição das peças, os elementos de acesso, vestíbulos, escadarias, as condições de luz e as proporções gerais foram mal concebidas e de viciosa execução.

A ordenança exterior não se filia a estilo algum, e as fachadas, desprovidas de quaisquer acidentes de realce, apenas impressionam pela massa, oferecendo uma fisionomia grave e triste[27].

Tudo indica que essa tendência de jardins com entradas laterais seja do terceiro quartel do século, quando se começou a valorizar a ventilação e a insolação nas casas, em vista da profilaxia das moléstias transmissíveis.

A chácara de D. Veridiana Valéria da Silva Prado

A primeira chácara de D. Veridiana Valéria da Silva Prado, um sobrado de taipa que teria sido edificado no século XVIII, persistiu até a década de 1940. Situava-se ao lado da primitiva Capela de Nossa Senhora da Consolação, no Caminho da Consolação ou Caminho de Pinheiros (atual Rua da Consolação). Tratava-se de uma das estradas mais transitadas, tendo sido um dos antigos caminhos do sertão. Por lá chegava o gado muar e cavalar negociado na grande feira de Sorocaba[28]. Carros de boi traziam hortaliças da Aldeia de Pinheiros e demandavam o Largo do Piques (atual Ladeira da Memória), onde existiam diversas casas de negócios atacadistas, concentrando-se ali as tropas de mulas chegadas de todos os pontos da Província[29].

Esse caminho também foi rota religiosa, a exemplo do Caminho da Penha. Costumava-se trasladar a imagem de Nossa Senhora do Monte Serrate da Capela de Pinheiros para a da Consolação[30]. Uma das primeiras linhas de bondes a burro fazia ponto final no início da Rua da Consolação.

Teodoro Sampaio descreveu-nos a casa e o bairro:

Por diante do velho sobrado rasgado de janelas numerosas, a que dá ingresso o largo portão de ferro, abrindo para um pátio lajeado de granito, passava a larga estrada de Sorocaba e Itu, das mais trafegadas da Província, estrada cheia de recordações históricas, o caminho dos conquistadores do sertão, dos vencedores de Guayrá, dos colonizadores dos pampas do Sul.

Para a frente, descendo com o terreno para o lado da Chácara do Marechal Arouche, descobria-se a casaria rara e feia, por entre laranjeiras amarelas, ruins, denotando que a cidade progredia pouco por esse lado. As ruas vizinhas, mal calçadas, irregulares, invadidas pela vegetação rasteira, como todas as ruas dos subúrbios pobres e esquecidos, não tinham animação nem vida, mas eram de um pitoresco adorável, a par dos costumes simples e ingênuos dessa época[31].

34.
Antigo solar do Marquês de Três Rios, onde se instalou a Escola Politécnica, em 1894. Fonte: *São Paulo antigo e São Paulo moderno*, 1554-1904, p. 84.

35.
Pátio interno do sobrado do Marquês de Três Rios.
Anuário da Escola Politécnica, 1900, p. 14.

Um quadro do pintor Parreiras mostra seus jardins laterais. Os interiores eram muito amplos, existindo uma infinidade de salas[32]. Em 1852, foi remodelado. O Barão de Iguape, em carta a D. Veridiana, assim relatava:

Estou mandando dar mão de óleo em toda a casa da Consolação para pôr o papel e acabar de uma vez a casa. O quintal está bonito e tratado[33].

Os forros das salas eram apainelados[34]. Um piano, móveis e objetos estrangeiros decoravam as salas do sobrado. Em 1905, a área total da chácara era de 298.563 m², limitando-se, por um lado, com a Rua Martinico Prado até o Tanque do Bexiga. No fundo, entestava com o Tanque e o Córrego do mesmo nome, e com o Sítio do Capão, até a esquina da Rua Paim. Daí, chegava em linha reta até o reservatório da Rua da Consolação. Compreendia as ruas Martinho Prado, Olinda, Caio Prado, Travessa Augusta e parte das ruas Augusta e Frei Caneca[35]. Essa chácara foi adquirida por volta de 1848, pelo casal Martinho e Veridiana da Silva Prado, quando retornava do Engenho Campo Alto (atual Município de Araras). A utilização da residência pode fornecer uma idéia do processo de obsolescência dos programas, seguido de uma segunda etapa, quando se escolheram soluções novas.

Nesta casa nasceram os últimos filhos do casal: Anésia da Silva Prado (1850), Antônio Caio da Silva Prado (1853) e Eduardo da Silva Prado (1860), conhecido literariamente como Eduardo Prado[36].

D. Veridiana teria regressado à capital com o objetivo de proporcionar melhor educação aos filhos mais velhos: Antônio da Silva Prado (1840), Martinho da Silva Prado (1843) e Ana Brandina da Silva Prado, conhecida como Chuchuta (1844). Em 1854, nessa casa trabalhou a primeira governante estrangeira, Mademoiselle Elizabeth, trazida da Europa por iniciativa de D. Veridiana, e dela saíam seus filhos varões para cursar Direito[37].

Ela aí promoveu diversas festas, a princípio para os estudantes da Academia. O primeiro baile foi dado em 1861, em honra do seu primogênito, que se bacharelava. Conta-se que, nessa ocasião, a Marquesa de Santos, talvez na esperança de ser convidada, passou pelo sobrado. Entrou, então, para ver os preparativos para a festa. Entusiasmada, ela exclamou: "Está tudo tão bom, faz-me recordar os tempos do I Império!" Mesmo assim, D. Veridiana não a convidou, pois, embora mantivesse bom relacionamento com a Marquesa, não a aceitava socialmente[38].

Em 1874, separou-se de seu marido, que saiu definitivamente de casa quatro anos depois, após o casamento dos filhos. D. Veridiana passou a viver na chácara em companhia do filho caçula, Eduardo Prado, ainda solteiro. A seguir, este foi para Paris, de onde só retornou em 1887. Ao herdar a Chácara da Consolação do marido, falecido em 1895, ela cedeu o casarão para as Irmãs da Ordem de São José, a fim de que nele funcionasse o Seminário das Educandas.

No ano seguinte, o Velódromo foi inaugurado em terras da Chácara da Consolação. D. Veridiana mandou-o construir, tendo cedido 25.000 m². Parte dos terrenos que compõem o São Paulo Athletic Club também foi extraída da chácara.

Com referência aos interiores das casas de chácaras, pouco se sabe. Faltam descrições pormenorizadas e as plantas que nos restaram correspondem a períodos posteriores, quando elas já estavam adaptadas a hotéis ou a outros programas. É possível que a solução compacta, englobando escritórios ou armazéns no térreo e moradia no primeiro andar, característica do sobrado urbano ou do porto, tivesse começado a se alterar nas casas de chácara desse período e nos sobrados centrais. No térreo, mencionou-se a existência de alcovas, onde dormiam hóspedes e empregados[39]. O Conselheiro Antônio Prado, quando estudante, dormia num quarto com janela para a rua, situado no primeiro nível do sobrado de seu avô, o Barão de Iguape[40]. Alguns cômodos relativos ao estar informal, como sala de brinquedos, também podiam ficar nesse piso que começava a ser assoalhado. Mas era ainda muito frio e úmido[41].

O palacete paulistano

36.
Sobrado do Brigadeiro Tobias, na Ladeira do Acu (hoje de Santa Ifigênia), conforme desenho de 1941.
Arquivo de Heloísa Alves de Lima e Motta.

No entanto, já se encontravam exceções, como na casa do Marquês de Três Rios, onde, como vimos, o *hall* grande de entrada substituiu o corredor tradicional.

Na casa de D. Veridiana, na Rua da Consolação, o térreo já estava habitado, pois sabe-se que, ao separar-se do marido, ela passou a morar ali e ele no andar superior.

Tanto o estar formal quanto o informal persistiam, no primeiro andar, representados respectivamente pelo salão e pela sala de jantar, que recebiam tratamento especial. Eram mais amplas e a decoração mais rica, feita à base de papéis nas paredes e pinturas no forro. A sala de jantar continuava sendo o ponto mais amplo da casa.

Em algumas chácaras, o sobrado também encontrara a casa rural paulista. Na velha sede da Chácara das Palmeiras, que obedecia ao esquema desse tipo de morada, acrescentou-se um quarto sobre o alpendre e a sala central, ocupado pelas tias de D. Angélica de Barros, proprietária da chácara.

Antes de concluirmos a relação dos exemplares que, de certa forma, anteciparam o palacete, convém fazer uma referência ao sobrado do Brigadeiro Rafael Tobias de Aguiar, notável em seu tempo.

O sobrado do Brigadeiro Tobias de Aguiar

Situado na rua do mesmo nome, nº 01 e construído em taipa, era sede da chácara de sua propriedade, em Santa Ifigênia. Deve ser pouca coisa anterior aos demais. Pelo menos, ainda não possuía aquelas inovações, nem passou pelas adaptações ao gosto neoclássico. Apesar de ter sido edificado a meia encosta, na antiga Ladeira do Acu ou do Seminário, estava mais próximo do tradicional sobrado do centro urbano. Na fachada, sobressaíam os longos beirais, as envasaduras de arco batido, tão ao gosto da arquitetura colonial, e o grande balcão de ferro forjado, característico do século XIX.

A casa do Brigadeiro Tobias foi, a seu tempo, a mais ampla e importante da cidade. Possuía puxado e pátio nos fundos. Sobre ela escreveu Yan de Almeida Prado:

O sobrado, recentemente demolido, era muito simples, porém, quem passava pelo Viaduto Santa Efigênia podia ver o interessantíssimo pátio dos fundos. Era todo rodeado de varandas, com escadas a dar comunicação aos diversos andares, o que lhe trazia certo aspecto de habitação espanhola[42].

O Brigadeiro Tobias (1793-1857), militar e político, fora por duas vezes Presidente da Província (1831 e 1840), tendo sido um dos homens mais ricos de São Paulo. Com seu falecimento, a Marquesa de Santos, com quem se casara em 1842, herdou o sobrado do Acu. Em 1915, foi alugado pela Faculdade de Medicina para que nele funcionassem algumas cadeiras de seu *curriculum*. Entregou-se o prédio em 1924 para ser demolido.

Ao concluir o período enfocado neste capítulo, existiam em São Paulo, além dos diferentes tipos de chácaras, grandes extensões de terras com capinzais e cocheiras, utilizadas para os carros e os animais de transporte das casas urbanas, como as do Barão de Ramalho, cujo retalhamento deu origem ao bairro de Higienópolis, e as de Rego Freitas e de D. Maria Antônia da Silva Ramos, das quais, por sua vez, se originou a Vila Buarque.

Houve haras instalados em chácaras antigas, a exemplo das propriedades de Antônio Prado e de Elias Chaves, situadas em locais próximos à Alameda dos Bambus, onde se faziam corridas de cavalo. O haras pertencente ao Barão de Piracicaba II, na antiga Chácara do Senador Feijó, teve uma parte desmembrada e cedida para a construção do Hipódromo, na Moóca. Algumas chácaras já estavam servindo de lazer para fins de semana, como a do Barão Souza Queiroz, situada onde hoje se encontra a Rua São Luís, em toda a sua extensão.

Em suma, as características comuns às chácaras semi-urbanizadas eram a preocupação com o conforto ou com equipamentos modernizantes ao la-

N
0 100 500
1
2
3
4
5
6
7
8
9
10
11
12
13
14
15
16
17
18
19
18
20
21
22
23
24
25
26
27
28
29
30
31

AMOSTRAGEM DE CHÁCARAS QUE CEDERAM LUGAR AOS PALACETES NA CIDADE DE SÃO PAULO NO SÉCULO XIX

(BASEADO NA PLANTA GERAL DA CIDADE DE SÃO PAULO — GOMES CARDIM, 1897)

CHÁCARAS

1. Chácara Elias Chaves
2. Chácara do Carvalho
3. Campo Redondo
4. Marquês de Três Rios
5. Barão de Antonina
6. Chácara Miguel Carlos
7. Brig. Gavião Peixoto
8. Barão de Piracicaba II
9. Brig. Tobias
10. Chácara da Figueira
11. Chácara Senador Feijó
12. Chácara D. Ana Machado
13. Chácara do Osório — antiga chácara Menezes
14. Chácara Fagundes
15. Sítio Tapanhoim
16. Local provável do Sítio Ipiranga — Brig. Jordão
17. Chácara Barão de Limeira
18. Chácara do Capão
19. José Borges de Figueiredo — Joaquim E. de Lima
20. D. Maria Antônia
21. Chácara Martinho da Silva Prado
22. Res. Conselheiro Ramalho
23. Chácara velha do Senador Souza Queiroz
24. Chácara do Chá
25. Chácara do Arouche
26. Chácara do Sen. Feijó, depois do Barão de Piracicaba
27. Chácara Jaguaribe
28. Chácara D. Veridiana da Silva Prado
29. Chácara Conselheiro Ramalho
30. Chácara Floriano Wanderley
31. Chácara das Palmeiras

do do aparecimento do uso do tijolo, além da existência de culturas diversas como hortaliças e, principalmente, de árvores frutíferas e capinzais, em detrimento de outras tantas, sobretudo as extensivas.

Naquele momento, também nos quintais antigos, apareceram elementos que poderão ressurgir nos palacetes. São eles: poço ou mina d'água, plantas medicinais, cultivo de flores como rosas, cravos e dálias, junto com hortaliças, árvores frutíferas, criação de aves, pocilga, curral, cocheira e pasto. Os ranchos ou senzalas para acomodação dos escravos seriam substituídos pelas edículas ou pelos quartos no porão.

Ocorreu, assim, perda parcial do auto-abastecimento, encaminhando-se à intensificação do consumo. Apareceram os jardins separados das culturas e localizados nas laterais da moradia e até na frente. Tornou-se mais freqüente a entrada de serviço independente da social, situada na lateral ou nos fundos do lote. Internamente, verificou-se o desaparecimento gradativo dos serviços do térreo, substituídos pelo repouso ou pelo social informal.

CAPÍTULO IV

"A capital dos fazendeiros de café", os primeiros bairros e os palacetes pioneiros, construídos em alvenaria de tijolos: o do Barão de Piracicaba II e o de D. Veridiana Valéria da Silva Prado.

Na esteira do processo de especialização das chácaras e seus primeiros loteamentos, condicionados à ferrovia, bem como aos melhoramentos urbanos já citados, nasceu "a capital dos fazendeiros de café". A vida econômica e social da cidade começava a ser comandada pelo empresariado do café. Para tanto, a modernização dos meios de transportes, o aumento das rendas e da população iriam abrir o caminho.

De 1867 a 1877, da inauguração da Inglesa à chegada da Estrada de Ferro Rio de Janeiro–São Paulo, a capital tornou-se "nó de estradas de ferro", aproveitando-se de sua situação geográfica que a transformara em cruzamento natural dos caminhos que demandavam o mar e o sertão[1].

Com o *boom* do café, cresceriam as rendas da Província e, com ela, as da cidade de São Paulo. Assim, se no biênio de 1863-1864, as rendas foram da ordem de 1.090:365$973, no de 1868-1869, portanto, após a inauguração da primeira ferrovia, elas remontaram à quantia de 2.025:068$693, aumentando progressivamente de 2.070:721$661, em 1876-1877, a 8.801:725$912, em 1883-1884[2]. Conseqüência do aumento das rendas foi a multiplicação do número de bancos na cidade. De uma filial do Banco do Brasil, aberta em 1855, e da instalação da Caixa Econômica, em 1875, até 1889 inauguraram-se mais quatro bancos e duas agências de bancos ingleses[3].

Afluiu gente de todos os pontos do país e do exterior. Dos 31.385 habitantes existentes em 1872, a cidade passou a contar com 47.697 em 1886, sendo a quarta parte de estrangeiros. Do décimo lugar que ocupava entre as cidades brasileiras mais populosas naquele ano, ela passou à quarta colocação no último censo[4].

Nesse meio tempo, temos o governo de João Teodoro Xavier (1872-1875), considerado o segundo fundador de São Paulo, tais os melhoramentos e as mudanças que imprimiu à cidade[5]. Além da organização do sistema de transportes coletivos a tração animal e da iluminação a gás, citados anteriormente, as demais melhorias realizadas nesse governo referiram-se à circulação interbairros, às obras pioneiras de saneamento básico e ao embelezamento da cidade. João Teodoro ligou o Bairro da Luz ao Pari (pelas atuais ruas João Teodoro e São Caetano), o da Moóca à Liberdade (Rua do Hospício), e a Consolação ao Arouche. Retificou o primeiro trecho do Rio Tamanduateí, realizando a Ilha dos Amores, o ajardinamento do Barranco do Morro do Carmo, o aterro do Gasômetro e o abastecimento de água na Freguesia do

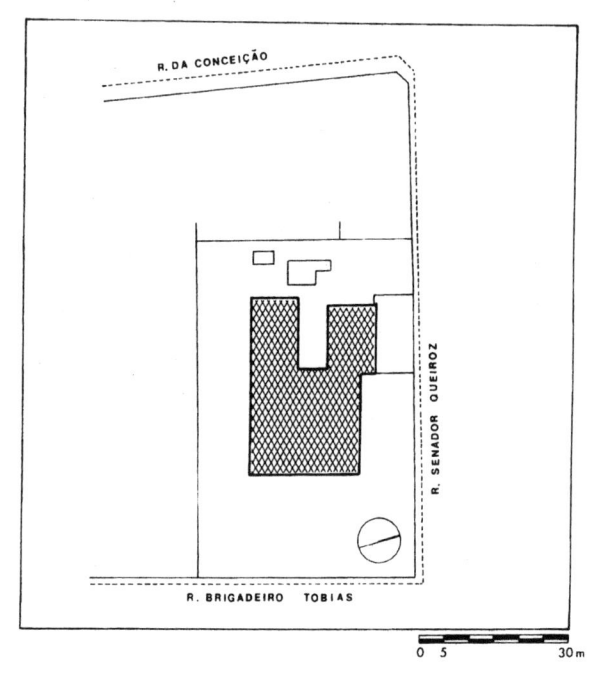

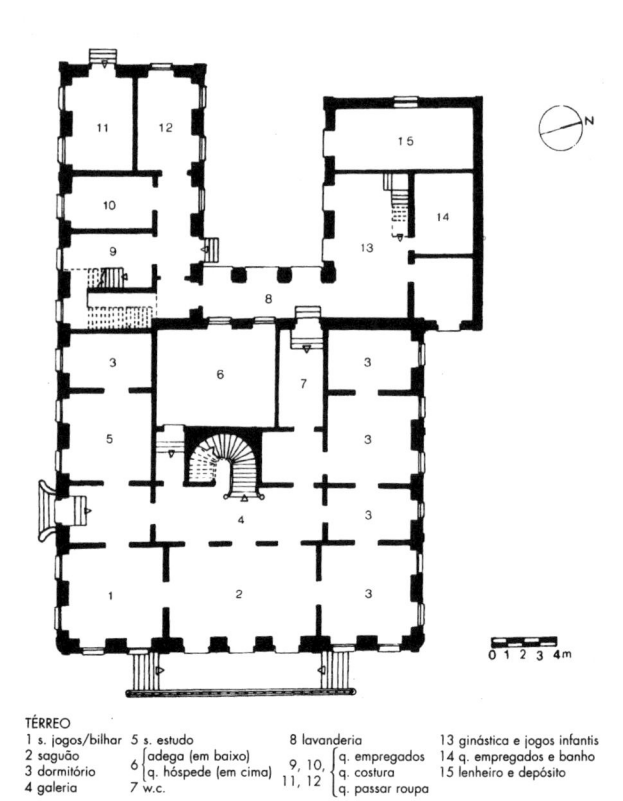

O palacete paulistano

proprietário:	BARÃO DE PIRACICABA II
endereço:	R. Brig. Tobias / R. Senador Queiroz APUD SARA-BRASIL, 1930
projeto:	proprietária (mestre-de-obra e escravos)
ano:	1877

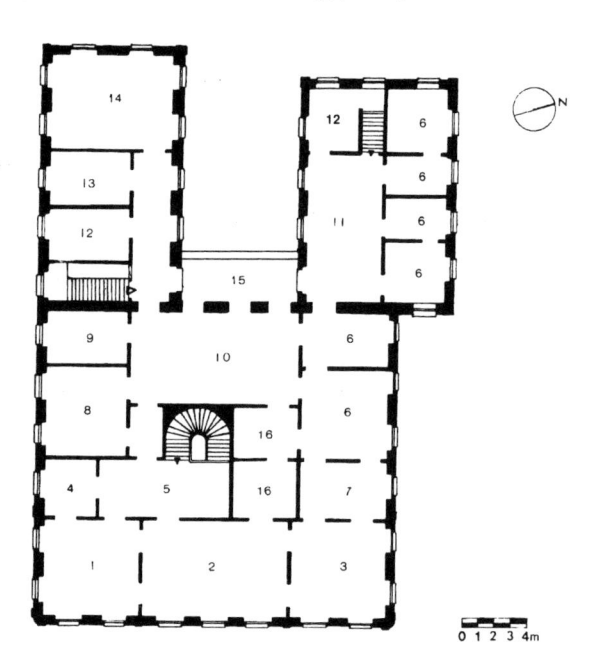

1º ANDAR
1 s. azul
2 s. vermelha
3 escritório
4 s. de piano
5 hall
6 dormitório
7 s. vestir
8 s. senhora (s. verde)
9 copa
10 s. jantar
11 s. crianças
12 banheiro
13 despensa
14 cozinha
15 terraço
16 alcova

TÉRREO
1 s. jogos/bilhar
2 saguão
3 dormitório
4 galeria
5 s. estudo
6 adega (em baixo) / q. hóspede (em cima)
7 w.c.
8 lavanderia
9, 10, 11, 12 q. empregados / q. costura / q. passar roupa
13 ginástica e jogos infantis
14 q. empregados e banho
15 lenheiro e depósito

A planta da casa do Barão de Piracicaba II é oriunda de um levantamento métrico-arquitetônico executado por funcionários do Escritório de Ramos de Azevedo.

Desse levantamento, perdeu-se a planta referente ao andar intermediário que existiu nas duas alas dos fundos. Daí a dificuldade para se precisar o destino das escadas de serviço. Esse andar somente se tornou possível porque as áreas térreas de serviço, destituídas de porão, ficavam abaixo do nível do corpo principal.

Pelas informações obtidas junto a descendentes do Barão, tratou-se de uma construção de tijolos. No entanto, a espessura de 90 cm das paredes externas indicava vínculos com a taipa de pilão, que adotava dimensões semelhantes, ou incerteza quanto à alvenaria de tijolos.

Segundo nossa entrevistada, Heloísa Alves de Lima e Motta, no mezanino havia dois dormitórios, lenheiro, banheiro, depósito e mais oito quartos de empregados.

Brás. Reformou o Campo dos Curros (atual Praça da República) e o Jardim da Luz[6].

O Governador criou condições para o melhor desempenho das atividades econômicas vinculadas à cafeicultura. Dessa forma, ampliou-se o papel anterior da cidade como núcleo de um sistema comercial, administrativo, regional ou provincial.

Devido às necessidades inerentes à comercialização do café e às empresas subsidiárias, os fazendeiros obrigaram-se a uma convivência urbana, a fim de viabilizar seus interesses junto aos políticos e administrar os seus negócios. Como vimos anteriormente, uma vez na cidade, os empresários fundaram diversas ferrovias, bancos e indústrias vinculados às necessidades da cafeicultura. Por sua iniciativa, formaram, em 1872, a Cia. Cantareira de Águas e Esgotos e, com o governo provincial, instituíram a imigração subvencionada.

Do ponto de vista social, deu-se o encontro das famílias mais ricas, dispersas pelo Interior, com as que aqui residiam. Diversos titulares do Império transferiram-se para cá, tais como o Barão de Piracicaba II, o Marquês de Itu, o Conde de Pinhal, os barões de Parnaíba, a Baronesa de Arari e o Barão de Tatuí. Até o final do século, chegaram as famílias Cunha Bueno, Cerqueira César, Toledo Piza, Lara Campos, Sampaio Moreira, Lacerda Soares, Estanislau do Amaral, os irmãos Almeida Prado, José Paulino Nogueira e outros.

Na dependência do transporte ferroviário, os recém-chegados moravam, de preferência, nas vias que conduziam à Estação da Luz e nos Campos Elíseos. Os que aqui já estavam mantiveram-se, até o término do Império, nos sobrados ou velhas chácaras, como veremos no próximo capítulo.

Outro sintoma da acumulação de renda foi o surgimento dos bairros elegantes pioneiros e, com eles, dos palacetes.

Nesses termos, reocuparam-se duas velhas saídas: as ruas Alegre (depois Rua Brigadeiro Tobias) e a da Constituição (atual Florêncio de Abreu), surgindo o bairro de Santa Ifigênia, o do Chá e o dos Campos Elíseos.

As plantas da cidade do século passado mostram que as primeiras alterações verificadas no espaço urbano se deram em Santa Ifigênia, a paróquia mais antiga depois da Sé, onde existia a chácara do Brigadeiro Tobias. Na década de 1860 apareceu o primeiro traçado ortogonal em São Paulo, constituído pelas ruas Ipiranga, Vitória e Aurora, que chegavam apenas até a Alameda dos Bambus. Poucos anos depois, ocupou-se a segunda parte desse bairro, entre a Alameda dos Bambus e a Estação da Luz.

Do lado esquerdo da Rua São João, surgiu o traçado do bairro do Chá, correspondente à extensão ocupada pela antiga chácara do mesmo nome. Temos agora a denominada "Cidade Nova", cujo eixo principal é a Rua Barão de Itapetininga, na altura da Rua Direita, do outro lado do Vale do Anhangabaú.

Os Campos Elíseos, situados entre Santa Ifigênia, os trilhos da Inglesa e da Estrada de Ferro Sorocabana, nasceram dos loteamentos de duas chácaras, efetuados no período de 1880 a 1890. A iniciativa partiu dos comerciantes alemães Frederico Glette e Victor Nothmann, e o levantamento esteve a cargo do arquiteto alemão von Puttkamer. Em 1885, Elias Pacheco e Chaves loteou o seu haras, completando o lado ímpar da antiga Alameda dos Bambus (hoje Avenida Duque de Caxias).

A Liberdade desenvolveu-se no rumo sul, espontaneamente, a partir da Rua São Joaquim, graças à instalação do trem, em 1885, ligando a cidade a Santo Amaro.

A alteração espacial concomitante à renovação da arquitetura, deveu-se à introdução de técnicas construtivas. Os condutores de cobre ou folhas-de-flandres possibilitavam telhados isolados e recortados e, com eles, a nova disposição final da construção. O trem de ferro trouxe da Europa chapas de zinco e de cobre, arames e pregos galvanizados, cimento, telhas francesas, ardósia, pinho-de-riga, mármores, grades, guarda-copos, colunas de ferro forjado ou fundido, mosaicos, azulejaria, louça sanitária, janelas completas, tintas a óleo, serralheria, etc.[7]

O palacete paulistano

Nos bairros novos, as construções desvinculavam-se dos vizinhos e tornavam-se independentes, isolando-se nos lotes.

Os chalés foram os primeiros a romper com a nossa tradição arquitetônica:

Isoladas, em geral, no centro dos terrenos, essas casas tinham seus telhados de duas águas dispostos no sentido oposto ao da tradição luso-brasileira; as empenas voltadas para os lados menores — a frente e os fundos — e as águas para os lados maiores, isto é, as laterais.

Os beirais dos chalés exigiam um espaço mínimo de 50 centímetros além das paredes,

impedindo, assim, o contato entre as paredes exteriores de vizinhos, como ocorria nas residências coloniais.

As águas, fortemente inclinadas,

eram rígidas e retilíneas, sem a suave curvatura dos telhados tradicionais[8].

Mas grande parte das construções persistiu no alinhamento, embora recebessem recuos ou entradas laterais, manifestos por entradas ou saguões, corredores ou jardins, soluções consideradas a meio caminho entre a arquitetura tradicional e o Ecletismo[9]. No centro da cidade, os frontispícios dos sobrados de taipa eram remanejados em tijolos por arquitetos e mestres-de-obras estrangeiros que procuravam conferir-lhes o estilo neoclássico de influência italiana.

37.
O Palacete do Barão de Piracicaba II, apresentando ainda as estátuas originais na platibanda.
Reproduzida de fotografia do artigo de Yan de Almeida Prado, na *Revista Ilustração Brasileira*, edição especial de 1929.

38.
Palacete do Barão de Piracicaba II.
Arquivo de Heloísa Alves de Lima e Motta.

Em 1878, o arquiteto alemão von Puttkamer construiu o prédio do Grand Hôtel, na modalidade alemã do estilo neoclássico. Situado na Rua São Bento, esquina com a atual Ladeira Miguel Couto, o prédio foi considerado a primeira construção de porte do Ecletismo em São Paulo. Em 1882, o arquiteto italiano Tomás Gaudêncio Bezzi projetou o edifício comemorativo da Independência, construído de 1885 a 1889, sob a direção de Luigi Pucci[10]. Paralelamente, ocorreriam mudanças nas chácaras semi-urbanizadas, assinalando a introdução do Ecletismo também na arquitetura residencial.

Os empresários do café trouxeram de Paris os primeiros modelos de palacetes. Os estilos eram diversificados, mas a implantação e a distribuição inspiravam-se nas *villas* e nos *hôtels privés*[11] franceses.

Ambos os tipos iriam proliferar pela cidade de São Paulo, mas as *villas* teriam a preferência nos arrabaldes. Sua implantação com jardins ou parques fronteiros, permitindo elementos programáticos do campo, como árvores frutíferas, hortaliças, veios d'água, galinheiros, estrebarias, pombais, além de cocheiras, casas de porteiro, edículas várias, etc., estava mais próxima das chácaras tradicionais paulistanas, possibilitando a persistência de certas soluções.

A *villa*, programada para o reino da mulher dentro da perspectiva romântica, dizia mais respeito à nossa tradição familiar, segundo a qual a mulher permanecia no comando da casa e dos criados, como supervisora das tarefas domésticas. Não é por acaso que as *villas* tinham, de preferência, nomes próprios femininos: Vila Maria, Vila Antonieta, Vila Laura, Vila Fortunata, etc.

Nos caminhos da Estação da Luz, nas ruas novas servidas pelos bondes a tração animal, é que surgiram os primeiros palacetes. Pertenceram, em sua maioria, a titulares do Império, representantes de famílias tradicionais, compondo um bairro a que, segundo Yan de Almeida Prado, se denominou "*la vieille roche*"[12].

Dois palacetes construídos em alvenaria de tijolos trouxeram importantes inovações: a casa do Ba-

O palacete paulistano

39.
Antiga Rua Alegre (hoje Rua Brigadeiro Tobias), vendo-se, à direita, os gradis de ferro
dos jardins do palacete do Barão de Piracicaba II.
Foto de Militão Augusto Azevedo, de 1887, na Dim/DPH/SMC/PMSP.
Extraída de TAUNAY, A. de E. *Velho São Paulo*. v. III, p. 30.

40.
Palacete do Barão de Piracicaba II, datado de 1876. Situava-se na Rua Alegre
(atual Brigadeiro Tobias) e foi demolido em 1942.
Foto do Arquivo de Heloísa Alves de Lima e Motta.

rão de Piracicaba II, situada na Rua Brigadeiro Tobias, e a Vila Maria, residência de D. Veridiana da Silva Prado, situada nos altos de Santa Cecília, na confluência da Rua D. Veridiana com o Caminho do Pacaembu (depois Avenida Higienópolis).

O palacete do Barão de Piracicaba II

Em 1877, Rafael Tobias de Aguiar Paes de Barros (1830-1898), o futuro Barão de Piracicaba II, construíu o primeiro sobrado paulistano de que se tem notícia, recuado do alinhamento, com jardins fronteiros[13].

Era filho de Antônio Paes de Barros, Barão de Piracicaba I, primeiro fazendeiro a introduzir a cafeicultura em Itu, e de Gertrudes Eufrosina de Aguiar Paes de Barros. Rafael era afilhado e sobrinho do Brigadeiro Tobias, de quem possuía o nome[14]. O futuro Barão de Piracicaba II chegou a São Paulo proveniente de Rio Claro, município onde se situava a sua fazenda de café. Seu irmão, Diogo de Barros, trouxe sua tecelagem de algodão para a capital, fato que constituiu importante marco na história da indústria paulista.

Em 1875, juntamente com o Conselheiro Antônio Prado, Elias Pacheco e Chaves e outros, Rafael de Barros foi um dos fundadores do Jockey Club de São Paulo. Para as raias, doou parte de sua chácara da Moóca, a qual pertencera ao Senador Feijó[15]. Em 1877, o mesmo ano da construção de sua casa, associou-se ao Coronel Proost Rodovalho e a outros empresários, fundando a Cia. Cantareira de Águas e Esgotos[16]. Com o Conselheiro Antônio Prado, foi um dos fundadores do Banco do Comércio e Indústria, tendo sido um de seu diretores. Em 1880, recebeu do Imperador o título de Barão, por ter doado metade dos terrenos da construção da nova Santa Casa de Misericórdia, na Vila Buarque[17]. Rafael de Barros era francófilo, o que pode explicar o fato de a decoração de seu palacete ter vindo de Paris, importada pela Casa Garraux. Em 1858 visitara a capital francesa, ocasião em que se encontrou com paulistas que estavam estudando em Paris.

O Barão casou-se em segundas núpcias com D. Maria Joaquina Mello Oliveira Paes de Barros (1847-1926), filha do Visconde de Rio Claro. O casal teve nove filhos que residiram no palacete situado na Rua Alegre, esquina com a Rua Senador Queiroz.

Conforme seus netos Heloísa Alves de Lima e Motta e Caio Luís Pereira de Sousa, a casa foi construída segundo planta feita pelo seu avô. As obras teriam sido executadas por seus escravos e por um mestre-de-obras, sob a sua direção[18]. As paredes, muito largas, revelaram certo empirismo quanto à técnica construtiva.

Os terrenos haviam sido desmembrados da chácara do Brigadeiro Tobias, cujos fundos iam ter na Rua Conceição, formando uma área de mais de um alqueire. Constituiu, na verdade, o encontro do sobrado com a chácara, acrescido das seguintes inovações: recuos fronteiros e laterais com jardins e a separação da entrada social da de serviço. As edículas, nos fundos, ao lado da senzala, indicavam a presença de escravos e criadagem assalariada.

Eram duas as entradas sociais, que se localizavam nas extremidades dos gradis de ferro, para que as carruagens pudessem desenvolver suas manobras: entravam por um lado, deixando os passageiros junto ao terraço fronteiro, e saíam pela outra porta. A seguir, os carros dirigiam-se para o portão de serviço, situado na Rua Senador Queiroz, onde ficava a casa do porteiro.

Em linhas gerais, a planta do palacete reproduzia o esquema tradicional do sobrado: piso nobre no primeiro andar, com estar na frente e cozinha nos fundos, situada no puxado assobradado. As novidades eram os dormitórios nas laterais com janelas, a quase total ausência de alcovas, a especialização do espaço e a introdução dos quartos de vestir. A decoração profusa, tendo uma cor para cada salão, e a longa série de funções supérfluas constituíam outras inovações que conferiam sofisticação e refinamento ao palacete. As telhas eram de canal

O palacete paulistano

e as platibandas ornamentadas com alegorias das estações do ano. As janelas no primeiro andar ostentavam o tradicional balcão de ferro, ao gosto do Império. Os tijolos que integraram a construção do palacete são assinalados com as armas do Império e provieram da olaria de Sampaio Peixoto, de Campinas.

A casa era imensa. Possuía 68 cômodos, 94 portas e 86 janelas. O programa era o seguinte: salões, salas, saletas, quatro galerias, 34 dormitórios, três salas de refeições, bilhar, sala de estudos, sala de jogos infantis, dois terraços, cozinha, dois banheiros completos. Os jardins fronteiros, onde sobressaía uma gruta, eram cercados por belos gradis de ferro forjado. Nos fundos, havia dois quintais, um grande e um pequeno, senzala, canil, lenheiro, quarto de fornos, horta, pomar e casa do porteiro dando para a Rua Senador Queiroz. Nas cocheiras, três puros-sangues franceses, aos quais o Barão dera os nomes de Sans-Souci, Sans-Éclat e Sans-Pareil. No pomar, voltado para a Rua Conceição, havia jambeiros, sapucaias, jaboticabeiras, goiabeiras, pitangueiras, araçazeiros, laranjeiras, limoeiros, limeiras-da-Pérsia, abieiros e sapotizeiros. A casa recebeu acréscimo de uma segunda ala à direita, dando-lhe a forma de U, quando foram acrescentados, no térreo, sala de jogos (brinquedos) para as crianças, cinco dormitórios (dois para os criados) um w.c. e um lenheiro. No andar superior, mais cinco dormitórios, sala de crianças, banho e w.c. A cozinha, medindo dez por doze metros, situava-se no primeiro andar, no puxado mais antigo, e já possuía chaminé e armários embutidos, sendo azulejada com material pintado à mão, importado de Portugal.

Segundo o depoimento dos netos do Barão, que viveram no palacete por volta da Primeira Guerra Mundial, havia dezessete criados na casa, nesse período: o porteiro, o hortelão, dois cozinheiros, uma encarregada da rouparia, duas *femmes de chambre*, duas costureiras, duas pajens, uma criada que devia auxiliar a todos, mais o jardineiro, os cocheiros e o tratador dos cães. Ficavam sob o comando de um

43.
O pátio posterior do palacete do Barão de Piracicaba II com as instalações de um setor do antigo Instituto de Higiene da Faculdade de Medicina e Cirurgia.
Arquivo da Faculdade de Saúde Pública da USP.

41.
Palacete do Barão de Piracicaba II: o salão vermelho. Lustre de Baccarat e móveis estilo Boulle, importados via Casa Garraux, em 1876.
Arquivo de Heloísa Alves de Lima e Motta.

42.
Palacete do Barão de Piracicaba II, fundos, vendo-se as cocheiras, árvores que pertenceram ao pomar e a entrada de serviços. No telhado, a chaminé da cozinha que ficava no primeiro andar.
Arquivo de Heloísa Alves de Lima e Motta.

O palacete paulistano

44.
A Baronesa de Piracicaba II (sentada, no centro), rodeada de seus filhos, noras, genros e netos.
Arquivo de Heloísa Alves de Lima e Motta.

45.
A Baronesa de Piracicaba II e suas filhas, nos interiores do seu palacete.
Arquivo da Faculdade de Saúde Pública da USP.

mordomo italiano que também era copeiro e apresentava-se trajando libré preta, de botões de prata brasonados.

Graças a um depoimento redigido por uma neta dos Barões, Cecília Pereira de Souza Braga, pudemos obter toda a descrição da casa.

A saleta da Baronesa, medindo oito por dez metros, era decorada em tom verde-pastel com móveis Luís XVI. Cortinas de musselina bordada e um xale de seda das Índias revestiam as duas janelas. Um grande espelho de cristal refletia um par de candelabros e o bronze dourado do relógio esmaltado de azul e das molduras da lareira de mármore branco. Entre as portas, um espelho veneziano, sob o qual ficava um dunquerque sustentando duas jarras e um floreiro de Sèvres cor-de-rosa. No centro, a mesa em marchetaria continha gavetinhas onde era guardado o material necessário aos bordados: fitas, rendas, agulhas, meadas coloridas, etc. Havia outra mesa menor, cantoneiras, escrivaninha, jardineiras e mais alguns móveis de mogno preto com portas trabalhadas em porcelana esmaltada, mesa de chá, sofá, poltronas e cadeiras. Decoravam ainda a sala lampiões de opalina, peças de cristal Baccarat, de Biscuit e quatro quadros de Blacet, ao estilo Watteau, entremeados de mais espelhos. O lustre a velas era de cristal branco com dez braços, pingentes e globos.

O saguão, de piso xadrez branco e preto, possuía paredes pintadas a óleo e oito portas com bandeiras de cristal marcadas com as iniciais BP no teto. A escadaria curva dominava a galeria, cujas tábuas eram lavadas diariamente.

No andar superior, enorme clarabóia iluminava o *hall*, para onde davam os salões e a sala do piano. Lá, dançava-se aos domingos, ao som de uma orquestra composta pelos filhos e netos dos proprietários que tocavam violino, violão, flauta, violoncelo e piano.

No centro da sala azul, ficava uma conversadeira (móvel redondo com três assentos) e três jardineiras com plantas naturais, além de dunquerques diversos, estátuas e objetos de bronze: *Diana, a caçadora*, mais *A caça e a pesca* suportando um relógio e um barômetro. As paredes revestidas de azul-rei realçavam os móveis de mogno avermelhado e de palhinha, assim como os castiçais e um lustre de cristal com doze braços. Duas gravuras de Hermann Eichens podiam ser vistas: *L'Agneau de Fiançailles* e *Le Départ*.

O salão vermelho era o mais solene. Media dez por dezesseis metros. No piso, trabalhado com dois tipos de madeira, formava-se uma enorme estrela central. Nas paredes, viam-se retratos a óleo dos bisavós, os Barões de Piracicaba, além dos retratos de Carlos VI e Luís XVI. Lampiões de cristal Baccarat preto e dourado, móveis estilo Boulle, dunquerques, floreiras de bronze dourado, cadeiras de laca, sofá e poltronas de mogno com motivos Luís XVI completavam a decoração, onde sobressaíam ainda os apliques — candelabros para cinco velas — nos centros da sala, e o grande lustre central que pendia do teto por uma corrente dourada sustentando 48 braços, onde se encaixavam velas de Clichy. Dispensando o gás e a eletricidade, essas velas tinham a capacidade de permanecer acesas durante dez horas seguidas e nunca faltaram nos lustres da casa.

O salão vermelho resplandecera na passagem do Império para a República, quando o Barão recepcionou titulares e importantes políticos. O jovem bacharel Washington Luís Pereira de Souza, que se casou com Sofia Paes de Barros, filha dos Barões, freqüentou a residência, tendo sido introduzido na política pelas mãos do futuro sogro.

Na sala de jantar, destacavam-se a lareira de mármore negro, as paredes forradas de papel verde-escuro e espelhos, todos brasonados. Nas janelas, pendiam *stores* de renda *guipure* ocre e vermelho, e cortinas de veludo com franjas de *glands*. Cobria a mesa de seis metros de comprimento pano igual ao das cortinas, tendo no centro o monograma BP.

A seguir, passemos aos dormitórios. No quarto da Baronesa, além da cama e das mesinhas de cabeceira ornamentadas com castiçais de prata, havia um armário com portas espelhadas, mesas de mármore, cadeiras de palhinha, poltronas e divã. Uma lamparina de prata pendia do teto diante de um oratório. Sobre a cômoda, uma bandeja com copo, açucareiro e jarra de opalina. No quarto de *toilette*, a Baronesa mantinha mesa vestida de gorgorão florido, espelho veneziano ladeado de castiçais de opalina roxa, lavatório, guarda-vestidos, cadeiras, cadeirinha-gôndola, *chaise-longue* e armário pequeno para remédios e artigos de perfumaria. Sobre o lavatório, um jogo francês completo de *toilette*, personalizado pelas iniciais BP gravadas em ouro e azul, compunha-se de panela de água, cuba, caixa de escovas, uma de sabão, urinol, *bol* para esponjas, pote para pasta, um *bol* para barba, uma jarra de zinco, balde para água servida, caixa de *houppel* (esponjas) e um par de frascos.

Mobiliavam o quarto do Barão diversos armários, lavatório, mesa de *toilette*, burra-cofre, espelhos, cama e poltronas. Sobre a mesa, encontravam-se escovas e pentes de prata, e sobre o lavatório, outro jogo francês de *toillete*, réplica do anterior.

Após o falecimento do Barão, D. Maria Joaquina assumiu com exclusividade o centro da vida familiar. Viviam ao seu redor filhos, noras, genros e cinqüenta netos, muitos dos quais haviam nascido na casa. A Baronesa estava sempre disposta para receber os inúmeros visitantes que freqüentavam a mansão, começando a afluir desde as primeiras horas da manhã.

Eram recebidos na sala da senhora, onde ela passava as tardes bordando e servia o chá. As crianças, separadas dos adultos, merendavam na copa. Aos domingos, a família inteira se reunia para o almoço. As datas mais importantes do calendário e os eventos familiares eram comemorados no salão vermelho.

Em 1918, a família Paes de Barros alugou o palacete para a Faculdade de Medicina e Cirurgia de São Paulo, a fim de que nele funcionasse o Instituto de Higiene. Este aí permaneceu até 1931, quando se mudou para o prédio especialmente construído, na Avenida Dr. Arnaldo. Foi demolido em

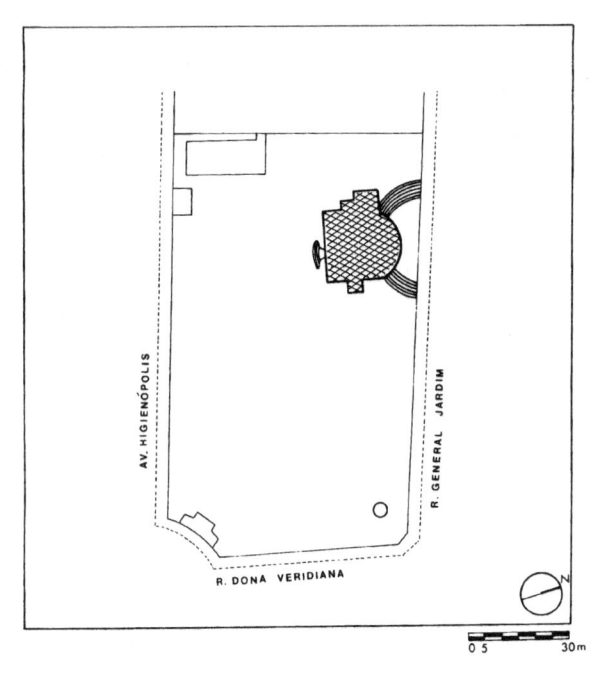

proprietário:	D. VERIDIANA VALÉRIA DA SILVA PRADO
endereço:	Av. Higienópolis, 2 APUD SARA-BRASIL, 1930
projeto:	importado da França (const. Luís Liberal Pinto)
ano:	1884

No tempo do levantamento aerofotogramétrico realizado pela SARA Brasil, os terrenos que fizeram parte da Vila Maria já estavam bastante reduzidos. A casa passara por reformas para receber Antônio Prado Júnior, neto de D. Veridiana da Silva Prado, acompanhado de sua mulher, Eglantine Álvares Penteado da S. Prado.

1942, por J. Loureiro, para construir um prédio em seu lugar.

O palacete de D. Veridiana Valéria da Silva Prado

Construída por iniciativa da proprietária, a casa de D. Veridiana Valéria da Silva Prado lançou a moda de se morar em *villas* na cidade. Possuía parques ou jardins fronteiros, sendo o pomar, a horta e as cocheiras implantados atrás da construção principal. Constituiu o encontro da chácara semi-urbanizada com a casa francesa dos arredores de Paris.

A proprietária, pessoa das mais poderosas e influentes em seu tempo, dotada de forte personalidade, marcou época na capital do café. O seu programa de vida justificava plenamente a importação de uma casa aparentemente alienígena para uma cidade da Província que começava a prosperar.

D. Veridiana nasceu em 1825 e foi criada na cidade de São Paulo. Era filha de um dos homens mais ricos da cidade, Antônio da Silva Prado, o Barão de Iguape, e de sua mulher, Maria Cândida de Moura Vaz. Além de próspero comerciante de açúcar, o Barão era proprietário de animais de carga, concedia empréstimos e arrematava contratos de cobranças de rendas públicas[19]. Amigo e confidente de D. Pedro I, cedo colocou sua filha em contato com a corte do Rio de Janeiro. Tornou-se conhecido o comentário que a Marquesa de Santos, então a predileta do Imperador, costumava fazer sobre aquela, ao ser alvo de suas reverências: "Aí vem a menina mesureira."[20]

Ao que consta, D. Veridiana recebeu educação esmerada para uma menina de sua época. Ela e seu irmão Veríssimo chegaram a ter aulas com o Marechal Daniel Pedro Müller. Contudo, parece que foram insuficientes, porque, posteriormente, freqüentava as aulas que os filhos recebiam de preceptores e de governantes, tanto no Engenho Campo Alto quanto na cidade.

Ela falava francês, um pouco de italiano, e lia bastante. Possuía obras de literatura brasileira, portuguesa, francesa e italiana[21].

D. Veridiana tinha treze anos quando se casou com o Bacharel Martinho da Silva Prado, seu meio-tio, quatorze anos mais velho do que ela. Sua formação urbana e suas atividades sociais não impediram que acompanhasse o marido ao referido Engenho, ao qual entregou o seu dote em jóias para que aplicasse na fazenda.

A exemplo de outras mulheres de fazendeiros, ela teria assumido o papel de administradora do lar, supervisionando as tarefas necessárias à sobrevivência diária e à educação dos filhos. Jorge Pacheco e Chaves escreveu a propósito:

D. Veridiana acompanha-o (o marido) e no duro período inicial deve ter levado a vida clássica da fazendeira antiga, cuidando da casa, dos escravos e dos filhos[22].

O casal prosperava. Em 1850, Martinho abriu mais uma fazenda em Araras, a Fazenda Santa Cruz. Mais tarde as fazendas Santa Veridiana e Brejão, no município de Casa Branca. Em 1889, com seus filhos Antônio Prado e Martinho Prado Júnior, iniciou a abertura da Fazenda São Martinho, considerada pelos seus descendentes como a mais vasta e importante exploração cafeeira que jamais existiu. Fez parte da primeira diretoria da Cia. Paulista de Estradas de Ferro. Ao falecer, em 1891, deixou uma das maiores fortunas do Estado[23].

Em 1877, D. Veridiana separou-se de Martinho da Silva Prado. O motivo teria sido o apoio que ela dera ao casamento de sua filha Ana Blandina com o Conde Pereira Pinto, contrário à vontade do esposo.

Após o casamento dos filhos e a separação de seu marido, seguiu-se a etapa em que freqüentou Paris, quando conviveu com intelectuais e escritores portugueses e brasileiros, no salão que ela e o filho Eduardo Prado mantiveram no apartamento da Rua de Rivoli.

Aí privou com Eça de Queiroz, Ramalho Ortigão, Oliveira Martins, Graça Aranha, o Barão de

O palacete paulistano

46.
Casa de D. Veridiana da Silva Prado, recém-construída. Foto c. 1884.
Álbum *Lembranças de São Paulo*, s.d.

Rio Branco, Joaquim Nabuco, etc. Sua inteligência viva e suas atitudes corteses deixaram profunda impressão em Eça de Queiroz, que registrou a seguinte passagem, em 1897:

Tenho estado no Hotel Windsor perto dos Prados e portanto em pleno Pradismo. A D. Veridiana exigiu que eu jantasse com ela todos os dias, e muito carinhosamente me tem nutrido. A D. Veridiana é ainda mais esperta e agradável, e pitoresca e fina que nós imaginávamos e foi pena não a cultivar com intimidade[24].

Em 1882, ao visitar sua filha Chuchuta em Paris (sendo esta então Condessa Pereira Pinto), teve a idéia de construir o novo palacete ao qual denominou Vila Maria, em homenagem a uma afilhada, Sinhá Munhoz. Nessa ocasião, encomendou ao pintor Almeida Jr. o famoso painel circular do salão da residência.

Passemos agora ao palacete de D. Veridiana que, segundo o historiador Yan de Almeida Prado, foi construído pelo engenheiro Luís Liberal Pinto. Em seqüência à linha iniciada pelo palacete do Barão de Piracicaba, em que se buscou o isolamento da rua, D. Veridiana centrou o seu *petit château*, como ficou conhecido, nos terrenos da chácara, mantendo-o afastado da rua por intermédio de um parque fronteiro[25]. Sendo os terrenos de encosta, a casa ficou em situação mais alta, desfrutando lindo panorama. No conjunto, sobressaem ainda hoje os telhados recortados, próprios do seu estilo.

Para tanto, D. Veridiana possuía uma gleba que adquiriu em 1877, do Comendador José Maria Gavião Peixoto e de sua mulher, Maria Coutinho Gavião Peixoto, à qual anexou outra, comprada em 1881 da viúva do Dr. José Sebastião Pereira, Maria Angélica Cidade Pereira[26]. Sua chácara confrontava-se com a do médico positivista Dr. Domingos José Nogueira Jaguaribe, que pertencia ao rol das amizades da proprietária. A parte fronteira ficava na Rua D. Veridiana (antiga Rua de Santa Cecília), abrindo-se os portões em direção à Rua Marquês de Itu.

A planta tinha semelhanças com a casa senhoril do Renascimento e trazia outras novidades importantes: cozinha no porão, utilização do térreo para grande parte da zona de estar e introdução da galeria e de um parque fronteiro[27]. Mas as zonas de estar, de repouso e de serviços ainda não estavam independentes entre si. Veremos que no primeiro andar parte do estar informal mesclava-se ao repouso.

A Vila Maria apresentava o seguinte programa: palacete, casa do porteiro, edícula com quartos de empregados, cocheiras para carros e animais, estufas, jardins, parque, árvores frutíferas, mina d'água e lago artificial.

A cozinha no porão interrompeu a tradição da cozinha no andar nobre, tal como era no sobrado urbano, ou da cozinha em puxado e dispersa pelo quintal, suja e fumarenta. Com toda a probabilidade, o equipamento apropriado deve ter acompanhado os materiais de construção: a coifa, para a extração da fumaça, e o monta-cargas, para o transporte das travessas de comida para o andar térreo, como se usava na Europa contemporânea. A partir desse novo sistema, surgiu no térreo o *office* ou copa, onde se captavam os pratos a serem servidos, e onde se dispunha de fogareiro a querosene para mantê-los aquecidos, até a hora de servi-los à francesa[28].

Os jardins estiveram a cargo de Auguste F. M. Glaziou (1833-1906), engenheiro paisagista francês, um dos mais importantes do século XIX, autor da reforma do Passeio Público do Rio de Janeiro.

A Vila Maria, cercada de eucaliptos, apresentava densa vegetação. Sílvio S. Macedo, que estudou o bairro de Higienópolis do ponto de vista paisagístico, assim a reconstituiu:

O parque tinha um grande gramado central que, juntamente ao denso arvoredo que o cercava, criava uma moldura para o palacete. Essas árvores, plantadas de modo também a isolar a propriedade do exterior, formavam uma verdadeira cerca, uma barreira em volta da chácara. Cortando o grande gramado e ligando a entrada princi-

O palacete paulistano

47.
Casa da chácara de D. Veridiana da Silva Prado, em Santa Cecília.
BERNÁRDEZ, M. *El Brasil*, 1908, pp. 190-191.

48.
Pormenor do cartaz relativo à abertura do bairro de Higienópolis, vendo-se em segundo plano
a chácara Vila Maria de D. Veridiana Valéria da Silva Prado.
Arquivo de Sílvio Soares Macedo.

pal, na Rua D. Veridiana até a sede, corria um caminho que passava por um lago artificial onde nadavam alguns cisnes. Esse lago e as aves faziam parte, junto às muretas e às esculturas, etc., de um conjunto de elementos decorativos típicos que caracterizavam os jardins da época. Entre esses, uma coleção de vários artifícios de brinquedo e uma pequena torre na qual todos os dias tiros de festim marcavam o meio-dia[29].

Em 1910, D. Veridiana vendeu parte dos terrenos voltados para a Avenida Higienópolis para Alexandre Lara Campos, Antônio Alves de Lima, Ernesto Ramos, Renato Ramos e o Coronel João Piedade[30].

Pelo inventário de D. Veridiana, chegamos à distribuição interna da casa[31]. No porão, ficavam a cozinha, a adega e, provavelmente, a copa de empregados. No térreo, havia copa, sala de armas, sala de jantar, sala de visitas, saleta, corredor da escada, dormitório, gabinete, grande salão de recepções, vestíbulo, galeria, biblioteca com duas salas, terraço, quarto grande de roupa e vestíbulo. No primeiro andar, vestíbulo, quarto da torre, quarto de *toilette*, banheiro, salão amarelo, sala de visitas e jardim de inverno. No segundo andar, vestíbulo, quarto de D. Otília (a governante), corredor, quarto de criada, quarto de costureira, dormitório e quartinho.

O equipamento da casa era muito numeroso, principalmente o que se referia às diversas salas de visitas e à sala de jantar. No apêndice desta obra encontra-se descrito na íntegra, tal qual se apresenta no inventário da proprietária, datado de 1911, para que se tenha uma idéia fiel do amontoado de objetos que se tornaram indispensáveis ao modo de vida urbano da casa mais abastada.

Por ora, faremos um resumo do conteúdo desse inventário, procurando mostrar que, embora o equipamento de sua casa incluísse alguns utensílios ainda raros na cidade, e, por isso, alvo da curiosidade de seus contemporâneos, ocorreu o predomínio do fútil sobre o útil. Também persistiam objetos de nossa tradição rural, alguns deles de material pobre como o barro, em franco contraste com as alfaias caras e luxuosas, de prata, Christofle, cristal, marfim, etc., importadas do estrangeiro.

D. Veridiana teria sido a primeira pessoa, em São Paulo, a possuir máquina de fazer gelo, sorveteira e máquina de passar roupa, além de uma vitória, a primeira a ter rodas de borracha entre nós. Os fogareiros a gás mencionados no grande rol do inventário devem ser do começo do século, quando o gás começou a ser utilizado para cocção na cidade.

Por outro lado, aparece uma quantidade razoável de obras de arte, sobretudo de quadros a óleo acadêmicos. A preferência incide em nomes nacionais que viriam a consagrar-se, o que mostra a tendência ao mecenato e o conhecimento da pintura acadêmica da parte de D. Veridiana, em prejuízo das vanguardas européias de seu tempo.

Comecemos pela cocheira, onde ficava a referida vitória, e pelos jardins, por onde se distribuíam quinze bancos. Na adega, guardavam-se trezentas garrafas de vinho envelhecido e vários xaropes. Na copa, um armário, uma geladeira, mesa de ferro com tampo de mármore e cinco bancos de madeira. Na cozinha, um trem de cozinha completo de cristal amarelo; mesa de ferro com tampo de mármore, pilão de madeira com guarnição de cristal (*sic*), cepo de madeira com guarnição de metal e mesa com tampo de mármore.

Na salinha de jantar, havia um espelho grande com moldura dourada, um armário-despensa com quatro cristaleiras, três quadros a óleo com paisagens, quadros pequenos com fotografias, bandejas de metal, um galheteiro, um armário com porta de vidro, quatro travessas de prata e cobre, um jogo de chá e café, um *buffet* e mesa com cadeiras. No corredor da escada, ficavam um armário, duas cadeiras, um escudo e um par de vasos de mármore. Na entrada, um porta-chapéus com espelho e uma estatueta de mármore preto com o respectivo pedestal. Na sala de visitas do térreo, um sofá de couro amarelo, um sofá e duas poltronas estofadas de seda, duas cadeiras de palhinha, espelhos, diversas mesas de tamanhos variados, relógio de mármore, vasos diversos, esculturas, estampas antigas com

O palacete paulistano

49.
D. Veridiana Valéria da Silva Prado entre filhos, genros e noras.
Da esquerda para a direita, sentadas: Anésia Pacheco e Chaves, D. Veridiana e Albertina Pinto da Silva Prado.
No segundo plano: Martinho (Martinico) da Silva Prado, foto de Antônio Caio da Silva Prado, Ana Brandina (Chuchuta) Pereira Pinto, Maria Catarina da Costa Pinto da Silva Prado e Maria Sophia Rudge da Silva Prado.
Em último plano: o Conselheiro Antônio Prado, Elias Pacheco e Chaves e Eduardo Prado. Foto de cerca de 1890.
Arquivo de Caio Prado Jr.

50.
D. Veridiana Prado convida para um chá que oferecerá à noite, por ocasião de seu natalício.
Arquivo de Marina Moraes Barros Cosenza.

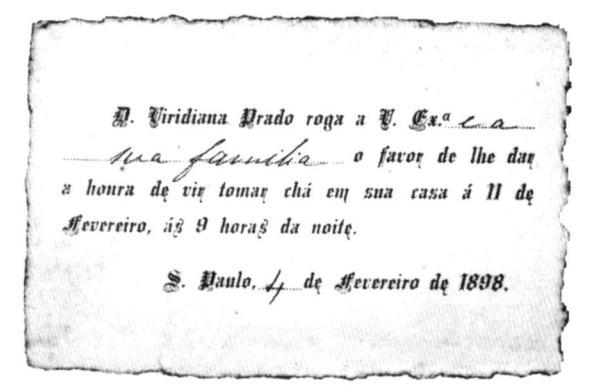

molduras douradas, um quadro a óleo, um porta-fotografias, um porta-cartões, um sofá estofado de couro amarelo e um tapete indiano grande.

Na sala pequena à esquerda, havia uma mesa grande, cama pequena, duas cadeiras de palhinha, duas estampas com molduras douradas e duas cantoneiras de madeira.

A sala de jantar continha mobília (sem descrição), um armário antigo, cerca de duzentos pratos e outras tantas peças de louça, diversas peças de cristal, quatro guarda-comidas, um suporte para aquecer comida, aquecedor de ovos, vários porta-garrafas, um acendedor de cigarros, porta-pães, licoreiras, vidros para conservas, cafeteira de cobre, porta-doces com vidros, um porta-aspargos, serviço de cristal inglês, caçarolas de metal, diversos tipos de fruteiras, porta-licores, porta-copos, serviço de louça, serviço de metal, estátuas de barro e de louça, vasos, relógio veneziano, geladeira de metal, chaleira com fogareiro, lâmpada elétrica para mesas, grande lampião, lavatório de metal branco com bacia e saboneteira, balde de gelo com garfo, chaleira com fogareiro, bacias de mármore com jarros de bronze estilo antigo, espelhos grandes, duas naturezas-mortas com molduras douradas, um óleo de pássaros, cestos de barro envernizados para frutas e pratos de metal e de barro.

No escritório, encontravam-se escrivaninha, caixa para papéis, bandeja, lâmpada elétrica, cama americana, *toilette* com tampo de mármore e serviço de lavatório, sofá estofado, um tapete de couro verde, um cofre (burra), estante e cadeiras.

No vestíbulo do primeiro andar, havia caixa antiga, grande relógio, duas camas, cantoneira com espelhos, cadeiras antigas, sofá de palhinha, cômoda, mesa preta com tampo de mármore, um quadro e duas estátuas.

No quarto da torre, sete cadeiras, duas aquarelas e dois quadros de Parreiras[32]. O quarto de *toilette* era mobiliado com armário grande e espelho, pequena mesa, mesa redonda, cômoda, sofá grande estofado de vermelho, poltrona com estante, cadeiras, dois tapetes, *toilette*s com espelho e gavetas, lavatório com depósito de água, porta-toalhas, criado-mudo, cama grande e um colchão de borracha. Na rouparia do segundo andar, havia um armário de canela escura. No banheiro, encontravam-se armário de farmácia, pequeno fogão a gás, mesa para doentes, uma cadeirinha, quadro com três espelhos e banquinho de madeira.

Decoravam o salão de visitas amarelo: piano C. Bechstein, pianola americana, jarros e vasos, quadro com paisagem, poltronas estofadas com couro verde e almofadas, armário com espelhos e tampo de mármore, caixas, floreira, cadeiras, quatro tapetes, um porta-flores, relógio de mármore preto, escrivaninha, cama envernizada com cruz, anjo de bronze, jarros de bronze, almofadas, estante giratória, dois cavalos de metal, mesa de centro, porta-cartões, quadro a óleo de D. Pedro II, óleo intitulado *Aurora*, óleo da Princesa D. Isabel, armário contendo *bibelots*, uma tela de Cruz do Campo Alto e tapete para mesa.

O jardim de inverno era mobiliado com móveis de vime, um pendente para flores e um busto de Meniliche.

O salão de visitas do primeiro andar era decorado com sofás e poltronas de couro, outros tantos de veludo, armário preto filetado a ouro, vasos e porta-vasos, cadeiras com grade dourada, mesa antiga com cadeira de couro dourado, mesas douradas, cadeiras de palhinha, armários e mesas, vasos japoneses, porta-flores, figuras estilo veneziano, almofadas, bancos almofadados, cadeira de braço marchetado, quatro espelhos grandes, dois quadros a óleo com paisagem do Retiro da Freguesia do Ó, de Parreiras, pratos de bronze e paravento japonês.

No vestíbulo do pavimento térreo, destacava-se um grande armário com portas de vidro, contendo serviço de vidro verde, bandejas, serviço de mesa com 95 peças de cristal, cinco serviços de mesa perfazendo mais de mil peças, abajures, porta-flores, lavatório de louça, e muitas peças avulsas. Entre os objetos de metal, havia candelabros, castiçais, pratos para uvas, fruteiras, serviço de chá, porta-garrafas, pratos diversos, uma pia para água benta, bandejas e talheres avulsos, 104 peças Christofle, faqueiro com 55 peças de marfim e serviço de porcelana japonesa.

Eram inúmeros os objetos de prata: 23 castiçais, um par de candelabros, jarras de bacia, cestas, baldes, leiteiras, jardineiras de cristal e de metal, aquecedor de ovos, bandejas, poncheira, molheira, cafeteira, galheteira, saleiros, cinzeiros, pás, garfos para ostras, pratos antigos, fruteiras, *bonbonnière*, seis serviços para chá, um deles no estilo Maria Antonieta, paliteiros, panelas de barro com incrustação de prata, um *tête à tête*, escaldador, tinteiro, serviços para sorvetes, colheres de prata dourada para sorvetes, etc. Entre os diversos faqueiros, menciona-se um de prata dourada.

Na rouparia, existiam dois armários, três cadeiras, máquina de costura, um manequim, mesa pequena de costura, cabide, mesa grande e escada de madeira.

No vestíbulo do segundo andar, armário grande, cesta com objetos de fabricar manteiga, máquina de gelo, máquina grande para passar roupa, uma sorveteira e cinco fogareiros a gás. O quarto de D. Otília tinha um espelho grande com dois suportes para vasos, mesa pequena, cabide, suporte, mesinha, duas cadeiras e serviço de *toilette*. No corredor, ficava a mesa de passar roupas.

Mobiliavam o quarto da criada uma cômoda de quatro gavetas, colchão de borracha e armário com espelhos. No quarto da costureira, mencionam-se cama de ferro com colchão, armário, cômoda, cadeira de madeira, cadeira de palha, criado-mudo, lavatório com cinco peças, um cabide e um espelho pequeno. No quartinho, diversos ferros para escada. Na entrada para o escritório, encontrava-se uma prensa de madeira. No terraço, uma mobília de ferro com nove peças.

Com relação às obras de arte de D. Veridiana, predominavam as pinturas. Além do célebre forro pintado por Almeida Jr., na sala de visitas do térreo, o qual ainda lá se encontra, Paulo Plínio da Silva Prado, seu bisneto, especifica os quadros expostos no palacete da seguinte forma: retrato a óleo da proprietária no vestíbulo do primeiro andar, um retrato de D. Pedro II e um da Princesa Isabel — o que revela que D. Veridiana nutria grande consideração pela família imperial e até certo saudosismo da monarquia —, dois quadros de autoria de Parreiras (um deles sobre o Retiro da Freguesia do Ó), duas naturezas-mortas de Pedro Alexandrino, a *Monja* de Bernardelli, interior com mulher sentada, de Amoedo, natureza-morta em aquarela de Almeida Jr., a *Invernada da Praia Grande*, de Benedito Calixto, datado de 1890, além de *Aurora*, de autoria do mestre italiano Guido Renzi[33].

A criadagem de D. Veridiana era *sui generis*. Seu mordomo e copeiro era um índio botocudo que havia sido caçado a laço e oferecido à família pelo Brigadeiro Couto de Magalhães. A negra Rita cantava para os convidados e sentava-se ao pé de sua patroa, à maneira das mucamas do período escravocrata. O cocheiro suíço andava de libré e a governante belga, D'Otília, que era muito culta, acompanhava D. Veridiana em suas reuniões. Pedro Legramanti administrava a propriedade.

Nos jardins, trabalharam importantes paisagistas e jardineiros, como Dieberger, Arthur Etzel e Marengo. Este último realizou experiências em sua chácara do Tatuapé e nas propriedades de D. Veridiana com mudas de uva Niágara trazidas dos Estados Unidos pelo Dr. Luís Pereira Barreto.

Todos os que visitavam a casa ficavam impressionados com ela, existindo grande número de depoimentos sobre o palacete e a sua proprietária. Aos seus netos, os interiores impressionavam "pelo seu aspecto grave e silencioso", onde

não havia ostentação de riqueza, móveis simples, confortáveis e modernos, soalho encerado, e uma meticulosidade extrema quanto à ordem e à limpeza[34].

A Princesa Isabel, que lá esteve em 18 de novembro de 1884, também descreveu a casa:

A propriedade de D. Veridiana, lindíssima; casa à francesa, exterior e interior muitíssimo bonitos, de muito bom gosto. Um dos tetos pintados por Almeida Jr. e representando o sono, ou antes, um não sei quem cochilando, deixa a desejar como obra dele que deveria ser coisa melhor. A salinha para escrever tem uma vista esplêndida e será difícil concentrar-se para qualquer trabalho. Os jardins têm gramados dignos da Inglaterra, a casa domina tudo, há um lagozinho, plantações de rosas e cravos, lindos. Vim de lá encantada. A casa ainda não está de todo pronta, não há mobília (D. Veridiana deve trazê-la da Europa) e várias paredes ainda estão por pintar[35].

Ramalho Ortigão, em viagem à América do Sul, escrevia a Eduardo Prado, em 1887:

A casa de sua mãe é uma jóia, e sem ir mais longe aí tem você um bem singular tipo de mulher esperta. Que fina habilidade na arte de ser amável. Que natural perspicácia na observação dos homens e das coisas. Que quantidade de idéias precisas e justas deixadas cair ao acaso na conversação mais simples e sem cerimônia. Que sutil discernimento de certas nuances e, enfim, que perfeito bom gosto na escolha dos móveis e... das palavras[36].

Nesse mesmo ano, D. Pedro II, em sua última visita a São Paulo, também esteve na casa. A recepção ao Imperador foi das mais solenes, mas ficou assinalada por um incidente desagradável. D. Veridiana dispôs todos os seus netos em alas a fim de jogarem pétalas de rosas no ilustre visitante. Um deles o fez de forma tão agressiva que o Imperador parou para saber de quem se tratava. Afastou-se visivelmente contrariado quando lhe responderam que o menino era neto da anfitriã, um dos filhos de Martinho da Silva Prado, conhecido jornalista e político republicano dos mais combativos[37].

Ela organizou um salão que se tornou o mais importante de sua época. Congregou cientistas, artistas, escritores e intelectuais, abrindo-o para os estrangeiros e para os políticos das mais variadas ideologias, sem distinção de cor.

Personalidades famosas freqüentaram o salão de D. Veridiana: os cientistas Orville Derby e Loefgreen, os médicos Domingos José Nogueira Jaguaribe, Luís Pereira Barreto, Cesário Motta Júnior e Diogo de Faria, os escritores Capistrano de Abreu, Ramalho Ortigão, o arquiteto L. Pucci, o engenheiro Teodoro Sampaio, o pintor Oscar Pereira da Silva, o abolicionista José do Patrocínio e outros[38].

Tudo leva a crer que a vida familiar fosse menos intensa do que o estar formal, pois D. Veridiana preferia a convivência com jovens, afilhados ou protegidos. Mas seus netos e bisnetos costumavam beijar-lhe a mão diariamente, na hora aprazada. Franqueava os jardins às crianças da família e do bairro. Algumas delas, a exemplo de Yan de Almeida Prado, Cândido Motta Filho e Laura Rodrigo Octavio, escreveriam sobre a experiência[39].

Para Laura Rodrigo Octavio, que viveu na Rua General Jardim, a maior atração dos jardins da chácara era um leão de pedra que existia dentro de uma gruta. Ao lado do animal, estava escrita uma história

começando com letras grandes que, aos poucos, iam diminuindo, de forma que o leitor precisava aproximar-se para poder decifrar o final, e este era, nada mais nada menos, do que uma ducha de água que saía da boca do leão! Para as crianças era um divertimento sem nome, já ninguém ia ler, ia só procurar o ponto que fazia jorrar a água[40].

Yan de Almeida Prado lembra-se que brincava na chácara com as crianças da família Prado e do bairro, mas que a certa altura D. Veridiana proibiu as brincadeiras, porque um grupo de seus netos (conhecidos futuramente como "bororós") eram muito travessos e quebravam tudo. Entretanto não teve ela muita paciência com crianças, cujo contato procurava abreviar ao máximo ou resguardar seu sossego e intimidade mandando cercar as proximidades da casa para impedir a aproximação destas ou dos estranhos, aos quais também costumava franquear os jardins aos domingos[41].

Para o pequeno Motta Filho, fora D. Veridiama a pessoa mais poderosa sobre a face da terra. Quan-

O palacete paulistano

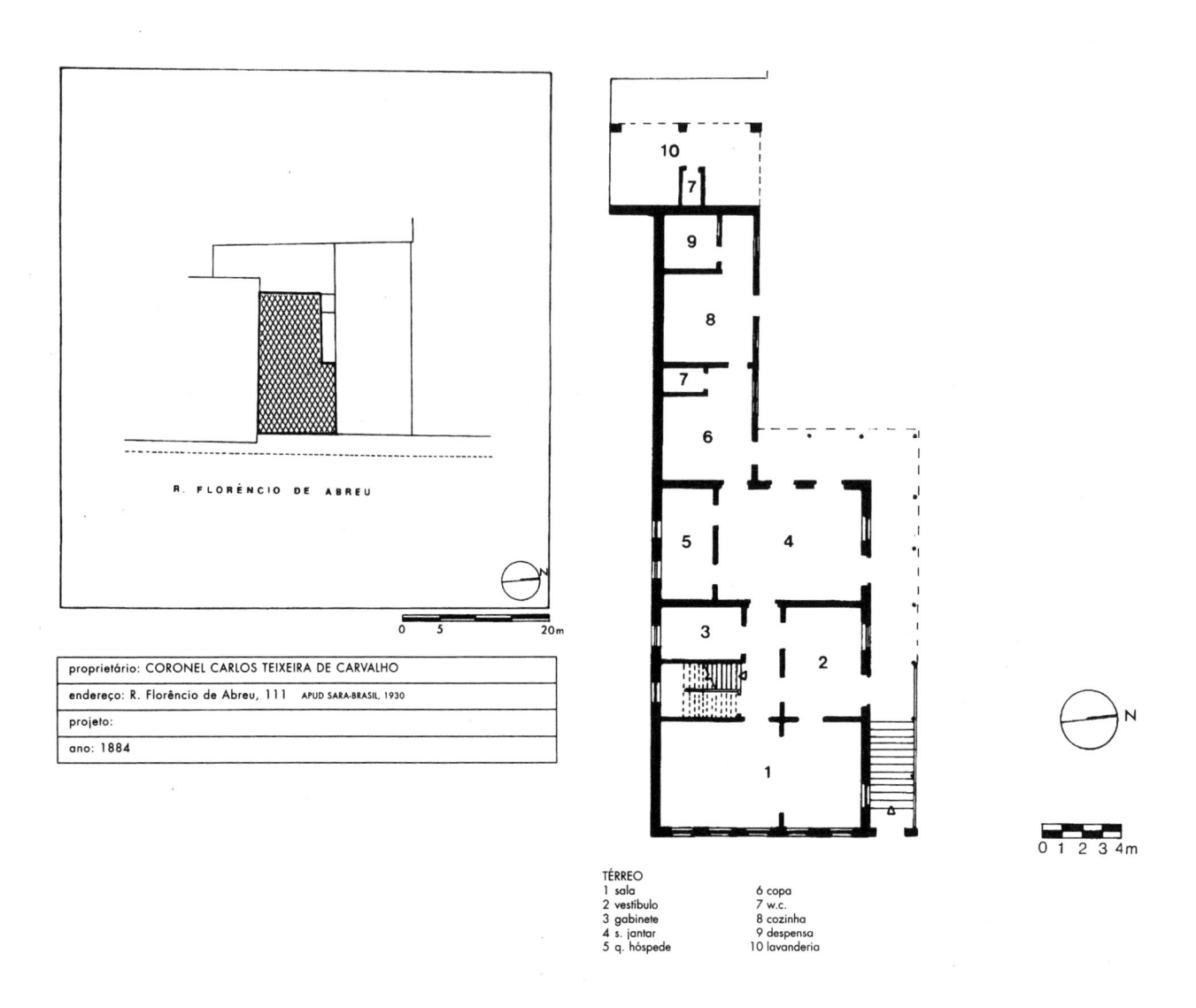

proprietário: CORONEL CARLOS TEIXEIRA DE CARVALHO
endereço: R. Florêncio de Abreu, 111   APUD SARA-BRASIL, 1930
projeto:
ano: 1884

TÉRREO
1 sala
2 vestíbulo
3 gabinete
4 s. jantar
5 q. hóspede
6 copa
7 w.c.
8 cozinha
9 despensa
10 lavanderia

SÓTÃO   COBERTURA

Segundo parecer de Carlos A. C. Lemos, na casa da Rua Florêncio de Abreu nº 111, a parte assobradada compreendia somente os dormitórios. Tudo indica que as dependências de higiene (w.c., banheiros e *toilette*) tenham sido programadas *a posteriori* e instaladas exatamente sobre a copa do pavimento térreo. Tornaram-se acessíveis por uma passagem sob o telhado que cobria a sala de jantar.
A planta ora apresentada é cópia do levantamento realizado pelo Condephaat.

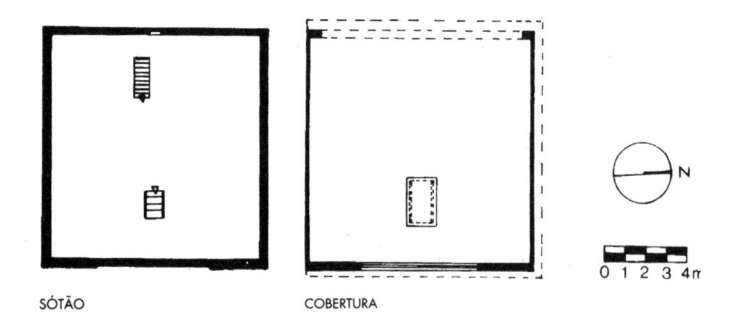

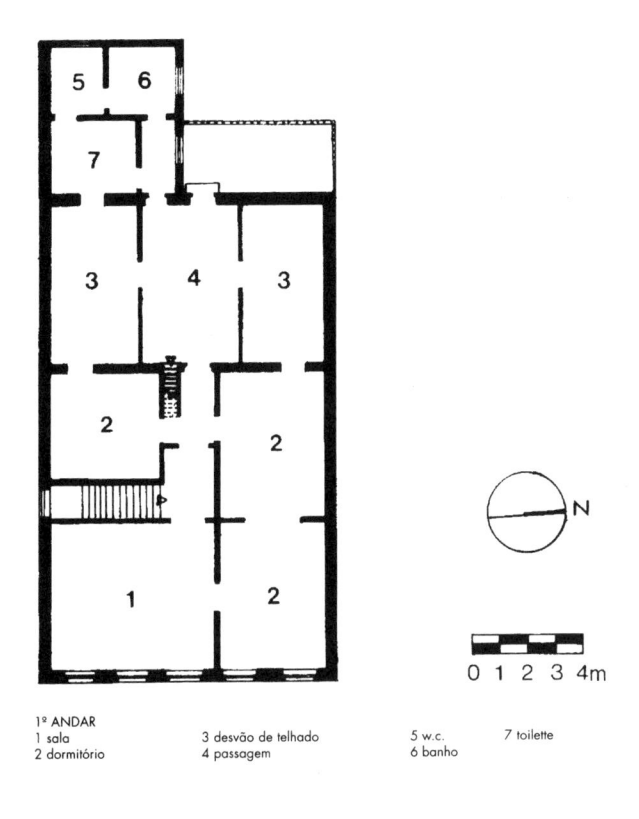

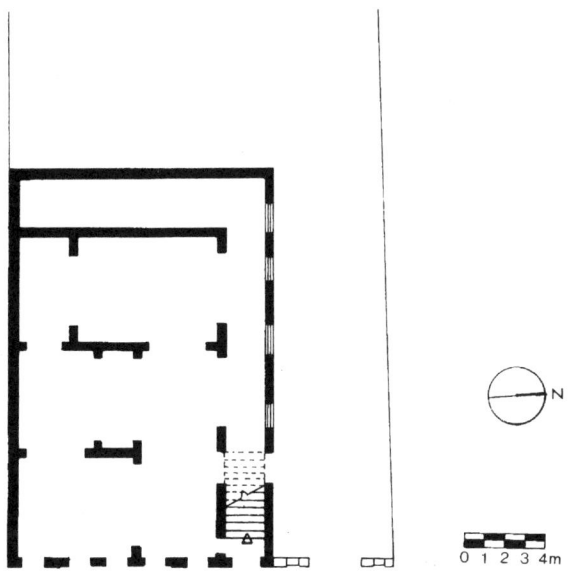

1º ANDAR
1 sala
2 dormitório
3 desvão de telhado
4 passagem
5 w.c.
6 banho
7 toilette

PORÃO

do a Light inaugurou a primeira linha de bondes elétricos foi com o pai ver os novos veículos que dispensavam a tração animal. Quem seria essa Light? Então "poderia ela mais que D. Veridiana? Pois D. Veridiana não tinha carros de roda de borracha?", pensou intrigado o garoto, que perguntou ao pai: "Diga, meu pai, quem é mais rica, D. Veridiana ou a Light?"[42]

No palacete de D. Veridiana, pela primeira vez, o convívio com o público superou o informal ou familiar, sendo o afluxo preferencialmente masculino.

A casa, com seu equipamento moderno e seu salão, constituiu uma das células mais importantes do processo de urbanização da sociedade paulista.

D. Veridiana demonstrou ser consciente quanto à profunda modificação que ocorria no mundo em detrimento do meio acanhado em que vivia. Sob esse aspecto, tornou-se uma divulgadora dos valores da civilização, sobretudo dos materiais. Insurgiu-se, porém, contra a situação feminina de dependência do homem. Rompeu com certos costumes provincianos tradicionais, introduzindo novos hábitos. Por exemplo, segundo a tradição familiar, ela teria sido a primeira mulher da elite a fazer compras sozinha e a sair em sua vitória, acompanhada apenas pelo seu cocheiro. Organizou leilões beneficentes, nos quais ela mesma vendia as uvas de sua chácara, e patrocinou corridas de bicicletas, tendo doado terras pertencentes à sua chácara da Consolação para a construção do Velódromo.

Ao falecer em 1910, D. Veridiana proveu generosamente em seu testamento mulheres de sua família e suas amigas ou protegidas de quantias razoáveis em dinheiro, com a condição de que não partilhassem tais bens com os maridos.

Porém D. Veridiana, constituindo uma reação aos padrões femininos instituídos por nossa sociedade, escandalizou. Como resposta às suas extravagâncias, tornara-se alvo de comentários maledicentes, sendo que as mulheres teriam boicotado propositalmente o seu salão[43]. Em seu testamento demonstra uma vez mais ter agido de forma cons-

O palacete paulistano

ciente: "A todas as pessoas a quem possa ter ofendido ou escandalizado, peço humildemente perdão"[44].

Entretanto, mantinha hábitos austeros, vestia-se sobriamente, dispensava o tratamento de Madame. Freqüentava a igreja, socorrendo obras pias ou paroquiais. Fez doações à Santa Casa de Misericórdia, às Igrejas da Consolação, de Santa Cecília, do Sagrado Coração de Maria e do Coração de Jesus. Em seu testamento, deixou pedido um enterro de segunda classe.

Dessa forma, D. Veridiana não aceitou a divisão burguesa de papéis, nem no plano do privado, do informal, muito menos do formal. Ao romper com o marido, de quem não teria chegado a se divorciar, assumiu publicamente os papéis usualmente atribuídos ao sexo oposto: atividade cultural, prestígio político, administração de propriedades agrícolas, importação de espécies vegetais, de utensílios e de equipamentos modernos, além da aclimatação de mudas provenientes de clima temperado.

Muito ativa e interessada nos negócios, não sendo bonita mas inteligente, assumiu atitude de matriarca. Núcleo do clã dos Prados, esteve sempre ao corrente das atividades econômicas e dos problemas familiares. Exerceu forte ascendência sobre seus filhos, particularmente os varões mais jovens. Para Eduardo Prado, escolheu como esposa a sua sobrinha Carolina da Silva Prado e para Antônio Caio da Silva Prado, a carreira política, conseguindo-lhe o posto de Governador de Alagoas (1888) e do Ceará (1889).

Tudo isso lhe foi possível graças ao poder econômico e social que detinha, pois se tratava da "Mãe dos Gracos", no dizer de Eça de Queiroz[45]. Basta lembrar que o Imperador a visitara, em 1887.

D. Veridiana usou de estratégias para preservar a sua posição no âmbito da elite, escolhendo os casamentos de seus filhos varões e promovendo atividades educacionais e culturais notáveis. Porém, parece que, do ponto de vista financeiro, preferiu gastar em vez de ganhar. Pródiga em excesso com seu filho Eduardo Prado, teria causado prejuízos ao seu patrimônio, tendo sido necessário lotear parte da chácara de Higienópolis.

Por ter aclimatado espécies vegetais e frutíferas próprias de outros climas, importado equipamentos modernos, protegido as artes e os artistas e franqueado os jardins de sua residência ao público, D. Veridiana granjeou a admiração de todos. Sobressaiu-se por ter rompido com os papéis formais femininos e por ter assumido aqueles normalmente atribuídos ao homem. Sem esquecermos que ela se projetou tanto no plano simbólico quanto no cultural. Fez edificar a Vila Maria, um dos quatro palacetes exponenciais de São Paulo, ao lado da Chácara do Carvalho, de seu filho, o Conselheiro Antônio Prado, do Palacete Chaves, de seu genro, Elias Pacheco e Chaves, casado com sua filha Anésia da Silva Prado Pacheco e Chaves, e da casa de D. Angélica de Souza Queiroz Aguiar de Barros.

A Vila Maria, depois sede do Clube São Paulo, marcou uma ruptura formidável com a tradição arquitetônica paulista ao apresentar o estilo do Renascimento francês até então inusitado entre nós. Embora a casa anunciasse a distribuição moderna, o primeiro andar ainda não se definira como área exclusiva de repouso. A presença de salas nesse andar fazia lembrar o sobrado antigo. Seja como for, os cômodos relativos ao estar formal, representado pelo salão e pela sala de visitas, já se encontravam no térreo, novidade digna de nota, a exemplo da casa do Coronel Teixeira de Carvalho.

51.
Fachada do sobrado do Cel. Carlos Teixeira de Carvalho, na Rua Florêncio de Abreu, nº 111.
Foto de Vera Ferraz. Arquivo do Condephaat.

52.
Parte da fachada lateral do sobrado, vendo-se a entrada pelo alpendre, o porão semi-enterrado e a entrada de serviço.
Foto de Vera Ferraz. Arquivo do Condephaat.

53.
Vista parcial dos fundos do sobrado, vendo-se o sótão e o anexo da copa e do banheiro superior.
Foto de Vera Ferraz. Arquivo do Condephaat.

54.
Mobília da sala de visitas.
Foto de Vera Ferraz. Arquivo do Condephaat.

55.
Dormitório, do século XIX, do referido sobrado.
Foto de Vera Ferraz. Arquivo do Condephaat.

Após o falecimento de D. Veridiana, o palacete foi alugado para a família Pacheco Jordão. Foi depois adquirido por seu neto, Antônio Prado Júnior, casado com Eglantine Álvares Penteado da Silva Prado, que o fez reformar, alterando bastante algumas de suas características originais.

O sobrado do Coronel Carlos Teixeira de Carvalho

O sobrado do Coronel Carlos Teixeira de Carvalho foi inserido após muita hesitação. Não se trata propriamente de um palacete. Construído em 1884, mesmo ano em que foi edificada a casa de D. Veridiana, está mais próximo do sobrado urbano tradicional. Decidimos apresentá-lo por ser uma construção do Ecletismo que se preservou, inovando quanto à implantação e à distribuição, e apresentando, em parte, um equipamento ao gosto do Império. Situado no alinhamento da Rua Florêncio de Abreu, nº 111, o chalé fundiu-se com ele na parte de trás, onde ganhou sótão, telhado com lambrequins, terraço e banheiro[46]. Para tanto, isolou-se do lote nas laterais, já contando com duas entradas, a social, feita pelo portão de ferro, mais estreito, o qual introduz o visitante pelo alpendre que acompanha lateralmente a casa, e a de serviço, mais larga, por onde transitavam os criados e os carros a tração animal.

A casa possui um porão semi-enterrado, construído com abobadilhas de tijolos, apoiadas em perfis metálicos, solução costumeira na época, que se valia até de trilhos de estradas de ferro[47]. Segundo D. Daniel Sutner, monge beneditino, nesse porão se alojaram escravos.

Não chegamos a ver a casa originalmente equipada, tal como se manteve até 1975, mas tudo indica que já se buscava a distribuição francesa, ou pelo menos se encontrava muito perto dela, com quartos e banheiros no superior, salas no térreo e cozinha em puxado, na parte de trás.

Seja como for, isso prova que tal solução também chegara por vias indiretas, sendo até conhecida por mestres-de-obras, tanto que o Condephaat atribui a construção desse sobrado a um *capomastro* (mestre-de-obras italiano). Ela também pode ter vindo através do Rio de Janeiro, de onde provinha o proprietário[48].

O Coronel Carvalho era filho de portugueses, tendo sido próspero comerciante e pessoa influente em seu tempo. Faleceu em 1930, herdando o sobrado sua filha única, D. Marieta, que aí viveu sozinha e morreu solteira, em 1975, deixando o imóvel à Ordem Beneditina. Os móveis e pertences que compunham a decoração foram leiloados e o produto distribuído entre os parentes da falecida.

O mobiliário incluía peças do Império e do século XVIII, como uma mesa de centro em marchetaria com incrustações de bronze. Mas a maioria dos móveis, quadros, tapetes, alfaias, porcelanas e vitrines era típica dos fins do século e, ao lado de objetos vulgares e modestos, foi preservada até o falecimento de D. Marietinha. Encontram-se arrolados nos arquivos do Condephaat.

Entre os móveis, destacavam-se: uma mesa estilo Boulle, duas vitrines de sala de jantar, uma vitrine (duas peças) Luís XV dourada, uma cristaleira, um conjunto Império (Napoleão III), compreendendo poltrona, cinco cadeiras e uma gôndola, uma escrivaninha com gaveta que pertencera a Bartolomeu de Gusmão, dois consoles com tampo de mármore de Carrara, dois lustres de cristal, um espelho console veneziano dourado, etc., ao lado de um sofá (medalhão), poltronas e cadeiras de palhinha, além de um carrilhão antigo, um piano Steinway de meia cauda e outro Bechestein, de cauda.

Como mobília de quarto, havia uma cama de casal com dossel, dois criados-mudos, cadeiras de palhinha, lavatório, guarda-vestidos, guarda-roupa, penteadeira, *psyché*, camiseiro com espelho, etc.

Como obras de arte, dezoito quadros de artistas nacionais, franceses e italianos. Salientaram-se um estudo para o quadro *A narração*, de Rodolpho Amoedo, uma *Cozinha de caipiras*, de Antônio Parreiras, três marinhas de Castagnetto e um quadro clássico denominado *La dame au perroquet*, sem autoria, adquirido em Paris, em 1871.

Entre os objetos e alfaias, muitas peças de prata, tais como castiçais franceses e portugueses, um bule D. João V, paliteiros, bandejas, um jogo de café e um jogo de chá, talheres, dois serviços de escovas com monograma CTC, etc. As peças de Christofle, em sua maioria talheres, estavam sem uso. Os jogos e as peças de porcelana e cristais eram em número de 82, além de uma coleção de 52 leques do Império.

Os livros do espólio de D. Marieta, em número de treze, pertenciam à literatura de viajantes do século XIX, além de dicionários, entre os quais o *Larousse*, em dezenove volumes, editado em 1865.

O sobrado — ora em precário estado de conservação — foi tombado pelo Condephaat em 1975, por ser

o único exemplar assobradado ainda conservado no centro da cidade que ostenta o partido já mencionado que exigia jardim e passagem para carros lateralmente, isolando totalmente a construção de um de seus flancos[49].

Em resumo, os exemplares tratados neste capítulo inovaram quanto ao isolamento da casa com relação aos limites do terreno, à subdivisão das funções, ao uso de equipamentos modernos e à presença numerosa dos criados especializados. A preocupação com a aeração e a insolação levou ao desaparecimento das alcovas, ao aumento do número de portas, janelas, terraços e escadas e à maior integração da casa com o jardim. Este passou a ser importante elemento para a ventilação e a iluminação e serviu de estar ou área de lazer. Surgiram também os porões, que se tornariam obrigatórios (Código de Higiene de 1894) para evitar a umidade.

A legislação de 1886 constituiria novo marco para o Ecletismo em São Paulo. Foi a primeira a interferir de forma mais profunda nos programas das residências. Permitiu os recuos fronteiros e laterais para as casas a serem construídas "fora do perímetro da cidade, mais gradis de ferro ou balaustrada como fechos obrigatórios assentados sobre um embasamento de alvenaria, medindo tudo um mínimo de 2 metros de altura". Facultou a construção de chalés nos bairros, assim como o sótão e tetos *à la mansard*, além de estipular a abertura de ruas mais largas. Regulamentou as medidas das *porte-cochères* e fixou em cinco metros a altura do pé-direito da casa térrea[50]. Procurou disciplinar a construção dos cortiços, que se haviam transformado em locais de contaminação das moléstias contagiosas que grassavam nas cidades e portos do país.

Quanto à higiene, esse Código constituiu importante passo adiante, com relação ao de 1873. Manteve a vacinação obrigatória e a fiscalização dos alimentos nas casas de pasto, já direcionando as casas de saúde para as zonas mais altas e salubres. Proibiu o lançamento do esgoto nas ruas e pretendeu combater a poluição das águas e do ar, mediante arborização das várzeas e preservação das matas mais próximas.

Tal legislação revelou-se avançada para o seu tempo. Estava muito adiante de uma infra-estrutura urbana insuficiente, inexistindo técnicos especializados que respondessem pelo saneamento e aplicação das novas medidas. Basta dizer que a Cia. Cantareira não conseguira cumprir o seu contrato, encontrando-se boa parte das casas sem fornecimento regular de água e com o esgoto a céu aberto.

Mas o palacete só se definiria após a Proclamação da República, como veremos a seguir.

CAPÍTULO V

O palacete definiu-se com a República Burguesa, no momento em que houve a separação de gêneros e a instituição da higiene pública (1889-1900).

56.
Rua XV de Novembro.
Foto de O. R. Quaas e Cia. Col. de Ignez L. Krümenerl.

A Constituição de 1891 procurou separar as esferas relativas a público-privado e masculino-feminino, e, ao negar o direito de voto aos mendigos, analfabetos, religiosos, praças (militares) e à mulher, tornava implícito que o conceito de cidadania dizia respeito apenas ao homem alfabetizado, trabalhador e proprietário. Embora a mulher já fosse reconhecida como comerciante, funcionária pública, telegrafista ou agente de correio, ela não devia votar porque colocaria em risco as "suas funções de educadora e providência do lar". Mesmo porque o voto feminino poderia "provocar a discórdia no lar" e, uma vez fora de casa, a pureza da mulher corria o risco de "ser nodoada". Baseada em Cesare Lombroso, que se referia à sua pequena massa cinzenta, negando-lhe originalidade e potência criadora, a República decidiu conferir o direito de voto apenas ao homem, por ser considerado o mais competente.

A mulher surge associada ao lar, à procriação, à educação da prole, à saúde, ao afeto e ao pudor. O homem, como sinônimo de público, trabalho, rua e política, enquanto a criança aparece dependente da educação e da saúde maternas. Porém, mesmo na esfera privada, reiterava-se a superioridade masculina. Era o marido que escolhia o domicílio e a

57.
O antigo Viaduto do Chá, destacando-se os bondes a tração animal e o sobrado do Barão de Tatuí.
Foto de fins do século de O. R. Quaas e Cia. Col. de Ignez L. Krümenerl.

58.
Rua Direita, no ocaso do século.
Foto de O. R. Quaas e Cia. Col. de Ignez L. Krümenerl.

profissão da mulher, dirigindo ele a educação dos filhos. Mas, apesar de ser o representante legal da família e administrador dos bens, não podia dispor de um bem imóvel do casamento sem o consentimento da esposa, condição que vigorava desde o Império[1]. O "marido exemplar" definia-se, antes, "pelo desempenho na esfera privada do papel de proteção e assistência, possibilitado pelo exercício de uma atividade pública — o trabalho", como se vê num estudo que o sociólogo Boris Fausto realizou sobre criminalidade em São Paulo, no período 1880-1924[2].

Até inícios da República continuou a existir endogamias junto à elite do café, mas se registraram algumas uniões exógamas que foram muito comentadas, ou com famílias de origem imigrante ou com mulheres francesas, algumas das quais haviam pertencido ao teatro de variedades.

Pela Carta Magna, o conceito de casa vem associado à honra, privacidade e segurança: "o asilo inviolável do indivíduo (...) lugar onde a pessoa está sempre presente para o exercício de seus direitos e para o cumprimento de suas obrigações". Ou, o local onde se mesclam a segurança pessoal, a honra das famílias e os segredos da vida privada[3].

Mas o Estado, procurando propiciar o cumprimento do programa econômico da cafeicultura, iria interferir de maneira direta no espaço urbano e no doméstico. Era preciso sanear o meio tropical e impedir que grassassem as moléstias vindas do exterior, com o objetivo de criar condições para atrair capitais, mão-de-obra e técnicos estrangeiros. A higiene pública implicava o "controle político-científico do meio"[4]. Nesses termos, nasceu o Serviço Sanitário, em 1893, formaram-se os bairros e definiram-se os modos de habitar[5]. Os palacetes seriam construídos em bairros específicos, introduzindo-se a distribuição francesa. A casa média, a casa popular e os cortiços proliferavam por toda a cidade.

Para a arquitetura e a construção civil começava outra era. Generalizaram-se as construções em tijolos e adotaram-se os mais diversos estilos. Entramos em pleno Ecletismo, salientando-se a atuação de importantes arquitetos, mestres-de-obras e pedreiros estrangeiros e nacionais. A cidade conheceria obras públicas oficiais e particulares de envergadura. Os prédios da Tesouraria da Fazenda, de 1891, e da Secretaria da Agricultura, de 1896, no Pátio do Colégio, compuseram um dos conjuntos mais harmoniosos do Ecletismo. Destacavam-se também o Monumento do Ipiranga, projetado por Tomás Gaudêncio Bezzi em 1882 e construído de 1885 a 1890, o Quartel da Luz, de 1888, e a Escola Normal da Praça, de 1890. Com exceção do palácio do Ipiranga, as demais obras foram projetadas pelo arquiteto Francisco de Paula Ramos de Azevedo, em colaboração com o arquiteto Maximiliano Hehl e o engenheiro Alfredo Maia[6].

A cidade também passaria por modificações devidas a acontecimentos políticos, econômicos e sociais de relevância. No começo do período, registrou-se forte crise financeira conhecida como Encilhamento. O descontrole das emissões teve como conseqüência a especulação desenfreada, o jogo da bolsa e a inflação. Fundou-se um número apreciável de empresas em todo o país, com as mais diversas finalidades. Embora muitos desses empreendimentos tivessem falido, o Encilhamento teria tido o mérito de desviar capitais antes exclusivos da cafeicultura e do consumo para setores como a construção civil[7].

Malgrado o grande número de falências, o clima de euforia e otimismo era geral. Legitimaram-se a ânsia de enriquecimento e de prosperidade material que até então estiveram em segundo plano e eram malvistas na Monarquia. Agora, o homem de negócios chegava a uma posição central e culminante[8].

Apesar das dificuldades econômicas e políticas, os empréstimos internacionais recomeçaram a afluir de forma mais intensa. Sanearam-se os déficits internos e as contas externas, e o país passou a progredir materialmente. Equiparam-se os seus portos, ampliou-se a rede ferroviária, instalaram-se as primeiras usinas de energia elétrica e modernizaram-se as suas principais cidades[9].

O palacete paulistano

59.
O Largo do Rosário, ao findar o século XIX.
Foto de O. R. Quaas e Cia. Col. de Ignez L. Krümenerl.

60.
Rua Florêncio de Abreu, uma das primeiras a atrair os cafeicultores recém-chegados à capital. Nos finais do século, já estava ladeada de sobrados e palacetes. Os bondes a tração animal ligavam o centro à Estação da Luz.
Foto de O. R. Quaas e Cia. Col. de Ignez L. Krümenerl.

Para São Paulo, a República significou enriquecimento. Graças à descentralização e à autonomia estadual, o Estado assumiu a gestão de seu destino e de suas rendas[10].

Crescia o papel de São Paulo, tanto em nível econômico quanto político, mediante a atuação das oligarquias nas esferas estadual, municipal e federal. Criou-se a imagem da locomotiva e de seus vagões, representados por São Paulo e os demais Estados da Federação, existindo mesmo a frase:

O que é bom para São Paulo é bom para o Brasil[11].

A desvalorização do mil-réis favoreceu os fazendeiros, que recebiam o pagamento das exportações em libras esterlinas. Aumentou a produção de café e o número de fortunas. Diversos fazendeiros apareceram como possuidores de mais de um milhão de cafeeiros. Em 1890, um grupo de cafeicultores fundou o Banco Comércio e Indústria de São Paulo[12]. Dois anos depois, o porto de Santos exportava quarenta milhões de dólares em café. Os empresários paulistas tornaram-se muito orgulhosos, procurando unir a tradição à modernidade. Proclamaram-se continuadores dos bandeirantes enquanto prosseguiam sua marcha rumo ao Oeste, desbastando o sertão e levando o progresso. Seriam os ianques do Brasil[13].

Além de riqueza, o café seguia atraindo população à cidade de São Paulo. O Estado dera seqüência à imigração subvencionada, com o objetivo de suprir de braços a cafeicultura e a indústria nascente[14]. De 1877 a 1914, entraram no Estado de São Paulo 1.728.520 imigrantes, dos quais 845.816 eram italianos. A maior parte, contudo, chegou nos últimos dez anos do século, distribuindo-se entre as fazendas de café e as cidades, especialmente a capital paulista[15]. Entre 1886 e 1900, a população quase quintuplicou. De 47.697 habitantes no início do período, a capital passou a contar com 64.934 habitantes, em 1890, e, no limiar do novo século, com 239.820 habitantes. Cerca da metade da população viria a ser constituída de peninsulares[16].

Lembremos que as correntes imigratórias haviam sido precedidas por um pequeno grupo de europeus, que teve importante papel no comércio local de importação, na indústria nascente, no artesanato e nas profissões liberais. Tratava-se de portugueses, franceses e anglo-saxões, os quais estavam fazendo fortunas e galgando postos importantes na sociedade paulista de finais do século. Notava-se a presença maciça do imigrante em todos os setores da vida urbana: indústria, comércio, artes, construção civil, profissões liberais. Superavam em número os nacionais nas manufaturas, nas artes, no comércio, nos transportes e nos serviços domésticos. Havia 35.182 estrangeiros para 12.861 brasileiros nessas atividades.

Contudo, os nacionais prevaleciam nas atividades agropastoris, no ramo financeiro e da grande propriedade, na administração pública e nas profissões liberais, num total de 4.434 brasileiros para 1.384 estrangeiros[17].

O fazendeiro de café, transformado no "coronel" e no homem de negócios, ocupava os postos-chave da estrutura econômica, política e social. Era o principal agente da passagem do capitalismo comercial e financeiro externo para interno. O imigrante, por sua vez, colocava-se nas funções emergentes desse processo, desde assalariado a homem de negócios[18].

Uma vez na cidade, os imigrantes buscavam, de preferência, a periferia, onde nascia a pequena propriedade rural, abastecedora da população, ao lado de tecelagens, da indústria extrativa e de alimentos, como massas, óleos e chocolates[19]. De 1888 até fins do século, foram fundadas em São Paulo algumas indústrias de porte: a Fábrica Santana de aniagens, a Cia. Antarctica Paulista (1891) para a fabricação de gelo e cerveja, a Vidraria Santa Marina (1896), a Fábrica Penteado (1898) e a Cia. Mecânica e Importadora (1890)[20]. Ao lado dos empresários de café, começavam a despontar os industriais estrangeiros.

Em Osasco e na Vila Prudente, onde as olarias e indústrias de cerâmica se desenvolviam junto ao cultivo da vide, de cereais e de hortaliças, às mar-

O palacete paulistano

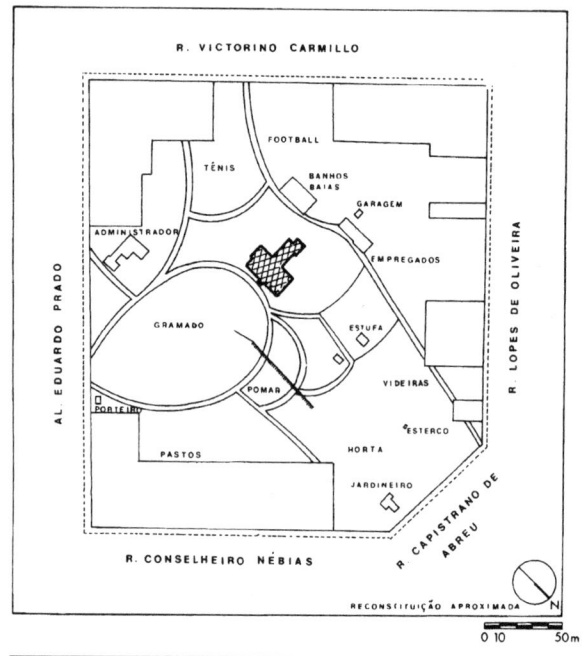

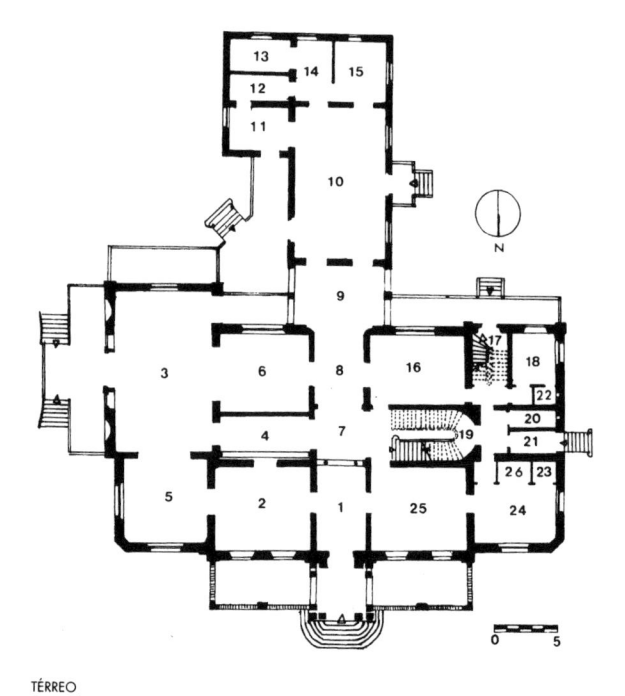

proprietário:	CONS. ANTÔNIO DA S. PRADO
endereço:	Al. Eduardo Prado APUD SARA-BRASIL, 1930
projeto:	Luigi Pucci
ano:	1892-3

TÉRREO
1 entrada
2 s. espera
3 s. baile/nave da capela/ biblioteca
4 passagem
5 s. orquestra/altar
6 bilhar
7 ante-sala
8 s. reunião
9 fumoir
10 s. jantar
11 copa
12 despensa
13 cozinha
14 cozinha
15 refeitório
16 s. piano
17 escada de serviço
18 quarto
19 escada social
20 w.c.
21 hall
22 mictório
23 w.c.
24 w.c.
25 biblioteca
26 elevador

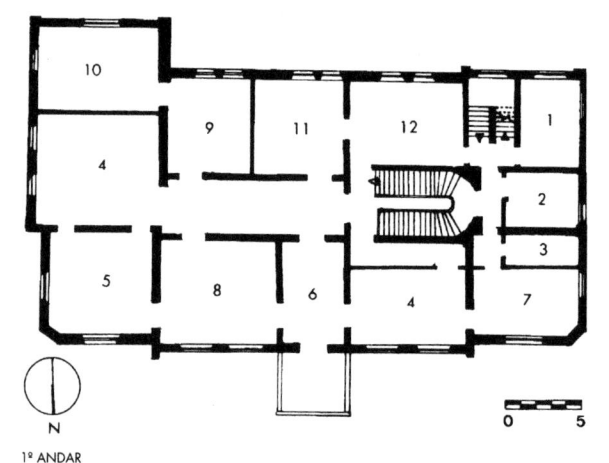

1º ANDAR
1 cozinha
2 quarto com banheira
3 w.c.
4 escritório
5 boudoir
6 s. costura
7 q. Conselheiro
8 q. casal Hermínia e Carlos Monteiro de Barros
9 q. Marcos Monteiro de Barros
10 q. Silvio da Silva Prado
11 q. Maria Eugênia M. de Barros
12 q. Antonieta Prado Arinos

2º ANDAR
1 terraço
2 torres cobertas
3 quarto
4 s. estudo/piano
5 q. brinquedos
6 w.c.
7 clarabóia

118

gens das ferrovias, deu-se continuidade ao processo de produção e industrialização que vimos no terceiro capítulo[21].

O processo de urbanização complicou-se. Veremos que algumas questões observadas no outro lado do oceano começaram a se refletir aqui, acabando por unir-se às questões locais. Os recém-chegados trouxeram consigo os problemas que caracterizavam os aglomerados humanos das cidades industriais e do excesso de população campesina: ideologia política de lutas de classe e maus hábitos de higiene. Muitos vinham debilitados e doentes. Foram comuns os casos de imigrantes que passaram pelos nossos portos com cólera e tuberculose. Tais problemas somaram-se àqueles próprios do clima tropical e do pequeno desenvolvimento industrial.

Devido à precariedade dos transportes urbanos e do abastecimento de água, a população tendia a concentrar-se, primeiro, nas regiões mais bem servidas, no centro, e em áreas adjacentes às linhas ferroviárias. Deterioravam-se o centro, os bairros do Brás e do Bom Retiro, além de Santa Ifigênia. O primeiro congestionou-se, enquanto se criavam cortiços e estalagens de imigrantes nos demais. O último tornou-se zona mista, absorvendo parte do comércio do velho Triângulo. Mas problemas relativos ao solo e ao clima, como impermeabilização sob o sol tropical, desvalorizavam os seus terrenos. Naqueles bairros, nasceriam os focos das moléstias transmissíveis.

No velho centro, acumularam-se diversas atividades. Além do comércio varejista, escritórios e hotéis, persistiam as igrejas e os conventos antigos, num dos quais se instalara a Academia de Direito, além de repartições vinculadas à administração oficial. Preservou-se o lazer, representado por cervejarias, cafés, bares, restaurantes e alguns teatros. Terminava a antiga ocupação residencial aristocrática que o caracterizava. Por outro lado, procurava-se alijar de lá as classes populares por meio de demolições de velhos pardieiros e alargamentos de ruas. As vias centrais encontravam-se atravancadas devido ao excesso de veículos a tração animal como bondes a burro, de carros particulares e de aluguel, carrocinhas de entregas, pedestres e vendedores ambulantes. A presença de jornais estrangeiros e associações de fundos mútuos atraíam manifestações operárias. As prostitutas moravam na Rua Líbero Badaró e os negros reuniam-se no Largo do Rosário, junto à Igreja de Nossa Senhora do Rosário dos Homens Pretos.

O Estado avocou a si as soluções desses problemas, em face das prioridades exigidas pelo mundo econômico. Procurou resolvê-los mediante a utilização de uma equipe de cientistas nacionais e a importação de tecnologia para prestação de serviços urbanos. A reformulação do Serviço Sanitário, em bases científicas[22], as campanhas profiláticas e a legislação seriam conseqüências de seu esforço. Assumiu também o saneamento das terras e das águas, encampando a antiga Cia. Cantareira de Águas e Esgotos, em 1892.

A topografia irregular da cidade, conjugada com as antigas saídas e as ferrovias, foi propícia para o equacionamento dos problemas suscitados pela falta de higiene nos locais em que se concentrava a população[23]. Valorizaram-se as terras mais altas e saudáveis, em detrimento dos terrenos planos, cortados pelos rios e sujeitos às enchentes. A condição de salubridade oferecida pelo meio ambiente encontrou-se no âmago da especulação imobiliária e da estrutura interna da cidade. Varíola, cólera, febre amarela e tifóide e tuberculose eram moléstias co-

---

🖝 A planta da Chácara do Carvalho mostra a zona de estar e um apartamento para hóspede no corpo principal do pavimento térreo. A sala de jantar permaneceu em puxado, nesse nível, entre o estar e a cozinha.
Na planta original, constante no Arquivo Histórico Municipal "Washington Luís", estava previsto um elevador entre o escritório e o quarto do Conselheiro. No entanto, ele acabou sendo instalado no corredor, em frente à escadaria social.
Quanto às dependências de higiene, os banhos eram tomados fora, numa casa de banhos junto às baias. Nos interiores, os w.c. começaram a aparecer em pequeno número, à francesa, isto é, perto das escadas. O quarto com banheira é posterior à época da construção.

O palacete paulistano

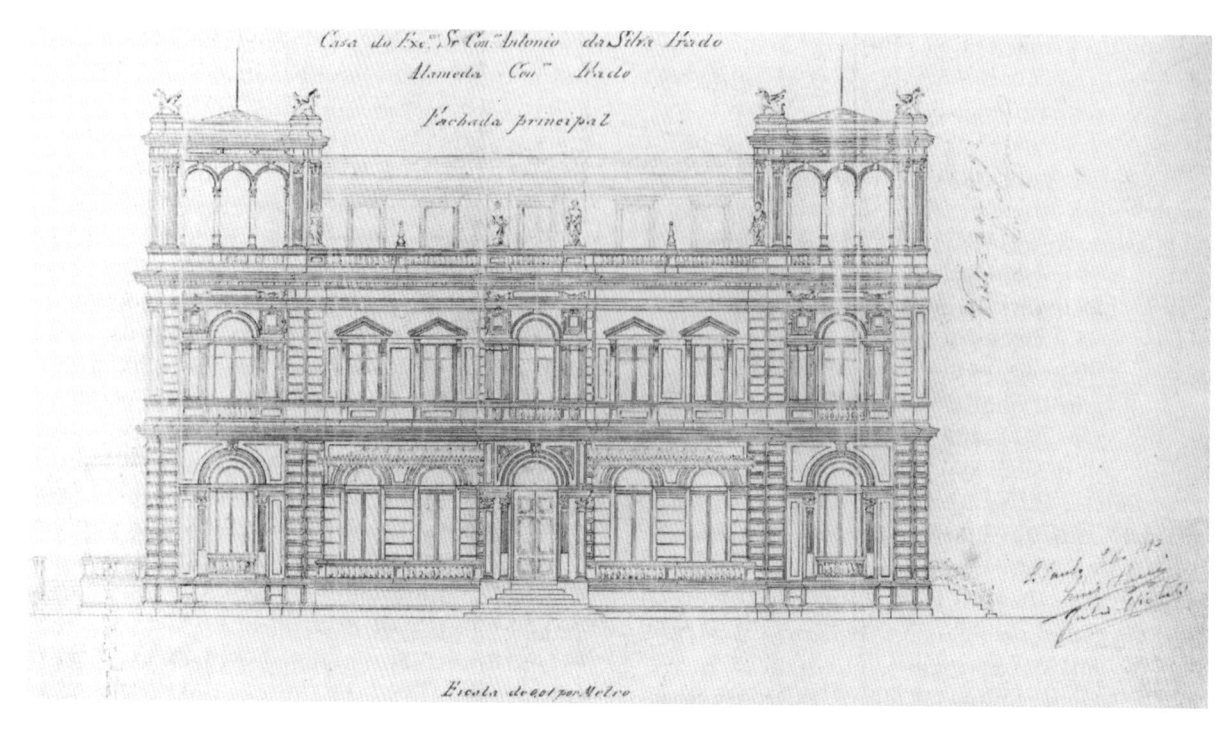

mumente encontradas nos bairros próximos às ferrovias, nos centrais como Santa Ifigênia e Bela Vista, e nos médios como Santa Cecília, Vila Buarque e Consolação[24]. Os relatórios do Serviço Sanitário deixam claro que o Estado e o Município procuravam redistribuir o espaço da cidade mediante sua divisão em zonas funcionais, valendo-se da topografia acidentada e do grau de salubridade que os terrenos proporcionavam. Médicos e engenheiros sanitaristas forneceram o diagnóstico. Os transportes coletivos, o abastecimento de água e o serviço de esgostos eram precários. O excesso de população para a falta de espaço disponível associava-se à ausência de limpeza. Era preciso organizar a coleta de lixo e o serviço de desinfecções sistemáticas nas habitações. Em 1893, o Estado completaria a rede de água e esgotos no Brás, em Santa Cecília, na Consolação e em Santa Ifigênia, ao mesmo tempo em que procurava estimular os loteamentos de chácaras, isentando-os de impostos[25]. Estabeleceu os trens de subúrbio e aproveitou o trem da Cantareira como transporte coletivo. Esses trens deveriam conduzir a população à periferia, induzindo ao fracionamento da terra, essencial ao cultivo e fornecimento de víveres à cidade[26].

Desse modo, tomou impulso a especulação imobiliária, seguida do desenvolvimento da cidade e dos loteamentos, que passaram a variar conforme o tipo de usuário e a localização.

As terras mais altas, que estavam nas mãos de poucos, logo se valorizaram. A especulação imobiliária, interpretando os interesses dos mais poderosos, realizou diversos empreendimentos que foram, de preferência, iniciativas de europeus.

Nas zonas periféricas, além da ferrovia Inglesa e da Sorocabana, e nas margens da antiga Estrada de Ferro Central do Brasil, as terras tornaram-se mais baratas, por serem baixas e úmidas, atraindo as indústrias e os menos favorecidos. Despontaram os loteamentos servidos pelos trens de subúrbios, dando origem aos bairros operários situados em torno das estações ou das paradas dos trens. Nasceram a Quarta e a Quinta Parada, na Zona Leste, seguidas da Vila Gomes Cardim. Misturadas às chácaras, as velhas freguesias desenvolviam-se como bairros operários: a Penha, o Tatuapé, o Pari e o Brás. No sentido Sul, os trens suburbanos serviam São Bernardo, São Caetano e Santo André, mais a Vila Prudente, a Moóca e o Ipiranga, aproximando-os do centro da cidade.

A oeste, a Barra Funda, o Bom Retiro, a Lapa e a Água Branca já possuíam seu lugar na planta da cidade de 1897[27]. A região de Santana beneficiou-se com o trem da Cantareira.

Em 1892, o Viaduto do Chá era entregue à população. Idealizado pelo litógrafo francês Jules Martin, sua estrutura metálica atravessava o velho córrego margeado de pequenas culturas para ligar o centro à Cidade Nova. A Rua Barão de Itapetininga, ladeada de chácaras, chalés e sobrados, surgia como bairro residencial dos mais aprazíveis, atraindo famílias de liberais conceituados. As linhas de bondes puderam chegar até os bairros da Vila Buarque e de Santa Cecília e, daí, ao espigão da futura Avenida Paulista.

Ocorreu a valorização da zona aquém-ferrovia, onde os terrenos colinosos eram mais secos, bem como daqueles que ficavam nas vertentes do espigão central do Rio Tietê. As chácaras ali existentes foram loteadas por especuladores que souberam interpretar os interesses das classes mais elegantes, realizando empreendimentos inspirados no urbanismo francês. Surgiram os *boulevards*, largos, longos e arborizados, dispondo de passeios e pistas pa-

61.
Chácara do Carvalho; desenho da fachada principal, datado de 1892 e assinado por Luís Pucci e Giulio Micheli.
Arquivo Histórico Municipal "Washington Luís".
DPH/SMC/PMSP

62.
Fachada da Chácara do Carvalho, na Alameda Eduardo Prado. Foto Guilherme Gaensly, utilizada como cartão de Boas Festas pelo genro do proprietário, em 1904.
Arquivo da autora.

O palacete paulistano

63.
Chácara do Carvalho e a família de Fernando Lucchesi, o administrador, em 1914.
Col. de Ignez L. Krümenerl.

64.
Fachada lateral da Chácara do Carvalho, vendo-se o terraço com colunas de ferro e o puxado da cozinha.
Arquivo de Guilherme Rubião.

ra cavaleiros e para os transportes coletivos. Os lotes, muito amplos, continuavam a favorecer a implantação tipo chácara. Procurou-se conservar parte da mata original do espigão central, na vertente do Rio Pinheiros, a exemplo do Bois de Boulogne parisiense, valorizando-se os panoramas que se descortinavam dos pontos mais altos. Totalmente programados para receber as camadas urbanas mais abastadas, aqueles loteamentos eram servidos por bondes a tração animal e contavam com rede de água, esgotos e luz.

Assim, nasceram Higienópolis e a Avenida Paulista, bairros mais ricos e homogêneos, onde os palacetes começaram a ter exclusividade mediante leis especiais elaboradas pela Prefeitura, atendendo à proposta dos empreendedores.

Entre as ruas da Consolação e Ipiranga, desenvolveu-se a Rua São Luís, margeada de palacetes e arborizada, resultante do loteamento da chácara do Barão de Souza Queiroz e da distribuição dos lotes entre seus filhos.

A Avenida Paulista foi a pioneira quanto a dispositivos que garantissem a exclusividade dos palacetes. Em 1894, Joaquim Eugênio de Lima, um de seus empreendedores, conseguiu uma lei para a recém-aberta avenida que obrigava as futuras construções a respeitarem um recuo de 10 metros com relação ao alinhamento das calçadas e recuo lateral de 2 metros[28].

Em 1898, com referência às avenidas Higienópolis e Angélica (antiga Rua Itatiaia), determinou-se que:

Nenhuma casa poderá ser edificada nas avenidas Higienópolis e Itatiaia, sem que fique entre o alinhamento e a frente da casa um espaço de 6 metros pelo menos, para jardim ou arvoredo e, bem assim, um espaço no menos de 2 metros de cada lado[29].

A escolha das denominações Higienópolis e Aclimação é indicativa da preocupação com a saúde pública. Higienópolis, ou cidade da higiene (nome dado em honra da deusa Higéia), era a designação da sucursal do Hotel de França, existente desde 1894 no antigo Caminho do Pacaembu, onde hoje se encontra o Colégio Sion. Ali hospedavam-se os tísicos chegados do Interior ou os que desejassem o ar mais saudável, proporcionado pela altitude e pela vegetação exuberante do local. O nome teria vindo da Companhia Higienópolis, que administrava a sucursal, estendendo-se ao loteamento que Martinho Burchard e Victor Nothmann abriram naquelas terras, sob a denominação de *Boulevards Burchard*[30].

Quanto à Aclimação, foi o nome que o médico Carlos José Botelho deu ao jardim, parcialmente público, destinado à aclimatação do gado bovino holandês. Compreendia granja leiteira, zoológico, jardim botânico e laboratório de experiências para estudo do câncer. O profissional inspirou-se em seu similar, o Jardin d'Acclimatation existente no Bois de Boulogne, em Paris[31].

Em bairros como os Campos Elíseos, a Liberdade e Santa Cecília, entre outros, a oferta de terrenos amplos e a possibilidade de se construir *villas* ou palacetes com jardins fronteiros não excluíam os lotes pequenos, estreitos e alongados. Induziam ainda à casa tradicional, tanto média quanto pequena, surgindo também os imóveis comerciais e industriais no mesmo loteamento, como o demonstram claramente as construções remanescentes do período.

Nos Campos Elíseos a grande diversidade quanto às dimensões fronteiras dos seus lotes, que variavam de 115 metros até 4,40 metros, dá uma idéia da heterogeneidade da ocupação, embora as grandes mansões o tenham caracterizado como bairro da "aristocracia" do café[32].

Da mesma forma, a Liberdade, bairro de famílias tradicionais paulistanas residentes em chácaras, passou a receber famílias aristocráticas do Interior, a partir do Largo 7 de Setembro. Contíguo à Sé, bem servido de transportes coletivos no sentido Norte-Sul, sendo saída de São Paulo para Santos e, em situação privilegiada com relação à várzea do Tamanduateí, a Liberdade acabou por receber fa-

O palacete paulistano

65.
Chácara do Carvalho: o pomar.
Arquivo de Guilherme Rubião.

66.
Chácara do Carvalho: o parque e a nascente.
Arquivo de Guilherme Rubião.

mílias que fugiam da febre amarela que grassava em Campinas, no ano da Proclamação da República.

Neste período, observamos dois movimentos distintos: o dos empresários do café, que continuavam chegando do Interior ou de outros pontos do país, e o dos que iam do centro rumo às chácaras em vias de serem loteadas. Os antigos sobrados se tornavam obsoletos, sendo abandonados pelas famílias e transformados em hotéis ou em escritórios. As famílias recém-chegadas seguiam em busca dos caminhos da Estação da Luz, dos Campos Elíseos e da Liberdade.

As famílias Arruda Botelho, Conde do Pinhal, Antônio Álvares Penteado, Benedito Barbosa, Cincinato Braga, José Vasconcelos de Almeida Prado, etc., dirigiram-se para a Rua Brigadeiro Tobias; parte da família Paes de Barros e a do Marquês de Itu ficou na Rua Florêncio de Abreu. A Baronesa de Arari, as famílias Dino Bueno, Alves de Lima, Ribeiro do Val e Inácio A. Penteado moravam nos Campos Elíseos; a família Cerqueira César, proveniente de Campinas, a Condessa de Parnaíba e o arquiteto Ramos de Azevedo dirigiram-se para a Liberdade. Lotearam suas chácaras Eduardo Prates, o Conselheiro Antônio Prado, o Barão de Souza Queiroz e Elias Chaves. D. Angélica de Barros construiu um novo palacete ao lado da velha sede de taipa da Chácara das Palmeiras.

Doravante, as construções seriam controladas por uma legislação rigorosa, fortemente apoiada na higiene pública. A Prefeitura estabeleceu a aprovação das plantas das edificações, no que respeitava ao pé-direito, à largura e à altura de frestas, à ventilação e à luz nos dormitórios, e à espessura mínima das paredes de alvenaria de pedra ou de tijolos (0,30 metro), no primeiro pavimento. O Estado tornava o porão obrigatório como medida higiênica contra a umidade, buscando coibir o seu uso como habitação. Aboliu as alcovas e estipulou 14 metros cúbicos livres para cada dormitório. A cocheira e os estábulos distanciaram-se da casa, para serem construídos fora da zona central. Regulamentou as construções destinadas a moradias coletivas, como hotéis, pensões, habitações das classes pobres, indústrias, fábricas, oficinas, escolas, teatros, alimentação pública, etc. A vacinação e a revacinação tornaram-se obrigatórias em todo o Estado.

Foi em vão que se tentou proibir a construção de cortiços e se procurou levar as vilas operárias para fora das aglomerações urbanas. Buscou-se regulamentar o escoamento dos esgotos pelas calçadas e pelas vias públicas, mas as fossas fixas eram toleradas nos quintais quando não existisse água potável nem poço. As cozinhas ficariam longe da zona de repouso e, como os banheiros, deviam ter solo e paredes revestidas de material impermeável até um metro e meio de altura, pelo menos. As peças de louça seriam fixas, esmaltadas e laváveis. Na cozinha generalizou-se o uso do sifão, assim como na latrina, onde o fluxo de água de descarga se tornou obrigatório.

O aumento demográfico, conjugado com o Encilhamento, conduziu à febre das construções e loteamentos. Em 1890, Raffard assinalou a edificação de cinqüenta a sessenta casas ao mês. Mesmo assim, muitas famílias eram obrigadas a deixar a capital por falta de moradia[33].

Definiram-se os tipos de habitação. Num extremo passou a existir a chamada casa operária e o cortiço e, no outro, o palacete. A diferença principal entre elas residia no fato de que na casa de luxo não havia superposição de funções. Destinou-se um cômodo para cada função ou atividade, o que resultou em espaços específicos. Por exemplo, o estar desmembrou-se em salão de recepções, sala de visitas, sala de música, sala de estar, sala da senhora, sala de jogo, bilhar, *fumoir*, sala de estudos, biblioteca, gabinete, *hall*, jardim de inverno, etc. Apareceu até sala d'armas (sic). Entre a cozinha e a sala de jantar, surgiram a copa, a sala de almoço e a sala de refeições das crianças. A sofisticação acompanhava o supérfluo, notando-se o uso dos termos franceses correntes nas plantas: *fumoir*, *office* (copa), *cabinet*, *toilette*, etc., exceção feita ao vocábulo *hall*, de origem inglesa.

A casa ganhou porão e, nos fundos, manteve pomar, forno, horta e edículas, como cocheiras ou ga-

O palacete paulistano

A República Burguesa

67.
Chácara do Carvalho: salões preparados para receber os Reis da Bélgica, em 1920.
Arquivo de Guilherme Rubião.

68.
Chácara do Carvalho: salão Maria Antonieta. Foto de 1920.
Arquivo de Guilherme Rubião.

69.
Chácara do Carvalho: sala de jantar. Foto de 1920.
Arquivo de Guilherme Rubião.

O palacete paulistano

70.
Chácara do Carvalho: sala de música.
Arquivo de Guilherme Rubião.

71.
Chácara do Carvalho: bilhar.
Arquivo de Guilherme Rubião.

ragens, quartos de empregados, casa do porteiro, lavanderia, etc. O trabalho masculino afastou-se da casa para o escritório e a fábrica, mas o gabinete, local exclusivo do homem, permaneceu na parte fronteira, com entrada independente. Camuflou-se o trabalho manual, e as atividades passaram a ocorrer em compartimentos estanques: os serviços, na cozinha, nos porões e nos fundos da casa; o estar no térreo e nos jardins; o repouso, nos quartos de dormir, em geral situados no primeiro andar. A nova distribuição agrupava os cômodos em três zonas distintas: estar, repouso e serviços, separados entre si mediante a utilização do vestíbulo ou do *hall*. Este induzia também ao novo tipo de circulação, feito de modo a evitar o contato prolongado entre patrões, criados e visitantes.

O palacete sobressaía, ainda, pelo equipamento, pela decoração, pelo número de criados e pela apresentação deles. O primeiro era mais atualizado e numeroso, a decoração mais luxuosa e profusa, existindo, por outro lado, a média de dez a quinze serviçais vestidos de libré, para cada palacete. Vivia-se ali em grande estilo, com refinamento e requinte, procurando-se imitar o modo de vida das metrópoles européias mais importantes do século XIX.

Na outra ponta da linha, ficavam o cortiço e a casa popular, também chamada "casa de italianos" por ter servido de moradia aos inúmeros peninsulares que afluíram à capital. Foi definida como cubo ou caixote, cuja decoração era aplicada na fachada ao gosto neoclássico, uma vez que o estilo era sugerido pelos ornamentos arquitetônicos das fachadas, incluindo-se o *art nouveau*[34]. Sempre providas de platibandas, destacavam-se pelas janelas altas e amplas que ficavam em posição superior em relação ao nível das calçadas. Por vezes existiu um recuo lateral com portão de ferro[35].

A casa operária foi a menor habitação unifamiliar. Sucedeu a casa térrea de chão de terra batido ou de piso de tijolos. Caracterizou-se por um programa mínimo, onde se concentravam as funções básicas, correspondendo à sala na frente, quarto no centro, seguido de sala de jantar e da cozinha. Geralmente, a latrina ficava nos fundos, no quintal, além do tanque. Não raro, dispunha de uma cocheira. Mas houve variações sobre o mesmo tema, e casas que nem mesmo contavam com esse programa, ora faltando a sala de jantar, ora a de visitas[36].

O cortiço ocupava uma área no interior de um quarteirão, quase sempre um quintal de uma venda ou casa qualquer, para onde se abriam as portas e janelas de pequenas casas enfileiradas, precariamente construídas, contendo cerca de três metros de largura e dois a três cômodos: sala da frente e quarto, e uma capacidade para quatro pessoas. Quando não havia um terceiro cômodo, sem forro ou assoalho, destinado à cozinha, improvisava-se, o fogareiro nas soleiras, valendo-se de uma lata de querosene sobre pedras de carvão. No pátio, também se lavava a roupa, existindo uma latrina para cada grupo de três casas. Os interiores, muito úmidos, recebiam pouca ventilação, acumulando-se móveis e pessoas[37].

Evidentemente, entre o palacete e a casa popular houve uma gradação. A casa média permaneceu indecisa. Da casa rica recebeu certas sugestões como a subdivisão das funções e os jardins laterais e fronteiros. Mas não se desvencilhou da antiga circulação. A sala de jantar ocupou sempre o centro da composição espacial, indício de que persistia a função aglutinadora do viver familiar. A sala de visitas constituiu o seu ponto de honra, pelo qual ela procurou compensar a distância que manteve do palacete[38]. Se os jardins fossem laterais, a casa ficava no alinhamento da rua. O pequeno sobrado construído em meio a jardins apresentava a distribuição do palacete, suprimindo-se os cômodos mais supérfluos.

A casa térrea com porão, quando implantada como o palacete, ou repetia a distribuição deste, ou reproduzia o esquema alongado de meados do século XIX. Neste caso, existia sempre o problema da sala de jantar, cuja localização oscilava. Ora permanecia entre o repouso e a cozinha, ora entre o estar e o repouso, o que desordenava a distribuição

O palacete paulistano

72.
Chácara do Carvalho: corredor central mobiliado entre o bilhar e a sala de jantar, antecedendo o *fumoir*.
Arquivo de Guilherme Rubião.

73.
Chácara do Carvalho: escritório.
Arquivo de Guilherme Rubião.

74.
Chácara do Carvalho: quarto do Conselheiro Antônio Prado.
Foto c. 1920.
Arquivo de Guilherme Rubião.

75.
O Conselheiro Antônio da Silva Prado e
Fernando Lucchesi, seu secretário, no terraço
da Chácara do Carvalho.
Col. de Ignez L. Krümenerl.

O palacete paulistano

76.
Jardim da Chácara do Carvalho: chá à la Grão-Vizir da Rússia.
Arquivo de Guilherme Rubião.

77.
Chácara do Carvalho: noite de gala.
Arquivo de Guilherme Rubião.

e dificultava as recepções formais. Esse esquema também persistiu quando o sobrado se manteve no alinhamento da rua, destinando-se o térreo à loja ou armazém, e o primeiro andar à moradia.

A leitura de uma série de plantas de casas paulistanas do período levou-nos a concluir que a casa média se caracterizava pela existência da sala de visitas e do quarto da criada. Na falta de ambos, chegava-se à casa operária[39].

O palacete foi construído em porcentagem muito menor. Das trezentas plantas estudadas, menos de meio por cento apresentou todas as suas características[40]. Contudo, é possível dizer que, juntamente com o chalé, introduziu os recuos fronteiros, rompendo a tradição colonial que impunha a localização da casa urbana no alinhamento da rua, e influenciou a casa média.

Datam desse período uma série de residências que se estenderiam pelas primeiras décadas do século. A maioria deveu-se a Francisco de Paula Ramos de Azevedo, profissional que iniciava uma atuação das mais intensas e profícuas em São Paulo. Após estudar engenharia e arquitetura na Universidade Real de Grand, na Bélgica, Ramos de Azevedo veio para São Paulo, onde realizou uma série de palacetes, que repetiram a distribuição francesa como parte de um programa mínimo: no térreo, o *hall* de distribuição ou o pequeno vestíbulo levavam ao estar, composto de sala de jantar, sala de visitas, sala de estar e sala da senhora, varanda e gabinete. Às vezes, esta zona incluía bilhar e *fumoir*.

A cozinha ficava em puxado, no térreo, com despensa e quarto de criada. Muitas vezes, Ramos de Azevedo colocou a cozinha no porão, onde o exaustor e o "fogão americano" resolviam o problema da fumaça, e o monta-cargas levava a comida para a copa, ou *office*, no andar térreo. Ali, um fogareiro, a princípio de querosene, aquecia os pratos antes de serem encaminhados à sala de jantar.

O primeiro andar destinava-se ao repouso: a série de quatro ou cinco dormitórios incluía quarto de *toilette* ou de vestir, rouparia e um só banheiro.

A implantação repetia a das *villas* francesas. Mas os palacetes no alinhamento da rua, com jardins laterais, também eram freqüentes.

A carteira imobiliária do Banco União é produto desse período. Como a maioria dos empreendimentos surgidos do Encilhamento, foi fugaz, tendo funcionado de 1890 a 1895 para obras da elite. Ramos de Azevedo realizou a maioria desses projetos que, somados aos do seu escritório particular, foram suficientes para a definição e a vulgarização do palacete.

Em 1891 foram construídas a residência do próprio Ramos de Azevedo, a da Condessa de Parnaíba, a de Carlos Escobar, a de Alfredo Ellis, etc., às quais se somaram os palacetes de Carlos e Maria Flora de Souza Queiroz e o do Barão de Pirapitingui, datado do ano seguinte. Até o fim do século, edificaram-se, entre outros, os de Antônio Toledo Lara (1895), de Luís Anhaia, de Emília Azevedo e de Inácio e D. Olívia Guedes Penteado[41].

Apesar da existência de profissionais de valor, na capital a definição do gosto e as preferências deveram-se a Ramos de Azevedo. A importância de que se revestiu sua estréia em São Paulo explicaria uma popularidade meteórica, ao lado de Luigi Pucci, o construtor do palácio do Ipiranga.

No romance *A carne*, de Júlio Ribeiro, escrito em 1888, o gosto encontrava-se definido graças ao arquiteto paulista que já colocara por terra os velhos sobradões. O sonho da heroína fornece tal definição:

Voltaria para a cidade... não, iria a São Paulo, fixar-se-ia de vez, compraria um terreno grande em um bairro aristocrático, na Rua Alegre, em Santa Ifigênia, no Chá, construiria um palacete elegante, gracioso, rendilhado, à oriental, que sobressaísse, que levasse de vencida esses barracões de tijolos, esses monstrengos impossíveis que por aí avultam, chatos, extravagantes, à fazendeira, à cosmopolita, sem higiene, sem arquitetura, sem gosto. Fá-lo-ia sob a direção de Ramos de Azevedo, tomaria para decoradores e ornamentistas Aurélio de Figueiredo e Almeida Júnior (...)[42].

Nesse final de século, temos ainda palacetes que se inspiraram em obras monumentais: a casa de D. Angélica de Barros, o Palacete Chaves e a Chácara do Carvalho. Esta não passou de chácara semi-urbanizada, onde se construiu uma casa inspirada no edifício do Museu do Ipiranga. Houve residências que apresentaram a implantação das *villas*, mas internamente a distribuição ainda era imprecisa.

Entre os exemplares escolhidos para dissertarmos a respeito, vamos iniciar pela Chácara do Carvalho, cujo programa representa muito bem uma etapa intermediária entre a chácara semi-urbanizada e o palacete, mostrando de forma clara a evolução do processo descrito nos capítulos anteriores. Podemos dizer que se trata de uma chácara com palacete[43]. Os demais exemplares não passaram de palacetes com elementos de chácaras. Integram a série a residência do arquiteto Ramos de Azevedo e a de D. Olívia Guedes Penteado.

A Chácara do Carvalho

A Chácara do Carvalho situa-se na Alameda Barão de Limeira, esquina com a Alameda Eduardo Prado, no bairro da Barra Funda, junto às linhas da atual Ferroban (antigas estradas de ferro Santos–Jundiaí e Sorocabana). Notabilizou-se como um dos palacetes mais importantes da cidade e como residência do Conselheiro Antônio da Silva Prado, no período de 1893 a 1929. Ele aí residiu com sua família, composta de sua esposa, Maria Catarina da Silva Prado, e de oito filhos.

A sede da chácara preservou-se como uma das casas das Irmãs Madre Cabrini, que também mantêm, em parte dos terrenos remanescentes, as instalações do Instituto de Educação Boni Consilii.

O Conselheiro Antônio da Silva Prado constitui personagem dos mais ricos e contraditórios, devido ao momento histórico em que viveu: confluência da Monarquia com a República, da escravidão negra com a imigração européia subvencionada e, economicamente, no apogeu da produção

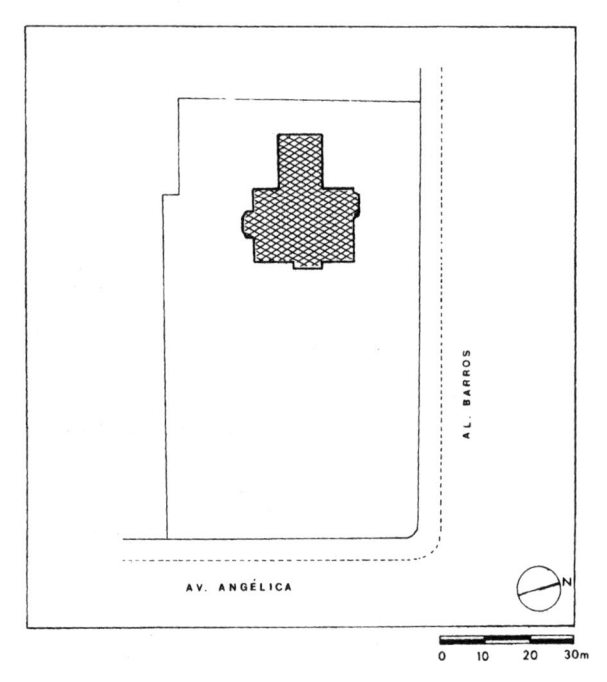

proprietário:	D. MARIA ANGÉLICA SOUZA QUEIROZ AGUIAR DE BARROS
endereço:	Al. Barros/Av. Angélica APUD SARA-BRASIL, 1930
projeto:	importado da Alemanha (const. Augusto Fried)
ano:	1891

A fachada principal deste palacete dava para o pomar que pertencera à antiga Chácara das Palmeiras.
Pelas entrevistas que fizemos com descendentes de D. Angélica de Barros, proprietária do palacete, soubemos que o projeto foi importado da Alemanha, país onde a casa burguesa teria recebido influência da arquitetura francesa. Contudo, esta residência não dispunha do esquema proposto pelos arquitetos franceses.

A República Burguesa

78.
Palacete de D. Maria Angélica Aguiar de Barros (1891-3) (inspirado no Palácio de Charlottenburg, na Alemanha), hoje desaparecido. Situava-se na Avenida Angélica com Alameda Barros.
Arquivo de Paulo de Barros Ulhoa Cintra.

O palacete paulistano

79.
Palacete de D. Angélica de Barros: fachada para a Alameda Barros, vendo-se o puxado da cozinha e as cocheiras.
Arquivo de Paulo de Barros Ulhoa Cintra.

80.
Casa que pertenceu a D. Angélica de Barros, vendo-se a fachada da Alameda Barros em demolição. Com o tempo, a entrada principal, voltada para o antigo pomar, deslocou-se para essa face que constituía os fundos do palacete.
Foto de autoria de Benedito Lima de Toledo, de meados da década de 1960.

A República Burguesa

81.
Torre da fachada principal do palacete.
Foto de Benedito Lima de Toledo, de meados da década de 1960.

82.
Pórtico principal do palacete de D. Angélica de Barros, com destaque para a figura feminina envolvida por ramos de café evocativos de um capítulo de nossa história.
Foto de Benedito Lima de Toledo, de meados da década de 1960.

83.
D. Maria Angélica de Souza Queiroz Aguiar Barros (1842-1922), com uma das suas filhas.
Arquivo de Paulo de Barros Ulhoa Cintra.

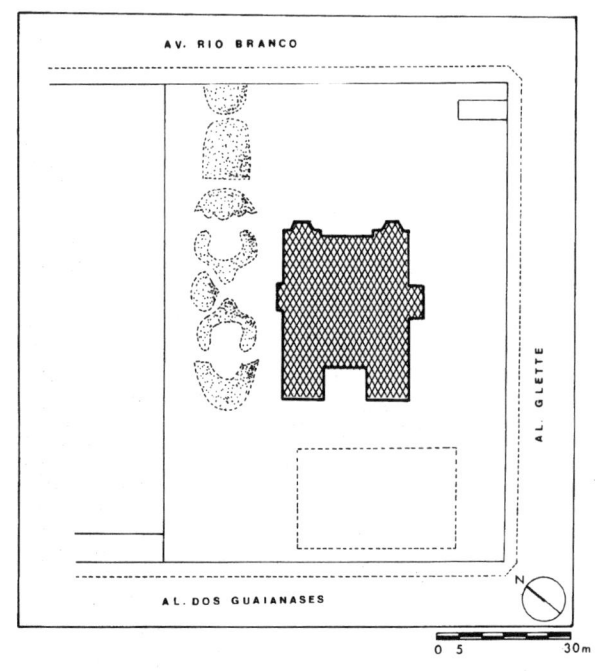

proprietário: ELIAS CHAVES
endereço: Av. Rio Branco/Al. Glette APUD SARA-BRASIL, 1930
projeto: Matheus Haussler
ano: 1893-99

e exportação do café e primórdios da industrialização. Como vimos, em São Paulo, tanto em termos políticos quanto econômicos, presenciou-se o acesso do cafeicultor à dimensão nacional e internacional.

Antônio Prado atuou nesse período, sobressaindo-se em todas as suas grandes coordenadas, daí a dificuldade em se defini-lo. Trata-se de uma figura urbana formada e vivenciada na cidade de São Paulo, na Corte do Rio de Janeiro e na Europa. Pertenceu à nova camada de proprietários de terras que se distinguiram da antiga "aristocracia rural" do Vale do Paraíba, e que não se ateve ao capitalismo agrário-escravista, partindo para novos empreendimentos e iniciativas.

Filho primogênito de D. Veridiana V. da Silva Prado e de Martinho da Silva Prado, sabemos que ele provinha de família paulista de abastados comerciantes, de proprietários de tropas de mula e senhores de terras, cujo tronco é representado pelo Barão de Iguape, seu avô materno. Com este, se iniciara uma família de oligarcas que assim se manteve por várias gerações.

Antônio Prado nasceu no velho núcleo central de São Paulo, na casa do Barão de Iguape, nos Quatro Cantos (hoje Praça do Patriarca). Recebeu educação esmerada, tendo aprendido francês, inglês e alemão com governantes estrangeiras. Formou-se bacharel em letras no antigo Colégio D. Pedro II, no Rio de Janeiro, e bacharel em Ciências Jurídicas, na Academia de São Paulo[44].

Por volta de 1862, viajou para a Europa, tendo visitado a Grande Exposição de Londres e ido a teatros como o Covent Garden. Em Paris, freqüentou cursos na Sorbonne e foi convidado para um baile nas *Tuileries*, ocasião em que admirou a Imperatriz Eugênia. Em 1868, casou-se com Maria Catarina da Costa Pinto, filha do Dr. Antônio da Costa Pinto, que, como o Conselheiro, fora Ministro do Império.

Antônio Prado foi importante cafeicultor. Em 1866, formou a Fazenda Santa Veridiana e, em 1885, com seu pai e seu irmão Martinico Prado,

84.
Palacete de Elias Chaves, na Avenida Rio Branco (atual Palácio dos Campos Elíseos).
Foto do Atelier Star. Arquivos da Sociedade Comercial e Construtora e do SPHAN.

85.
Palácio dos Campos Elíseos, antigo Palacete Chaves.
Foto do Atelier Star. Arquivos da Sociedade Comercial e Construtora e do SPHAN.

86.
Palácio dos Campos Elíseos: fachada posterior.
Foto do Atelier Star. Arquivos da Sociedade Comercial e Construtora e do SPHAN.

adquiriu a Fazenda São Martinho, com 3.300.000 cafeeiros.

Figura pioneira de empresário e industrial, notabilizou-se por sua capacidade de trabalho e por seu vanguardismo. Foi um dos fundadores da Companhia Paulista de Vias Férreas e Fluviais, em 1878, e seu presidente durante muitos anos (1892-1927), bem como da Caixa Econômica Imperial (1876) e do Banco Comércio e Indústria de São Paulo (1899-1920). Em 1887, fundou, com Elias Pacheco e Chaves, a Companhia Prado Chaves Exportadora. Formou ainda o primeiro frigorífico para exportação de carne e a Vidraria Santa Marina, esta com o objetivo de fornecer vasilhames para a Companhia Antarctica Paulista, ambas na Água Branca.

Aficionado aos esportes, sobretudo a corridas de cavalos, foi um dos fundadores do Jockey Club do Rio de Janeiro (1869) e de São Paulo (1875), assim como do Automóvel Clube de São Paulo (1908). Por volta de 1880, arrendou o Teatro São José, de Elias Chaves, trazendo para São Paulo as companhias estrangeiras que iam à Corte.

Como vereador e Presidente da Câmara Municipal, em 1865, Antônio Prado iniciava uma carreira política das mais brilhantes, que o levaria a deputado geral (1872-1884) e a ocupar três pastas do Ministério Imperial: Agricultura, Comércio e Obras Públicas (de 1884 a 1887). Foi o primeiro prefeito eleito de São Paulo, por três turnos consecutivos (1899-1910), além de ter sido um dos promotores da imigração subvencionada. Possuidor do título de Conselheiro do Império, ficou conhecido como o Conselheiro Antônio Prado ou simplesmente como o Conselheiro. Apesar de monarquista (chefiou o Partido Conservador), tornou-se liberal progressista.

Homem de poucas palavras, era, contudo, popular e carismático. Por exemplo, em 25 de fevereiro de 1888, no dia de seu aniversário natalício, viu-se alvo de expressivas homenagens por parte da população paulistana. Morava, então, na Rua de São Bento, vizinho de Elias Chaves e de seu tio Eleutério da Silva Prado. Diante de sua casa, parou o povo que lhe oferecia um obelisco de ouro. Jacinto Ribeiro assim descreveu a cena:

Sábado, à noite, iluminaram-se as ruas de São Bento, Direita e Imperatriz com grande profusão de luzes, produzindo um efeito deslumbrante. Às 8 horas, organizou-se o grande préstito no Largo de São Francisco, donde partiu, percorrendo as três ruas principais da cidade, e dirigiu-se depois ao palacete do senhor Conselheiro Antônio Prado, cujo auspicioso aniversário dava motivo a tanto regozijo por parte da população da capital. Durante o brilhante percurso deste préstito imponente, o qual durou uma hora, subiram aos ares inúmeras girândolas, ouviram-se alternadamente peças de dez bandas de música e, nas sacadas de muitos sobrados, queimavam-se multicores fogos de bengala. Chegado o préstito à residência do senhor Senador Prado, a grande massa de povo que já estacionava diante do edifício prorrompeu numa estrondosa ovação. A comissão encarregada de entregar a sua excelência o obelisco de ouro galgou então as escadas do palacete; sendo por sua excelência recebida com verdadeira emoção (...)[45].

Falecido em 1875, o Barão de Iguape deixou a Chácara do Carvalho de herança para o seu neto. O Conselheiro mantinha nela uma coudelaria onde criava parelheiros de puro-sangue para corrida e passeio. Com Elias Chaves, proprietário das terras vizinhas, ia cavalgar na Alameda dos Bambus, atual Avenida Duque de Caxias. Às vezes, a família passava fins de semana na Chácara, o que exigia preparativos feitos com muita antecedência. Organizavam-se passeios a cavalo até a Chácara. Os cavaleiros saíam da Rua de São Bento, trajados a caráter, e, o que não deixa de ser curioso, usavam cartolas. Ali encontravam-se os ciclistas de São Paulo que, liderados por Antônio Prado Jr., iam pedalar pelas ruas próximas, de onde surgiu a idéia de se construir o Velódromo Paulista.

As terras da Chácara do Carvalho ficavam perto dos meandros do Rio Tietê, num lugar brejoso denominado Barra Funda. Estendiam-se do Cami-

O palacete paulistano

87.
Palácio dos Campos Elíseos: salão nobre decorado com móveis Luís XV e tapeçaria Aubusson.
Foto do Atelier Star. Arquivos da Sociedade Comercial e Construtora e do SPHAN.

88.
Sala de jantar do Palácio dos Campos Elíseos. Em estilo Tudor, conserva-se como o original: revestimento de carvalho francês nas paredes, lareira de madeira e de mármore e grande tapete oriental.
Foto do Atelier Star. Arquivos da Sociedade Comercial e Construtora e do SPHAN.

A República Burguesa

89.
Escadaria do Palácio dos Campos Elíseos que substituiu a original de madeira.
Foto do Atelier Star. Arquivos da Sociedade Comercial e Construtora e do SPHAN.

90.
Salão particular. Localizado à direita do salão nobre, era todo verde-cinza. Lustres de cristal belga, tapetes orientais, potiches e outras peças valiosas decoravam este salão.
Foto do Atelier Star. Arquivos da Sociedade Comercial e Construtora e do SPHAN.

nho de Jundiaí, atual Praça Marechal Deodoro e Rua das Palmeiras, até os trilhos das ferrovias. Eram banhadas pelo Córrego do Carvalho, que nascia no tanque do Arouche e corria paralelo ao do Pacaembu. De topografia irregular, limitavam-se com a Chácara Bom Retiro, do Marquês de Três Rios, com o Campo Redondo, com a Chácara das Palmeiras e, do lado do Rio Tietê, com a antiga Várzea do Salles.

Conforme tradição oral da família Carvalho Franco, o nome da Chácara refere-se a um antepassado ilustre, Francisco de Assis Carvalho, avô do historiador Francisco de Assis Carvalho Franco, que foi proprietário daquelas terras por volta de 1840. Francisco de Assis era boiadeiro, isto é, transportava gado bovino do Sul do país até Sorocaba e, daí, para São Paulo. Mantinha um pouso de gado no local que era servido pela estrada de Jundiaí[46]. Quando chovia, contudo, os caminhos ficavam intransitáveis para as tropas de mulas que chegavam à capital trazendo açúcar e café[47].

Com a instalação da ferrovia, deu-se a valorização das terras lindeiras à Inglesa. Eis que vemos como proprietários daquelas áreas o Visconde de Mauá, Elias Chaves, o Marquês de Três Rios, o Barão de Iguape e tantos outros.

Somente durante o Encilhamento, quando começou a se intensificar a especulação imobiliária, o Conselheiro Antônio Prado voltou suas vistas para as terras que ali possuía, estendendo a urbanização além daquele bairro, na direção da Água Branca. Em 1890, o Conselheiro resolveu loteá-las. Para tanto, encarregou o engenheiro italiano Luís Bianchi Bertholdi de fazer o levantamento. Vendeu diversos lotes à razão de três mil réis o metro quadrado. Entre os diversos compradores estavam Francisco e Alexandre Siciliano, Cesário Ramalho da Silva, Manoel Lopes de Oliveira, Antônio Cardoso Ferrão, Victorino Gonçalves Carmillo e o Dr. Adolfo Afonso da Silva Gordo, alguns dos quais deram seus nomes às novas ruas[48].

Para si, reservou uma gleba de cerca de cem mil metros quadrados, com frente para a Alameda Antônio Prado (depois Alameda Eduardo Prado). Os flancos da Chácara davam para as ruas Victorino Carmillo, Lopes de Oliveira, Capistrano de Abreu e Conselheiro Nébias, junto aos trilhos das ferrovias Santos–Jundiaí e Sorocabana.

O bairro da Barra Funda recebeu novo impulso com a construção da Chácara do Carvalho que, com as residências vizinhas implantadas em lotes grandes, não passou de apêndice ou continuação dos Campos Elíseos, pois era para este que se voltava o palacete. Assim, o espírito aristocrático e o refinamento desse bairro encontravam continuidade nessa parte da Barra Funda limitada pela Rua Lopes de Oliveira.

Os imigrantes italianos e os negros vindos do Interior ficavam separados pelos trilhos da ferrovia, na denominada Barra Funda de Baixo. Ali, já estava esboçado o loteamento onde apareciam apenas as ruas do Bosque, Garibaldi, Lusitana e Bernardino de Campos. Espalhados pela Barra Funda de Cima estavam indústrias, algumas de grande porte, bem como armazéns em meio a residências de classe média e pequena burguesia.

O terreno onde o Conselheiro construiu sua residência possuía nascente e era mais alto, havendo maior desnível do lado do Córrego do Carvalho que passava a oeste da Chácara. O projeto e a construção estiveram a cargo do florentino Luigi Pucci que, embora não sendo engenheiro nem arquiteto de formação, ganhara o concurso para executar as obras do Museu do Ipiranga. Esse monumento causou tanto impacto em São Paulo que Pucci passou a receber encomendas para projetar palacetes, onde também se utilizou da *loggia*, como o fez na casa da Chácara[49]. Ao mesmo tempo, passou a ser socialmente prestigiado. Tornou-se amigo de D. Veridiana Prado, para quem construiu duas casas na Rua D. Veridiana, bem como do Dr. Eulálio da Costa, proprietário de um prédio na Rua Florêncio de Abreu, construído por Pucci em 1891, notável pelo rigor das proporções e sóbria elegância[50].

Tomás Gaudêncio Bezzi chegou a trabalhar para Antônio Prado, tendo projetado e executado a casa do porteiro da Chácara, em 1897. Mas o projeto do palacete ficou mesmo a cargo de Pucci, que, em 1893, entrou com as plantas na Prefeitura, as quais também foram assinadas por G. Micheli. Porém, as funções dos cômodos não foram especificadas, nem os croquis dos jardins, o que foi reconstituído por nós, por meio de entrevistas feitas com ex-moradores da Chácara.

A casa está construída sobre um porão baixo de pé-direito mais alto na frente, cumprindo a função obrigatória por lei de evitar a umidade no assoalho ao mesmo tempo que serviu para nivelar a residência. De amplas proporções e de três pavimentos, foi programada para um casal e oito filhos, quase todos ainda solteiros. O pavimento térreo é o maior, acrescido, nos fundos, de uma ala para a sala de jantar, copa e cozinha. Mais tarde, acrescentou-se uma sala destinada a refeitório dos empregados.

Quanto à arquitetura do palacete, o que chama a atenção, logo à primeira vista, é a forma prismática de gosto renascentista, em que se vê a influência do projeto do Ipiranga, no corpo central, no terraço e nos belvederes superiores, além das platibandas arrematadas por balaustradas.

Sustentam as arcadas colunas finas emparelhadas, de capitéis compósitos, recobertas por ornamentação em estuque. As do pórtico assentam-se sobre terraço em mosaico, ligado ao jardim por escadaria de mármore, a qual, por sua vez, é ladeada por dois leões esculpidos também em mármore. Sobre esse antecorpo, um terraço e uma porta em ressalto. Externamente, a casa é toda com bossagem, as janelas são guarnecidas de tímpanos triangulares, enquanto as portas do térreo e do primeiro andar são em arco romano com pequenos balcões em balanço. Os alpendres laterais e dos fundos comunicam-se com os interiores por portas-balcões e, com os jardins, por meio de escadas. No térreo, todas as portas dão para os jardins, indicando a valorização da paisagem. Algumas, contudo, possuem guarda-corpos de gradis de ferro o que nos reporta à era do ferro da Revolução Industrial a que pertence a construção. Todas as envasaduras possuem estrutura de ferro, bem como as venezianas de madeira, que se mantêm originais.

Usou-se ferro, ainda, em colunas estreitas caneladas, terminando em capitéis compósitos, peças importadas diretamente da Inglaterra. Neste caso, servem de estrutura aos alpendres que ladeiam a fachada dos fundos, bem como a que fica a leste, onde suporta também terraços superiores, hoje recobertos por telhas de fibra de vidro. O uso do ferro aparente interrompe o estilo renascentista lembrando os chalés onde constantemente é utilizado, bem como a arquitetura ferroviária, a exemplo da própria estação da Barra Funda, erguida em 1892, e hoje demolida, da qual o Condephaat guarda uma foto.

Na face oeste, houve um pórtico menor e mais simples, retirado com o passar do tempo, substituído por modesto vitral. Ali instalara-se um banheiro bem confortável e sofisticado, para uso do casal Rubião.

Os banheiros completos, como hoje em dia se conhecem, ainda eram raros. Dentro do palacete era corrente, nos quartos, o uso dos urinóis. Nas plantas originais, haviam sido previstos três w.c. (mas só foi executado um) e um mictório, no pavimento térreo. No primeiro andar, existiam um w.c. e um mictório no corredor, além de um quarto com banheira colocada posteriormente, cuja água passou a ser aquecida a gás, no começo do século. Havia apenas um w.c. no segundo andar. Banheiras, duchas e w.c. ficavam numa construção separada da casa, nos jardins, o que fora hábito nas residências urbanas e nas fazendas. Mas esse caso não deixa de ter interesse, dado o conforto e sofisticação da residência, construída na época em que a preocupação com a higiene era intensa. Mesmo porque numa das extremidades da construção destinada aos banhos se situavam as baias para os animais que serviam a chácara.

Internamente, procurou-se colocar a zona de estar no térreo, o repouso no primeiro andar, ficando os criados, com os quais a família mantinha maior convívio, no segundo andar: governantes,

O palacete paulistano

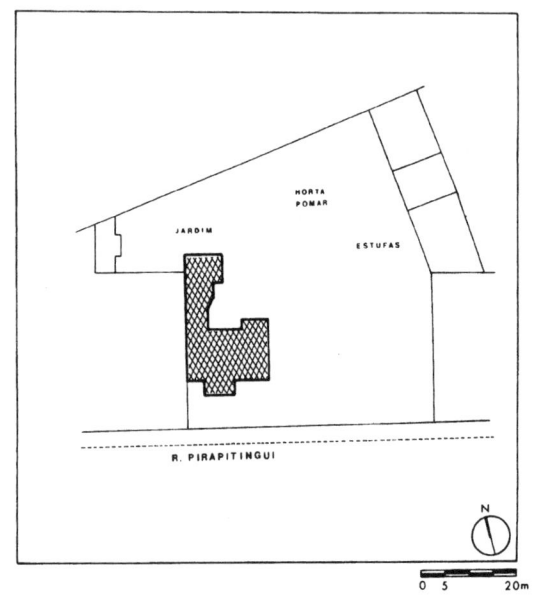

proprietário:	RAMOS DE AZEVEDO
endereço:	R. Pirapitingui, 115 APUD SARA-BRASIL, 1930
projeto:	Ramos de Azevedo
ano:	1891 (construção) — 1904 (reforma)

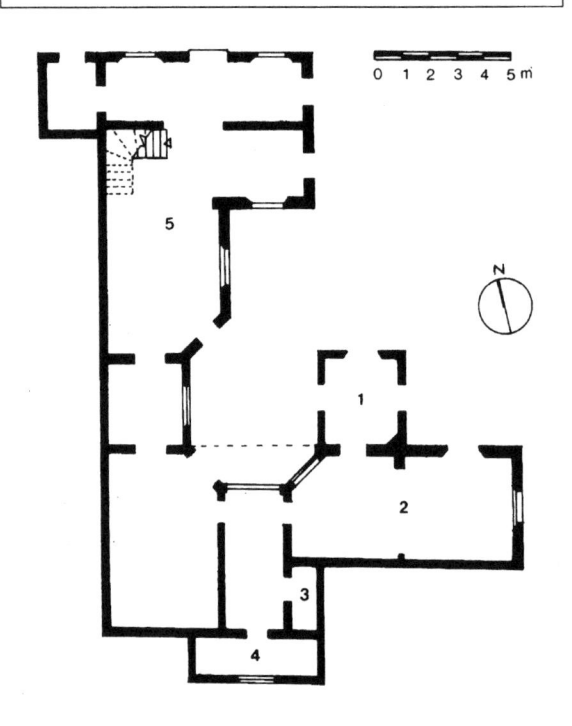

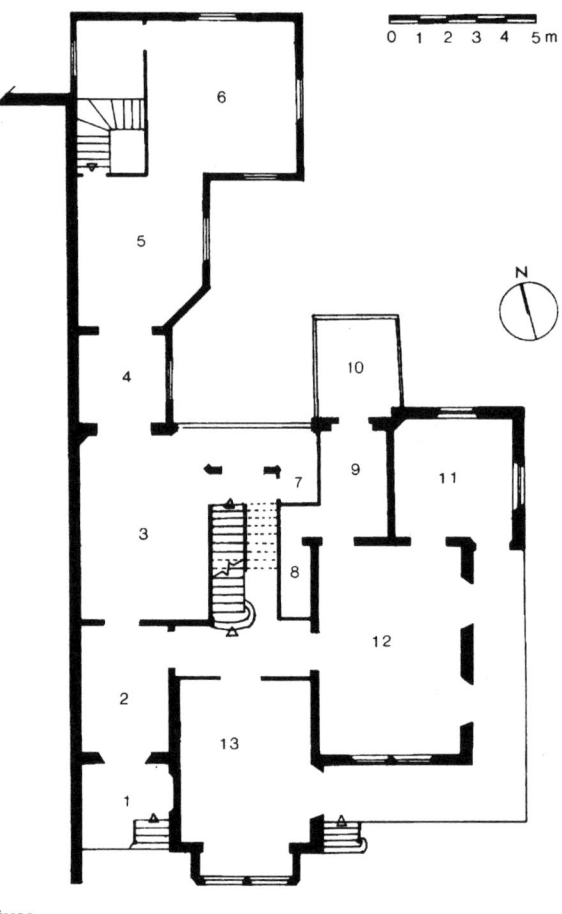

TÉRREO
1 entrada
2 vestíbulo
3 s. bilhar
4 ante-sala
5, 6 escritório e biblioteca
7 w.c.
8 despensa
9 copa
10 terraço
11 s. estar da família
12 s. jantar
13 s. visitas

PORÃO
1 entrada
2 cozinha
3 despensa
4 adega
5 marcenaria

A República Burguesa

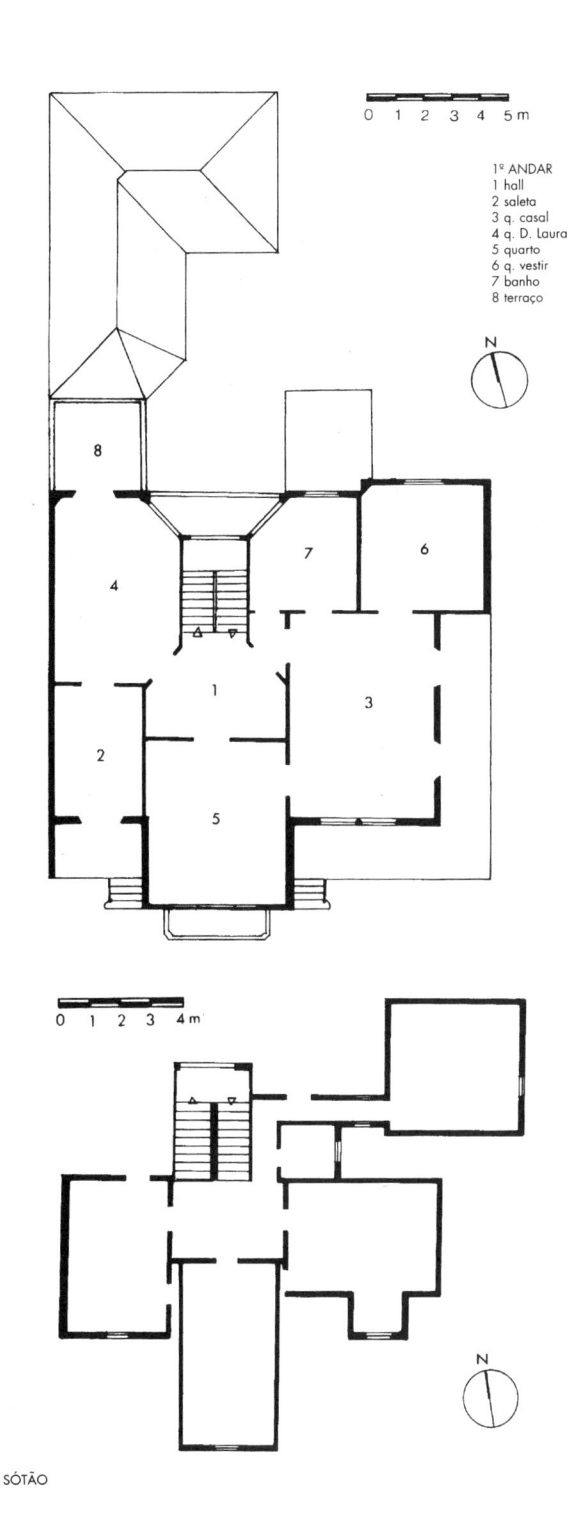

1º ANDAR
1 hall
2 saleta
3 q. casal
4 q. D. Laura
5 quarto
6 q. vestir
7 banho
8 terraço

SÓTÃO

femmes de chambre, *valets de chambre*, e os quartos das crianças. Contudo, houve arcaísmos, como a ausência do grande *hall* de distribuição. Preservou-se o corredor, embora mais largo que de costume, dividido em pequenos lances separados entre si por portas de madeira da mesma largura, com bandeiras de vidro fosco em arcos concêntricos. Os lances formaram saletas independentes, uma delas com o teto em abóbada de arestas com pinturas.

Para o corredor deram os demais compartimentos, incluindo-se a escada de mármore de Carrara que sobe em dois lances, chegando apenas até o primeiro andar. Iluminada por uma clarabóia, possui um balaústre de ferro forjado. No primeiro andar, janelas internas estabelecem jogo de curvas enfatizadas pelos ornamentos em estuque. Quando o Conselheiro, em idade provecta, começou a ficar com a saúde abalada, instalou-se um pequeno elevador do lado oposto à escada, o qual funciona até hoje e chega apenas ao primeiro andar.

No que se refere à planta tomada em seu conjunto, a parte social permaneceu na frente, concentrada na ala à esquerda do corredor, ficando o estar informal acrescido ao lazer, no centro, e a sala de jantar mais os serviços em anexo: copa, cozinha e despensa. Na ala direita do prédio, havia, na frente, a biblioteca, dois dormitórios, escada de serviço, toda ela de madeira, e um pequeno w.c. sob a escadaria de mármore. Em toda a mansão, apenas um telefone, que permanecia junto a essa escadaria.

A parte social destinada ao estar formal recebeu tratamento esmerado. Muito amplo, o salão de festas, em estilo Luís XVI, era precedido por uma sala de estar e pela sala de espera. Transformava-se em teatro e circo, onde chegaram a apresentar-se artistas importantes, orquestras, companhias teatrais e circenses. Sobrava pouco espaço para o estar informal feminino, restrito à pequena sala. No lado oposto ao estar masculino, o bilhar e o *fumoir*.

O piso foi feito em mosaicos, com barra em gregas e festões de flores delicadas no centro. Inspirados nas escavações arqueológicas de Pompéia continuam a recobrir quase todo o piso do pavi-

O palacete paulistano

91.
Palacete do arquiteto Francisco de Paula Ramos de Azevedo,
na Rua Pirapitingui, nº 111.
Arquivo do Condephaat.

92.
Fachada lateral do palacete.
Arquivo do Condephaat.

mento térreo. Hoje, as paredes, as portas internas e o forro possuem cor bege, fazendo sobressair a decoração de estuque com reflexos dourados e as pinturas com motivos florais de efeito acetinado, onde predominam o verde, o azul e o bordô. As paredes do corredor são pintadas de flores e revestidas, até certa altura, com mármore. As aberturas que dão para os jardins são dotadas de portas duplas: as externas, de estrutura de ferro e venezianas de madeira, e as internas, de folhas cegas de madeira, dobráveis em três partes que se encaixam perfeitamente na espessura das paredes, que é de 45 centímetros.

A decoração arquitetônica da Chácara deveu-se ao pintor italiano Enrico Catani, que veio ao Brasil, em 1893, especialmente para trabalhar nas residências do Conselheiro e de Proost Rodovalho, no Teatro de Limeira, na Igreja do Tremembé e na Santa Casa de Misericórdia[51].

Lambris de madeira envernizada revestem as paredes da sala de bilhar, situada entre o salão e a pequena sala central que servia de ponto de reunião da família. Esta, por sua vez, era ladeada pela sala do piano e pelo *fumoir*, coberto por telhado de vidro.

A sala do piano pareceu-nos muito cálida, com uma lareira a gás que não figura na planta original, e porta dando para o terraço voltado para o poente. Além da biblioteca e do quarto fronteiros, na ala direita, a sala do piano era o único cômodo do térreo a ter assoalho de madeira de tábuas estreitas.

Do *fumoir*, passava-se à sala de jantar, esta bem mais simples, possuindo entrada lateral externa. Muito ampla, de paredes lisas, ornadas por diversos quadros, possuía lavabo e comunicava-se com a copa por um *guichet*, usado para a passagem dos pratos a serem servidos. Agora, divide-se em duas partes por meio de divisória de madeira, uma parte destinada à costura e outra para depósito.

Na cozinha, toda azulejada de branco, o grande fogão a gás substituiu o de lenha. A entrada de serviço era feita pela cozinha, sob a qual ficava a adega. Uma escada muito estreita levava a ela.

Nos andares superiores, os assoalhos e as portas são de madeira de lei nacional, peroba de Itapemirim, escolhida e serrada por alemães residentes em Santo Amaro, onde funcionava a Serraria Luís Shunk.

Os cômodos superiores seguem a mesma distribuição do pavimento térreo. No primeiro andar havia treze cômodos e o corredor: o quarto do Conselheiro e seu escritório, o do casal Carlos e Hermínia Monteiro de Barros, o *boudoir* desta e o gabinete de Carlos. Atrás do corredor, ficavam os quartos das crianças, mais o de Sílvio e o de Antonieta Arinos, além da escada de serviço e de uma pequena cozinha onde os empregados, pela manhã, preparavam o café e serviam-no à francesa, isto é, levando-o aos quartos dos patrões. As empregadas costuravam na passagem para o terraço fronteiro.

No último andar, que por sinal era parte nobre das vilas italianas, usava-se a disposição francesa, segundo a qual era aí que dormiam os empregados, as crianças e suas governantes. Dos dez quartos existentes, um se destinava ao estudo de piano e outro aos brinquedos. As outras crianças dormiam no térreo. Eram os netos do Conselheiro, Carlitos e Luisinho Aranha, cuja mãe, Marina, falecera muito jovem. As crianças ficaram aos cuidados do avô, da tia Hermínia, ainda solteira, e da ama Carlota, que dormia num quarto junto à escada de serviço. Em 1899, falecera D. Catarina, esposa do Conselheiro, assumindo Hermínia as rédeas da casa. Posteriormente, vindo a falecer a primeira mulher de Luís Prado, Maria Eudóxia Cunha Bueno, os filhos do casal, Vera, Antônio e Maria, passaram a residir na Chácara, aos cuidados de Fräulein Frühling, governante alemã.

A decoração interna, muito intensa e pesada, desenvolvia-se à base de móveis indianos e nos estilos dos Luíses de França, além de muitos consoles, espelhos venezianos, prataria e reposteiros. No *fumoir*, sobressaíam um vaso com uma areca natural e um sofá de couro. Os retratos dos antepassados ficavam na saleta de reunião.

O palacete paulistano

O conjunto, contudo, não pareceu causar boa impressão em Alessandro D'Atri, que aqui esteve em 1926. Após chamar a Chácara de Antônio Prado de *villa patricienne*, atribuiu valor a apenas alguns retratos a óleo e a um busto de Filippo Cifariello. O resto denotara ausência de gosto, o que aliás ocorria com algumas famílias, mesmo quando fossem detentoras de obras assinadas por artistas importantes[52]. Para Marie R. Wright, porém, o Palacete Carvalho, onde vivia o Prefeito da Cidade, era uma das residências oficiais mais amplas e imponentes[53].

Nos jardins, havia diversas edículas para os empregados: duas garagens com apartamentos para os dois motoristas e suas famílias (estes serviam o Conselheiro e sua filha Hermínia), as casas do jardineiro, do porteiro e a do administrador e secretário do Conselheiro, Fernando Lucchesi.

Além dos empregados da residência, que moravam separadamente nas edículas, cada filho do Conselheiro e respectiva família possuíam criadagem própria que os acompanhava quando se hospedavam ou passavam temporadas na Chácara.

O tratamento entre patrões e empregados era cortês e respeitoso. A família Prado foi a primeira a estender certas formas de cortesia aos criados domésticos, como as saudações. Isto causou espanto em São Paulo, onde muitas famílias ainda os confundiam com escravos[54].

Os jardins da Chácara, na realidade, constituíam um parque e impressionavam pela exuberância. Ao que tudo indica, o seu traçado à inglesa deveu-se a Antônio Etzel, jardineiro austríaco que também trabalhara na chácara de D. Veridiana da Silva Prado, no Jardim da Luz e durante muitos anos na Prefeitura[55]. Os amplos gramados eram recortados por alamedas asfaltadas em curvas. Cercados de muros e gradis de ferro, um caminho os margeava, percorrendo toda a volta da quadra onde se situava a Chácara.

O jardineiro procurou valorizar paisagisticamente o que seria produzido para o auto-abastecimento. Dispôs de modo artístico não só as árvores floríferas como magnólias, manacás, quaresmeiras e ipês, mas também as árvores frutíferas nacionais e importadas: parreiras, abacateiros, mangueiras, laranjeiras, jaboticabeiras, pitangueiras, graviolas, ovaias, além de eucaliptos, palmeiras diversas, bambus, figueiras-bravas e outras. Deixou uma parte para a horta e outra para um jardim, cujas flores eram usadas para decorar os interiores da residência.

Havia uma nascente de água que alimentava um reservatório, onde nadavam peixes ornamentais. Nos fundos dos jardins, fez-se um tanque especial para o preparo do adubo e um grande galinheiro. As vacas holandesas Red Pollen contavam com pastos e com um tanque carrapaticida que o Conselheiro franqueou às boiadas dos bairros vizinhos. A vacaria ficava fora, além dos trilhos das estradas de ferro.

Morava muita gente na Chácara do Carvalho, em média 60 pessoas, entre familiares do Conselheiro (filhos, netos e sobrinhos), a criadagem (quase toda estrangeira) e alguns agregados, como o jovem médico Décio Olinto.

O dia do Conselheiro Antônio Prado era muito atarefado. Às seis horas da manhã, saía a cavalo a fim de visitar as obras da Prefeitura, deixando a

93.
Parte da fachada posterior do palacete: saída da copa.
Foto de Amarillys Sandroni Vigorito, 1991.

94.
Banheira, chuveiro e semicúpio pertencentes ao banheiro do palacete do arquiteto.
Foto de Amarillys Sandroni Vigorito, 1991.

95.
Poço original, indicando que o bairro da Liberdade foi servido de água em data posterior à da construção do palacete.
Foto de Amarillys Sandroni Vigorito, 1991.

96.
Canteiros da horta do arquiteto.
Foto de Amarillys Sandroni Vigorito, 1991.

O palacete paulistano

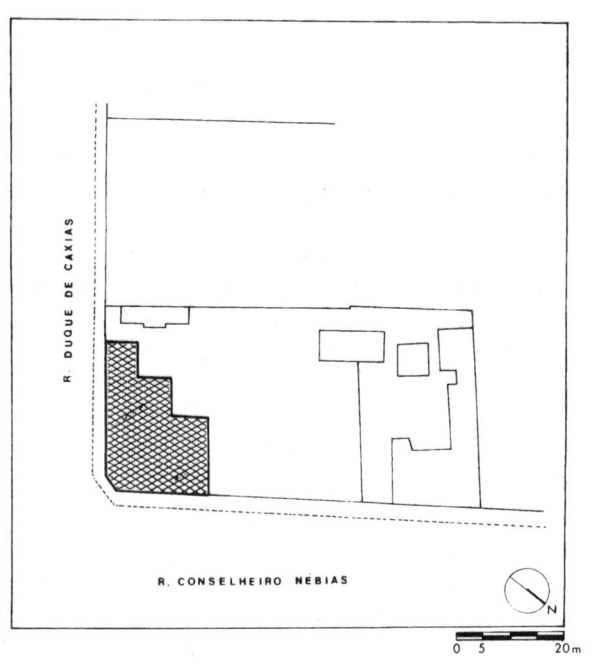

proprietário:	D. OLÍVIA GUEDES PENTEADO
endereço:	R. Conselheiro Nébias, 61 APUD SARA-BRASIL, 1930
projeto:	Ramos de Azevedo
ano:	1895

TÉRREO
1 entrada
2 vestíbulo
3 q. hóspede
4 rouparia
5 escritório
6 salão nobre
7 s. senhora
8 s. jantar
9 copa
10 cozinha
11 despensa
12 q. governante
13 banho e w.c. da governante

Apesar de este palacete ter sido implantado no alinhamento da rua, com parque lateral que antecedia as edículas, ele apresentava a distribuição francesa e sua variante, isto é, ligação direta entre a copa e a sala de jantar.
Outra grande novidade foi o quarto da governante da casa, situado no nível da rua, junto à zona de serviços, usufruindo de um banheiro completo. O mesmo não se pode dizer com referência ao quarto de hóspede, independente, ao lado da entrada.
Suas plantas originais encontram-se no Arquivo Histórico Municipal "Washington Luís".

97.
Palacete de D. Olívia Guedes Penteado.
O Caderno de São Paulo, 1979, p. 57.

98.
Palacete de D. Olívia Guedes Penteado:
a fachada do parque e os gradis de ferro.
Álbum do Escritório "Ramos de Azevedo",
na biblioteca da Escola Politécnica.

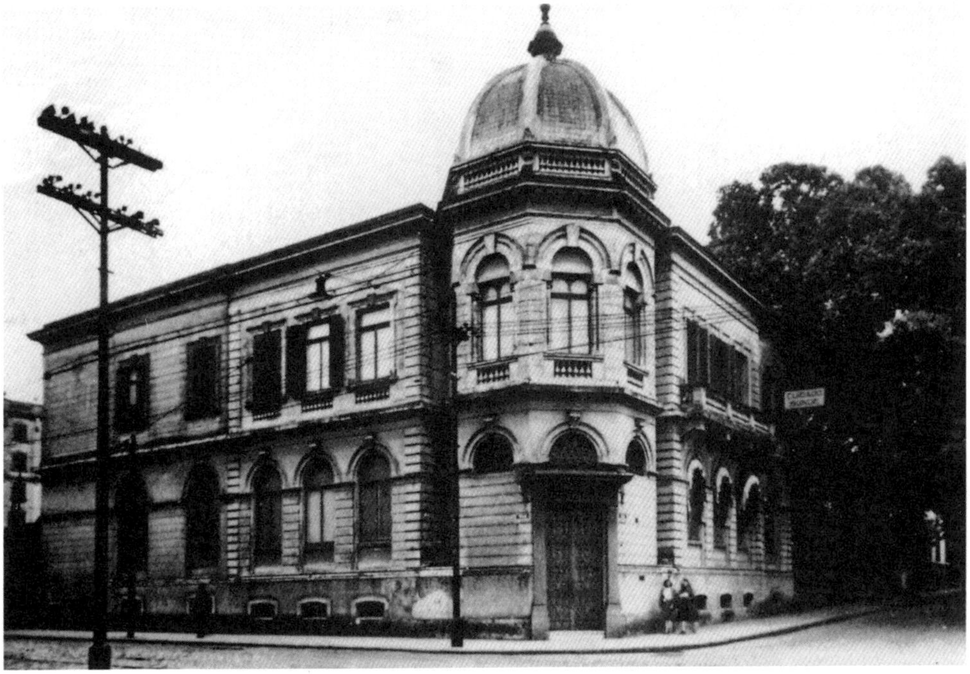

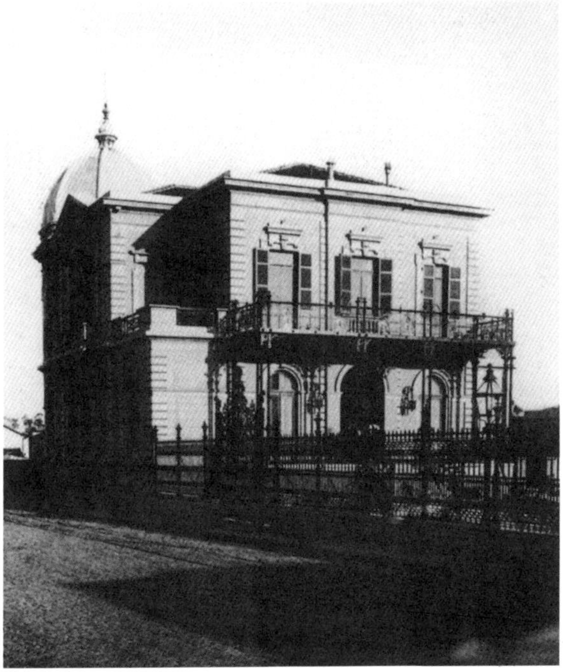

O palacete paulistano

carruagem na Chácara para uso da família. A seguir, ia à Vidraria Santa Marina. Almoçava em casa e, depois, se dirigia a pé para o centro, indo à Cia. Paulista de Estradas de Ferro, ao Banco Comércio e Indústria e à Casa Prado e Chaves. À tardinha, tornava a inspecionar as obras municipais.

Os moradores, exceção feita ao Conselheiro, não tinham muito o que fazer. Dividiam seu tempo entre a quadra de tênis e o chá que tomavam como os grão-duques da Rússia. Colocavam tapetes persas sobre o gramado e as mesas sob as árvores frondosas. Por vezes, à noite, as mulheres se trancavam numa sala para realizar experiências espíritas com mesas volantes, a exemplo do que fora moda na Europa e nos Estados Unidos, no século XIX. De quando em quando, o apito do trem quebrava o silêncio noturno.

Quanto às crianças, formavam um time de *football* em cujo campo disputavam partidas contra o time de Higienópolis, composto por seus primos. As que pertenciam à família não iam à escola. Recebiam aulas em casa, de professoras e governantes estrangeiras. Estudava-se e tocava-se muito piano. Ia-se à missa na Igreja de Santa Cecília ou no Liceu Coração de Jesus. Em 1926, o Conselheiro fez construir uma capela nos jardins, para cumprir uma promessa.

99.
Porta principal na esquina da Rua Conselheiro Nébias com a Rua Duque de Caxias.
O Caderno de São Paulo, 1979, p. 58.

100.
O hall do palacete.
O Caderno de São Paulo, 1979, p. 59.

101.
Palacete de D. Olívia Guedes Penteado: sala de estar.
Arquivo de Olívia da Silva Prado.

102.
O escritório do palacete de D. Olívia Guedes Penteado.
Arquivo de Olívia da Silva Prado.

Todos os dias uma espécie de corte era recebida para almoçar e jantar. O Conselheiro presidia a mesa de cinco metros de comprimento, à qual compareciam amigos e parentes como Leopoldo de Freitas, Afonso Arinos, Luís Aranha, Everaldo Vallim Pereira de Souza, o Dr. Diogo de Faria, o seu assistente, Menotti Sainatti, e outros. O sertanista Bento Canabarro contava muitas histórias e piadas, lembrando o papel de bobo da corte. As reuniões políticas realizavam-se no gabinete e, não raro, contavam com a presença de Altino Arantes.

A comida era bem variada, de preferência à brasileira, mas servida à francesa. Vera da Silva Prado, neta do Conselheiro, lembra-se que a paçoca com banana não faltava à mesa, onde também se servia com certa freqüência peito de frango, parte preferida pela maioria, de modo que, quando incluída no cardápio, era necessário que se matassem cerca de 30 aves. Quanto aos doces, não saíram de sua lembrança babas-de-moça, pastéis com açúcar e canjica, tudo regado com os excelentes vinhos franceses[56].

Para os serviços de entrega na cozinha e limpeza dos jardins, utilizava-se uma carroça puxada por um burro. Com o tempo, quando se instalou o bonde elétrico[57], pôde-se reforçar o sortimento de víveres, indo-se às compras no mercado da Avenida São João. A roupa era toda lavada e passada fora, na Lavanderia Paulista. A manutenção da Chácara saía muito cara, em torno de cinqüenta contos mensais.

Serviam o Conselheiro o seu *valet de chambre*, o secretário e a massagista japonesa. Apreciava jogar nas corridas de cavalo, indo todos os anos à Europa. Continuava sendo muito popular, de modo que, quando deixou a Prefeitura de São Paulo, em 1910, foi homenageado pela população, à qual franqueou os salões da Chácara para que ela aí dançasse. Faleceu em 23 de abril de 1929, aos 89 anos, no Rio de Janeiro, tendo o enterro saído da Chácara e se dirigido a pé para o Cemitério da Consolação, acompanhado pela multidão.

Sua filha Hermínia herdou a Chácara, onde viveu com seus filhos até 1931. Depois, trocaram-na

O palacete paulistano

por bônus e leiloaram-se os pertences entre a família. Abriram-se ruas na Chácara: Rua Chácara do Carvalho e Rua São Martinho, fazendo-a avançar sobre os terrenos da Alameda Barão de Limeira. Os herdeiros lotearam uma parte deles, processo ao qual havia dado início o Conselheiro ainda em vida.

Em 1932, a Chácara serviu de quartel para a Legião Negra (conta-se que os negros se apresentaram muito mal armados, carregando apenas facões na cintura). Data desta época a abertura de uma porta do salão de festas para o jardim, com o qual se comunicava por meio de uma escada de cimento.

Depois, a residência foi entregue aos cuidados de um caseiro português, cuja criação de cavalos e cabritos a invadiu, sujando-a de toda sorte de detritos. Longe ficaram os dias de esplendor vividos na Chácara, mormente aqueles em que nela se fizeram as reuniões preparatórias para a fundação do Partido Democrático. O dia 24 de fevereiro de 1926 ficara assinalado como o dia da adesão oficial do Conselheiro Antônio Prado ao novo partido, quando os opositores do PRP colheram entusiasticamente a assinatura do velho líder.

Mais longe ainda ficaram os dias em que na Chácara do Carvalho se hospedaram os reis da Bélgica, em agosto de 1920. Os preparativos haviam sido intensos. Correu às expensas da Presidência do Estado a reforma de toda a Chácara, aos cuidados do arquiteto Cristiano Stockler das Neves. Foram então caiadas a casa principal, as edículas e os muros[58]. Reforçou-se o mobiliário mediante empréstimos ou encomendas feitas à Fábrica de Móveis Oppido e Irmão, especialmente desenhados por Federico Oppido.

O Conselheiro retirou-se, deixando a casa entregue aos ilustres visitantes. Tremulava sobre o telhado a bandeira da Bélgica, quando chegou o casal real acompanhado da comitiva e da Banda da Força Pública, que executou *La marche aux flambeaux*. Sobre o portão da Chácara escrevera-se em letras luminosas:

Gloire à vous Albert I le vainqueur de la bataille de Flandres, personnification d'honneur devant des générations[59].

Passemos agora às casas cujos projetos foram encomendados na Europa. A casa de D. Angélica de Barros baseou-se no Charlottenburg de Berlim, Alemanha, e o Palacete Chaves, no Renascimento francês e no Museu do Ipiranga[60].

A casa de D. Angélica de Barros

D. Maria Angélica de Souza Queiroz de Aguiar Barros (1842-1929) era filha dos Barões de Souza Queiroz. Nasceu no grande sobrado da Rua do Ouvidor, esquina com a Rua de São Bento, onde residiam seus pais. Filha de uma família patriarcal composta de casal e treze filhos, D. Angélica foi educada por uma governante belga, dentro dos rígidos princípios de obediência aos pais e dos preceitos da tradição religiosa. Conta-se que todas as noites os Barões aguardavam na sala de estar que os filhos viessem tomar-lhes a bênção antes de se recolher[61].

D. Angélica casou-se com um primo seu, Francisco de Aguiar Barros, filho de Bento de Aguiar Barros, Barão de Itu. A cerimônia realizou-se no casarão da Rua do Ouvidor. O casal recebeu como dote terras e escravos e foi residir no Município de Descalvado, na "Fazenda Bela Aliança", onde se desenvolveu extensa lavoura de café.

103.
A sala de jantar. *O Caderno de São Paulo*, 1979, p. 64.

104.
A sala de visitas. *O Caderno de São Paulo*, 1979, p. 65.

105.
O alpendre do palacete.
Loureiro, M. A. S. *Evolução da Casa Paulistana e a Arquitetura de Ramos de Azevedo*. 1981.

Conforme expusemos no segundo capítulo, os primeiros tempos na fazenda foram difíceis, cuidando D. Angélica pessoalmente da roupa e da comida dos escravos, num período em que deu à luz seus dez filhos. Contam os seus descendentes que ela entendia bastante de agricultura e pecuária, assumindo o controle da fazenda e de outras propriedades quando o marido se ausentava. Pelo caráter autônomo da fazenda de café e da casa semi-rural em que viveu, sobretudo no período escravocrata, concluímos pela indefinição dos papéis ou pela dificuldade que existia quanto à separação de gêneros[62].

Ao retornar para São Paulo, e apreciando a vida saudável do campo, D. Angélica foi residir na casa da Chácara Velha, situada entre a Rua da Consolação e a antiga Rua Ipiranga (atual Avenida Ipiranga), onde se abriu a Rua São Luís.

Em 1874, seu marido arrematou em hasta pública a Chácara das Palmeiras, pertencente, então, ao médico Dr. Frederico Borghoff. Localizava-se na Estrada de Campinas (hoje Alameda Barros) e sobressaía pelo renque de palmeiras imperiais que ladeava essa estrada, de onde o nome de Chácara das Palmeiras. Eram 25 alqueires de terras, possuindo casa-grande, senzala, cocheira, armazém e terras cultivadas com chá, mandioca, etc., aos quais já nos referimos no segundo capítulo[63]. D. Angélica foi a primeira pessoa em São Paulo a importar vacas holandesas que ficaram nesta chácara.

Na casa-grande de taipa, de planta bandeirista, o casal viveu com seus dez filhos, construindo-se um quarto sobre o alpendre para as tias idosas. Na atual sede da Casa Pia São Vicente de Paula, em meio à

106.
Retrato a óleo de D. Olívia Guedes Penteado,
de autoria do pintor francês Chabas.
Col. de Olívia da Silva Prado.

107.
Convite para o baile de inauguração do palacete.
Col. de Olívia da Silva Prado.

construção de tijolos, ainda podem ser vistas as paredes de taipa, obedecendo à planta característica da chamada casa paulista ou bandeirista.

Pelo menos até a construção do palacete, a Chácara das Palmeiras ainda funcionava, contando com curral e oito vacas holandesas, dois vitelos e um touro da mesma raça.

Após passar para o palacete que mandou edificar ao lado de sua Chácara, D. Angélica doou a sede à Associação das Damas de Caridade de São Vicente de Paula, com a condição de a casa não ser demolida. Em reconhecimento pela doação, o Papa Pio X conferiu-lhe o título de Baronesa.

A nova casa de D. Angélica de Barros data de 1890, ano em que ficou viúva de Francisco de Aguiar Barros. Ficava na Avenida Angélica, esquina com a Alameda Barros. Como a nova Chácara do Carvalho, foi construída em parte das terras que pertenceram a uma chácara. A exemplo de D. Veridiana, a proprietária mandou vir da Europa o projeto, os materiais e até os objetos de decoração. Culturalmente vinculada à Alemanha, por tradição familiar, foi esta a fonte de seus modelos, onde os encomendou pessoalmente. O arquiteto alemão August Fried executou as obras[64]. D. Angélica fez construir a casa para si e dez filhos. Alguns genros, noras e netos aí moraram com ela.

Essa casa possuía um detalhe interessante. Em vez de se voltar para uma das vias que a contornavam, a fachada voltava-se para o sul, em oposição à Alameda Barros, na face norte, e à Avenida Angélica, a leste. A porta principal abria-se para o pomar que se situava na lateral e não nos fundos.

A casa tinha dezoito dormitórios e treze janelas na frente. A entrada era feita por um pequeno vestíbulo seguido de um corredor que levava até um terraço e cujas paredes eram revestidas de lambris e piso de mosaico. A escada de madeira saía desse corredor que separava as salas de estar da sala de jantar, da copa e da cozinha, voltadas para o poente, em puxado. O programa incluía sala de bilhar, sala de visitas e sala da senhora, as duas últimas com lareira, assim como a sala de jantar[65]. No primeiro andar, havia w.c. e banheiro completo, além dos dormitórios. No segundo andar, sótãos com dormitórios. No porão, quarto de criados e adegas. No parque fronteiro, uma alameda de cameleiras conduzia à casa principal. Além do pomar, havia galinheiro, viveiro de pássaros raros, horta e quadra de croquê. Um lago artificial, onde nadavam os indefectíveis patos e cisnes, enfatizava o tom aristocrático europeu à morada[66].

Na cocheira, na face oeste, ficavam duas carruagens puxadas por quatro cavalos, além do quarto para o cocheiro. Os fundos da casa davam para a Alameda Barros, para onde também foi deslocada a entrada principal, até então na Avenida Angélica, quando Lupércio Camargo construiu o seu palacete nos terrenos onde existiu o parque. Os carros entravam pela Alameda Barros, colhiam os passageiros na porta principal e saíam pela Avenida Angélica.

Trabalharam no palacete quatorze criados, chefiados pela governante alemã Fräulein Catarina, que dormia no quarto da torre. O cocheiro, apelidado Treme-Terras, era descendente de escravos, assim como o cozinheiro. Este foi aprender a preparar cardápios europeus no Hotel de França, pertencente a Guilherme Lébeis. Jardineiros portugueses cuidavam do pomar, que ficava isolado por meio de grades e onde se plantavam todos os tipos de frutas, exceto maçãs. Havia estufas para o cultivo de uva.

Quando D. Angélica enviuvou, ficou à testa dos negócios, tornando-se o centro da vida familiar. Fez lotear a Chácara das Palmeiras, adotando uma tática antiburguesa: preferia vender os lotes a quem fizesse a oferta mais baixa. Com o fruto das vendas, sustentava os filhos. Mesmo os casados dela dependiam financeiramente, morando todos no palacete. Autoritária e dona de princípios morais e religiosos muito rígidos, existia dificuldade no relacionamento entre mãe e filhos, bem como com os criados domésticos, os quais freqüentemente ela confundia com escravos.

Quando só havia mulheres na casa, encontrando-se os homens estudando na Europa, ficavam apenas empregadas do sexo feminino.

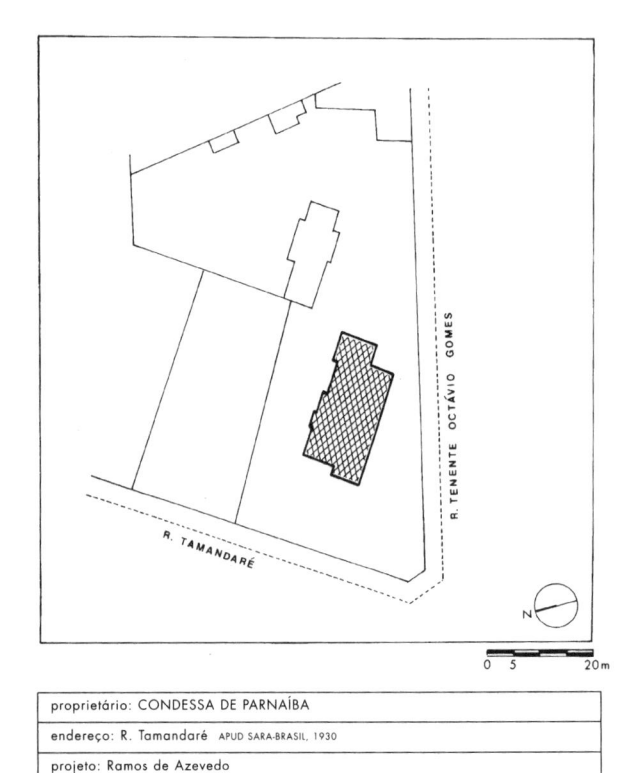

proprietário: CONDESSA DE PARNAÍBA
endereço: R. Tamandaré APUD SARA-BRASIL, 1930
projeto: Ramos de Azevedo
ano: 1891

TÉRREO
1 vestíbulo
2 gabinete
3 salão
4 s. jantar
5 s. trabalho
6 dormitório
7 despensa
8 copa
9 cozinha
10 q. criada
11 w.c.

O palacete da Condessa de Parnaíba, um dos pioneiros na cidade, possuía o esquema básico da distribuição francesa, mas a sala de jantar ainda aparecia como distribuidora da circulação para a zona de serviços.

O termo salão, tal como se apresenta nos documentos originais, constituiu tradução literal do francês *salon* que, na realidade, significa sala de visitas, diferente do *grand salon*, muito mais amplo.

Com cozinha em puxado, no térreo, o programa primitivo indicava um quarto nesse nível, a sala da senhora, provavelmente,

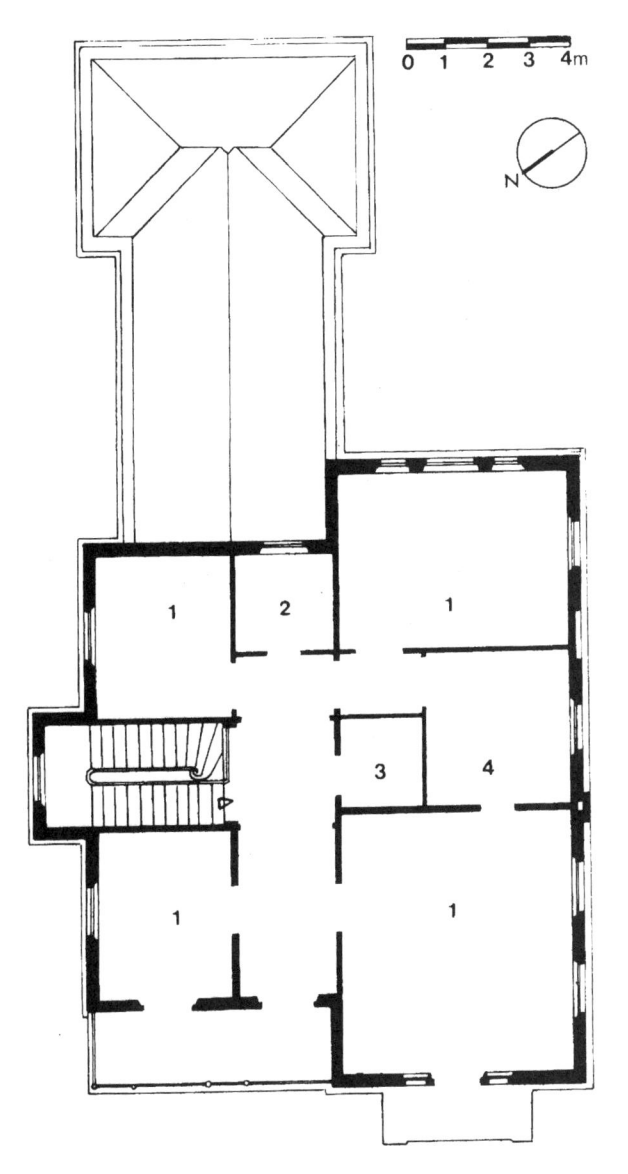

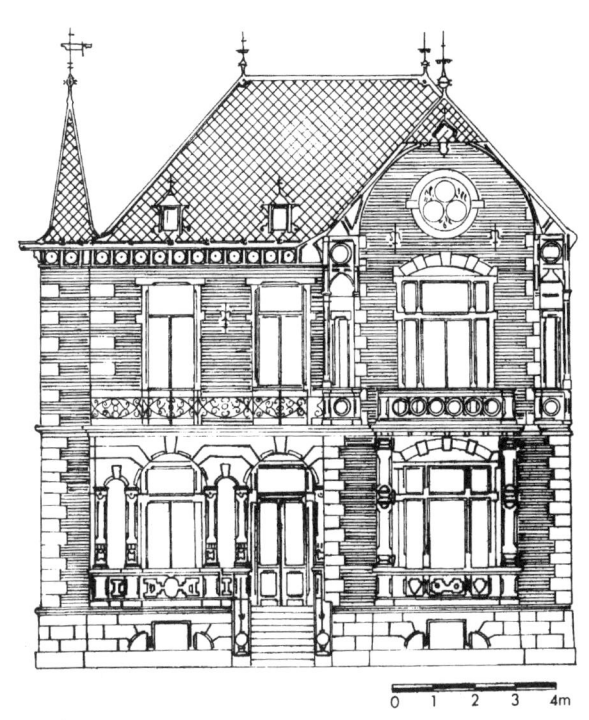

ELEVAÇÃO PRINCIPAL

1º ANDAR
1 dormitório
2 banho e w.c.
3 rouparia
4 toilette

por ficar entre a sala de jantar e os serviços. Nesse caso, o quarto contíguo seria a sala das costuras. O w.c. ficava debaixo da escada, de acordo com o costume francês.

O primeiro andar já contava com um banheiro completo, sistema exportado pela Inglaterra industrial que se difundiu pela Europa contemporânea, sobretudo nas residências de luxo. Mas persistiram quartos de *toilette* e o uso dos urinóis como complemento àquela novidade.

Fonte das plantas: Biblioteca da FAU-USP (Arquivo do Escritório "Ramos de Azevedo").

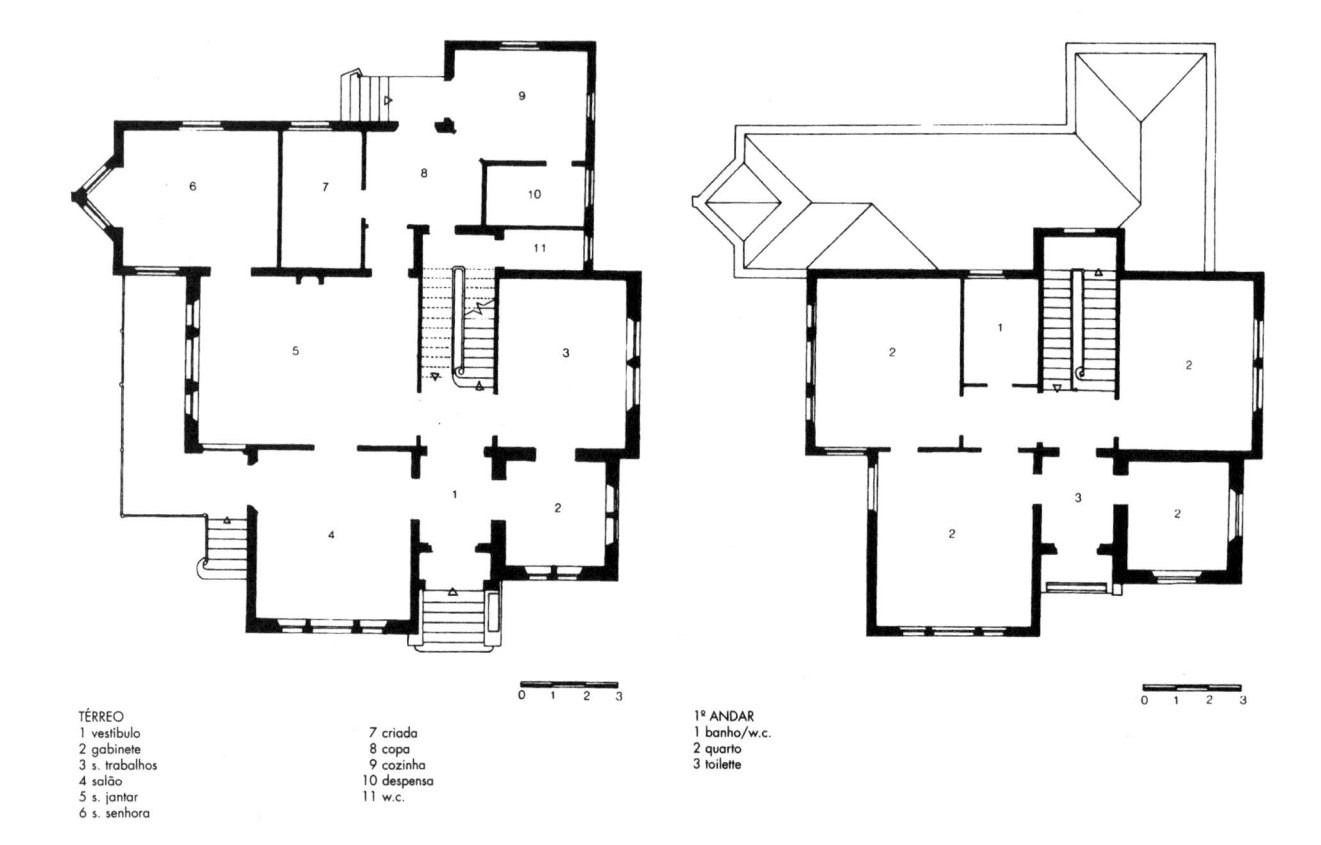

TÉRREO
1 vestíbulo
2 gabinete
3 s. trabalhos
4 salão
5 s. jantar
6 s. senhora
7 criada
8 copa
9 cozinha
10 despensa
11 w.c.

1º ANDAR
1 banho/w.c.
2 quarto
3 toilette

A residência de Manuel Lopes de Oliveira constitui outro palacete pioneiro de Ramos de Azevedo em São Paulo, contando com o organograma básico e aperfeiçoado, e cozinha térrea em puxado.

No conjunto, sobressaía a sala de jantar, mais ampla, funcionando como o segundo centro distribuidor depois do *hall*. Entre outros, ele dava passagem à sala da senhora, o que pressupunha certa intimidade da parte de seus usuários.

As plantas foram copiadas das originais constantes no arquivo do Escritório daquele arquiteto, na Biblioteca da FAU-USP.

proprietário:	MANOEL LOPES DE OLIVEIRA
endereço:	R. Tamandaré
projeto:	Ramos de Azevedo
ano:	1891

Na casa de D. Angélica de Barros, falavam-se diversas línguas estrangeiras, principalmente o alemão. Embora vivesse muita gente nela e se tocasse muita música, a sala de visitas permanecia fechada durante a maior parte do tempo.

A casa de D. Angélica possuía planta alemã, onde, por influência francesa, se privilegiou o estar formal em detrimento do familiar, que perdera as áreas destinadas ao convívio cotidiano. Por esse motivo, se disse que a casa alemã do século XIX teria servido antes à sociedade do que à família[67].

De fato a família não se adaptou ao novo espaço, quiçá por falta de um lugar onde ela pudesse se reunir diariamente. Com exceção de D. Angélica, que permanecia na sala da senhora, cada membro ficava encerrado em seu quarto até a hora em que a sineta soasse chamando todos às refeições. Estas eram, a princípio, servidas à francesa. Mas desistiram desse hábito porque os pratos acabavam esfriando antes que todos se servissem.

D. Angélica de Barros era mais ligada culturalmente à Alemanha, como quase todos os membros da família Souza Queiroz, os quais também eram mais voltados à agronomia e à engenharia do que ao direito. Porém, revelou persistências culturais herdadas do Brasil agrário e escravocrata. Pertencente a uma das famílias mais tradicionais e economicamente poderosas, teria se sobressaído no plano da filantropia e do simbólico. Seu palacete foi um dos expoentes da cidade e a proprietária acabou dando o seu nome à Avenida Angélica, aberta, a princípio, sob a designação de Avenida Itatiaia, em terrenos da Chácara das Palmeiras.

O Palacete Chaves

Situado na Avenida Rio Branco, antiga Alameda dos Bambus, 47, o Palacete Chaves (atual Palácio dos Campos Elíseos) foi construído no período de 1893 a 1899, por encomenda do fazendeiro e empresário Elias Pacheco e Chaves. O projeto é de autoria do arquiteto Matheus Haussler, de Stuttgart, Alemanha, e as obras terminaram sob a direção do cenógrafo italiano Claudio Rossi e do arquiteto alemão Hermann von Puttkamer[68]. A parte de carpintaria coube ao mestre alemão João Grundt, natural de Hamburgo[69].

Os fundos do imóvel dão para a Rua Guaianases, onde ficam as edículas e acomodações dos criados. Os terrenos fizeram parte da chácara que o proprietário possuía na Alameda dos Bambus (vide planta da amostragem das chácaras que antecederam os palacetes).

Malgrado elementos típicos do Renascimento francês, como o telhado de ardósia, mansardas e águas-furtadas, o palacete também revela a influência que o projeto de Bezzi exerceu no gosto paulistano, através da *loggia* da fachada principal e das colunas lisas com capitéis. Os medalhões são da época da reforma dos anos 30. Juntamente com o aspecto monumental da residência, a grande novidade foi a galeria que atravessa os interiores de lado a lado, dependência própria dos palácios oficiais, por onde deviam circular os governantes ou os príncipes, distribuindo favores aos súditos que aguardavam a sua vez em pé.

Os trabalhos de carpintaria mais importantes do Palácio foram a escadaria principal, em caracol, substituída, em 1935, por outra de mármore de Carrara; a sala de jantar, em lambris de carvalho francês, estilo Tudor, que se conservou até hoje, e os pisos de pranchas vermelho-escuros.

A execução dos telhados exigiu grande quantidade de madeira e uma técnica especial. As peças eram montadas primeiro no chão, de acordo com o plano da obra, e depois levantadas por meio de guindastes, separadamente, e fixadas no lugar definitivo[70]. Predominavam o carvalho francês, o pinho-de-riga e a peroba. Muita coisa veio da Serraria Luís Shunk, de Santo Amaro[71]. Mas a maior parte dos materiais de construção e do acabamento veio do estrangeiro. O arquiteto Haussler trouxe consigo as cerâmicas e terracotas de ornamentação. Importaram-se telhas de ardósia e serralheria de bronze trabalhado dos Estados Unidos, maçane-

O palacete paulistano

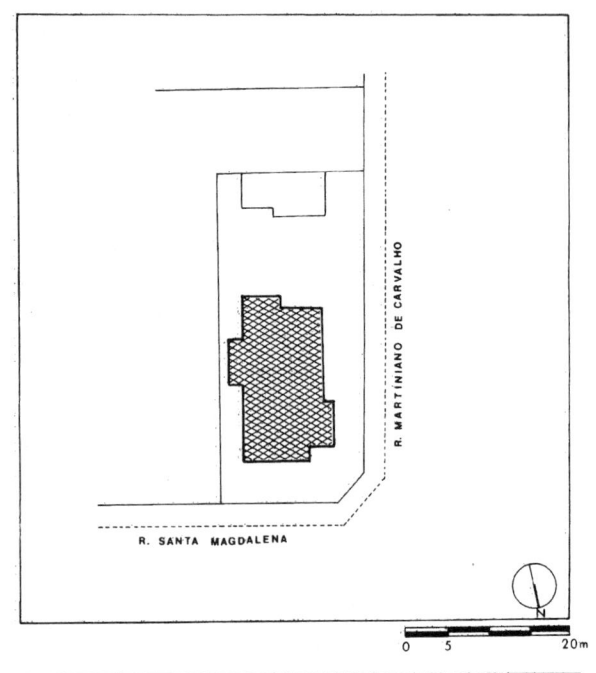

proprietário: ALFREDO ELLIS
endereço: R. Santa Magdalena, 33 APUD SARA-BRASIL, 1930
projeto: Ramos de Azevedo
ano: 1891

TÉRREO
1 vestíbulo
2 gabinete
3 s. bilhar
4 engomador
5 salão
6 s. senhora
7 s. jantar
8 copa
9 criada
10 cozinha
11 banho/w.c.

1º ANDAR
1 ante-sala
2 banho/w.c.
3 toilette
4 quarto
5 rouparia
6 boudoir

Eis aqui um dos diversos palacetes pioneiros construídos por Ramos de Azevedo, em 1891, para a Carteira Imobiliária do Banco União. Apresenta o organograma básico mais a sua variante, incluindo uma sucessão diversificada de dependências. Apesar de existir porão habitável, a cozinha ficava no nível da rua, em puxado.
Fonte: Arquivo do Escritório "Ramos de Azevedo", na Biblioteca da FAU-USP.

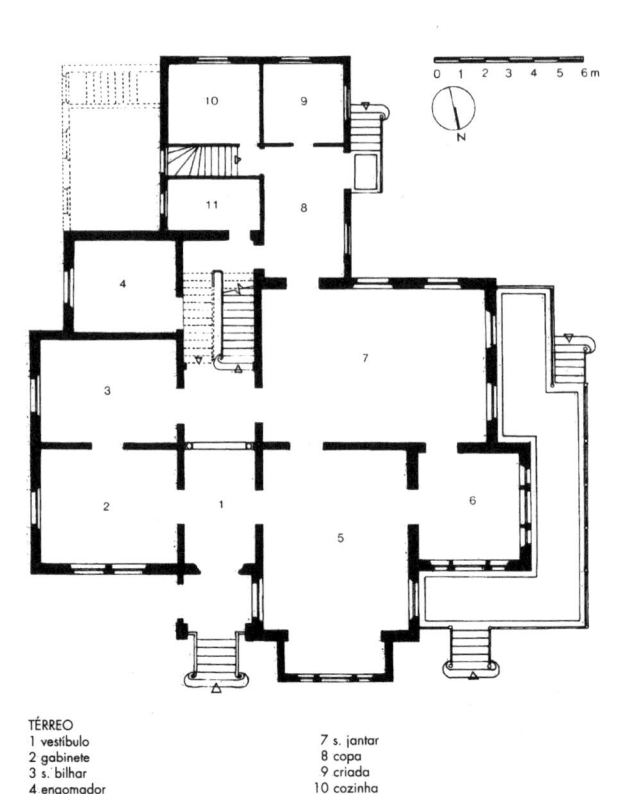

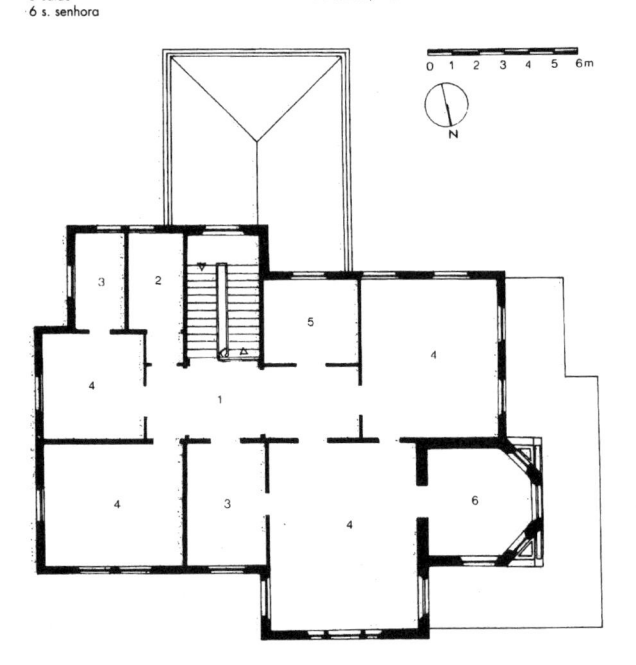

164

tas de porcelana de Sèvres, espelhos venezianos e lustres de cristal Baccarat.

Elias Antônio Pacheco e Chaves (1842-1903) era natural da cidade de Itu. Bacharel em Direito, veio morar na capital, onde foi juiz municipal e de órfãos, vereador, deputado provincial e deputado geral. O Imperador D. Pedro II nomeou-o Vice-Presidente da Província por duas vezes (1885-1887), chegando a assumir a Presidência. Como senador estadual, foi um dos signatários da Constituição de 1891[72].

Em 1868, casou-se com Anésia da Silva Prado, filha de D. Veridiana e Martinho da Silva Prado, com quem teve dez filhos. Com seu sogro, e seus cunhados, o Conselheiro Antônio Prado e Martinho Prado Júnior, formou a Companhia Prado Chaves Exportadora de Café, em 1887, que se tornou a mais importante casa de exportação desse produto de propriedade brasileira. Entre 1908 e 1923, a Prado Chaves fundou subsidiárias em Londres, Hamburgo e Estocolmo, tendo contado com quatorze fazendas em São Paulo, que possuíram, no total, 2.414.000 pés de café, em 1906[73]. O mesmo grupo fundador da Prado Chaves construiu a Companhia Balneária da Ilha de Santo Amaro, no ano de 1892, em terras que pertenciam a Elias Chaves, no Guarujá[74].

Elias Chaves possuía fazenda de café em Araras, a Fazenda Santa Cruz, e, em Elias Fausto, a Fazenda Queluz. Foi um dos fundadores da Cia. Mecânica e Importadora, fabricante de máquinas agrícolas, da Companhia Central Paulista, da primeira serraria a vapor de São Paulo, do Jockey Club e do Banco Comércio e Indústria de São Paulo. Dirigiu a Cia. Paulista de Estradas de Ferro[75].

O Dr. Elias Chaves tinha o costume de viajar com toda a família e os criados para a Europa, onde alugava andares inteiros de hotéis para acomodar a todos. Numa dessas viagens, encomendou o projeto de seu palacete, na Alemanha.

O casal Anésia e Elias e seus dez filhos viveram no Palacete Chaves a partir de 1899, deixando o sobrado da Rua de São Bento. Quatro anos depois, falecia o chefe da família. Pelo seu inventário, pudemos levantar o programa das necessidades. A sala de visitas, vermelha, contava com um piano Henry Heertz. A seguir, havia a saleta, ou *petit salon*, e o salão nobre, no estilo Luís XVI. A sala de jantar era mobiliada com mesas e cadeiras de carvalho e cortinas vermelhas, e a galeria, com móveis estofados em veludo azul, entre os quais sobressaía um piano de cauda Steinway. O gabinete, sempre mais sóbrio, apresentava diversas estantes com livros de Direito e Literatura, além do quadro a óleo de autoria do pintor Almeida Júnior denominado *Salto de Itu*. A sala de bilhar e o quarto de estudo completavam a zona de estar.

Havia oito dormitórios, mobiliados em excesso. Eram camas, criados-mudos, guarda-roupas, espelhos, cômodas e lavatórios com seus respectivos serviços. A julgar pelo número de cadeiras e poltronas que havia em cada quarto, doze em média, a função estar sobrepunha-se ao repouso. Da mesma forma, nos três quartos de vestir, a presença de muitas cadeiras, de *chaise-longue* e de escrivaninha, ao lado do lavatório e do guarda-roupa, indicavam o seu uso para repouso, leitura, escrita e até recepção às pessoas mais íntimas. Uma profusão de espelhos e cristais, objetos de luxo, estatuetas, candelabros, estofados de cetim e de veludo, quadros, tapetes e cortinas completavam a decoração.

A galeria do andar superior também era usada para estar, existindo ainda quarto de costura e rouparia. Em todo o imóvel, apareceu apenas um banheiro que, a julgar pelo número de peças de que dispunha — uma grande banheira e espelho de cristal — não era completo. Os w.c. deviam estar embaixo das escadas, dispondo os dormitórios de urinóis. A cozinha e demais dependências de serviço ficavam nos porões, a exemplo da casa de D. Veridiana. Uma cocheira com uma vitória e dois cavalos argentinos, o bebedouro, casa do porteiro e seis dormitórios para os criados completavam esse rol.

No ano de 1906, o Governo de São Paulo requisitou o palácio para hospedar Elihu Root, Secretário de Estado norte-americano. Apesar de ter

O palacete paulistano

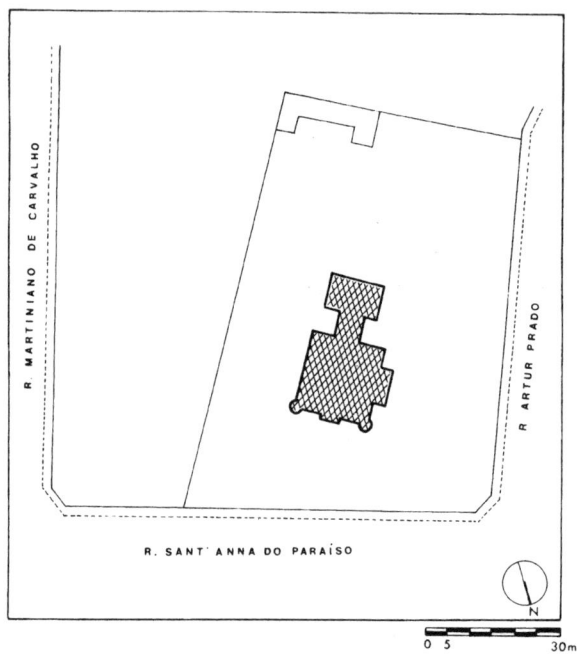

proprietário: HERMANN BURCHARD
endereço: R. Arthur Prado, 97 APUD SARA-BRASIL, 1930
projeto: Fried & Ekman
ano: 1896

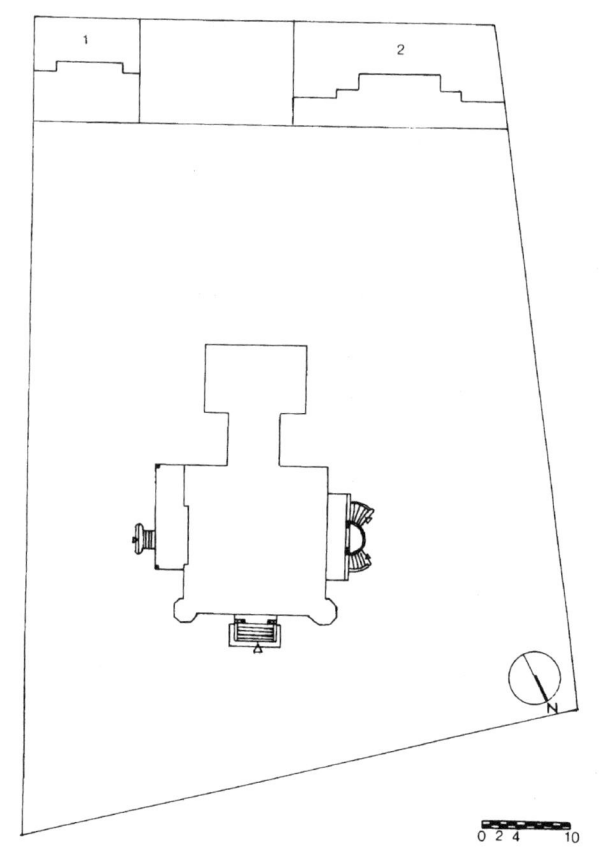

IMPLANTAÇÃO
1 jardineiro
2 cocheira

1º ANDAR
1 dormitório
2 toilette
3 w.c.
4 banho
5 sala

A planta do palacete de Hermann Burchard foi reconstituída a partir de outra datada de 1942, feita em vista das obras da instalação, no imóvel, do Palácio Pio XII.

O projeto original veio do exterior, devendo-se a construção a August Fried (conforme implantação da casa no Arquivo Histórico Municipal "Washington Luís") e a decoração a Carlos Ekman (memórias deste arquiteto no *Catálogo Vila Penteado*). A neta do proprietário, Maria Lúcia Burchard Revoredo, atribuiu-a a Maximiliano Hehl (*Jornal da Tarde*, de 30 de agosto de 1971).

O programa provável encontra-se na planta ora apresentada.

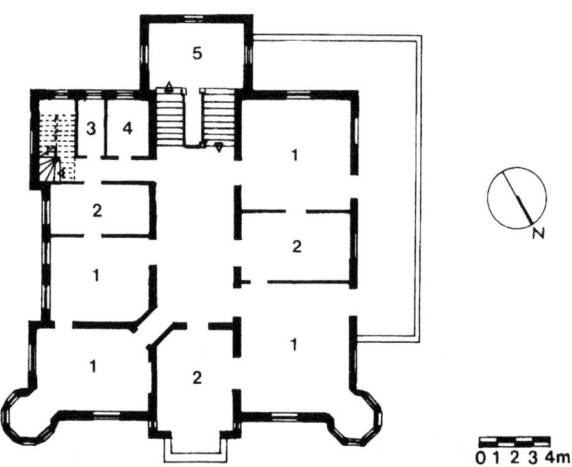

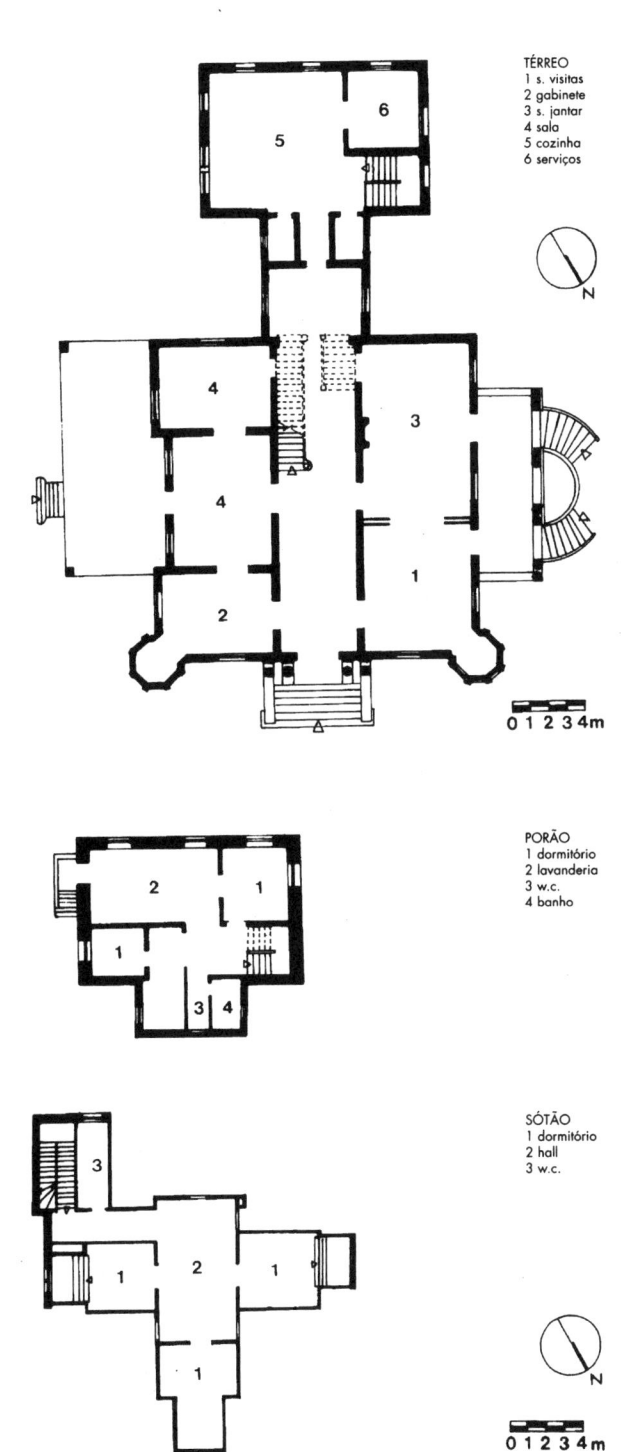

TÉRREO
1 s. visitas
2 gabinete
3 s. jantar
4 sala
5 cozinha
6 serviços

PORÃO
1 dormitório
2 lavanderia
3 w.c.
4 banho

SÓTÃO
1 dormitório
2 hall
3 w.c.

sido uma das residências mais luxuosas da cidade, digna de um *boulevard* parisiense, a família Chaves referia-se a ela como "a chácara":

*(...) Deves saber pelos jornais que o Secretário dos Estados Unidos, Sir Elihu Root, esteve hospedado na **chácara** (grifo nosso) que, mobiliada com as coisas de Eduardo e nossas e de Plínio, ficou uma casa deslumbrante. O Governo mandou pôr luz elétrica e parece que está com intenção de comprá-la agora para o Palácio. No Congresso, já está em andamento uma lei autorizando o Presidente a fazer este negócio, porém, o Tibiriçá ainda não resolveu (...)*[76]

A família permaneceu no imóvel até 1911. Não pudemos reconstituir o seu cotidiano no palacete. Mas, pela correspondência que os descendentes deixaram no Museu Paulista, foi possível chegar, em parte, ao seu desempenho formal e informal num âmbito mais amplo do que a casa paulistana e conhecer muitas idéias de seus membros, sobretudo das mulheres, que eram as que mais escreviam. Verificamos que elas usufruíram da riqueza acumulada por Elias Chaves, o fundador da família, e trataram de montar todo um esquema voltado para ostentar um modo de vida em conformidade com o poder econômico, ajudando a tecer o capital cultural, o social e o simbólico. Estudaram canto, dança, línguas estrangeiras, equitação, etc., muitas vezes estimuladas pelos próprios maridos. Buscavam apurar o gosto pela moda, música, teatro, pintura, antigüidades e literatura, mediante viagens à Europa e longas estadas em Paris, onde mantinham apartamento e uma vida integrada com a sociedade francesa e a brasileira que ali vivia. Tornaram-se os elos da vida familiar, porta-vozes dos acontecimentos relativos à saúde dos parentes e amigos, educação dos filhos e negócios dos maridos. Descreviam as festas e o modo de trajar dos convidados, fazendo verdadeiras crônicas referentes a datas importantes como aniversários, nascimentos, batizados, casamentos, mortes, etc. Registravam e divulgavam os fatos através de uma correspondência

O palacete paulistano

108.
Palacete de Hermann Burchard, Palácio Pio XII.
Arquivo do Museu da Imagem e do Som.

intensa mantida entre si, da qual os homens participavam menos ou indiretamente, enviando recados por seu intermédio.

Essas mulheres mantiveram a família unida e uma rede de amizades mediante o pagamento de visitas e de banquetes, oferecendo chás, almoços, jantares e bailes. Não raro, passavam temporadas nas fazendas, no Guarujá ou na Europa, ao lado das crianças que, quando não estavam estudando em colégio de freiras ou fora do Brasil, eram educadas pelas governantes. A preocupação que revelaram com o controle das despesas e com a fugacidade da fortuna não impediu o excesso de consumo ou de gastos com o supérfluo, tanto de sua parte quanto da prole, conduzindo ao desequilíbrio das finanças dos Pacheco Chaves, divididas, ainda, entre os inúmeros herdeiros.

Mas em algumas cartas, vemos o papel importante de Anésia como sócia na fazenda de seu marido Elias, conhecedora dos problemas administrativos ou referentes à especulação e às crises do café. Maria Luísa Albiero Vaz, que analisou o perfil das mulheres da elite cafeeira mediante a referida correspondência, concluiu que "fica difícil continuar relegando as mulheres da elite a um papel secundário e coadjuvante". Observou que, conforme já fora apontado pela escritora norte-americana Susan Besse, se tratava de "um embate dinâmico (...) entre a busca de conciliar suas vidas com os estereótipos e mitos femininos, e o pipocar de manifestações de resistência aos discursos normativos, às convenções e formalidades sociais, à dominação masculina"[77].

Em 1911, concretizou-se a venda do Palacete Chaves ao Governo do Estado de São Paulo, que a comprou com o objetivo de servir de residência aos chefes do Estado. A transação, feita por 580 contos de réis, incluía móveis, cortinas e alfaias que, infelizmente, não foram especificadas na escritura correspondente[78].

O primeiro Presidente do Estado que morou no Palácio foi o Conselheiro Francisco de Paula Rodrigues Alves (1912-1916), seguido de uma série de presidentes, interventores e governadores, até 1967. Dois anos antes, a sede do governo, que aí funcionava desde 1932, mudou-se para o Palácio dos Bandeirantes, no Morumbi.

Até então, o Palácio dos Campos Elíseos constituiu um dos cartões de visita da cidade, recebendo visitantes ilustres como os reis da Bélgica, em 1920. Nele foram velados os corpos do Presidente Carlos de Campos, do ex-interventor Fernando Costa, o de Getúlio Vargas Filho e o do ex-Secretário da Educação Álvaro Guião. Acolheu também em 1972 o esquife imperial que continha os restos mortais de D. Pedro I, a caminho da cripta do monumento do Ipiranga[79].

Em 25 de janeiro de 1936 a Sociedade Comercial e Construtora Ltda. entregou o Palácio ao Governo do Estado, totalmente remodelado e redecorado.

No relatório da firma referente a essa reforma, lê-se:

Dentro de uma nova moldura de jardins clássicos — com suas aléias forradas de mármore moído, seus gramados geométricos clareados de jarrões e de pérgolas, seus jogos de água — circundado tudo pela cintura dos muros e das altas grades fechadas pelo portão nobre armoriado de bronze polido (...).

Nessa ocasião, as fachadas foram acrescidas de duas alas e de uma escadaria mais ampla. As colunas da entrada receberam capitéis de bronze verde e as faianças e terracotas que mancham de cor os coroamentos foram restituídas ao seu estado primitivo[80].

O Palácio passou a contar com três acessos: entrada de recepção, de serviço público e de serviço particular.

Gabinetes, aposentos e banheiros foram feitos e decorados no mais puro estilo *art déco*. Porém, mantiveram-se os salões nos estilos dos Luíses franceses.

O novo salão de honra, no Luís XV, conservando-se os mesmos móveis Linke e tapeçaria Aubusson, multiplicando-se pelos altos espelhos que o revestiram. À direita

O palacete paulistano

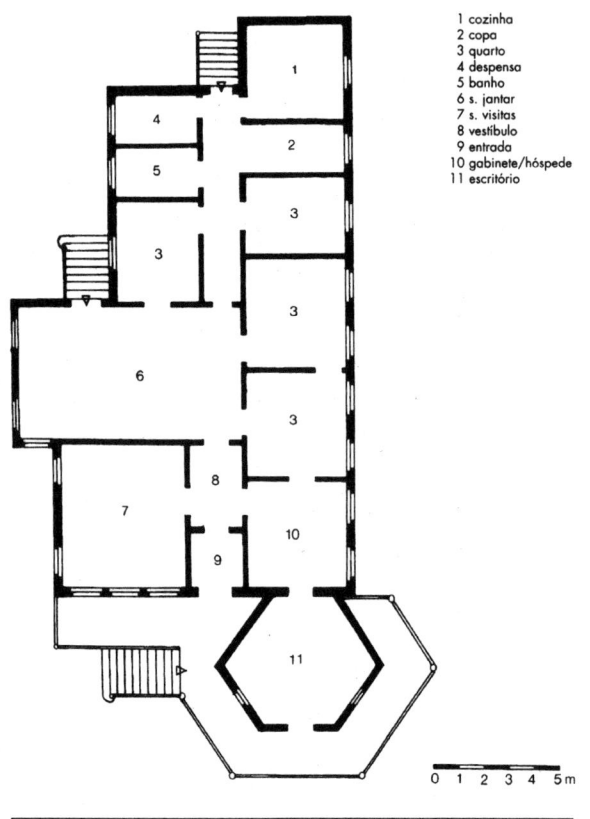

1 cozinha
2 copa
3 quarto
4 despensa
5 banho
6 s. jantar
7 s. visitas
8 vestíbulo
9 entrada
10 gabinete/hóspede
11 escritório

proprietário:	NUMA DE OLIVEIRA
endereço:	R. General Jardim
projeto:	Victor Dubugras
ano:	1896

proprietário:	FRANCISCO MATARAZZO
endereço:	Av. Paulista, 83 APUD SARA-BRASIL, 1930
projeto:	Giulio Saltini
ano:	1896 (construção)/1900 (reforma)

Esta casa térrea, que pertenceu a Numa de Oliveira e onde ele morou até mudar-se para a Avenida Paulista, mantinha-se recuada das divisas do lote, em meio a jardins. Porém, internamente seguia o esquema tradicional, a saber: os cômodos de recepção ficavam na frente, o repouso no centro e os serviços atrás. A sala de jantar, mais ampla, encontra-se presente, aparecendo como centro distribuidor, uma constante da obra do arquiteto Victor Dubugras, autor do projeto.

A residência dispõe também de gabinete independente com quarto de hóspede, agenciamento próprio do tempo em que se começou a qualificar a casa como reveladora da profissão do proprietário.

Fonte das plantas: Arquivo Histórico Municipal "Washington Luís".

A primeira Vila Matarazzo, residência do industrial Francisco Matarazzo, era uma casa de planta despoliciada e, com toda a evidência, não estava apta a uma vida social dentro da etiqueta vigente.

Os quatro primeiros cômodos constituíam claramente a zona de recepção. No entanto, a sala de jantar não era nem a tradicional, nem a do palacete. Contígua à cozinha, podia ter o papel da copa da década de 20, onde se desenvolviam o viver da dona de casa e o estudo dos seus filhos. Esse fato impedia as recepções de luxo.

Por isso, a casa foi reformada em 1900, quatro anos depois de sua construção. Houve uma grande ampliação, visando-se, antes de mais nada, unir a antiga área de recepção à sala de jantar e às dependências de serviço. À vista da restituição aerofo-

A República Burguesa

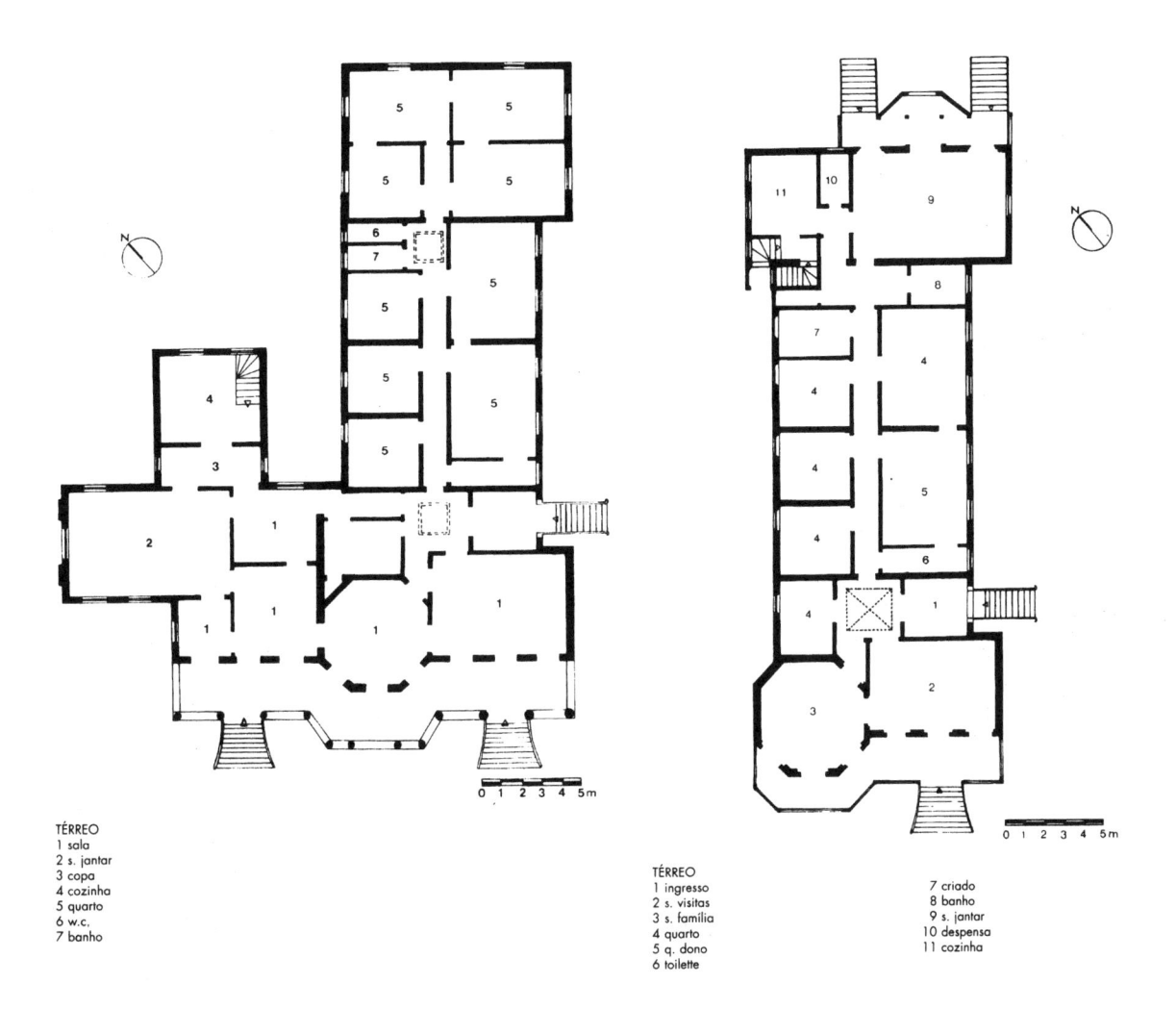

TÉRREO
1 sala
2 s. jantar
3 copa
4 cozinha
5 quarto
6 w.c.
7 banho

TÉRREO
1 ingresso
2 s. visitas
3 s. família
4 quarto
5 q. dono
6 toilette
7 criado
8 banho
9 s. jantar
10 despensa
11 cozinha

togramétrica, feita pelo mapa SARA Brasil de 1930, ela aparece com um pátio interno, de onde depreendemos que ainda foi alterada posteriormente. Em 1938-39, o arquiteto italiano Marcello Piacentini projetou nova mansão para ser construída no seu lugar, atendendo a outro proprietário, o herdeiro do Conde Matarazzo, Francisco Matarazzo, seu filho e homônimo.

A planta apresentada à Prefeitura não indica as atribuições das novas dependências. Presume-se que, em vista da nova disposição ou de seu agenciamento, a antiga sala de família (nº 3 da primeira planta) tenha se tornado uma espécie de centro distribuidor entre a primitiva sala de visitas e os novos cômodos.

Fonte das plantas: Arquivo Histórico Municipal "Washington Luís".

O palacete paulistano

109.
Vila Matarazzo, na Avenida Paulista, construída em 1896, em estilo pompeiano.
Foi residência do industrial Francisco Matarazzo e de sua família.
BUCCELI, V. *Il Libro d'Oro dello Stato di S. Paolo*, s.d., p. 129.

deste, o salão particular, Luís XVI, todo verde-cinza; e o salão de audiências Luís XIII, de jacarandá paulista, damasco, cereja e lavores de prata.

A sala de jantar Tudor, revestida de carvalho francês, permaneceu fiel ao original.

Durante o Governo Ademar de Barros, o Palácio sofreu uma reforma espúria, tendo sido restaurado no período correspondente à administração de Roberto de Abreu Sodré. Nessa ocasião, a cor creme primitiva retornou às paredes externas e ressurgiram diversos pormenores decorativos que haviam sido recobertos por grossas camadas de tinta da reforma anterior. Mas, em 17 de setembro de 1967, incendiou-se o prédio, destruindo, em pouco tempo, boa parte de sua estrutura. O imóvel foi restaurado por uma equipe de profissionais do Departamento de Obras Públicas[81]. Na ocasião, as telhas de ardósia foram substituídas por lajes e telhas de cimento, possibilitando a utilização de dependências do sótão antes não aproveitadas. Transferiu-se a escadaria principal da posição lateral (estilisticamente correta) para a posição central[82]. A balaustrada do pórtico foi parcialmente retirada, forçando-se a construção de uma gola espúria nas colunas. Quando do alargamento da Avenida Rio Branco, retiraram-se os gradis de ferro, construindo-se, em seu lugar, muros de tijolos[83].

Desde 1972 o Palácio é ocupado por secretarias de Estado e, hoje, pela Secretaria da Indústria, Comércio, Ciência e Tecnologia.

O palacete de Ramos de Azevedo

A casa do arquiteto Francisco de Paula Ramos de Azevedo foi um dos primeiros palacetes que o profissional realizou em São Paulo, tipo *villa*, com distribuição francesa. Interessa-nos por ser um dos exemplares mais característicos do palacete paulistano, um de seus protótipos que se conservam até hoje. Situa-se na Rua Pirapitingui, nº 111, no Bairro da Liberdade, em terrenos que pertenceram à antiga Chácara do Fagundes. Foi construído para o casal e três filhos[84].

O arquiteto escolheu o estilo francês de Luís XIII, com telhados de ardósia bastante recortados e mansardas, possuindo quatro pavimentos: o porão, o rés-do-chão, o primeiro andar e o sótão. A implantação é usual na França, freqüente nas *villas* apresentadas nas publicações de César Daly. Apesar de isolada no lote e de contar com recuos fronteiros, o palacete fica junto à divisa da casa vizinha, quase encostado a ela, deixando a maior parte dos 2.557m^2 dos terrenos para os jardins. Estes estendem-se pelos flancos direitos, até a Rua Taguá.

No térreo, havia varanda, pequeno vestíbulo com escadas de madeira, bilhar, sala de visitas, sala de jantar, sala de estar, w.c. sob a escada, depósito, copa onde chegava o monta-cargas e dois terraços. A cozinha ficava no porão, assim como a adega, o refeitório e o quarto de criadas. Em 1904, foram anexados o escritório e a biblioteca, construídos em puxado, no rés-do-chão, instalando-se a oficina de marcenaria do arquiteto no porão. Na escada, vitrais contendo os monogramas do proprietário constituem uma homenagem à Arte e ao Trabalho. Outro vitral, na biblioteca, apresenta, num detalhe, o esboço do Teatro Municipal, evocando os vínculos do arquiteto com o projeto desse teatro, inaugurado em 1911.

No pavimento superior ficavam quatro quartos, uma saleta, banheiro completo e dois terraços. Preservou-se o banheiro original, com peças fixas e semicúpio, novidades na época.

Nos fundos, w.c., tanques e poço, sendo este anterior à ligação do bairro à rede de águas. Nos jardins, havia quatro estufas, executadas em ferro e vidro, canteiros de horta, pomar, casa do caseiro e cavalariças. Era o arquiteto quem cultivava a horta e as orquídeas nas estufas. Com o tempo, construiu para as filhas, nos jardins do palacete, duas casas térreas com porões habitáveis, voltadas para a Rua Pirapitingui.

O estar da família dava-se na saleta, exceto nos meses de verão, quando ela usava o terraço orna-

O palacete paulistano

ALAMEDA SÃO CARLOS DO PINHAL

AV. PAULISTA

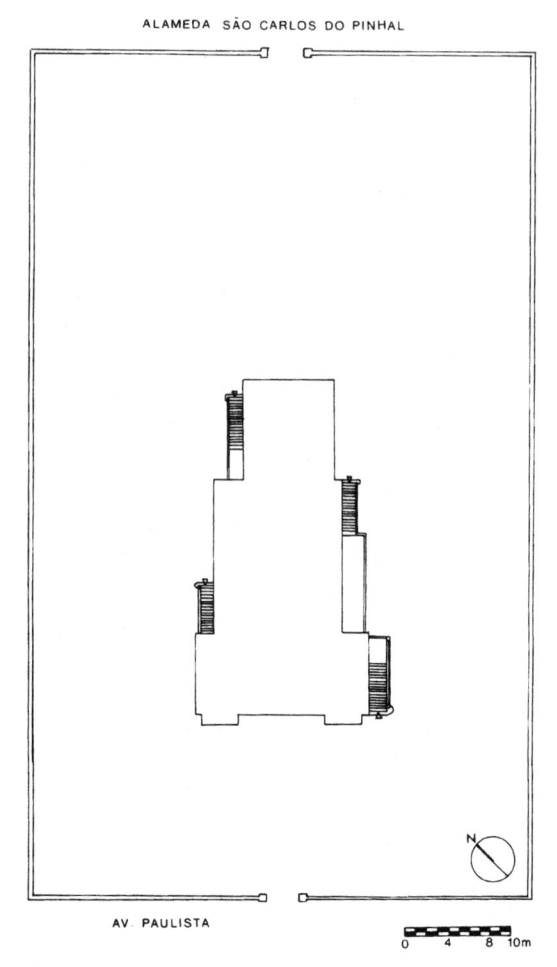

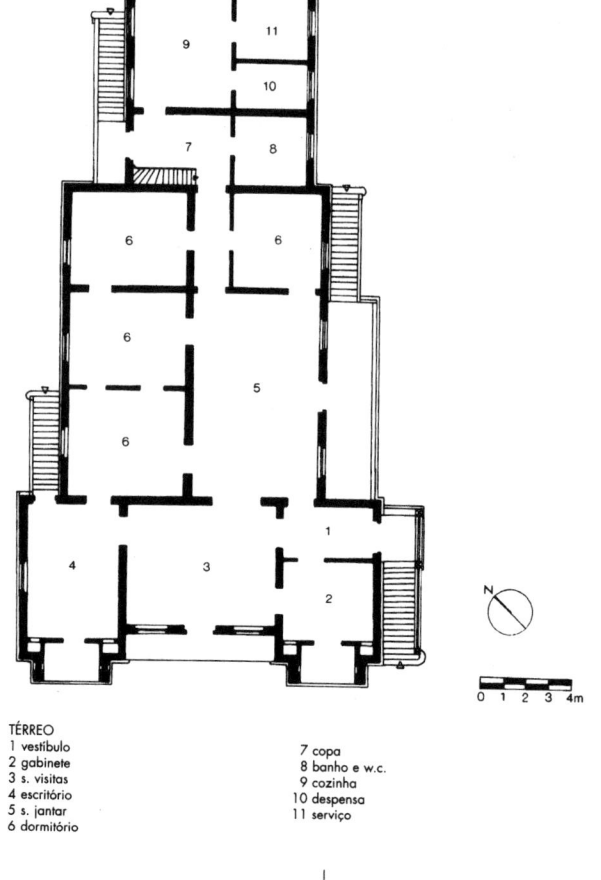

TÉRREO
1 vestíbulo
2 gabinete
3 s. visitas
4 escritório
5 s. jantar
6 dormitório
7 copa
8 banho e w.c.
9 cozinha
10 despensa
11 serviço

proprietário:	JOSÉ BORGES DE FIGUEIREDO
endereço:	Av. Paulista, 97
projeto:	Fried & Ekman
ano:	1897

Em 1897, os arquitetos August Fried e Carlos Ekman repetiram o mesmo esquema de residência térrea com porão que Victor Dubugras construíra um ano antes para Numa de Oliveira, na Rua General Jardim, inclusive com o banheiro no agenciamento da cozinha.
A exemplo do próprio palacete, a casa média também vacilava entre a circulação tradicional e a moderna.
A planta acima foi extraída dos Livros de Obras Particulares do Arquivo Histórico Municipal "Washington Luís".

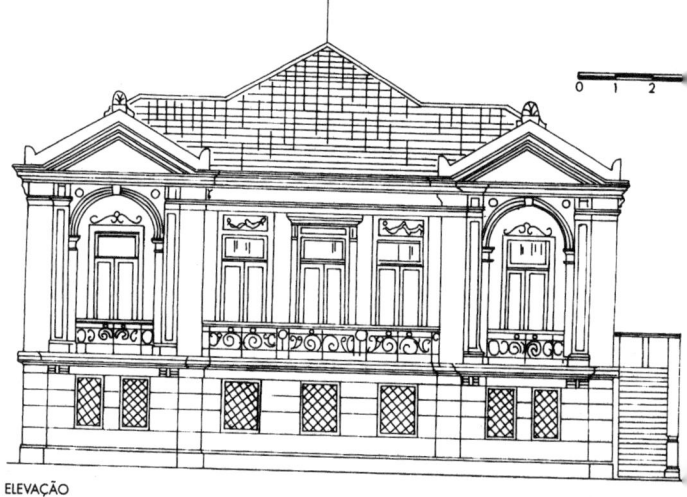

ELEVAÇÃO

mentado com trepadeira de glicínias. A sala de visitas permanecia fechada a maior parte do tempo. O arquiteto recebia seus amigos na sala de bilhar, onde ele também tomava o café da manhã, utilizando-se da própria mesa de jogo, cujas abas eram flexíveis.

Trabalhavam na casa cozinheira e copeira negras, arrumadeira portuguesa, jardineiro português e cocheiro.

O palacete pertenceu à Santa Casa de Misericórdia, por doação feita em testamento, e foi adquirido por Luís Alves Jr. e José Carlos Venâncio, diretores da Global Editora, que o restauraram. Pretendem instalar nele a sede da firma e incluí-lo no circuito cultural da cidade, como exemplar remanescente do Ecletismo e residência do ilustre arquiteto. O Condephaat tombou-o em 1984.

A casa de D. Olívia Guedes Penteado

Embora no alinhamento da rua, apresentamos outro palacete do período que contava com a distribuição francesa. Situado na Rua Conselheiro Nébias, nos Campos Elíseos, pertenceu ao casal Inácio e Olívia Guedes Penteado. Marcou época pela arquitetura, pela importância dos proprietários e da sociedade que o freqüentou. Inácio Álvares Penteado era exportador de café, irmão de Antônio Álvares Penteado, fazendeiro de café em Santa Cruz das Palmeiras e industrial em São Paulo.

D. Olívia Guedes Penteado (1872-1934) nasceu em Campinas. Era filha de José Guedes de Souza, importante fazendeiro, e de Carolina Alves Guedes, Barões de Pirapitingui. Criou-se entre a Fazenda da Barra, no Município de Mogi-Mirim, e esta cidade, onde a família possuía casa utilizada por ocasião das festas religiosas.

Em criança, D. Olívia recebeu instrução com professores particulares e estudou no Colégio Bajanas. Aos seis anos de idade, sentou-se à mesa ao lado do Imperador D. Pedro II[85].

Casou-se com Inácio Penteado, seu primo, oito anos mais velho do que ela. Ele acabava de regressar da Europa, tendo estudado Comércio na Inglaterra. A princípio, o casal morou em Santos, onde Inácio possuía casa comissária de café. O surto de febre amarela que irrompeu nesse porto trouxe-o de volta para São Paulo, onde logo providenciou a construção da residência da Rua Conselheiro Nébias.

Seu marido introduziu a etiqueta e os hábitos de luxo na vida diária, fazendo questão de mesa bem posta, servida à francesa por copeiro de libré, além de não faltar o *ménu* escrito em francês, nem os convivas em trajes de cerimônia.

Visto que Inácio abriu uma agência comissária no Havre, França, o casal também manteve apartamento em Paris. A exemplo das damas da sociedade francesa, D. Olívia reservava um dia da semana, "*le jour de Madame Penteado*", para receber amigos, intelectuais e artistas em seu salão. Outro hábito parisiense que adquiriram foi o de cavalgar pelo Bois de Boulogne. Em São Paulo, saíam a cavalo todas as manhãs, andando pelo bairro dos Campos Elíseos ou pela Avenida Paulista.

Ramos de Azevedo projetou o palacete no estilo do Risorgimento italiano. A construção, de 1895, foi executada com material importado da Itália, de onde também veio a cúpula. Para Yan de Almeida Prado, a casa de D. Olívia, junto ao alinhamento da rua, "assemelhava-se ao Palácio Pallavicini de Gênova", a exemplo de outras casas não resguardadas por jardins, como a do Conde do Pinhal e a de Antônio Álvares Penteado (depois sede do Hotel Albion), situadas na Rua Brigadeiro Tobias. Elas

inspiram-se no classicismo do primeiro barroco que reinou na Itália no século XVII, estilo acertado em São Paulo, em virtude de se harmonizar com o clima e índole dos habitantes. A linha é severa, um tanto álgida. Os tetos, portas e janelas, altos e largos, próprios para uma região onde, apesar da altitude, há longas estações quentes. O seu aspecto monumental lisonjeava aos fazendeiros desejosos de estadear opulência[86].

O palacete paulistano

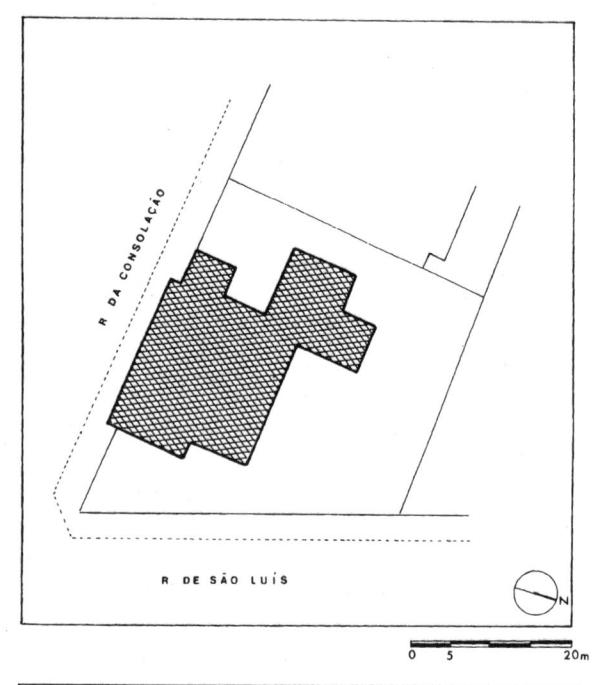

proprietário: ANTÔNIO DE SOUZA QUEIROZ

endereço: R. da Consolação, 18   APUD SARA-BRASIL, 1930

projeto: atribuído a Julio Ploy

ano: 1897

1º ANDAR
1 entrada
2 s. visitas
3 saleta
4 s. jantar
5 quarto
6 s. costura
7 copa
8 cozinha
9 despensa
10 banho
11 elevador
12 escritório
13 latrina

1º ANDAR
1 s. estudo
2 q. criada
3 armário
4 quarto
5 banho
6 w.c.
7 q. da governante
D. Aurélia Vernet

Construída no alinhamento da Rua da Consolação, esquina com a Rua São Luís, o programa desta casa não possuía compromissos com o morar à francesa, e sim com a circulação das casas tradicionais.

Entrava-se pelo alpendre, situado na frente da fachada, em cujo centro ficava a porta de entrada e diante da qual existia um paravento envidraçado, à moda antiga, introduzindo o usuário ao pequeno vestíbulo que levava ao quarto de hóspedes, à sala de visitas e à sala de jantar. Esta funcionava como local de passagem obrigatória, onde uma colunata determinava uma galeria. A escada de acesso ao pavimento superior ficava ao lado do elevador e saía desse ambiente, assim como a do porão, a porta da copa e um postigo, recurso que facilitava a entrega e a recepção dos pratos a serem servidos. A sala de costura das criadas também era contígua à sala de jantar.

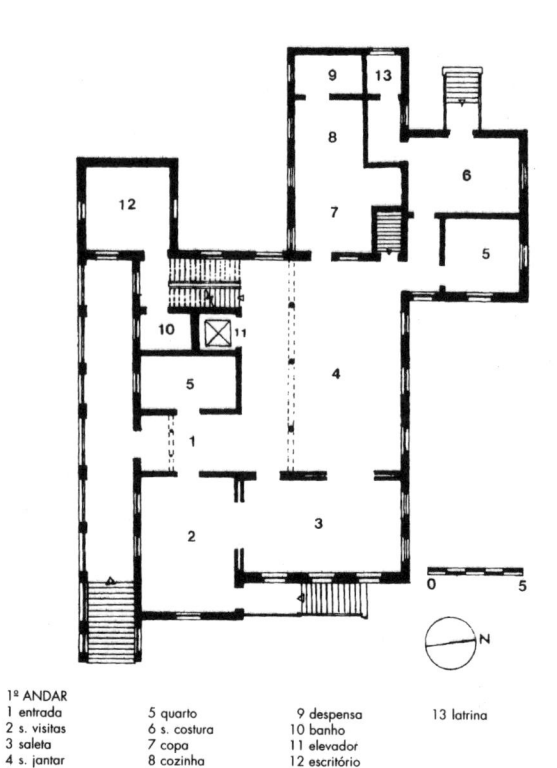

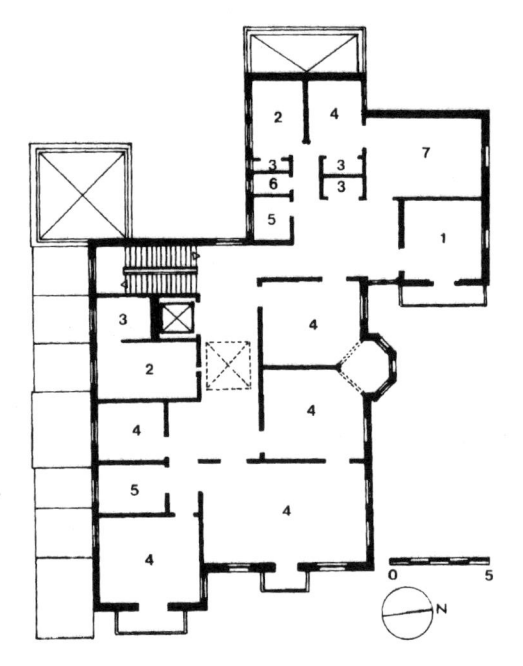

No primeiro andar, foram previstos cinco dormitórios para a família e três quartos de criada, um deles para a governante belga, Aurélia Vernet, situado ao lado da sala de aula. Observemos que tais dependências já dispunham de armários embutidos enquanto que as da família possuíam móveis.

Nessa residência, funcionou durante muitos anos a Rádio América.

A planta desta casa, localizada no Arquivo Histórico Municipal "Washington Luís", comprova que o esquema antigo ainda se repetia concomitantemente aos palacetes de Ramos de Azevedo e de outros profissionais que adotaram a proposta do arquiteto paulista.

110.
Antônio de Souza Queiroz e família diante do palacete da Rua da Consolação nº 18. O casal encontra-se no centro, entre os dez filhos, genros, noras e dezoito netos, além da preceptora da família, Aurélia Vernet (sentada, vestida de preto).
SCHMELING, Y. A. *A Família Souza Queiroz*, 1974, p. 88.

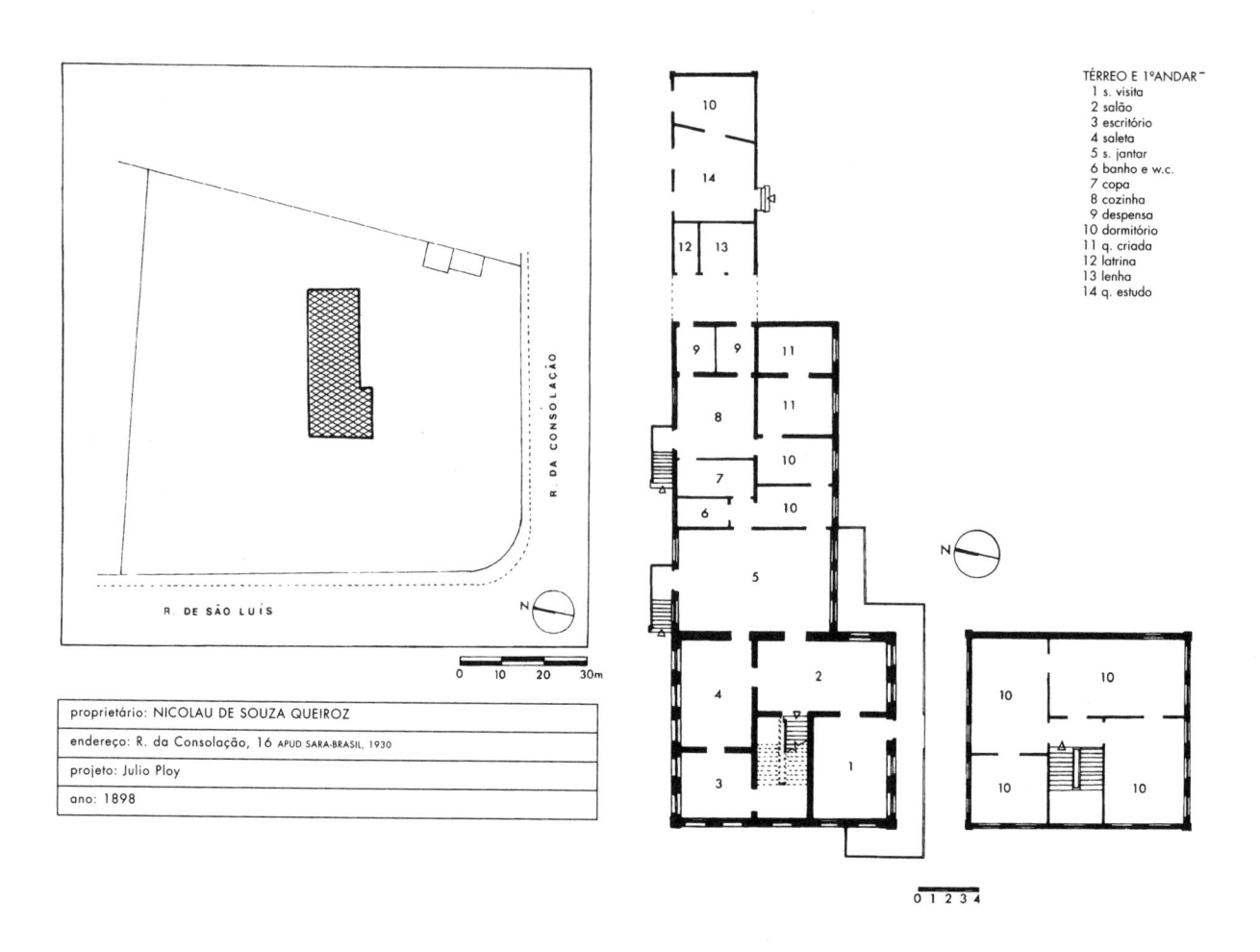

O palacete paulistano

TÉRREO E 1°ANDAR
1 s. visita
2 salão
3 escritório
4 saleta
5 s. jantar
6 banho e w.c.
7 copa
8 cozinha
9 despensa
10 dormitório
11 q. criada
12 latrina
13 lenha
14 q. estudo

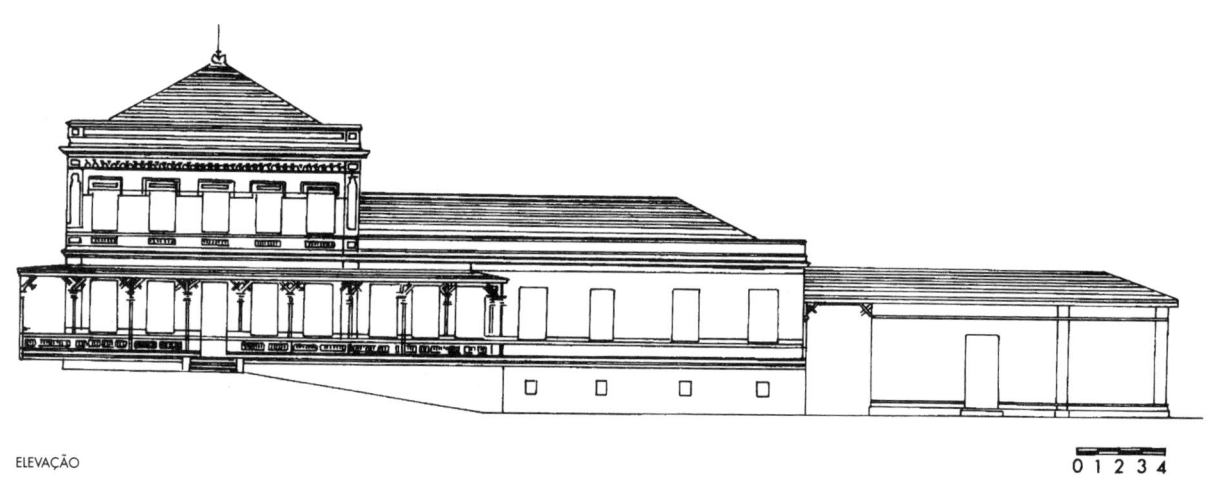

proprietário:	NICOLAU DE SOUZA QUEIROZ
endereço:	R. da Consolação, 16 APUD SARA-BRASIL, 1930
projeto:	Julio Ploy
ano:	1898

ELEVAÇÃO

O historiador acrescenta que as residências dos Campos Elíseos "não se distanciavam dos edifícios da Itália que lhes serviam de modelo".

O casal Penteado morou na casa com as filhas e as tias solteiras. Numa segunda etapa, aí residiram D. Olívia, já viúva, sua filha Carolina, casada com o Dr. Gofredo da Silva Telles e dois filhos desse casal[87].

No que se refere ao programa, iniciemos pela entrada social que se fazia pelo alpendre e a seguir pelo vestíbulo que levava ao *hall* com pé-direito duplo e escadaria iluminada por clarabóia. O rol das dependências incluía salão, escritório (biblioteca), salão nobre, sala da senhora, sala de jantar, sala de almoço, copa, cozinha, despensa, quarto da governante da casa, com banheiro completo debaixo da escada. O quarto de hóspede era independente, ligado à entrada social, mas longe do w.c.

O jardim de inverno, de época posterior, foi construído no lugar da sala de almoço. No primeiro andar, ficavam o dormitório do casal, a rouparia e o quarto de hóspedes. O porão, habitável, incluía quartos de empregados, sua sala de almoço, a adega, onde se engarrafava o vinho, mais o depósito de móveis e de bagagem. Fora, ao lado da cozinha, existiu o pátio de serviços com uma construção aberta abrigando dois tanques e quarto de passar. Mais adiante, a cocheira e uma edícula com quartos de criados e banheiro, uma estufa de plantas nacionais, horta com quatro canteiros e uma parreira.

O portão de serviços dava para a Rua Duque de Caxias. Com o tempo, D. Olívia fez abrir uma porta social na esquina dessa vias com a Rua Conselheiro Nébias.

Conforme crônica da época, descreveu-se a zona estar como das mais ecléticas e luxuosas do país:

À esquerda do vestíbulo, abre-se uma das mais belas peças da casa, o gabinete de trabalho, dividido em duas partes por um grande arco sobre o qual repousa o teto. Aí nota-se, além do fogão de mármore, do teto revestido em madeira, estilo Henrique III dos móveis ingleses, um quadro de mosaico florentino, representando um cavaleiro do século XV. Do outro lado, o teto é o legítimo "ceiling" com decoração característica dessa arte tão moderna na Inglaterra.

O salão, cuja porta se rasga no hemiciclo do peristilo, tem nas cortinas e nas paredes tom azul pálido, gracioso e distinto. É uma peça mobiliada com grande riqueza, mas discretamente, sem peso de ornamentação e sem cores contrastantes.

A mobília, revestida de tapeçaria d'Aubusson, é de estilo Maria Antonieta e lembra a mobília do Trianon.

Na parede de fundo há um esplêndido espelho com mesas de mármore e jardineira, do mais puro estilo Luís XV. É a mais bela peça que desse gênero temos visto no Brasil.

No entrevão das janelas, em elegantes peanhas, assentam-se grandes vasos de alabastro, montados em bronze dourado.

Aos lados do grande espelho, na parede do fundo, dois medalhões de bronze representam em alto-relevo duas figuras alegóricas.

A peça central do salão é uma grande conversadeira veneziana, forrada de damasco cor de marfim antigo, com flores bordadas a fio de seda.

Junto à porta de entrada do salão, há duas estatuetas de bronze — um derrubador empunhando o machado e um busto de mulher petulante, beauté au diable.

Em seguida ao salão, vem a sala de música, oitavada, com seu teto ornado de medalhões representando Carlos Gomes, Gounod, Verdi e Wagner. Aí, a mobília é toda de nogueira incrustada com delicados lavores de marchetaria. Predomina nesta sala a cor de ouro fosco das ricas cortinas.

▶ O arquiteto alemão Julius Ploy aproveitou as construções anteriores existentes nos terrenos da Chácara Velha que pertencera ao Barão de Souza Queiroz, transformando-as numa só casa. O elemento de ligação foi a sala de jantar, mas a residência não seguiu o esquema francês.

A escada social saía do salão nobre, ficando a sala de jantar no puxado entre a zona de estar e de serviços, a exemplo da Chácara do Carvalho. No piso superior, os quatro dormitórios não contavam com banheiro. Segundo os descendentes do Barão de Souza Queiroz, algumas paredes do palacete eram de taipa, remanescentes da sede centenária que existia naquela chácara. Fonte das plantas: Arquivo Histórico Municipal "Washington Luís".

O palacete paulistano

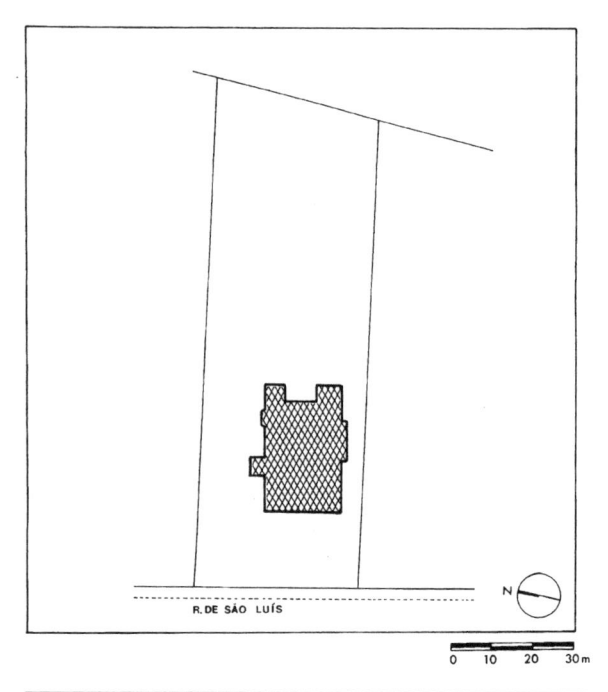

proprietário:	FREDERICO DE SOUZA QUEIROZ
endereço:	R. de São Luís (Av. São Luís), 4 APUD SARA-BRASIL, 1930
projeto:	
ano:	1898

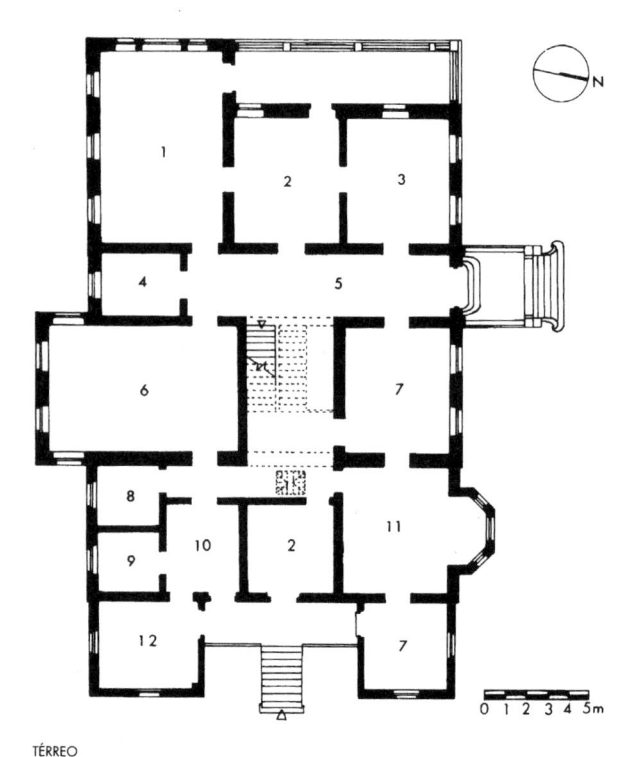

TÉRREO
1 salão
2 saleta
3 escritório
4 q. costura
5 hall/vestíbulo
6 s. jantar
7 q. vestir
8 banho
9 q. criança
10 copa
11 dormitório
12 cozinha

ELEVAÇÃO PRINCIPAL

Esta planta, encontrada no arquivo histórico da Prefeitura, dispõe do organograma básico com sua variante. O gabinete é independente a partir do vestíbulo, além de uma série de três cômodos para hóspedes, distantes do banheiro. A sala das costuras (nº 4) pode muito bem ter sido usada como sala da senhora ou de trabalhos leves, já que a primeira era normalmente incluída na zona de serviços. Nesta, o quarto das crianças seria, antes, sala de almoço infantil.

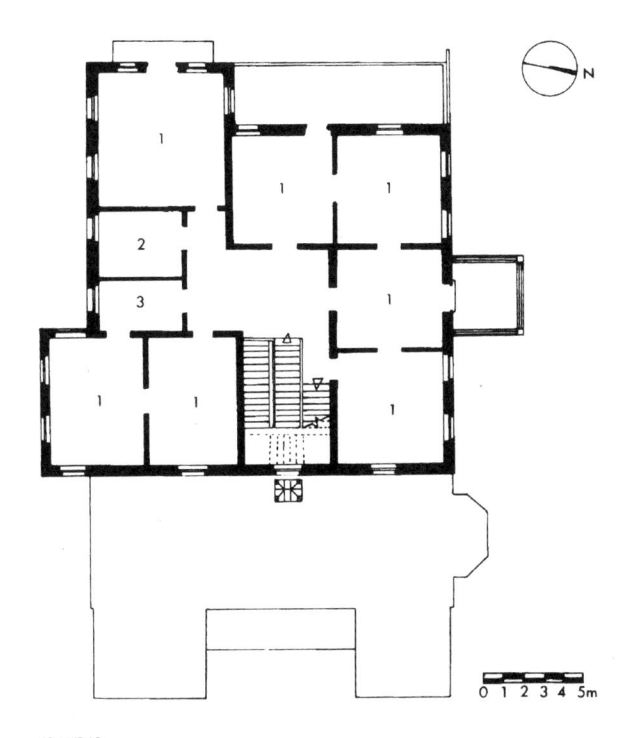

1º ANDAR
1 dormitório
2 q. criada
3 banho

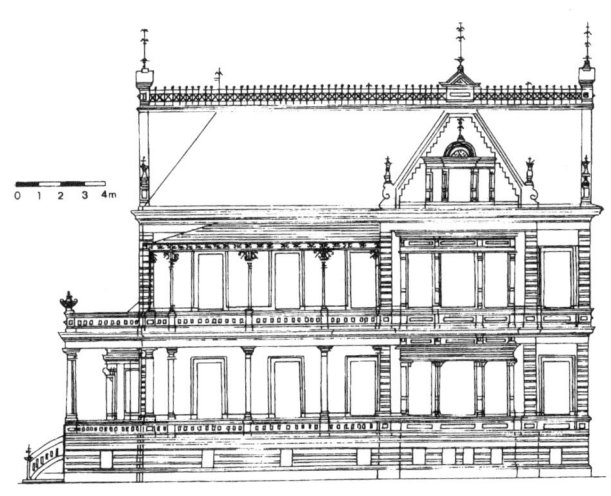

ELEVAÇÃO LATERAL DIREITA

No salão de jantar, espaçoso e claro, as paredes são revestidas de tapeçarias: nas laterais o assunto são as cenas bucólicas ou os idílios campestres das pinturas de Watteau. Na do fundo, a concepção e o assunto evocam Ruysdal e Teniers, nos quadros em que pintam as festas populares flamengas, em pleno ar, no meio da paisagem um tanto monótona das terras baixas de Flandres e do Brabante.

Toda a mobília, da qual se destaca um magnífico aparador de madeira esculpida, é de nogueira. O teto, estilo Renascença, está em harmonia com a beleza dos móveis e do grande tapete central[88].

Por ocasião do baile de 11 de agosto de 1898, que inaugurou a residência, o salão de jantar estava disposto para o serviço *à la carte*, que foi profuso e fino, mostrando aos convidados a rica e variada baixela da casa, que incluía preciosidades em prata, cristal e porcelana fina. Na ornamentação das paredes figuravam também belos pratos dinamarqueses, em porcelana pintada.

Trabalharam na casa, sob o comando de uma governante inglesa que serviu a família durante 32 anos, um casal de copeiros, duas arrumadeiras que cuidavam da rouparia do andar superior, o empregado da limpeza, uma cozinheira negra e sua auxiliar, o motorista e um jardineiro. Costureiras vinham fazer a roupa do diário. A melhor roupa era importada da França pela loja *La Saison*.

Em seu salão, D. Olívia recebia às terças-feiras à tarde. Nas reuniões mais íntimas, ela tocava harpa, cujo repertório incluía as canções dos trovadores medievais ingleses. Em 1931, recebeu o Príncipe de Gales no palacete, e ofereceu-lhe uma recepção impecável.

Somente após o falecimento de seu marido, ocorrido em 1913, é que D. Olívia começou a receber brasileiros em Paris, os artistas, intelectuais e diplomatas franceses, tendo o seu salão adquirido brilho excepcional. Diz Lygia Lemos Torres que nele estiveram também os maiores valores culturais franceses e os expoentes da arte, de passagem pela capital francesa[89].

Apenas por volta de 1923 é que D. Olívia começou a interessar-se pelas vanguardas em efervescência na Europa. Após a célebre Semana de 1922, conheceu parte do grupo dos modernistas em Paris: Paulo Prado, Tarsila do Amaral e Oswald de Andrade. Por seu intermédio, ela freqüentou artistas como Picasso, Brancusi, Léger e outros. A aquisição de um quadro de Léger é fruto desses contatos. Trazido para São Paulo, ficou exposto no palacete, escandalizando uma sociedade afeita ao academismo.

O pintor Lasar Segall preparou o salão modernista nessa época a fim de que D. Olívia pudesse expor as suas obras modernas. Para tanto, o artista aproveitou a cocheira velha, cujo resultado contrastou com o ambiente tradicional da residência.

No pavilhão, que constituiu um dos pontos de encontro e de efervescência do modernismo em São Paulo, promoveu ela as famosas reuniões para os intelectuais, músicos e artistas, sobretudo modernistas. Faziam-se presentes Tarsila do Amaral, Oswald de Andrade, Mário de Andrade, Lasar Segall, Villa-Lobos, Guilherme de Almeida, Menotti Del Picchia, Brecheret, etc. De outros Estados, compareciam ao salão, Ronald de Carvalho, Ribeiro Couto, Graça Aranha, Renato de Almeida, Álvaro Moreira.

Mas no palacete os tradicionalistas também tiveram o seu lugar. Até as crianças eram recebidas, devendo recitar para D. Olívia fábulas de La Fontaine, poesias inglesas e francesas, que as ouvia respeitosamente, instalada na sala de visitas.

Após o falecimento de D. Olívia ainda moraram na casa sua filha Maria Penteado de Camargo e seus netos, até 1943, ano em que o imóvel foi demolido cedendo o terreno ao prédio do Hotel Comodoro.

Além da mansão de D. Olívia Guedes Penteado, ainda foram edificados uma série de palacetes na Liberdade, na Vila Buarque e em Santa Cecília. Salientaram-se o de Herman Burchard, situado na Rua Arthur Prado, na Bela Vista, implantado em meio a grande parque, e os da Rua São Luís. Com programas menores, Ramos de Azevedo e arquitetos estrangeiros construíram chalés feitos em tijolos, que proliferaram sobretudo em Higienópolis.

Na Avenida Paulista, recém-aberta, os lotes ainda se destinavam a chácaras de fim de semana, a cocheiras e à criação de gado leiteiro, funcionando como extensões de casas que ficavam nos bairros situados nas encostas, como Vila Buarque e Santa Cecília[90]. Constituiu uma das exceções a casa térrea de Francisco Matarazzo, um dos primeiros industriais a morar na Avenida Paulista. Datada de 1896, a *villa* pompeiana foi projetada pelo construtor Giulio Saltini e por seu mestre, Luigi Mancini. Possuía planta alongada de distribuição imprecisa. O Dr. Adam von Büllow, grande exportador de café e sócio da Cia. Antarctica Paulista, também mandou construir o seu palacete na Avenida Paulista, projetado por Augusto Fried, que havia pouco se associara a Carlos Ekman[91].

Só no início do século é que os palacetes ocuparam as áreas exclusivas e estenderam-se a bairros novos e distantes, conservando elementos de chácara, como veremos a seguir.

CAPÍTULO VI

São Paulo em 1900. A "metrópole do café", a multiplicação das fortunas e dos palacetes.

111.
A Rua de São Bento, no começo do século.
Foto de Guilherme Gaensly.

Nesse período, as rendas da capital continuavam vinculadas à cafeicultura, que se encontrava em pleno processo de expansão na Zona Oeste. O número de cafeeiros passara de 220 a 520 milhões e contavam com uma infra-estrutura de 1.300 km de ferrovias[1]. A coesão cidade-campo mantinha-se estreitamente ligada por interesses comuns[2]. Com o crescimento demográfico, assistiu-se ao aumento do número de construções civis, à expansão das classes urbanas e à multiplicação das fortunas, que se diversificaram.

Estamos em plena "metrópole do café", quando se deu seqüência ao processo de urbanização iniciado nos finais do século. Escreveu Richard Morse que a urbanização em São Paulo, a exemplo de outras cidades do Terceiro Mundo, "era mais rápida do que a industrialização, enquanto no resto do Ocidente ambas ocorreram mais ou menos *pari passu*"[3].

Novas forças socioeconômicas e culturais entraram em jogo. Algumas das grandes fortunas do período anterior já se voltavam para as indústrias, ainda que vinculadas às necessidades do café. Outras estariam abaladas devido ao excesso de produção desse produto, queda de seu preço e concorrência dos financiamentos estrangeiros. Cresceram em importância os intermediários urbanos. Eram eles

O palacete paulistano

112.
O Pátio do Colégio, com os prédios do Palácio do Governo e das Secretarias de Estado (Agricultura, Fazenda e Justiça), era a sala de visitas da cidade, somente superada com a urbanização do Vale do Anhangabaú (1912-14).
Foto de Guilherme Gaensly, em cartão-postal. Arquivo da autora.

113.
A Várzea do Carmo, o lado oposto ao Pátio do Colégio, tardaria a ser urbanizada. Acampava-se à beira-rio, onde ainda se lavavam roupas e animais. As águas estagnadas eram focos de moléstias. A área constituía uma barreira, separando da cidade a zona industrial e operária.
Cartão-postal do começo do século.

São Paulo em 1900

114.
O porto de Santos era procurado para os negócios de exportação e para os banhos à beira-mar.
Postal do começo do século.

115.
O Guarujá despontava como balneário da burguesia, com hotel, cassino e chalés de madeira. A foto mostra o pavilhão
de tijolos que substituiu o prédio do antigo Grand Hôtel de la Plage, destruído por incêndio, em 1897.
Postal J. Bidschovsky, Santos.

O palacete paulistano

116.
A Avenida Paulista em direção à Consolação.
Foto de Gaensly, de 1902, para a Light.

117.
A Rua Maranhão por volta de 1905, vendo-se casas tipo chalé.
Il Brasile e gli italiani. Fanfulla, 1907.

que obtinham os maiores lucros, uma vez que compravam a preços baixos na época da colheita e vendiam durante os meses em que a concorrência era menor. Como exportadores, teriam absorvido grandes quantidades provenientes da depreciação da moeda brasileira, ocorrida nos anos anteriores[4]. Seja como for, a elite mantinha o poder e o prestígio, e ainda controlava os programas de governo do Estado e do município.

Continuavam a afluir à capital os fazendeiros de café. Entre eles, havia o empresário, o velho titular do Império, o bacharel e aqueles que iam cursar as profissões liberais no exterior, sobretudo medicina e engenharia. Impunha-se a figura do "coronel", cabo eleitoral no interior, que obtinha concessões em troca da lealdade de seus eleitores. Ao contrário dos primeiros, ele não ia à Europa, mas vinha gastar dinheiro na capital, onde toda uma gama de casas de diversões como teatros de variedades e de operetas, cafés-concertos, cabarés e bordéis se preparavam para acolhê-lo e para usufruir sua notória prodigalidade[5].

Foi da maior relevância a presença maciça de imigrantes, que chegou a cerca de metade da população. Havia italianos, portugueses, espanhóis, alemães, austríacos, eslavos, seguidos de sírio-libaneses e japoneses. O número de peninsulares era o mais expressivo. Constituíam cerca da metade da população, o que levou a capital a receber o *slogan* de "cidade de italianos"[6].

Intensificou-se o consumo e, com ele, o comércio, a construção civil e as atividades industriais. Os italianos introduziram uma cultura urbana que se chocou com o modo de vida elegante dos empresários do café. Isolados e distantes, estes viviam entre os seus palácios, seus clubes exclusivos, suas fazendas e a Europa, enquanto os peninsulares e demais imigrantes desenvolviam na rua a maior parte de suas atividades, relativas ao trabalho, ao lazer e à diversão. Imprimiram a sua marca nos costumes, na culinária e no linguajar paulistano. Alterou-se a fisionomia urbana. O pacato burgo que fora São Paulo se encheu de vida. Transitavam pelas ruas engraxates, jornaleiros (moleques que vendiam os jornais), os tripeiros, o homem do realejo, as floristas, os vendedores de *pizza* e outros[7]. Surgiram tipos como o *lampionaro*, que acendia os lampiões de gás, o *renaiolo*, barqueiro do Rio Tietê que procurava bancos de areia, etc., aos quais se acrescentou o mascate árabe que andava carregado de malas e ia de porta em porta oferecendo cortes de tecidos, artigos de perfumaria e toucador. Recolhemos o pregão de um mascate árabe que ficou na memória dos paulistas:

> *Bente fina, bente grôssa,*
> *Colarinha brá bescôça,*
> *Luva brá mão*
> *Meia brá pé*
> *Perfume chairoso*
> *Brá moça bonita*
> *Marca Alefante.*

Os cocheiros em seus tílburis, napolitanos na maioria, tagarelavam com as mãos. Nas ruas, nos bondes, nas igrejas, nos teatros, tanto se ouvia o italiano quanto o português, que as classes mais populares misturariam, criando um linguajar especial. Apareceu o tipo europeu, de boina, foi numerosa a presença feminina nas fábricas, na ruas e nos negócios, e tornaram-se habituais os grupos de trabalhadores dirigindo-se ou saindo das oficinas, nos horários estipulados. Os imigrantes formaram o mercado de trabalho e detiveram grande parte do poder aquisitivo e de consumo interno necessário à industrialização. Compuseram novas camadas urbanas: engrossaram as camadas médias, constituíram o operariado e trouxeram consigo idéias que serviram de fermento às lutas reivindicatórias travadas pelos operários.

Outro fato digno de menção foi a fundação da empresa canadense The Tramway, Light and Power Co. Ltd., ocorrida em 1899, com o objetivo de fazer gerar e distribuir energia elétrica em São Paulo. Iniciou seus trabalhos pela instalação de uma rede de bondes elétricos e da Usina de Parnaíba

O palacete paulistano

118.
Avenida Higienópolis, conforme um postal dos anos 20.
Arquivo de Eduardo Lefèvre, *in* MACEDO, S. S. *Higienópolis e arredores*, 1987, p. 60.

(1901). Em poucos anos os bondes a tração animal foram substituídos pelos elétricos, valorizando a ocupação do solo e propiciando a expansão urbana, enquanto a eletricidade favoreceria a indústria nascente. A eletricidade substituiu a iluminação a gás e a utilização deste último para cocção, levando a alterações na casa, especialmente na cozinha e no banheiro. O bonde elétrico aproximou os mercados centrais das casas. Era mais fácil se abastecer nos mercados da Avenida São João, da Rua 25 de Março ou do Largo São Paulo.

As indústrias continuaram a se desenvolver, de preferência junto aos trilhos das ferrovias. Eram fábricas de tecidos, aniagens, calçados, chapéus, luvas, fósforos, licores, massas alimentícias, etc. Surgiu a primeira refinaria de açúcar e as máquinas de beneficiar arroz e café. Nos fundos dos armazéns e dos quintais, as indústrias caseiras, cujo comando cabia ao pai-patrão. Foi sobretudo a indústria de bens de consumo que se aperfeiçoou. À instalação pioneira do Moinho Matarazzo, em 1900, movido a eletricidade, seguiram-se outras, como os moinhos Gamba e Santista. Em breve, novas fortunas foram amealhadas, especialmente por comerciantes e industriais italianos e árabes, ao mesmo tempo que os liberais, técnicos estrangeiros e nacionais que haviam conseguido êxito em suas profissões ascendiam na escala social. Concretizaram-se sociedades comerciais e financeiras e as participações comerciais. Com a multiplicação das fortunas, aumentou o número de palacetes cuja implantação tipo *villa* ficava, de preferência, nos trajetos percorridos pelos bondes. Ocuparam-se certas avenidas, que se transformaram em áreas exclusivas desse tipo de residência, graças à legislação municipal. A Avenida Higienópolis foi a primeira a ser ocupada. Em face da deterioração dos bairros próximos às ferrovias, moradores das ruas Alegre, atual Brigadeiro Tobias, e da Florêncio de Abreu começaram a subir para os flancos do espigão, compondo-se feudos de famílias tradicionais aparentadas entre si e de elementos pertencentes à colônia de anglo-saxões. Estes ficaram na Rua Maranhão[8]. Deu-se continuidade ao sistema tradicional das casas matrizes, em torno das quais gravitavam casas menores, às vezes construídas no mesmo terreno. Foram casas matrizes de Higienópolis a Vila Maria, de D. Veridiana, e a Vila Penteado, do fazendeiro e industrial Antônio Álvares Penteado, compondo um dos feudos da família Prado, o qual fez frente ao da Chácara do Carvalho, chefiado pelo Conselheiro Antônio Prado. A Rua São Luís, ladeada de palacetes que pertenceram aos filhos do Barão de Souza Queiroz, constituiu um feudo dos Souza Queiroz.

Logo depois e precedidos pelos irmãos Matarazzo que aí residiam desde 1896, os grandes industriais e comerciantes italianos e árabes e profissionais liberais ocuparam a Avenida Paulista e ruas adjacentes. Transformados em condes e comendadores[9], chegaram ao topo do espigão Alexandre Siciliano, Pinotti Gamba, Rodolfo Crespi, os irmãos Puglise Carboni, a família Scurachio, etc. Os árabes vieram após a Primeira Guerra Mundial. Elias Calfat, Yázigi, Salem, Rizkallah, Dib Camasmie, Jafet, etc. figuraram entre os proprietários de terrenos e de residências na Avenida Paulista.

Na Avenida Paulista também residiram famílias tradicionais e de origem alemã e judaica. Adam von Büllow, fundador da Cia. Antarctica Paulista, e Henrique Schaumann, conhecido proprietário da Botica Veado de Ouro, Pierre Duchen, Maurício e Theodoro Rotschild, Bento Loeb, etc. construíram palacetes, ao lado de Horácio Sabino, Numa de Oliveira, da Baronesa de Arari, das famílias Monteiro de Barros, Mendes, Galvão, etc.

Os estilos dos palacetes da Avenida Paulista eram os mais diversificados, sugerindo os países de origem dos moradores. Ostentavam uma decoração mais profusa e exuberante. Com cerca de dois quilômetros de extensão, essa avenida apresentava um grande número de residências. Eram vilas pompeianas, neoclássicas, florentinas, neobizantinas, inspiradas no Renascimento francês ou no estilo Luís XVI, etc., aos quais viria juntar-se o *art nouveau*. O conjunto, dos mais harmoniosos, im-

O palacete paulistano

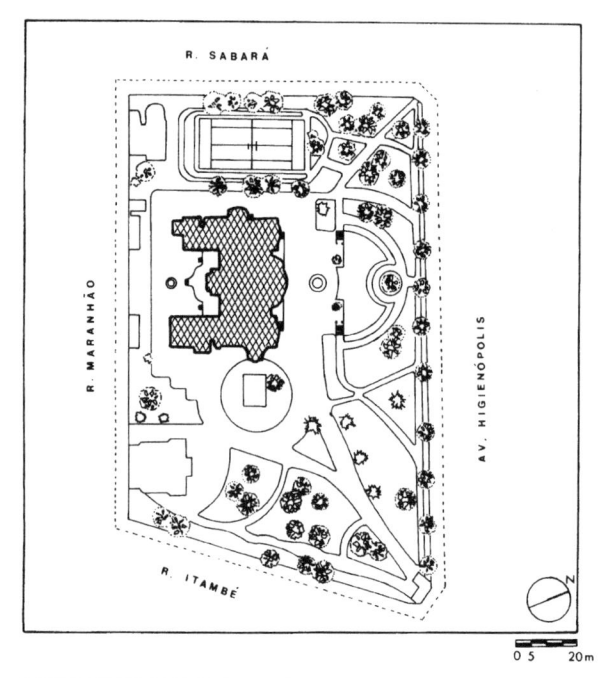

proprietário:	ANTÔNIO ÁLVARES PENTEADO
endereço:	Av. Higienópolis, 1 APUD SARA-BRASIL, 1930
projeto:	Carlos Ekman (LEVANTAMENTO ALBERTO DA SILVA PRADO)
ano:	1902

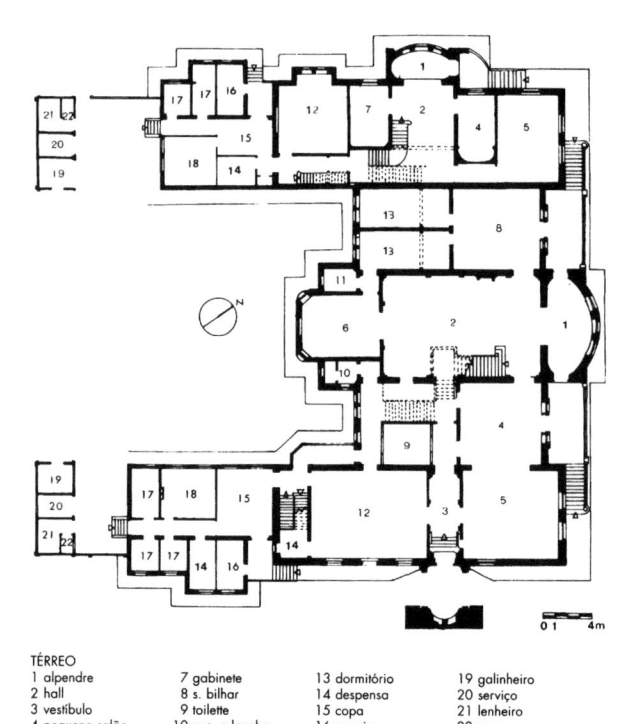

TÉRREO
1 alpendre
2 hall
3 vestíbulo
4 pequeno salão
5 grande salão
6 escritório
7 gabinete
8 s. bilhar
9 toilette
10 w.c. e lavabo
11 w.c. e banho
12 s. jantar
13 dormitório
14 despensa
15 copa
16 copeiro
17 q. criada
18 cozinha
19 galinheiro
20 serviço
21 lenheiro
22 w.c.

A Vila Penteado, por sua magnificência e suas alas destinadas a duas famílias, é quase um hotel. De início, a cozinha da ala maior, da esquerda, era em puxado no térreo. Posteriormente, recebeu o andar superior utilizado para dependências da governante. A planta original, constante no Arquivo Histórico Municipal "Washington Luís" e aqui apresentada, não contava com a ala da cozinha da residência do casal Eglantine e Antônio Prado Jr., filha e genro dos proprietários.

A propósito, o programa desta planta não conferiu com o que foi levantado para o *Catálogo Vila Penteado*, o que significa que não foi executado.

Seja como for, a distribuição interna não se enquadrou no organograma básico. Apesar do grande saguão proposto pelo estilo *art nouveau*, em sua modalidade austríaca, o *Sezession*, o palacete dispunha de duas salas de visitas com móveis dourados, ao gosto dos Luíses de França. Observamos ainda o pequeno número das dependências de banho e w.c. para a série infindável de dormitórios, *toilettes*, salas e saletas existentes na casa.

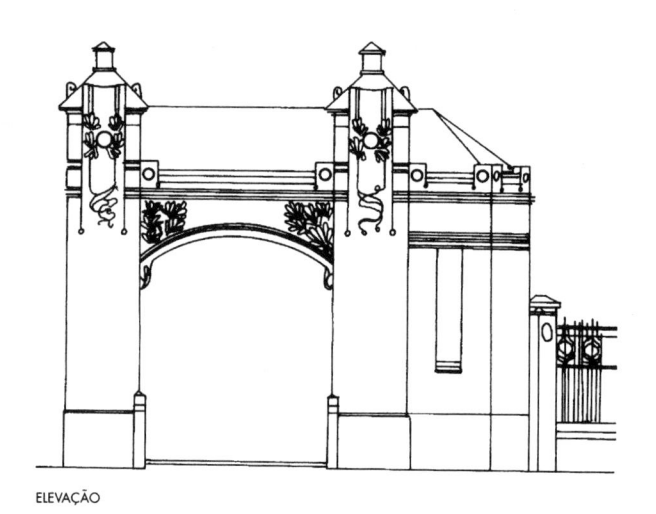

ELEVAÇÃO

São Paulo em 1900

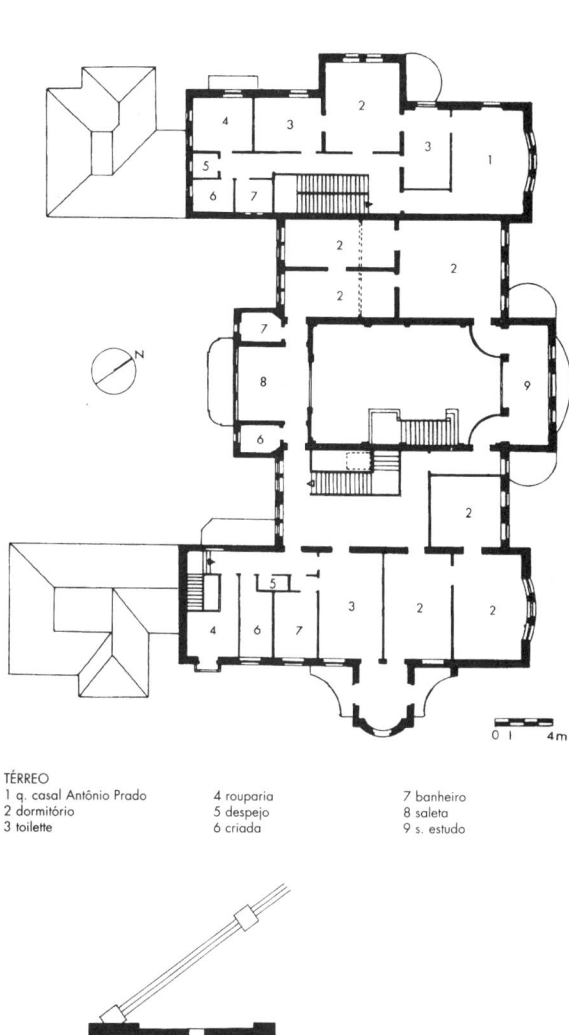

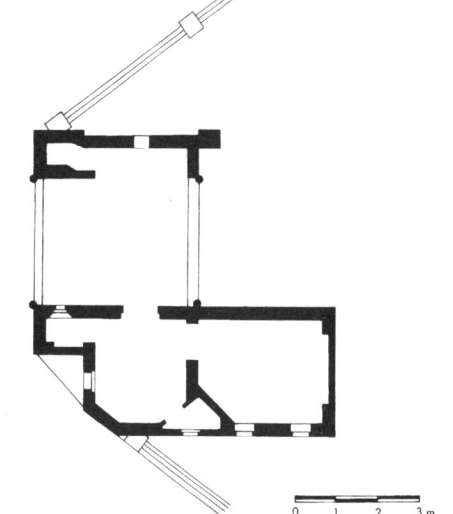

TÉRREO
1 q. casal Antônio Prado
2 dormitório
3 toilette
4 rouparia
5 despejo
6 criada
7 banheiro
8 saleta
9 s. estudo

CASA DO PORTEIRO

pressionava pelo fausto e pelo luxo, tendo rivalizado com a Avenida Higienópolis.

Enquanto Gaffre, em 1912, comparava a Avenida Paulista a certas avenidas de Nova York, Ernesto Bertarelli argumentava que a Avenida Higienópolis poderia "competir com as mais belas vias públicas das cidades européias"[10]. Alguns anos antes, Marie R. Wright descreveu-a como "local de residências palacianas, cujo esplendor as grandes mansões européias não conseguiam ultrapassar"[11].

O certo é que, juntamente com o Vale do Anhangabaú, elas foram as salas de visitas da cidade. O parque fora executado em 1912, conforme projeto do urbanista francês Joseph Bouvard e se encontrava ladeado pelo recém-inaugurado edifício do Teatro Municipal e pela série de prédios projetados pelo engenheiro agrônomo Samuel das Neves, conhecidos como "sentinelas": o do Automóvel Clube, o da Prefeitura e o da Rotisserie Sportsman, junto ao Viaduto do Chá. Havia também o edifício do Clube Comercial e o da Delegacia Fiscal. Nesse momento nascia o Jardim América, seguido dos demais bairros "jardins", situados no sopé do espigão, nas vertentes do Pinheiros. A concepção do traçado e da implantação era o que havia de mais moderno na Inglaterra e daí para os demais países europeus e para os Estados Unidos[12].

Entretanto, a Avenida Paulista representava a meta para as classes em ascensão que, por volta da Primeira Guerra Mundial, ao ocuparem os bairros mais novos, como o Ipiranga e a Vila Mariana, procuravam imitar os seus palacetes. Surgiram manchas de palacetes nas ruas Domingos de Moraes, Mairinque, Diogo de Faria e Bom Pastor, todas nos trajetos dos bondes. Construiu-se também pela cidade uma série de sobrados menores em meio a jardins. A pequena burguesia nutria a mesma ambição, fato registrado pela literatura: Dona Bianca, personagem de Alcântara Machado, possuidora do "Armazém Progresso de São Paulo", no Brás,

deitou-se sem apagar a luz (...) E fechou os olhos para se ver no palacete mais caro da Avenida Paulista[13].

119.
Projeto da Vila Penteado, de autoria do arquiteto sueco Carlos Ekman: aquarela original, assinada e datada de 1902, medindo 34 × 67,40cm.
Biblioteca da FAU-USP.

120.
Desenho da Vila Penteado no cartão de visitas da família: pormenor ampliado.

Na verdade, os bairros elegantes e médios, somados ao centro, contrastavam violentamente com as zonas industriais. Padronizara-se a casa "operária" e, por toda a parte, brotavam os cortiços e pensões, dando guarida aos recém-chegados. A maioria das ruas estava por calçar e não dispunha de iluminação. A falta de obras de saneamento básico deixava-as mais vulneráveis às enchentes e à proliferação dos focos de moléstias transmissíveis. Monteiro Lobato fornece um flagrante da vida cotidiana num bairro de italianos:

À tarde, o Brás inteiro chia de criançalha, chutando bolas de pano, jogando o pião ou a piorra, ou o tento de telha, ou o tabefe, com palavreados mistos de português e dialetos da Itália. Mulheres escarranchadas às portas, com as mãos ocupadas em manobras de agulha de osso, espigaitam para os maridos os sucessos do dia, que eles ouvem filosoficamente, cachimbando em silêncio ou cofiando a bigodeira à Humberto.
De manhã, esfervilha o Brás de gente entremunhada a caminho das fábricas. A mesma gente reflui à tarde aos magotes, homens e mulheres de cesta no braço ou garrafas de café vazias penduradas no dedo (...)[14].

Ou a realidade das fábricas e das massas, segundo as memórias de Jacob Penteado:

(...) Serviço insalubre, horários que variavam de acordo com as circunstâncias, dias perdidos, falências, dispensas por motivos fúteis (...) Imperava o regime do "pé na bunda", ou olho da rua. Não havia instalações sanitárias, apenas fossas ou... o mato.
Devido à falta de higiene e de métodos preventivos, as moléstias contagiosas, principalmente as broncopulmonares, a sífilis, ceifavam vidas ainda jovens (...) O analfabetismo e a ignorância campeavam entre as massas. Ler e escrever eram privilégios dos ricos (...)[15].

Enquanto se expandiam as classes médias, constituídas por elementos vinculados ao comércio e à indústria, funcionários civis e militares, pelo contingente ligado ao magistério e a outras profissões liberais, parte dos assalariados reivindicava melhores salários e condições de trabalho. Promoviam greves e comícios, organizavam associações de fundos mútuos, lançavam manifestos e jornais, ou lutavam por meio de um teatro engajado.

Da parte do Estado e da Prefeitura, observou-se a continuidade de seus mecanismos de controle. Os programas sanitários, as reformas do ensino e da polícia, o aumento do número de fóruns, câmaras e cadeias e a criação do hospício do Juqueri estavam por trás do culto ao trabalho, à segurança e à disciplina. Criaram-se novos grupos escolares e escolas técnicas, onde se ensinavam civilidade e deveres à criança e aos futuros operários. A Repartição de Águas e Esgotos ampliou o número de mananciais. Em 1905, o Serviço Sanitário, chefiado por Emílio Ribas, conseguiu as primeiras vitórias quanto às tentativas de erradicar moléstias como a febre amarela, o tifo, a tuberculose e a cólera, não só em São Paulo, como também em Santos e em Campinas. Trabalhou em conjunto com a Prefeitura no controle das plantas e fiscalização das construções. O Município procurou orientar a urbanização para superar o estágio rural dos antigos arredores da cidade e voltou-se, principalmente, ao embelezamento, mediante alargamentos, calçamentos e arborização das ruas e avenidas, e à reforma e abertura dos parques.

Os três prefeitos que atuaram nesse período pertenciam à elite cafeeira: o Conselheiro Antônio da Silva Prado, o Barão Raimundo Duprat e Washington Luís Pereira de Souza.

O Prefeito Antônio Prado (1899-1910) deu início a uma série de alargamentos e de retificações das vias centrais, como as ruas São João, Líbero Badaró, XV de Novembro, Boa Vista e Quintino Bocaiúva. Reformou o antigo Largo do Rosário mediante a demolição de uma série de prédios antigos e da Igreja do Rosário dos Homens Pretos. Em 1905, surgiu a Praça Antônio Prado com sua famosa Ilha dos Prontos. Foram reformados o Jardim da Luz, a Praça da República e o Largo Paissandu. Receberam benfeitorias o Viaduto do Chá, a Praça João Mendes e os largos centrais[16].

O palacete paulistano

121.
Avenida Higienópolis no começo do século. À direita podem-se ver os primeiros palacetes
nos terrenos que pertenciam à Chácara Vila Maria.
Il Brasile e gli italiani, Fanfulla, 1907.

122.
Vila Penteado, o grande vestíbulo.
Il Brasile e gli italiani, Fanfulla, 1907.

123.
Vila Penteado, sala de jantar.
Il Brasile e gli italiani, Fanfulla, 1907.

São Paulo em 1900

124.
Sala Maria Antonieta.
Il Brasile e gli italiani, Fanfulla, 1907.

125.
Sala Luís XV.
Il Brasile e gli italiani, Fanfulla, 1907.

126.
Vista parcial da fachada da Vila Penteado e dos jardins.
Arquivo da autora.

127.
Lago artificial nos jardins da Vila Penteado.
Arquivo da autora.

O palacete paulistano

Em 1900, ele tentou impor recuos às vilas operárias construídas fora do perímetro urbano[17]. Ainda por iniciativa sua, mandou plantar 25.692 árvores na cidade. Eram plátanos, eucaliptos, cedros, andassus e palmeiras imperiais. Na sua gestão tiveram início as linhas de bondes elétricos. A primeira, inaugurada em 7 de maio de 1900, partiu da Chácara do Carvalho, na Barra Funda, onde morava o Prefeito, unindo esse bairro ao centro da cidade. A segunda linha chegaria até a porta da "Villa" Maria, residência de sua mãe, em Santa Cecília. Sucessivamente diversas linhas foram instaladas, de preferência, nas artérias que ainda hoje irradiam do centro, representantes das antigas saídas da cidade. De modo geral, a urbanização incidiria nos trajetos dos bondes elétricos, tais como as ruas da Liberdade, Brigadeiro Luís Antônio, Rio Branco, Consolação, Maranhão, etc. e as avenidas Tiradentes, Higienópolis, Paulista e Rangel Pestana.

Na gestão Raimundo Duprat (1911-1913), deu-se tratamento especial às avenidas citadas e ao trajeto que levava aos Campos Elíseos e à Barra Funda. Foram eles que receberam o maior número de árvores e de novas praças, como o Trianon (1912) e a Praça Buenos Aires (1912). No ano anterior, a convite do Prefeito, chegou a São Paulo o urbanista francês Joseph Bouvard, que mediou os planos de urbanização do Vale do Anhangabaú e projetou o Parque D. Pedro II[18].

Em 1914, Washington Luís Pereira de Souza (1914-1918) estabeleceu recuos fronteiros e laterais obrigatórios às construções particulares suburbanas[19], bem como à Avenida do Estado, já contando com recuos a Avenida Água Branca[20]. A instituição das feiras-livres, ainda naquele ano, consolidaria o processo de urbanização da antiga zona semi-rural[21].

Washington Luís procuraria urbanizar ainda a Várzea do Carmo, mediante a construção do Parque D. Pedro II, área que permanecera em estado de abandono, sujeita às inundações do Rio Tamanduateí, formando uma barreira que dificultava a comunicação entre os bairros proletários, o centro da cidade, o Vale do Anhangabaú e os bairros da burguesia.

Predominavam a euforia, o otimismo, a crença no progresso material e na secularização como portadores da felicidade. A *belle époque* paulistana estava em pleno vigor. Após a fotografia, o telégrafo e o telefone, chegaram a São Paulo o fonógrafo, o gramofone e o cinema, além do automóvel. Em 1912, havia diversos cinemas no centro, tais como o Bijou Theatre, o Radwin e o Iris Theatre, dirigindo-se, em seguida, aos bairros como a Vila Buarque, Santa Ifigênia, a Liberdade e o Brás[22].

A cidade contava com diversos teatros: o Teatro Apolo, o Santana e o Politeama, na Rua de São João. Com o Cassino Antarctica e o Cassino Paulista, na Rua Anhangabaú. O cancã estava na moda e o primeiro espetáculo de nu artístico era apresentado no Politeama[23]. O novo Teatro São José funcionou junto ao velho Viaduto do Chá, em frente ao Teatro Municipal.

Os esportes estavam em grande voga junto à burguesia e aos estrangeiros: o futebol, o tênis e a bola ao cesto, praticados nos jardins das residências da elite, saíam para os campos improvisados nas ruas e nas várzeas. Damas e cavalheiros passeavam de bicicleta e faziam equitação. Existiam o Velódromo, para ciclismo e futebol, e os clubes Tietê, Espéria e o de Regatas São Paulo, para natação e

128.
A família de Antônio Álvares Penteado. Ao redor do Conde, da esquerda para a direita, seus filhos Stella e Armando, sua mulher, D. Ana, e seu filho Sílvio, o genro Caio Prado e as filhas, Antonieta e Eglantine.
Arquivo da autora.

129.
Estar da família, nos jardins da Vila Penteado.
Arquivo da autora.

130.
Encontro familiar para o chá, nos jardins da Vila Penteado.
Arquivo da autora.

O palacete paulistano

remo. A Sociedade Hípica Paulista funcionava na Aclimação e depois em Pinheiros, e o Automóvel Clube, tradicional ponto de encontro da elite do café, forneceu a primeira carta de motorista a conhecido industrial italiano. Se Alberto Santos Dumont se celebrizara com seus experimentos aéreos, em Paris, Edu Chaves realizou a travessia São Paulo–Rio, em 1912, para entusiasmo dos paulistanos.

Animavam-se os bares, os cafés e as cervejarias que proliferavam pelo centro, freqüentados por jornalistas, intelectuais, estudantes e *cocottes*. Confeitarias como o Bar Viaduto, na Rua de São Bento, atraíam as senhoras das melhores famílias, que iam tomar sorvetes ou o chá das cinco, ao som de orquestras. À tarde, fazia-se o *footing* no Triângulo, nome que se dava à figura geométrica formada pelas ruas Direita, São Bento e XV de Novembro.

A sociedade encontrava-se no Jardim da Luz, onde se realizavam concertos semanais, e no Velódromo. As mulheres da elite aproveitavam a oportunidade para exibir as *toilettes* chegadas de Paris. Os lugares mais próximos eram disputadíssimos pelas outras senhoras para que pudessem observar melhor os modelos e a maneira como eram confeccionados. Posteriormente, o Teatro Municipal tornou-se importante ponto de encontro da burguesia.

131.
Chafariz que existia nos jardins da Vila Penteado, hoje na Fazenda Palmares, em Santa Cruz das Palmeiras.
O automóvel é um Lincoln de 1926.
Arquivo da autora.

132.
Cartão de visitas da Família Penteado com o desenho da residência.
Arquivo de Marina Moraes Barros Cosenza.

133.
Carnet de bal referente ao baile oferecido na Vila Penteado, em homenagem ao Dr. Bernardino de Campos, então Presidente do Estado de São Paulo.
Arquivo de Marina Moraes Barros Cosenza.

Para o grupo cafeicultor, importava, todavia, o refinamento cultural, em prejuízo da herança luso-africana e dos recém-chegados. Evitava-se a companhia dos imigrantes, caipiras, mulatos e negros libertos:

"O pessoal do Brás tomou conta e estragou tudo", diziam[24].

Apesar da realização de inúmeras sociedades comerciais entre italianos e elementos da elite do café, os dois grupos ficavam separados socialmente. Os brasileiros "europeizados" freqüentavam o Automóvel Clube; os mais tradicionais, o Clube Comercial; e os italianos ricos, o Circolo Italiano[25].

Mesmo procurando guardar distância, as famílias tradicionais acabaram por se encontrar com seus vizinhos novos-ricos, na Ópera, no corso da Avenida Paulista, no Trianon, em Santos e no Guarujá, onde jogavam lado a lado nas mesas dos cassinos. Os filhos estudavam nas mesmas escolas ou brincavam juntos nos jardins, controlados pelas governantes que tagarelavam entre si.

Malgrado a forte presença italiana, a cidade era curiosamente francesa, sob certos aspectos. Georges Clemenceau, ao visitá-la no começo do século, disse que se esqueceu que se achava no estrangeiro[26]. Apresentavam forte influência francesa o urbanismo, a reforma da polícia, o ensino, a organização de bibliotecas, dos museus e dos institutos de pesquisa científica. Os clubes da elite e os esportes inspiravam-se nos similares franceses. O idioma francês ainda era o preferido pelo grupo cafeicultor e pelas instituições oficiais.

Na verdade, havia diversas cidades dentro de São Paulo. Uma, acanhada e pacata, onde predominavam as construções e os transportes tradicionais, com pouco conforto, e se levava vida provinciana. Outra, bastante movimentada e alegre, atada ao centro, onde se concentravam o comércio, a administração pública, o lazer, os jornais, os hotéis, os escritórios, etc. Animavam esta cidade comerciantes, ambulantes, operários, artesãos, funcionários

O palacete paulistano

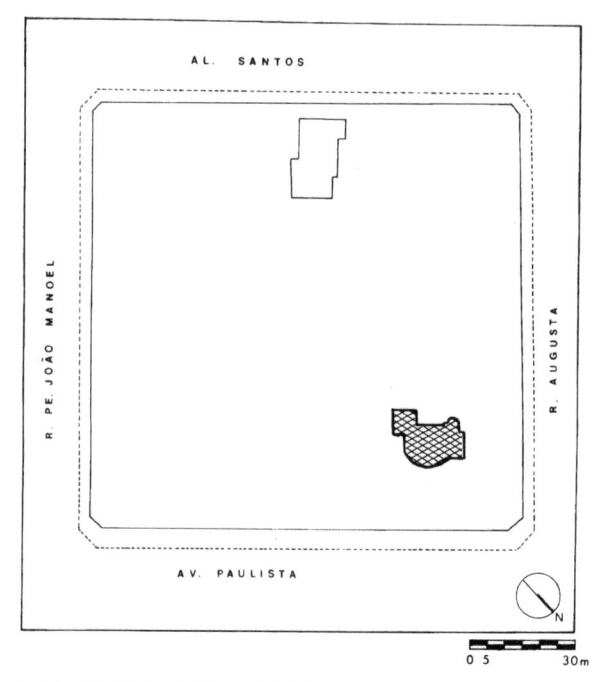

proprietário: HORÁCIO BELFORT SABINO
endereço: Av. Paulista/R. Augusta APUD SARA-BRASIL, 1930
projeto: Victor Dubugras
ano: 1903

TÉRREO
1 entrada
2 vestíbulo
3 s. visitas
4 s. jantar
5 jardim de inverno
6 saleta
7 copa
8 costura e refeição das crianças
9 cozinha
10 criada
11 despensa

1º ANDAR
1 escritório
2 dormitório
3 q. casal
4 q. vestir
5 toilette
6 banho e w.c.
7 alpendre
8 terraço

A Vila Horácio Sabino, construída no mais puro estilo *art nouveau*, é considerada uma das obras mais importantes do arquiteto Victor Dubugras.
Contava com a distribuição francesa e já possuía varanda semicircular, conjugada com a grande sala de jantar, e jardim de inverno. A saleta situada entre a copa e a sala de jantar podia ter sido destinada à sala da senhora. Mas o jardim de inverno, novidade da época, acabou atraindo o estar da família. Fonte desta planta: Arquivo Histórico Municipal "Washington Luís".

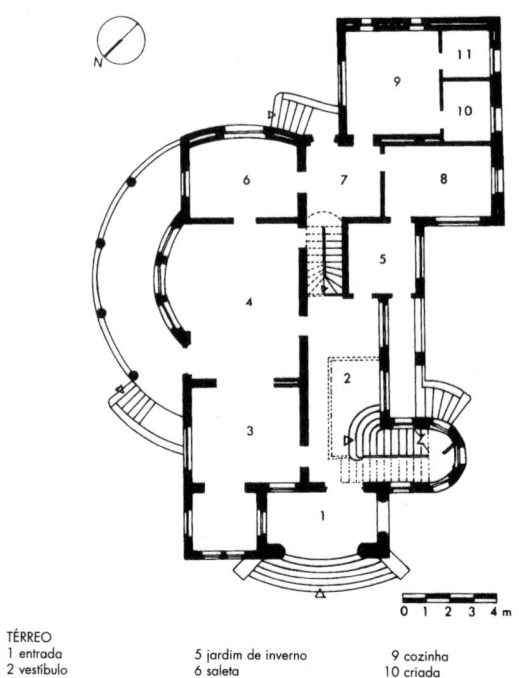

públicos, entregadores de mercadorias, jornaleiros e uma infinidade de outros trabalhadores. Uma terceira cidade emergia além ferrovias, de difícil acesso. Dispersa no sentido norte, leste e sul, era ocupada por fábricas, chaminés, casas populares e cortiços, construídos nas terras mais baixas e molhadas das várzeas. Servia de contraponto à cidade rica, em franco processo de urbanização, voltada para oeste, composta do centro, Viaduto do Chá, Vale do Anhangabaú, atados aos bairros médios e elegantes. Foi nesta cidade que surgiram os palacetes.

De modo geral, o que aconteceu em toda a cidade foi uma verdadeira febre especulativa e o aumento brutal do número das construções. No amanhecer do século, 289 casas foram edificadas. Mas, de 1902 a 1914, a capital passou a contar com 31.219 casas a mais[27]. Em que pese a variedade de estilos e de etnias, notava-se certa unidade na arquitetura paulista, graças à vulgarização de novas técnicas construtivas e a uma nítida influência da arquitetura italiana. Predominou o neoclássico, de gosto italianizante, embora os estilos regionais da Península também tivessem sido relevantes[28]. Mas os prédios de dois a três andares, ao gosto francês, com cúpulas de ardósia e mansardas, foram muito comuns e até hoje podem ser encontrados na cidade.

Realizaram obras para a elite, entre outros arquitetos, Francisco de Paula Ramos de Azevedo, Carlos Ekman e Victor Dubugras. O primeiro associara-se, em 1908, ao arquiteto português Ricardo Severo e, em 1911, ao engenheiro Villares, seu genro. Nasceu, assim, a firma Severo Villares. Fiel aos princípios acadêmicos ainda regidos pela obra de Louis Cloquet, na Politécnica, Ramos de Azevedo procurava não se afastar da distribuição francesa nem do Neoclassicismo. Seu escritório incluía muitos colaboradores, entre arquitetos, engenheiros e desenhistas, como Domiziano Rossi, Adolfo Borioni e Felisberto Ranzini, e respondia por uma quantidade volumosa de projetos e construções oficiais e particulares[29].

Já Victor Dubugras, arquiteto franco-argentino, embora tivesse passado pelo Escritório Técnico "Ramos de Azevedo" e lecionasse na Escola Politécnica desde 1894, manteve sua produção independente, assim como Carlos Ekman.

De modo geral, no palacete, observou-se a preferência pela distribuição francesa, especialmente quando se tratava de sobrado. Com o estilo *art nouveau*, cresceram os *halls*, que passaram a ser utilizados pelo estar informal, para representações teatrais e encontros políticos. Quando não, a casa ganhava jardim de inverno (terraço envidraçado). As vilas do arquiteto sueco Carlos Ekman apresentaram a nova tendência e influenciaram outros arquitetos.

O estar formal incorporou cômodos destinados a atividades culturais, tais como bibliotecas e galerias de arte, onde também aconteciam conferências e recitais de música. Esse espaço tornou-se ocupado pelos homens que ainda usufruíam o bilhar e o *fumoir*. Passaram a liderar as atividades culturais e, com o tempo, também as vanguardas, fazendo frente às mulheres. É o que aconteceu na Vila Fortunata, de René Thiollier, na Avenida Paulista, no chalé de Paulo Prado, na Avenida Higienópolis, e na Vila Kyrial, do Senador Freitas Valle, na Vila Mariana.

Veremos que as vanguardas também se desenvolveram nos porões, onde se concentrava o estar informal dos jovens que aí mantinham seus quartos, bibliotecas, ateliês, sala de jogos e de estudos.

Em diversos palacetes, o estar formal incluía um apartamento no térreo, destinado a idosos ou a hóspedes e até à governante da casa. No primeiro caso, era independente, dando para a entrada social. No segundo, ficava mais próximo à cozinha.

Por outro lado, houve mudanças na cozinha e nos banheiros, renovando-se o equipamento. Aquela ficou mais clara e limpa, organizando-se de forma a propiciar a melhor coordenação de movimentos e economia de espaço. O preparo dos alimentos tornou-se mais rápido graças aos moinhos modernos que possibilitaram o beneficiamento de grandes quantidades de gêneros ou cereais como o trigo, o arroz, o açúcar, a torrefação de café, o preparo dos derivados do milho e da mandioca. Por outro

O palacete paulistano

134.
A Vila Horácio Sabino: vista externa.
Arquivo de Sylvia Laraya Kawall.

135.
A Vila Horácio Sabino: sala de visitas.
Arquivo de Sylvia Laraya Kawall.

136.
Sala de jantar *art nouveau*, importada da França.
Arquivo de Sylvia Laraya Kawall.

137.
A Vila Horácio Sabino: *hall*.
Arquivo de Sylvia Laraya Kawall.

138.
A Vila Horácio Sabino: jardim de inverno.
Arquivo de Sylvia Laraya Kawall.

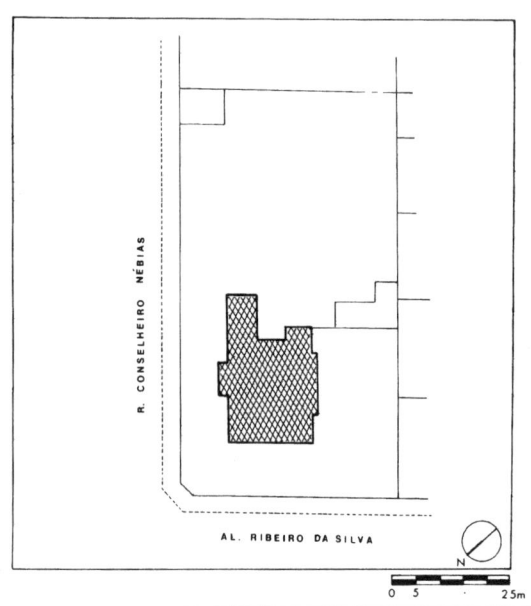

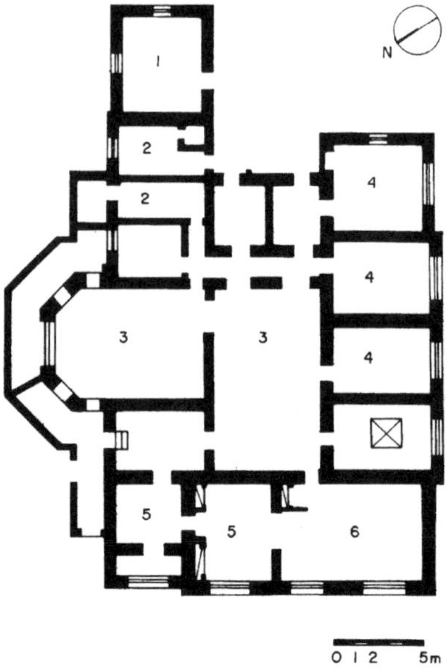

O *palacete paulistano*

proprietário: JOSÉ DE SOUZA QUEIROZ
endereço: R. Conselheiro Nébias, 133   APUD SARA-BRASIL, 1930
projeto: Alberto de Oliveira Coutinho
ano: 1909

PORÃO
1 banho empregados
2 adega
3 folguedos infantis
4 d. empregados
5 depósito
6 s. aula

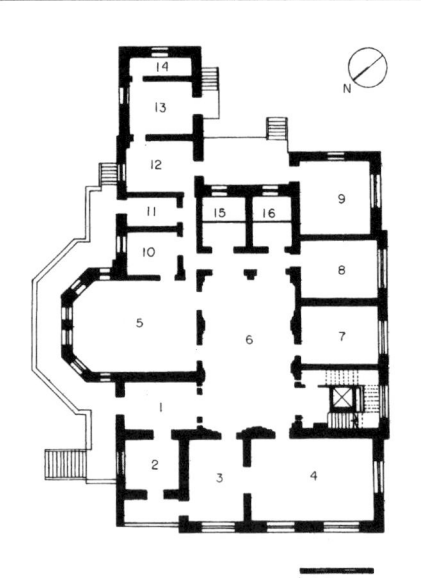

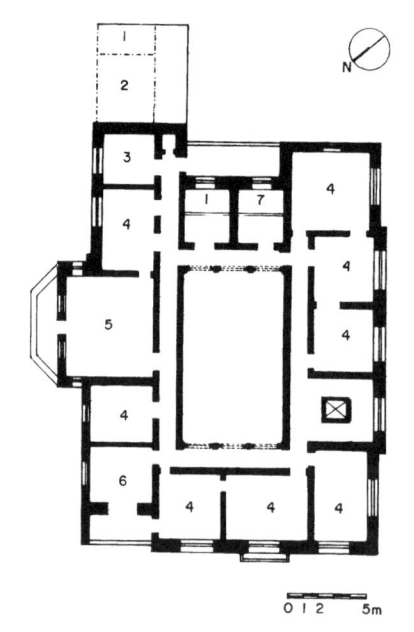

TÉRREO
1 vestíbulo
2 gabinete
3 s. visita
4 salão
5 s. jantar
6 hall
7 s. música e jogos
8 dormitório
9 s. almoço
10 s. governante
11 s. alm. empregados
12 copa
13 cozinha
14 despensa
15 w.c.
16 banho

1º ANDAR
1 w.c.
2 d. governante
3 banho posterior
4 dormitório
5 d. casal
6 quarto/toilette Sra.
7 banho

204

lado, a introdução das geladeiras a pedras de gelo facilitou a estocagem dos alimentos perecíveis como leite, frutas e verduras[30].

A chegada dos aquecedores a gás e das banheiras permitiu a independência e o maior conforto dos banheiros, que se uniram definitivamente aos w.c., num só compartimento. O palacete passou a contar com três banheiros completos: um no térreo, na zona de serviços, um no andar superior e o terceiro no porão ou nas edículas. Mas persistiam os penicos, guardados nos criados-mudos, assim como os quartos de *toilette*, transformados em estar íntimo de senhoras.

Multiplicaram-se as varandas ao redor das casas, tornando-se mais largas e curvas. Houve maior integração da casa com os jardins por meio de escadas e do crescimento do número de envasaduras envidraçadas. Essa tendência tornou-se mais forte na produção de Victor Dubugras, na qual procurou privilegiar a sala de jantar, mais ampla e ricamente decorada, situada no centro da composição, enfatizada pela varanda em semicírculo, voltada, de preferência, para a rua. Tal o caso da Vila Horácio Sabino, de 1903, na Avenida Paulista esquina com a Rua Augusta; a Vila Nenê, de Mário Rodrigues, na Rua Maranhão, esquina com a Rua Sabará; ao lado desta, a Vila Cândido Rodrigues, de 1910; além da Vila M. Medeiros e da Vila Luís Piza.

Mas, em breve, Dubugras também incluiria nas suas composições a distribuição francesa e a cozinha no porão. Quiçá se tratasse de uma imposição da elite, pois agora os *halls* solenes com pés-direitos duplos e as amplas escadarias concorriam com a zona de representação quanto ao apuro decorativo.

Numa fantástica interpenetração de espaços e de planos, as residências de Dubugras pareciam buscar uma conciliação entre nossas tradições, a etiqueta e o refinamento afrancesado da nossa elite, ao lado das novas tendências da arquitetura. Com o tempo, cresceria o número de banheiros completos, procurando acompanhar o de dormitórios e *toilettes*. São dessa fase as vilas de Cássio Prado, na Avenida Higienópolis (1912), de Antônio Alves de Lima, na Rua Sabará, esquina com a Martinico Prado (1914), e a da Baronesa de Arari, na Avenida Paulista, esquina da Rua Peixoto Gomide (1916).

Dedicamos este capítulo à apresentação de seis residências que pertenceram a empresários do café e a profissionais liberais.

Escolhemos a Vila Penteado, por seu apuro arquitetônico e decorativo e, em especial, pela vida elegante que aí se levou, favorecida pelas amplas dimensões da zona de representação. O seu espaço influenciou outras residências, principalmente quanto ao crescimento do *hall* e seu uso. Nessa lista, encontram-se a casa de Waldomiro Pinto Alves, construída por Carlos Ekman, o mesmo arquiteto da Vila Penteado, e a de José de Souza Queiroz, edificada por Alberto Oliveira Coutinho, ambas nos Campos Elíseos[31].

Veremos também a Vila Horácio Sabino, a do Dr. Nicolau Moraes Barros e a de Numa de Oliveira, todas na Avenida Paulista. A seguir, inserimos algumas residências que serão analisadas do ponto de vista espacial: Vila Fortunata, de René Thiollier, projetada por August Fried; casa de J. M. Siqueira Jr., por Ramos de Azevedo; três residências projetadas por Victor Dubugras: uma para Antônio Lacerda Franco, a Vila Cássio Prado e a casa da Baronesa de Arari; além de dois palacetes de empresários italianos: o de Alexandre Siciliano, projetado por Ramos de Azevedo para Luís Anhaia, e o de Egydio Pinotti Gamba, por Eduardo Loschi. A exemplo da vila de Francisco Matarazzo, examina-

---

◆ Apesar de este palacete lembrar a Vila Penteado, ao privilegiar o *hall*, ele dispõe do organograma básico francês e de sua variante, ligando a sala de jantar diretamente à cozinha. De acordo com Nelson Penteado, neto do proprietário, que morou na residência, ela dispunha também de uma sala de almoço usada pela família no dia-a-dia. Esta planta é baseada na que nos foi cedida pelo Ersa1–Centro, departamento da Secretaria da Saúde, atual ocupante do imóvel. Os programas originais foram fornecidos por Nelson Penteado.

139.
O palacete de José de Souza Queiroz, na Rua Conselheiro Nébias, 133, Campos Elíseos.
Álbum da família, arquivo de Nelson Penteado.

140.
Entrada social do palacete.
Álbum da família, arquivo de Nelson Penteado.

141.
O alpendre fronteiro do palacete de José de Souza Queiroz.
Álbum da família, arquivo de Nelson Penteado.

142.
O gabinete do proprietário.
Álbum da família, arquivo de Nelson Penteado.

143.
O vestíbulo, vendo-se o elevador em último plano.
Álbum da família, arquivo de Nelson Penteado.

144.
O *hall* do palacete de José de Souza Queiroz.
Álbum da família, arquivo de Nelson Penteado.

O palacete paulistano

145.
O salão vermelho: móveis venezianos e cortinas bordadas a ouro.
Álbum da família, arquivo de Nelson Penteado.

146.
Sala de jantar do palacete de José de Souza Queiroz.
Álbum da família, arquivo de Nelson Penteado.

São Paulo em 1900

147.
O casal D. Gisela Braun e José de Souza Queiroz.
Álbum da família, arquivo de Nelson Penteado.

148.
Fräulein Henriette Curlein, a preceptora alemã dos filhos do
casal José de Souza Queiroz, que se agregou à família.
Álbum da família, arquivo de Nelson Penteado.

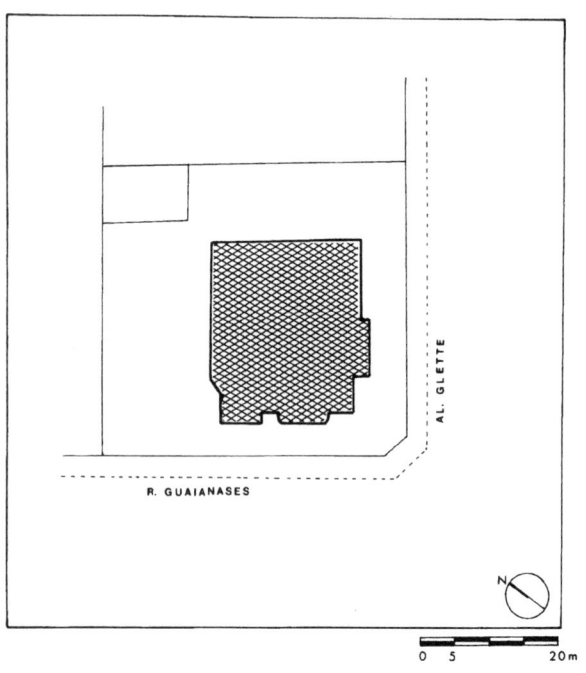

O *palacete* paulistano

proprietário:	WALDOMIRO PINTO ALVES
endereço:	Al. Glete/R. Guaianases APUD SARA-BRASIL, 1930
projeto:	Carlos Ekman
ano:	1911

O desenho da fachada da casa de Waldomiro Pinto Alves é cópia do original realizado por Carlos Ekman, existente no arquivo de Maria da Penha Müller Carioba, filha do proprietário. Entretanto, ele não concorda com a fachada executada, indicando não se tratar de trabalho definitivo.

Não foram localizadas as plantas originais, nem foi possível reconstituí-las porque o palacete foi bastante alterado devido a reformas sucessivas.

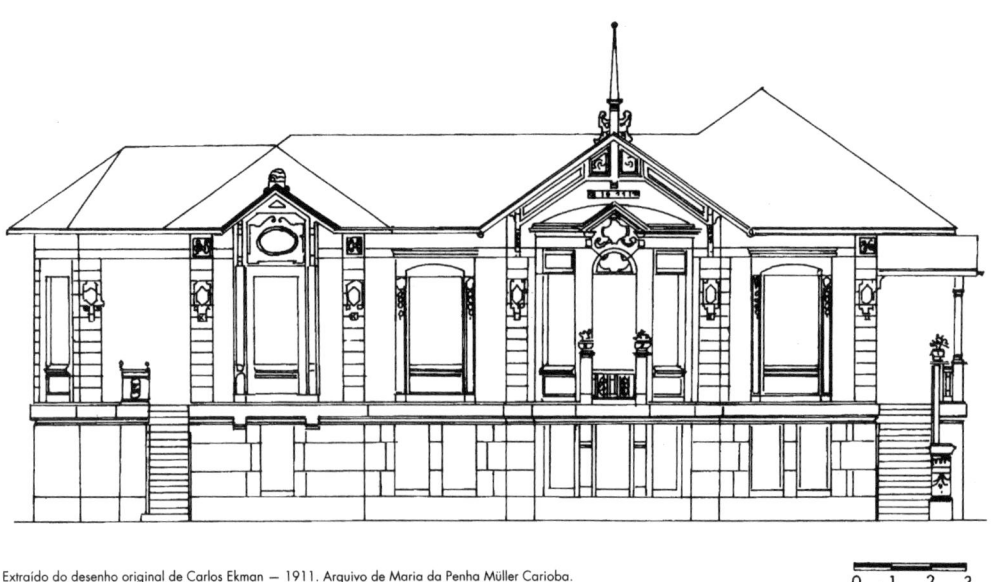

Extraído do desenho original de Carlos Ekman — 1911. Arquivo de Maria da Penha Müller Carioba.

210

da no capítulo anterior, tudo leva a crer que os primeiros palacetes da Avenida Paulista que pertenceram a italianos não tinham distribuição francesa. Contudo, o estudo de casa abastada dos empresários de origem imigrante, datado desse período, merece continuidade.

A Vila Penteado

A Vila Penteado situa-se no lado ímpar da Avenida Higienópolis, e foi residência de Antônio Álvares Leite Penteado, de sua mulher, Ana Franco de Lacerda Álvares Penteado, e dos filhos do casal, no período de 1902 a 1938. Até então, a família, recém-chegada de Santa Cruz das Palmeiras, morava na Rua Alegre, em sobrado que ficava no alinhamento da rua, com jardins laterais, transformado depois em sede do Hotel Albion.

Antes de discorrermos sobre a Vila Penteado, vamos fornecer alguns dados sobre o proprietário.

Antônio Álvares Leite Penteado nasceu em Mogi-Mirim, em 1852. Era filho de João Carlos Leite Penteado, juiz de Direito naquela comarca, e de Maria Hygina Alves de Lima. Sua primeira esposa, Maria Ferreira Penteado, logo faleceu. Com Ana Franco de Lacerda, filha dos Barões de Araras, teve cinco filhos: Sílvio, Antonieta, Eglantine, Stella e Armando[32].

Em Santa Cruz das Palmeiras, formou a Fazenda Palmares, que chegou a ter 750.000 pés de café. Em 1889 fundou a Fábrica Santana, no Brás, para produção pioneira de aniagens, utilizadas para ensacar o café, e o antigo Teatro Santana, na Rua Boa Vista, e a Rotisserie Sportsman, ao lado do Viaduto do Chá. Em 1907, doou um terreno, no Largo de São Francisco, bem como o edifício, para a Escola de Comércio, que ali se encontra e traz o seu nome.

A idéia de construir a Vila Penteado nasceu da visita que o cafeicultor e industrial realizou à Grande Exposição Universal de Paris, de 1900, consagradora do estilo *art nouveau*. Ao regressar, escolheu-o para a casa que mandaria edificar em Higienópolis. Encarregou Carlos Ekman do projeto, desenvolvido na modalidade austríaca do estilo denominado *Sezession*. Ekman também realizou outros projetos para a família Penteado, entre os quais o referido prédio da Escola de Comércio e duas *villas* situadas na Avenida Higienópolis, destinadas às filhas do empresário, Antonieta A. Penteado da Silva Prado, casada com Caio da Silva Prado, e Stella A. Penteado, casada com Martinho da Silva Prado.

A Vila Penteado, ao que tudo indica, é o último remanescente em São Paulo das residências urbanas projetadas no estilo *art nouveau*.

Sobre esta vila, o historiador da arte Yves Bruand escreveu em 1971:

Ekman soube inspirar-se nas realizações européias e nas alterações de época sem ser, porém, um imitador servil: a síntese feliz que conseguiu efetuar entre a simetria absoluta do estilo Sezession, e a audácia, a liberdade de invenção dos mestres belgas é a primeira prova da segurança de sua escolha, de seus dons de assimilação, de suas faculdades criativas[33].

A Vila Penteado foi implantada em desnível, em meio a um parque cercado por gradis de ferro. Os terrenos ocupavam o quarteirão delimitado pela Avenida Higienópolis e pelas ruas Itambé, Maranhão e Sabará. Alamedas em curvas partiam do portão principal, na avenida, conduzindo os carros a tração animal e os automóveis até a marquise lateral. Os jardins contavam com lago artificial, estufa, árvores frutíferas e quadra de tênis. Nos fundos, junto à entrada de serviço feita pela Rua Maranhão, ficavam a horta, as cocheiras e edículas. Um terreno no Pacaembu, contendo uma nascente, foi adquirido pelo proprietário para completar o abastecimento de água do palacete, construindo-se aí o alojamento dos jardineiros.

Internamente, o grande vestíbulo, com pé-direito duplo, tornou-se o mais amplo e ricamente decorado, adquirindo o peso maior da zona de representação. Revestido de lambris, nele o arquiteto

O palacete paulistano

149.
Residência do casal Maria de Magalhães Alves e Waldomiro Pinto Alves, construída em 1911, na Rua Guaianases, esquina com a Alameda Nothmann, conforme projeto do arquiteto Carlos Ekman.
Arquivo de Cecília P. A. de Salles Pinto.

150.
Residência Waldomiro Pinto Alves:
passagem para o *hall* e para a copa.
Arquivo de Cecília P. A. de Salles Pinto.

151.
Residência Waldomiro Pinto Alves:
sala de jantar e passagem.
Arquivo de Cecília P. A. de Salles Pinto.

São Paulo em 1900

152.
Residência Waldomiro Pinto Alves: sala de jantar.
Arquivo de Cecília P. A. de Salles Pinto.

153.
Residência Waldomiro Pinto Alves:
aparador da sala de jantar.
Arquivo de Cecília P. A. de Salles Pinto.

154.
Residência Waldomiro Pinto Alves: sala de visitas.
Arquivo de Cecília P. A. de Salles Pinto.

155.
Residência Waldomiro Pinto Alves: vitrine exibindo
objetos de prata e uma coleção de colheres.
Arquivo de Cecília P. A. de Salles Pinto.

156.
Residência Waldomiro Pinto Alves: jardins.
Arquivo de Cecília P. A. de Salles Pinto.

157.
Residência Waldomiro Pinto Alves: lareira do *hall*.
Arquivo de Cecília P. A. de Salles Pinto.

158.
Residência de Waldomiro Pinto Alves: jardins.
Arquivo de Cecília P. A. de Salles Pinto.

explorou ao máximo não só as qualidades estéticas (da madeira), como também suas possibilidades funcionais e construtivas (...)[34].

A decoração desenvolve-se sobre o tema da mulher esvoaçante própria do *fin-de-siècle*, diluindo-se nas sinuosidades da natureza, no labirinto dos vegetais e de outras curvas desenhadas pelo arquiteto, em que predominam as begônias.

Para Flávio Motta, é a escadaria que rompe

a simetria de todas as estabilidades. Embora, em grandes linhas, a planta residencial demonstre regularidade (...)[35].

Entretanto, mantém-se a orientação da casa burguesa quanto a certos espaços. A sala de jantar ficava próxima à cozinha e as duas salas de visitas, conjugadas entre si, são decoradas com móveis dourados nos estilos Luís XV e Maria Antonieta.

Além desses cômodos, existiam no térreo, terraço fronteiro, dois dormitórios, dois w.c., bilhar, *boudoir* (toucador), corredor lateral, escada de serviço, copa, cozinha, escritório da governante da casa, despensa, duas dependências de empregados e terraço nos fundos. No andar superior, havia seis dormitórios, além das dependências da governante, dois banheiros, saguão, sala de estar, quarto de vestir e saleta. Todos os cômodos citados compunham a ala esquerda, destinada ao casal de proprietários e a dois filhos solteiros.

A residência de Antônio Prado Jr., casado com Eglantine, a terceira filha de D. Ana e Antônio Álvares Penteado, ficava na ala direita, e era menor. No térreo, possuía salão, entrada principal, saleta, saguão, escritório, sala de jantar, *toilette*, despensa, duas dependências de empregados, lavanderia, copa e cozinha. No primeiro andar, ficavam três dormitórios, dois banheiros, dois quartos de vestir, quarto de estudos, quarto de empregada e da governante, mais a rouparia. No porão, as adegas e o depósito de móveis.

A decoração era aquela, típica em São Paulo, das residências da classe socioeconômica à qual pertencia a família Penteado: Gobelins, Aubussons, Sèvres, bronzes de Moureau e Barbedienne, porcelanas da Saxônia, *chinoiseries* e mármores italianos. Iluminadas por muitos lampadários, todas as salas eram cobertas de tapetes da Boêmia e passadeiras belgas. Muitos móveis provieram da Casa Mercier, de Paris. No grande saguão, a longa escada de madeira era coberta por uma passadeira com motivos geométricos e, nas paredes, três pinturas a óleo, de autoria de Oscar Pereira da Silva e de Servi, procuravam compor a história da indústria nacional, vendo-se numa delas a primeira fábrica de Antônio Penteado, a Fábrica Santana. A decoração era ao gosto inglês, com lareira e móveis da Casa Maple, da Inglaterra. Não fossem as pinturas, diríamos que, agora, ela tende a despersonalizar-se, lembrando os *halls* de hotéis e navios.

O escritório contíguo ao saguão, dando para os jardins dos fundos, era decorado com móveis de acaju, vagamente *Empire*. A mobília da sala de jantar compunha-se de duas cristaleiras, três grandes *buffets* com espelhos, longa mesa e cadeiras de espaldar alto, de madeira entalhada com motivos vegetais brasileiros: goiabas e ramos de café.

A Vila Penteado era casa matriz, freqüentada pelos filhos, genros, noras, netos e sobrinhos que moravam nas proximidades. A família usava o *hall* para o convívio diário, e às vezes para espetáculos teatrais. As salas de visitas abriam-se por ocasião de bailes dados ao som de orquestras. Diariamente elaboravam-se os cardápios que se serviam à francesa.

As crianças ficavam aos cuidados das governantes alemãs, enquanto brincavam nos jardins e no porão. Não podiam freqüentar os jardins públicos a fim de se evitar o contágio de moléstias.

Em 1912, Antônio Álvares Penteado faleceu em Paris. Permaneceram no casarão a Condessa Penteado e seu neto Martinico da Silva Prado, casado com Atte Prado. Nos últimos anos, a Condessa viveu sozinha, aos cuidados de criados portugueses. Porém, era sempre visitada por seus filhos e netos, em companhia dos quais costumava fazer as refeições. De hábitos austeros e severos, extremamente

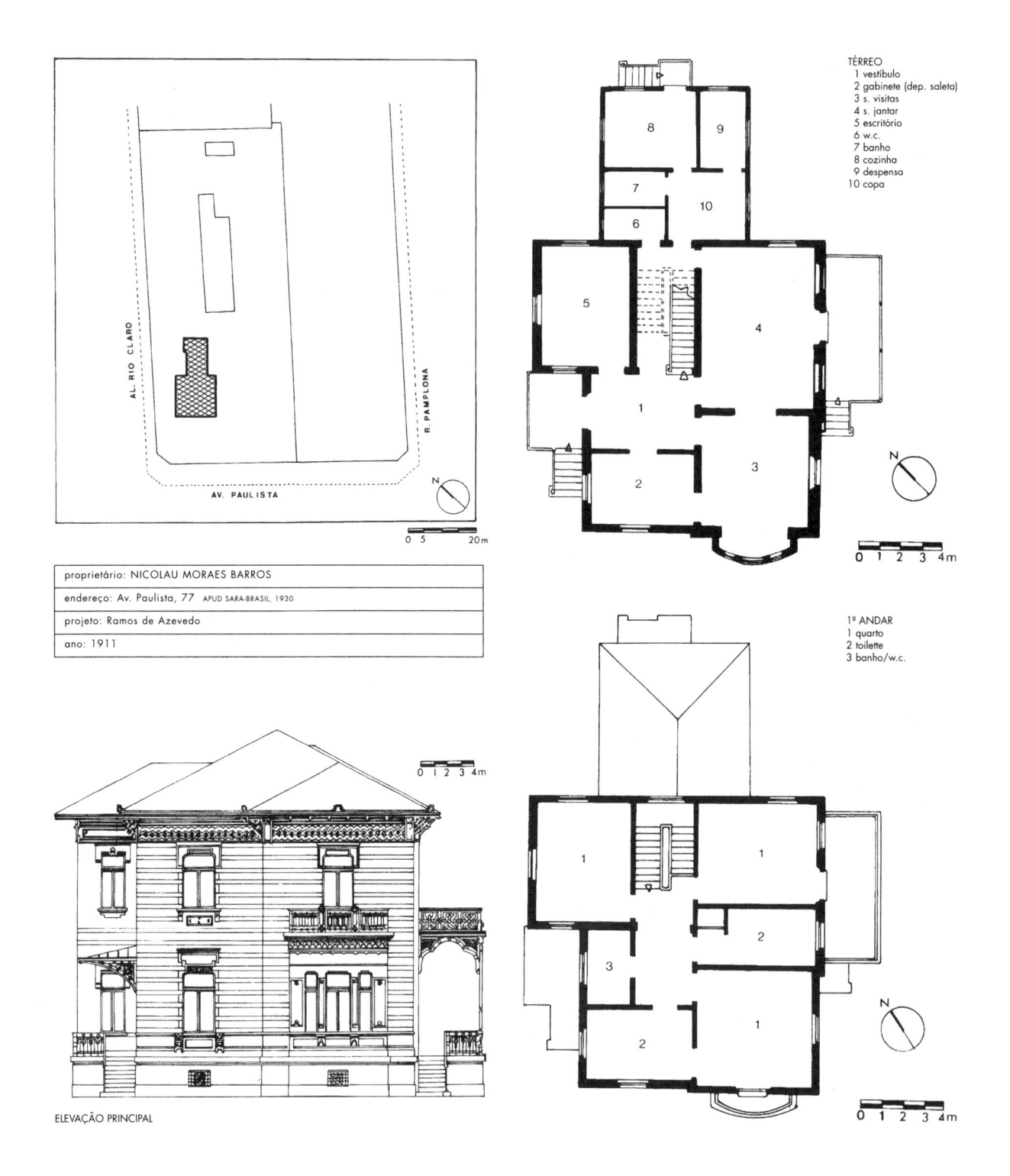

O palacete paulistano

TÉRREO
1 vestíbulo
2 gabinete (dep. saleta)
3 s. visitas
4 s. jantar
5 escritório
6 w.c.
7 banho
8 cozinha
9 despensa
10 copa

proprietário:	NICOLAU MORAES BARROS
endereço:	Av. Paulista, 77 APUD SARA-BRASIL, 1930
projeto:	Ramos de Azevedo
ano:	1911

1º ANDAR
1 quarto
2 toilette
3 banho/w.c.

ELEVAÇÃO PRINCIPAL

216

São Paulo em 1900

159.
D. Francisquinha Nogueira de Moraes Barros, na sua residência, na Avenida Paulista, nº 1.318. Sala de entrada, antiga saleta cuja parede foi derrubada para ampliar o vestíbulo. Foto 1957.
Arquivo de Marina Moraes Barros Cosenza.

• O palacete do Dr. Nicolau Moraes Barros possuía o organograma básico aperfeiçoado, segundo o qual o vestíbulo preenchia a sua função, além de permitir a ligação direta da sala de jantar com a área de serviços. O cômodo ao lado da sala de visitas, que aparece no programa original como gabinete, funcionou como uma saleta que, com o tempo, se incorporou ao vestíbulo mediante a demolição das paredes.
Fontes das plantas: biblioteca da FAU-USP (Arquivo do Escritório "Ramos de Azevedo").

formal, D. Nicota, como era conhecida familiarmente, criara para si uma rotina que raramente permitia alterações. Todos os dias, sentava-se no terraço às onze horas para receber o beija-mão de seus bisnetos que brincavam nos jardins da residência. A seguir, o mordomo lhe entregava o menu datilografado. Contou-nos Álvaro Pinto Aguiar, antigo procurador e diretor das empresas da família durante mais de quarenta anos, que a Condessa era sempre muito atenta e lúcida. Fazia questão de manter-se a par de todos os seus negócios. Todas as semanas, ele mesmo ou o outro diretor da firma, o Dr. Ulysses Caiuby, levavam-lhe pessoalmente o relatório do movimento financeiro das empresas. Poucos anos antes de falecer, ela acabou permitindo que seus netos, o pintor Carlos Prado e o escritor Caio Prado Júnior, militantes do Partido Comunista, vivessem na antiga cocheira do palacete, com a condição de que não realizassem reuniões de cunho político. O primeiro manteve nela o seu ateliê e o segundo, a sua biblioteca.

Em 1938, ao falecer a Condessa, o casarão tornou-se desabitado. Apenas os jardins eram utilizados diariamente pelas crianças da família e da vizinhança, as quais também gostavam de fazer teatro infantil, no *hall*.

Desde 1948, encontra-se ocupado pela Faculdade de Arquitetura e Urbanismo da Universidade de São Paulo, ocasião em que os herdeiros doaram o prédio à USP para que nele funcionasse a referida faculdade, então recém-criada na Escola Politécnica.

O Condephaat tombou o edifício, que perdeu os jardins, loteados e vendidos pelos herdeiros. Em seu lugar, surgiram arranha-céus e uma residência. Hoje, o acesso à Vila Penteado é feito pela Rua Maranhão, nº 88, antiga entrada de serviços.

A Vila Horácio Sabino

A Vila Horácio Sabino ocupava o quarteirão delimitado pela Avenida Paulista, Rua Augusta, Alameda Santos e Padre João Manoel. Nos fins do sé-

O palacete paulistano

160.
D. Francisquinha Nogueira de Moraes Barros entre as hortênsias dos jardins de sua residência.
Arquivo de Marina Moraes Barros Cosenza.

161.
D. Francisquinha Nogueira de Moraes Barros, na sala de visitas do palacete. Foto 1957.
Arquivo de Marina Moraes Barros Cosenza.

162.
Crianças pertencentes às famílias Cardoso de Almeida e Moraes Barros acompanhadas de uma babá, uma governante e uma *nanny*, no Parque Trianon. Foto c. 1925.
Arquivo de Marina Moraes Barros Cosenza.

culo, era uma chácara para lazer da família Sabino que morava na Rua General Jardim, no bairro da Vila Buarque. Media um hectare e chegou a ter uma vaca que garantia o leite puro às crianças[36]. A família subia, de tílburi, a rampa do vale da atual Avenida 9 de Julho, para fazer piquenique na Chácara.

Primeiramente o proprietário fez formar o parque, o pomar e a horta. A casa foi construída em 1903, no mais puro estilo *art nouveau*. Nela residiram o casal América Milliet e Horácio Belfort Sabino e quatro filhas: América (Mequinha), Marina, Helena e Sylvia.

Horácio Belfort Sabino (1869-1950) era natural de Santa Catarina, oriundo de família maranhense. Bacharelou-se em Direito pela Academia de São Paulo, onde morou com a família, e depois se transferiu para o Rio de Janeiro. Com Numa de Oliveira, seu cunhado, aprendeu e aperfeiçoou a taquigrafia. Ambos vieram do Rio de Janeiro para São Paulo para a execução do serviço taquigráfico do Congresso Paulista[37].

Sabino foi o primeiro a vender terrenos a prestações em São Paulo. Herdou de sua sogra terras que loteou como Vila América, nome dado em homenagem à sua mulher. Posteriormente, foram vendidas para a Cia. City, transformando-se Sabino em seu procurador e num de seus sócios, ao lado de figuras expressivas como Lord Balfour of Burleigh, governador geral do Banco da Escócia e presidente da São Paulo Railway Co., do banqueiro E. Fontaine Lavelaye, de Joseph Bouvard, urbanista francês e diretor honorário da Prefeitura do Sena, e de tantos outros[38].

Conta-se que Horácio Sabino vendeu muitos lotes nos transatlânticos onde a elite se reunia, a caminho da Europa. Foi proprietário da Cidade Jardim, doando terrenos para a sede do Jockey Club.

A Vila Horácio Sabino faz parte da série de residências projetadas em estilo *art nouveau* por Victor Dubugras, organizadas a partir da sala de jantar e da varanda semicircular. O programa da casa incluía, no térreo: grande sala de jantar, sala de visitas e sala de costura, todas em situação fronteira. A entrada social fazia-se lateralmente, dando para uma varanda com vitrais ou jardim de inverno, escritório e estudo. A distribuição francesa completava-se pelo corredor que levava à copa e de onde saía a escada de serviço. A cozinha ficava em puxado, no térreo, com quarto de criada e despensa. No superior, havia o vestíbulo, três dormitórios, três *toilettes*, um banheiro completo e dois terraços. No porão, despensa, adega, lavanderia, sala de brinquedos das crianças e respiradouro. As edículas para as famílias do copeiro japonês e do motorista ficavam na Alameda Santos[39]. Na garagem, um automóvel Mercedes-Benz.

A família reunia-se, de preferência, no jardim de inverno. A sala de jantar era normalmente usada para as refeições dos adultos. As crianças comiam na sala de almoço, também utilizada para costuras. O proprietário costumava encerrar-se durante horas seguidas na sala de visitas, dedilhando o piano de cauda Pleyel. Interpretava composições de sua autoria. Apesar de ser pessoa austera, gostava de oferecer recepções.

Com exceção da sala de visitas, mobiliada com móveis dourados nos estilos dos Luíses de França, toda a mobília, os lustres e os vitrais eram *art nouveau*, importados diretamente desse país. Os móveis, as escadas e os lambris eram entalhados com motivos vegetais, em especial as folhas e os frutos do carvalho. A tapeçaria era Aubusson. Nas paredes, telas acadêmicas como naturezas-mortas e temas pastoris, adquiridas nos salões parisienses ou de artistas portugueses.

Sobre a decoração, escreveu Laura R. Octavio:

O salão, incomodíssimo, depois foi substituído por móveis estofados, no hall *entrou um magnífico terno Maple em couro, cadeiras de vime confortáveis no jardim de inverno, ornado de* vitraux. *A cozinha era forrada de azulejos brancos até o teto e um sistema de campainhas defendia os moradores de qualquer assalto*[40].

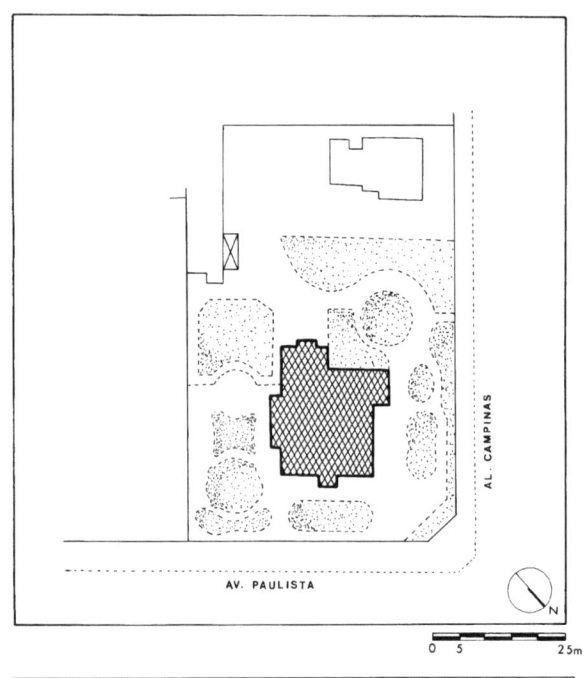

proprietário:	NUMA DE OLIVEIRA
endereço:	Av. Paulista/Al. Campinas
projeto:	Ricardo Severo
ano:	1916

TÉRREO
1 living
2 escritório
3 lavabo
4 banho/w.c.
5 quarto
6 s. costura
7 s. música
8 s. visita
9 s. jantar
10 copa
11 cozinha
12 despensa
13 criada

1º ANDAR
1 q. vestir
2 quarto
3 banho/w.c.
4 atelier de pintura
5 solarium
6 quarto/rouparia
7 pequena copa
8 q. governante
9 q. casal
10 terraço

No que se refere à casa de Numa de Oliveira, enfatizamos que o estilo arquitetônico mudara e a decoração ao gosto eclético dava mostras de cansaço. Entretanto, o programa das necessidades continuava o mesmo. Desse modo, o arquiteto Ricardo Severo reproduziu o esquema francês nesta obra, considerada marco importante do estilo Neocolonial.

O engenheiro Eduardo Sabino de Oliveira, filho do proprietário, elaborou especialmente para este trabalho o esquema aproximado da planta, que foi posto em escala através do exame das fotos e aproveitamento de uma fachada remanescente do projeto, hoje no arquivo da FAU-USP.

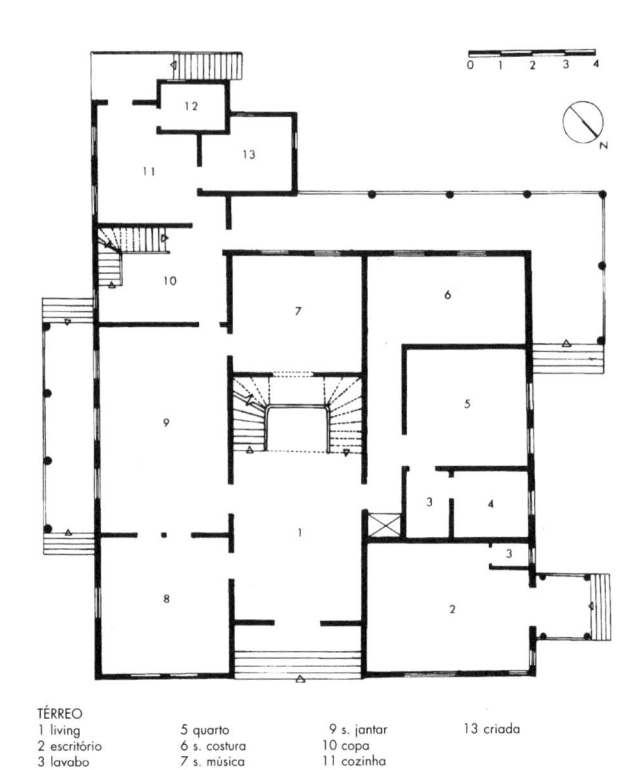

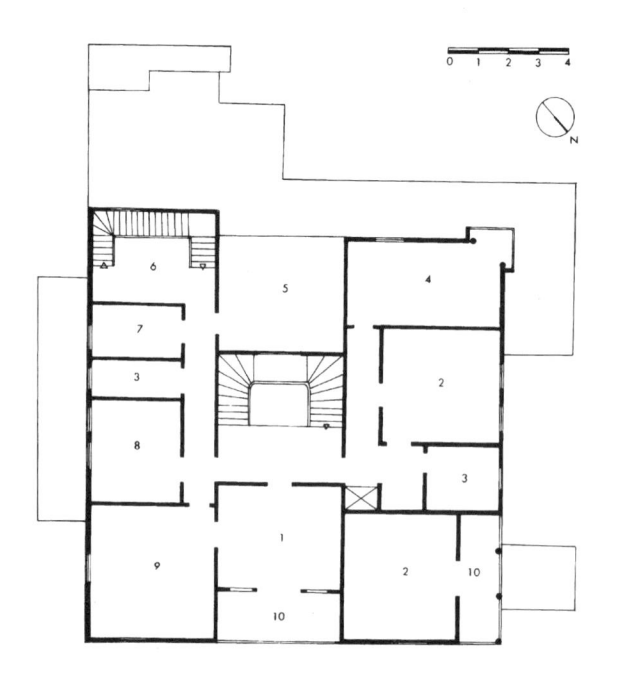

Os vitrais, de rara beleza, eram devidamente numerados. Se quebrados, a fábrica os repunha enviando os pedaços que faltavam pelo correio. Os jardins eram cercados por gradis de ferro baixos, completados por madeira e arame. Junto ao portão principal, na Avenida Paulista, foi plantado um carvalho. No parque fronteiro se destacavam dois ciprestes esguios. Nele, o proprietário armava um palanque para que a família pudesse assistir aos desfiles de carnaval e às paradas militares feitas na Avenida Paulista. A entrada de serviço e o portão de automóvel ficavam na Alameda Santos. Perto da casa, um jardim com roseiras, camélias e magnólias. Nos fundos, árvores frutíferas como jaboticabeiras, nespeiras e cambucás.

Após o falecimento do casal de proprietários, José Tjurs comprou a mansão para construir o Conjunto Nacional em seu lugar.

A casa de José de Souza Queiroz

Este palacete pertenceu a José de Souza Queiroz e situa-se na Rua Conselheiro Nébias, n° 1355, esquina com a Alameda Ribeiro da Silva. Trata-se de um exemplar de residência unifamiliar, de alvenaria de tijolos, do começo do século, pertencente ao Ecletismo com certa influência da *art nouveau*. O engenheiro Alberto de Oliveira Coutinho (1881-1945), formado pela Politécnica, sobrinho do proprietário, projetou e construiu a casa, que foi inaugurada em 1909.

José de Souza Queiroz (tio Zeza) era o décimo segundo filho de Francisco de Souza Queiroz (1806-1891), o Barão de Souza Queiroz, e de Antônia Eufrosina de Campos Vergueiro de Souza Queiroz, Baronesa de Souza Queiroz (1813-1897). Nasceu em São Paulo, em 1853, no sobrado da Rua São Bento, esquina da Rua do Ouvidor, que pertencera a seu avô, o Brigadeiro Luís Antônio de Souza.

Estudou na Áustria e bacharelou-se pela Academia de Direito de São Paulo[41]. Segundo seus descendentes, teria sido o primeiro fazendeiro a ter um milhão de pés de café, na Fazenda Crescuimal, situada em Leme, São Paulo. Possuiu também escritório de exportação de café em Santos. Foi Presidente do Jockey Club de São Paulo, um dos diretores do Banco Comércio e Indústria de São Paulo e seu maior acionista, bem como da Companhia Paulista de Estradas de Ferro[42].

Ao retornar da Europa, enquanto seus irmãos residiam na Rua São Luís, José de Souza Queiroz adquiriu um terreno nos Campos Elíseos, onde mandou edificar uma casa isolada no lote, de dois pavimentos, com porão semi-enterrado e habitável, cozinha em puxado no térreo, entrada social e de serviços.

O fazendeiro aí residiu com sua esposa, Gisela Braun de Souza Queiroz, e seus onze filhos, nove mulheres e dois homens. Os filhos casados trouxeram suas famílias para morar no palacete. Viveu ainda na casa Fräulein Henriette Curtein, a governante alemã, preceptora dos filhos do casal, a qual se agregou à família até morrer e foi beneficiada no testamento do cafeicultor.

O grande *hall*, com pé-direito duplo, revela influência da Vila Penteado, mas não recebeu o mesmo apuro estilístico e decorativo. Era mobiliado com mesa, sofá e poltronas. Ao lado, havia a escada social e um elevador envidraçado.

A grande sala de jantar, substituída pela sala de almoço, era usada apenas nos dias de festa. O gabinete do proprietário e a sala de visitas se comunicavam com o salão nobre por meio de porta de vidros de cristal *bisauté*, formando um ambiente muito amplo. O piano e a mesa de jogo ficavam no salão vermelho. No térreo, havia ainda as salas de aula das crianças e uma sala fechada com o motor do elevador.

A casa possuía dez quartos no piso superior, que davam para o corredor que circundava o *hall*, sendo também intercomunicantes, fato que consideramos arcaísmo porque, como vimos, a nova distribuição dos palacetes procurava conferir o máximo de independência para cada cômodo. Havia ainda

O palacete paulistano

163.
Fachada do palacete de Numa de Oliveira.
Foto de Benedito Lima de Toledo, de 1960.

164.
Fachada lateral, na Alameda Campinas.
Arquivo da FAU-USP.

165.
A garagem. Arquivo da FAU-USP.

166.
Fachada posterior, na Alameda Santos, vendo-se
o puxado da cozinha e o porão.
Arquivo da FAU-USP.

copa e dois banheiros nesse andar. Utilizava-se, naquela, um fogareiro a gás para o aquecimento de mamadeiras ou do café da manhã, servido à francesa. Por outro lado, o número de banheiros, exíguo para o número de quartos e de moradores, indica que eles se valiam do uso de urinóis.

Móveis e cristais venezianos importados mobiliavam a casa, cujas cortinas de renda eram bordadas com fios de ouro. Alguns detalhes decorativos revelam certa ingenuidade. Por exemplo, sobre o piso de ladrilhos desenhados se acumulavam tapetes e passadeiras persas, enquanto fotos dos familiares e dos descendentes pendiam nas paredes do *hall* solene, em meio às luminárias de gosto acanhado.

A louça do dia-a-dia era de porcelana francesa branca com filetes dourados, assim como os copos de cristal, e traziam as iniciais do proprietário, J. S. Q., mais o desenho de uma abelha, um dos símbolos da nobreza na França. O cafeicultor encomendara cerca de mil peças que vieram acompanhadas dos aparelhos dos lavatórios, feitos da mesma porcelana personalizada: bacias, jarras, baldes, penicos, escarradeiras, saboneteiras e estojos para pó-de-arroz.

O porão, habitável, era assoalhado e mobiliado, existindo quartos de criados, w.c. e depósito de louça. Sob a cozinha, ficavam a adega e o depósito de quartolas, contendo todos os tipos de vinho europeu. Ali, se processava o engarrafamento do vinho

Na antiga cocheira foram construídas a garagem e a casa do motorista. A seguir, ficavam os tanques de lavar roupa, casa da governante, quarto de jardineiro, forno para pão, fogão para fazer o sabão, quadra de tênis transformada em horta e um galinheiro para mais de cinqüenta aves.

Além do jardineiro e do motorista (antigo cocheiro), serviam a família: cozinheira, copeira, arrumadeira, roupeiro, camareiro e governante.

Segundo Nelson Penteado, sua avó, D. Gisela, vinte anos mais moça do que o marido, era uma velhinha muito interessante. Ela usou espartilho a vida toda, de modo que não podia abrir mão dos préstimos de uma *femme de chambre*. Embora houvesse governante, ela controlava a casa inteira *fazia o café, cortava a carne, tirava os mantimentos da despensa. Às 9h30min tomava banho, às 10h vinha a* femme de chambre *para apertar o seu espartilho que só tirava para dormir.*

O proprietário faleceu em 1944, aos 90 anos de idade. Pela primeira vez se abriu o portão da esquina, a fim de deixar passar o cortejo funerário.

A casa foi adquirida pelo Governo do Estado e nela funciona um departamento da Secretaria da Saúde, identificado como Escritório Regional de Saúde-1 (Ersa-1-centro).

A casa de Waldomiro Pinto Alves

A casa que pertenceu a Waldomiro Pinto Alves situa-se na Rua Guaianases, nº 1.128, esquina com a Alameda Nothmann. O projeto e a construção estiveram a cargo de Carlos Ekman e datam de 1911-1912. Faz parte da série de obras do arquiteto sueco, que receberam influência *art nouveau*, e que se distribuíam em torno de grandes *halls*.

O proprietário era filho de Antônio Alves Pereira de Almeira, fazendeiro em Porto Feliz e Convencional de Itu, e de Gertrudes Moraes Pinto. Bacharel em Direito e fazendeiro de café em Araraquara, fundou uma fábrica de aniagens no Ipiranga[43]. Casou-se com Maria de Magalhães Alves, conhecida como D. Nicota Pinto Alves, com quem teve cinco filhos.

A casa foi edificada em meio a jardins, em terreno de 2.000 m². Possuía andar nobre com porão e distribuição francesa. Contava com duas entradas: a social, pela Alameda Guaianases, e a de serviços, pela Alameda Nothmann. Na garagem, um Delaunay permanecia parado, preterido pelo bonde elétrico. Uma escada de mármore levava ao terraço e à entrada social. Daí, se passava ao gabinete, à sala de visitas e de música, ao grande *hall*, com pé-direito mais alto e iluminado por vitrais, à saleta, ao quarto do casal e de vestir do senhor e da se-

O palacete paulistano

167.
Entrada principal.
Foto de Benedito Lima de Toledo, de 1960.

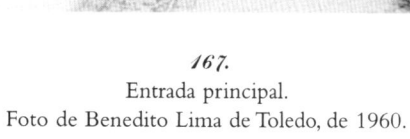

168.
Escadaria de madeira e o *hall*.
Foto de Benedito Lima de Toledo, de 1960.

169.
Passagem do *hall* para a sala de música.
Foto de Benedito Lima de Toledo, de 1960.

170.
Escultura *La Délivrance*, no gabinete de Numa de Oliveira.
Foto de Benedito Lima de Toledo, de 1960.

nhora, ao quarto das moças e ao quarto dos idosos, todos com lavatórios.

O arquiteto Ekman colocou a sala de jantar em frente ao terraço, ao lado da copa e da cozinha. Mas esvaziou a primeira ao privilegiar o *hall* central, o cômodo mais amplo da casa, que se transformava em salão de bailes e teatro. O seu pé-direito era mais alto, iluminado com vitrais de John Graz. Diariamente os moradores aí se reuniam, recebendo os amigos da casa. Eram as famílias Lébeis, Roberto Simonsen, Berlinck, Almeida, Radcliff Brown, Alves de Lima, o pintor Antônio Paim Vieira e outros que chegavam a qualquer hora e também tinham assento na sala de jantar.

O mobiliário veio da França e da Inglaterra, e a roupa de cama e de mesa da Maison de Blanc de Paris. O monograma do proprietário encontrava-se impresso, em caracteres dourados, nas peças de cristal Baccarat e de porcelana de Limoges. Com o tempo, o arquiteto francês Charles Ponchon reformou a casa. O *hall*, revestido de lambris e paredes empapeladas, recebeu lareira e uma série de quadros do pintor Antônio Gomide. Nessa ocasião, foram acrescentados dois banheiros ao andar nobre.

Na sala de jantar, a mobília foi complementada por aparador de mármore de Cuiabá e duas vitrines, onde se expunham os objetos de prata e uma coleção de colheres provenientes do mundo todo.

A cozinha estava aparelhada com um fogão a gás e um elétrico, um trem de ágata, outro de alumínio e um pilão.

As dependências de empregados e de serviços ficavam no porão: quarto de costura onde se confeccionavam as roupas para o uso diário da família, quarto da bagagem, dormitórios da governante, dos empregados, seu refeitório, dois banheiros e adega; numa outra ala, com saída independente, estavam os quartos dos rapazes da família, biblioteca, quarto de brinquedos, pingue-pongue, bilhar e *bridge*. Fora havia mais um w.c. para o motorista e o jardineiro.

Os jardins, muito floridos, possuíam um chalé e estufas para plantas tropicais. A horta ficou reduzida a um canteiro de cheiro-verde, e o pomar, a quatro jaboticabeiras. A feira do Largo do Arouche, feita duas vezes por semana pela dona da casa, garantia o abastecimento. Da fazenda, chegavam produtos como café, ovos, manteiga, queijos e aves[44].

A casa funcionava com copeiro, cozinheira, arrumadeira, lavadeira, faxineira, jardineiro, motorista e costureira. Duas arrumadeiras serviam as crianças. As governantes eram francesas e alemãs. O trato entre patrões e empregados era bastante cordial, baseado no "respeito ao espaço de cada um".

A sala de jantar era usada diariamente, mas as crianças deviam comer com as governantes, na sala de almoço. Servia-se meio à francesa. Ficavam sobre a mesa apenas as travessas de arroz e de feijão, sendo as demais trazidas pelo copeiro. O café da manhã era servido à francesa, nos dormitórios.

Por volta das 14h30min, a família tomava café no *hall* e depois se dispersava. A dona da casa dirigia-se para a sua saleta, onde se reunia com as amigas. As crianças não iam à escola porque deviam evitar as aglomerações. Recebiam aulas, em casa, de francês, inglês, alemão e piano. As professoras eram Miss Folkat, preceptora inglesa trazida de Gibraltar pela família Paes Barros, e Miss Ruhling, governante dos filhos do Conselheiro Antônio Prado[45].

As meninas deviam estar sempre acompanhadas da governante. Andavam de bicicleta no jardim, jogavam pingue-pongue no porão, patinavam ou iam visitar a avó que morava em Higienópolis. Desde cedo aprendiam a copiar receitas culinárias, especialidades de família.

A sala de música, com piano de meia cauda, abria-se para os recitais de música, e a sala de visitas, para velórios, casamentos e batizados. Da janela da sala de música, Cecília Lébeis cantou para os estudantes de Coimbra, que lhe responderam entoando suas canções características.

Jovens intelectuais e artistas pertencentes às vanguardas de 1922 freqüentavam o palacete: Mário de Andrade, Murilo Mendes, Gilberto de Andrade e Silva, os irmãos Tácito e Guilherme de Almeida,

O palacete paulistano

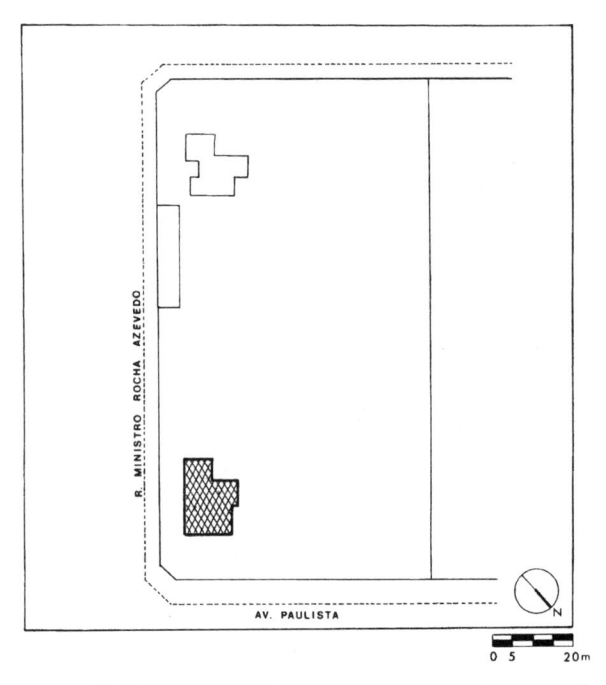

proprietário:	RENÉ THIOLLIER (VILA FORTUNATA)
endereço:	Av. Paulista, 56 APUD SARA-BRASIL, 1930
projeto:	Augusto Fried
ano:	1903

TÉRREO
1 vestíbulo
2 escritório
3 sala
4 w.c.
5 s. senhora
6 s. jantar
7 cozinha
8 copa
9 despensa

1º ANDAR
1 hall
2 rouparia
3 banho e w.c.
4 dormitório

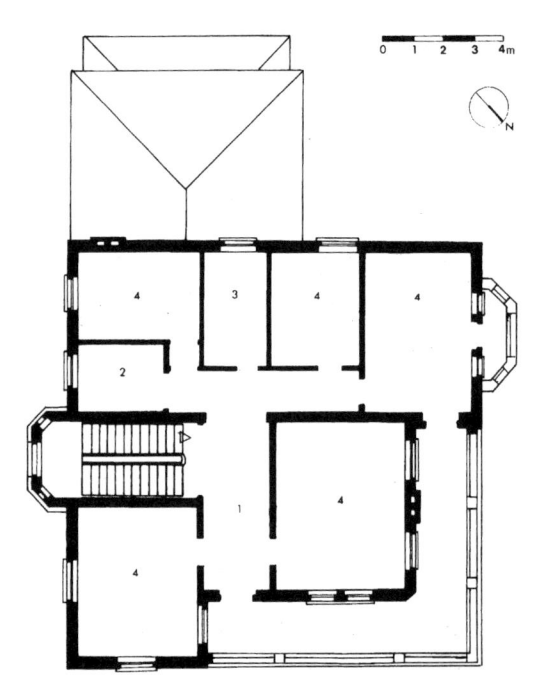

O palacete do escritor René Thiollier apresenta o organograma básico com cozinha em puxado, no térreo. Situava-se em meio a um parque remanescente da vegetação original que cobria o espigão central da Avenida Paulista, denominada Caaguaçu. Embora o palacete tenha sido demolido, a vegetação preservou-se graças ao seu tombamento realizado pelo Condephaat.

No palacete, existiu uma biblioteca famosa e nele o proprietário recebia os artistas e intelectuais que participaram na Semana de Arte Moderna de 1922.

Fonte destas plantas: Arquivo Histórico Municipal "Washington Luís".

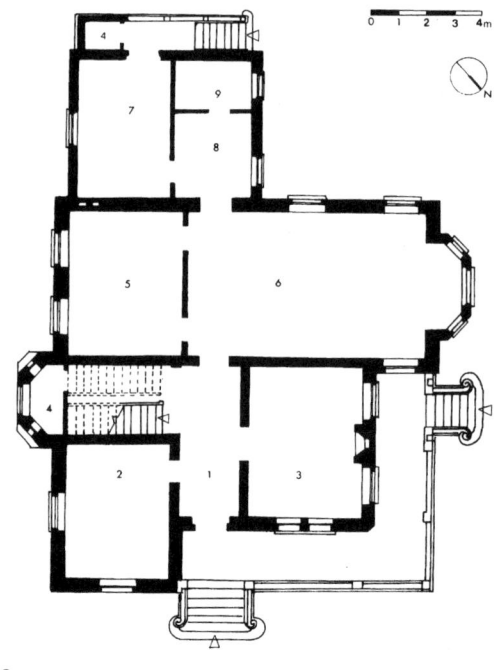

São Paulo em 1900

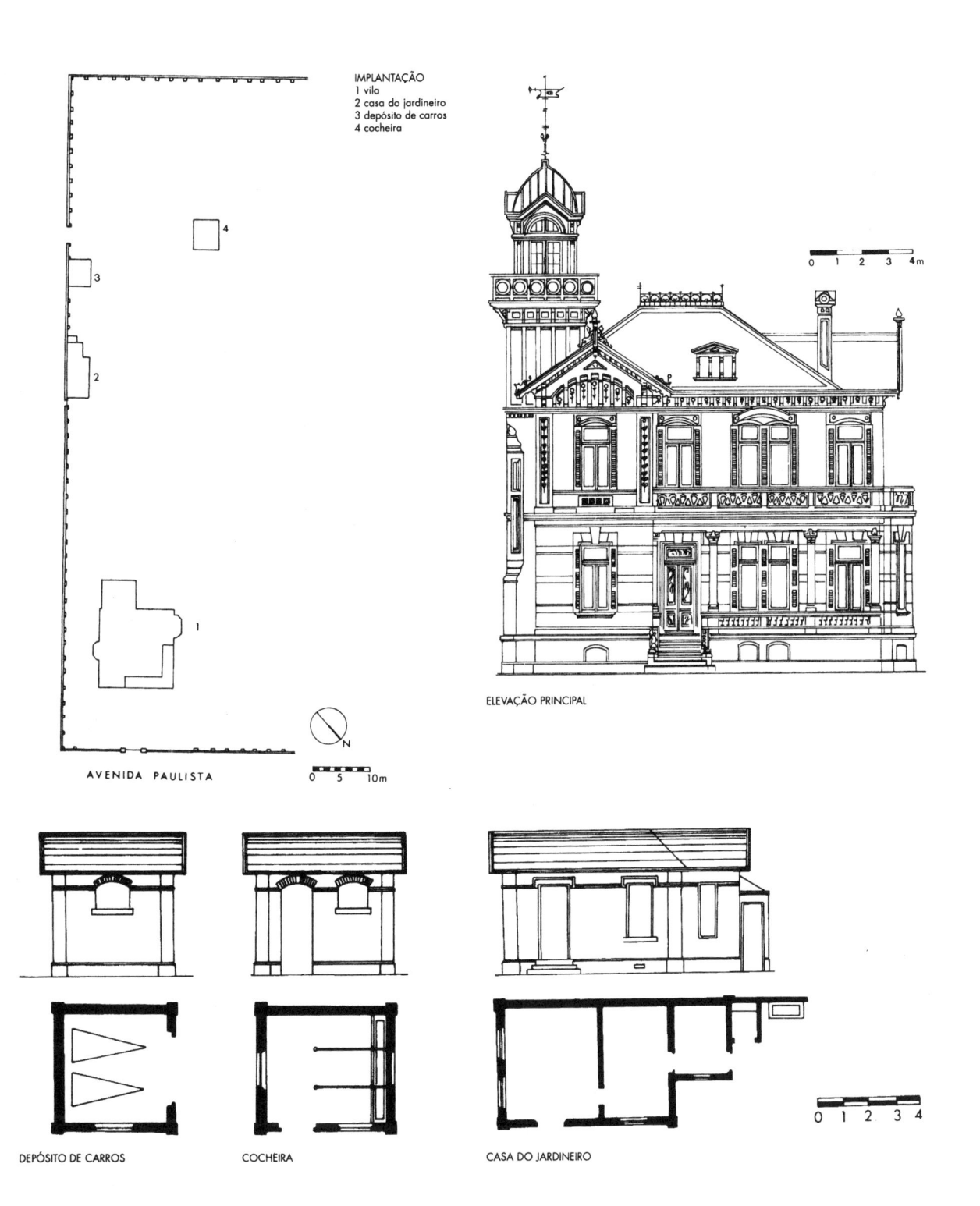

IMPLANTAÇÃO
1 vila
2 casa do jardineiro
3 depósito de carros
4 cocheira

AVENIDA PAULISTA

ELEVAÇÃO PRINCIPAL

DEPÓSITO DE CARROS   COCHEIRA   CASA DO JARDINEIRO

227

O palacete paulistano

171.
O escritor René Thiollier, em sua sala de visitas.
Revista Femina, nº 79, 1920.

os pintores Quirino da Silva, Carlos Prado, Antônio e Regina Gomide, o arquiteto Gregori Warchawchik, e os irmãos Alves de Lima. O ponto de encontro era a biblioteca de Carlos Pinto Alves. Com o tempo, a escultora Moussia Pinto Alves, sua mulher, aí manteve seu ateliê.

Quiçá por encerrar os quartos de estudos dos mais moços, o porão passou ao domínio da juventude e às vanguardas. Ali, se conversava o que os adultos não podiam ouvir, e liam-se os livros proibidos. Entusiasmado com a liberdade que o espaço propiciava à juventude, Mário de Andrade exclamava: "É preciso fazer a história do porão!"

Aos domingos a família freqüentava a missa da Igreja do Sagrado Coração de Jesus, onde se encontrava com outras famílias amigas, residentes no bairro.

A dona da casa fazia as compras, cuidava da estufa e do arranjo diário de flores na passagem para o *hall* e para a copa. Logo cedo ia preparar doces e bolos na cozinha. Enquanto as costuras de casa se resolviam no porão, ela fazia trabalhos a mão, como tricô e bordados, com finalidades filantrópicas. Faleceu em 1939. Maria de Magalhães Pinto Alves foi a primeira mulher a ser enterrada no túmulo do Soldado Constitucionalista, na cripta do Obelisco Comemorativo da Revolução de 1932, no Ibirapuera. Fundara a Associação dos Ex-Combatentes para angariar fundos a fim de sustentá-los e a suas famílias.

A história desta casa está ainda bastante vinculada às Revoluções de 24 e 32. Por ocasião da primeira, foi alvo de disparos de tiros, tendo havido necessidade de se colocar grande cofre no porão para salvaguarda dos pertences mais valiosos.

Quando da Revolução de 32, a cozinheira, uma jovem mulata, trocou o avental pela farda masculina, saindo pelo Interior do Estado a fim de arregimentar negros e índios. Conseguiu formar um batalhão, que trouxe para São Paulo e acampou nos jardins do palacete, antes de seguir para o *front*. A façanha valeu-lhe o apelido de Maria Soldado, cujo sexo verdadeiro só foi descoberto ao ser ferida. Maria Soldado foi cantada em verso pelo poeta Paulo Bonfim, em cuja casa também serviu como cozinheira durante muitos anos. Seu enterro saiu da Biblioteca Municipal.

O palacete manteve-se como residência da família Pinto Alves até 1961, quando foi adquirido por Cristiano Stockler. O Condephaat define-o como exemplar de edifício residencial unifamiliar de alvenaria de tijolos da

primeira década do século, com características ecléticas de inspiração romântica, típicas da época[46].

O palacete do Dr. Nicolau Moraes Barros

Selecionamos esta residência, assim como a de Waldomiro Pinto Alves, como exemplares de palacetes pertencentes a fortunas médias. No entanto, foram palco do modo de vida urbano usado como forma de distinção, visto que os proprietários tiveram muita expressão social.

O Dr. Nicolau Moraes Barros cursou medicina no Rio de Janeiro e aperfeiçoou-se na Alemanha. Era sobrinho de Prudente de Moraes e casado com Francisquinha Paulino Nogueira de Moraes Barros, filha de José Paulino Nogueira, banqueiro e diretor da Cia. Mogiana de Estradas de Ferro.

Por ser médico obstetra, e para estar mais perto da Maternidade São Paulo, na Rua Frei Caneca, o Dr. Nicolau foi residir na Avenida Paulista, nº 77, depois nº 1.318, esquina com a Alameda Rio Claro[47].

O projeto e a construção da casa, datados de 1911, deveram-se a Ramos de Azevedo. Implantada em meio a jardins e bosque lateral, contava com quatro portões de acesso, dois na Avenida Paulista e dois na Rua São Carlos do Pinhal. Apresentava o programa do palacete padrão, com a distribuição francesa, e se destinava ao casal e quatro filhos.

No térreo, havia dois alpendres. Por um deles, chegava-se ao vestíbulo e, daí, a uma saleta, ao "salão" (*sic*) (sala de visitas com *bow window*), à ampla

O palacete paulistano

TÉRREO
1 vestíbulo
2 gabinete
3 sala
4 s. jantar
5 dormitório
6 s. senhora
7 banho
8 w.c.
9 q. criada
10 despensa
11 cozinha
12 copa

PORÃO

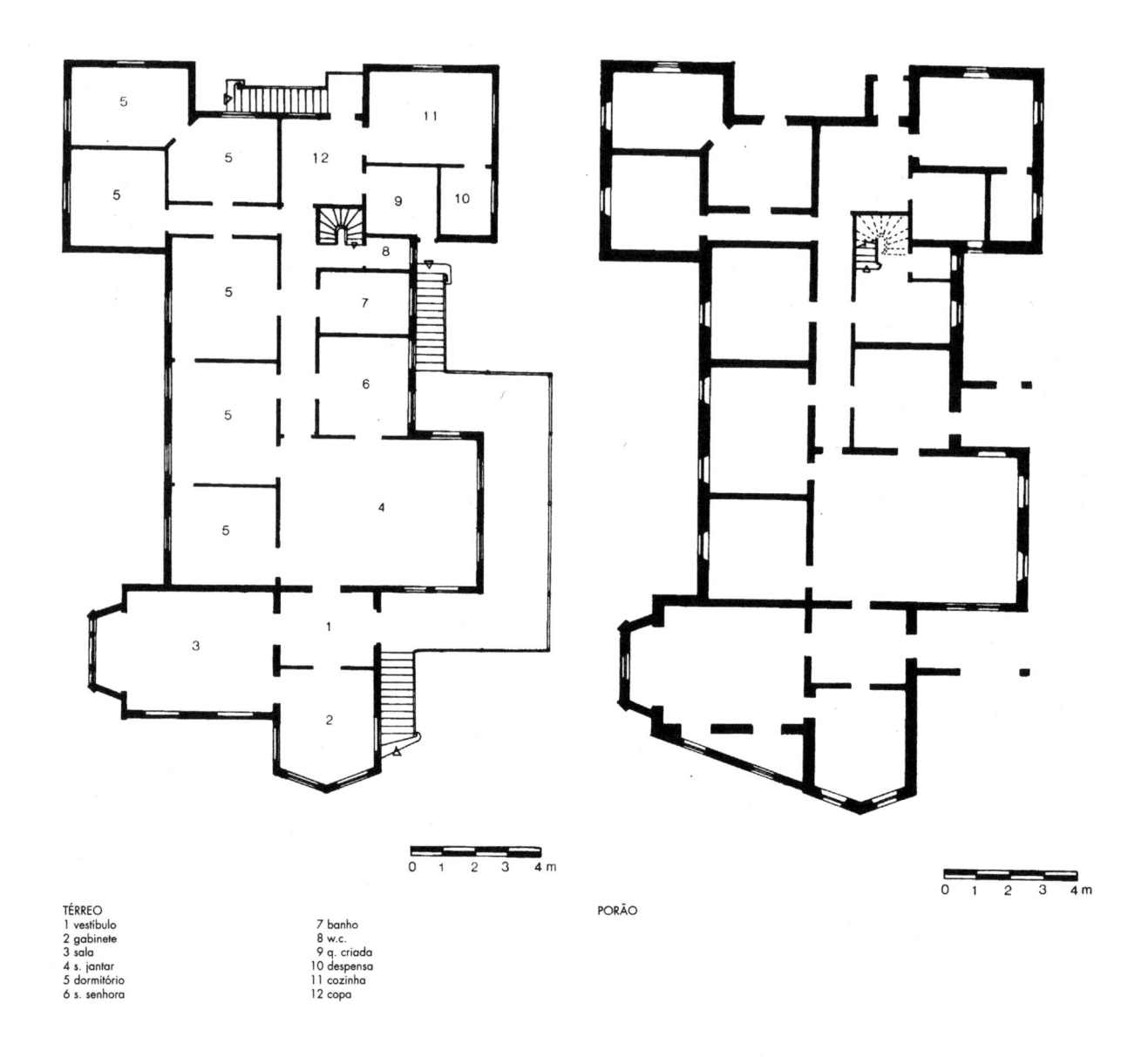

Em 1902, ao construir esta casa térrea com porão, o arquiteto Ramos de Azevedo procurou enquadrar o rol de dependências modernas dentro do esquema tradicional, tendo a sala de jantar como centro distribuidor. O banheiro e o w.c. separados, intermediavam as três zonas: estar, repouso e serviços.
A planta acima encontra-se na biblioteca da FAU-USP (Arquivo do Escritório "Ramos de Azevedo").

proprietário:	J. M. SIQUEIRA JR.
endereço:	
projeto:	Ramos de Azevedo
ano:	1902

sala de jantar e ao escritório. Do vestíbulo, saía a escada para o andar superior. A cozinha ficava no térreo, em puxado, com copa, despensa e w.c. separado do banheiro. Posteriormente, a casa sofreu acréscimo do jardim de inverno e do quarto de estudos, junto à zona de serviços.

No piso superior havia, na parte fronteira, dormitório do casal e dois quartos de vestir ou de *toilette*, o quarto das meninas que dormiam com a governante, onde existia lavatório, e o dormitório dos rapazes. Armários e um só banheiro completavam o programa das necessidades, além do terraço lateral.

Os móveis vieram da Casa Maple, de Londres, das casas Mercier e Jansene, de Paris. Outros foram feitos pelo Liceu de Artes e Ofícios de São Paulo. As roupas de cama, mesa e banho, de linho branco, eram da Maison de Blanc, de Paris.

A sede de uma chácara que existira no local foi utilizada como edícula. Os criados usavam os quartos e os rapazes da família transformaram a antiga sala de jantar em sala de ginástica.

Havia a garagem, tanque de lavar, quarto de passar, galinheiro e horta, onde as flores se misturavam às verduras e a uma rocinha de milho. Essa atraía animais diversos como um mico, um mutum e um papagaio, provenientes, com toda certeza, da mata do Parque Siqueira Campos.

Havia, em média, oito empregados na casa, a cozinheira e sua auxiliar, jardineiro, motorista, copeiro japonês, arrumadeira e lavadeira, comandados por uma governante brasileira.

Apesar de a família contar com cozinheiras, a dona da casa devia ter especialidades culinárias. A impressão que Marina Moraes Barros Cosenza, filha do casal Moraes Barros e ex-moradora do palacete, guardou da mulher daquele tempo é a de que se criara para a mesa da sala de jantar, além da obrigação de incorporar dotes de musicista para poder apresentar-se na sala de visitas.

Para a dona da casa, o momento de atuar era por ocasião das refeições, quando podia mostrar o seu grau de refinamento. Devia controlar a conversa, desviando-a para amenidades, se se tratasse de temas desagradáveis. Sabia indicar o lugar dos convivas e controlar o serviço dos criados. Tudo tinha que ser feito à *l'aise*, à vontade e discretamente. Por sua vez, ela testava o grau de educação dos comensais.

Era na sala de jantar que se punham à prova os bons modos, a etiqueta, o grau de cultura dos convivas e os conhecimentos do francês, língua escolhida para o trato familiar. Aos menos avisados, a hora mais dramática era a de usar as lavandas.

Os adolescentes não apareciam na sala de visitas, mas almoçavam com os pais, pois estes acreditam que era na mesa onde se comia que se educava.

As meninas ficavam aos cuidados de uma *nurse*, preceptora inglesa que lhes dava aulas de inglês e as ensinava a costurar e a cozinhar, além de hábitos de higiene e boas maneiras. Tomavam banho e café no quarto. Depois, desciam de avental e recebiam aulas de piano, história do Brasil, gramática, aritmética e francês. Deviam evitar aglomerações, por isso freqüentavam o Parque Trianon apenas nos dias de semana, visto que, aos sábados e domingos, ele ficava entregue ao pessoal da periferia.

Era isso que tornava as famílias diferentes, conferindo-lhes uma qualidade que ficava acima do poder pecuniário.

Desse modo, as famílias imigrantes, mesmo as mais abastadas, não eram convidadas porque não saberiam como se portar. O que contava não era tanto o dinheiro e sim a educação, as maneiras e a cultura. Nesses termos, toda família que assim se apresentasse era gente bem, isto é, civilizada.

Para D. Marina, as diferenças culturais existentes entre os imigrantes e os nacionais mais abastados teriam sido o maior empecilho para uma aproximação em nível do privado. Os estrangeiros viviam mais restritos às suas "colônias". Cada uma delas possuía escolas, igrejas, clubes e hospitais para uso exclusivo. Mesmo assim, lembra-se que brincava com as crianças das famílias Crespi, Matarazzo e Siciliano, as quais passaram a ter *nannies* como ela.

O gabinete era o reinado do dono da casa. Pela manhã encerrava-se ali para ler os jornais. Era on-

O palacete paulistano

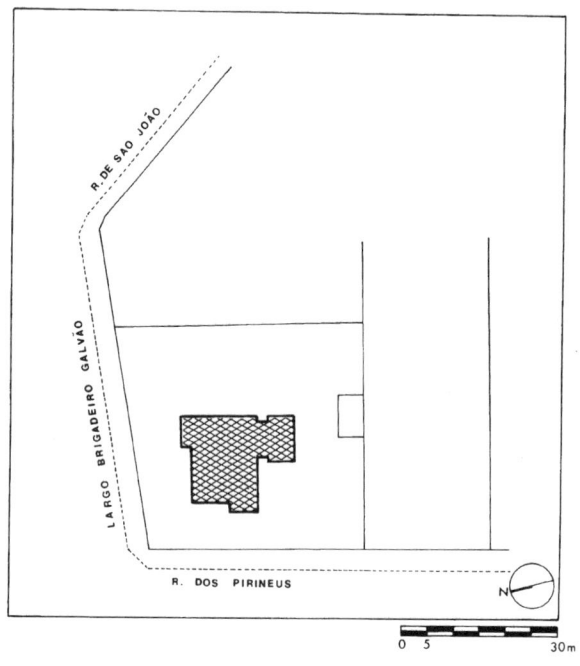

proprietário:	ANTÔNIO LACERDA FRANCO
endereço:	Largo Brigadeiro Galvão, 3 APUD SARA-BRASIL, 1930
projeto:	Victor Dubugras
ano:	1907

TÉRREO
1 vestíbulo
2 sala
3 salão
4 s. jantar
5 w.c.
6 gabinete
7 copa
8 cozinha
9 q. criada

1º ANDAR
1 hall
2 w.c.
3 banho
4 rouparia
5 toilette
6 dormitório

A implantação desta casa é uma das muitas que fazem lembrar a das *villas* publicadas nos álbuns de César Daly, com porão semi-enterrado e cozinha em puxado, no térreo.

Victor Dubugras, autor deste projeto, permaneceu sempre independente, nunca se filiando a um só tipo de construção. Aqui atendeu ao seu cliente, Antônio Lacerda Franco, reproduzindo a proposta do palacete introduzido por Ramos de Azevedo.

Observemos que as dependências de higiene também se apresentavam ao gosto francês. No térreo, o w.c. ficava embaixo da escadaria. No piso superior, ao lado dela e separado do banho.

Fontes: Arquivo do Arquiteto, hoje na biblioteca da FAU-USP.

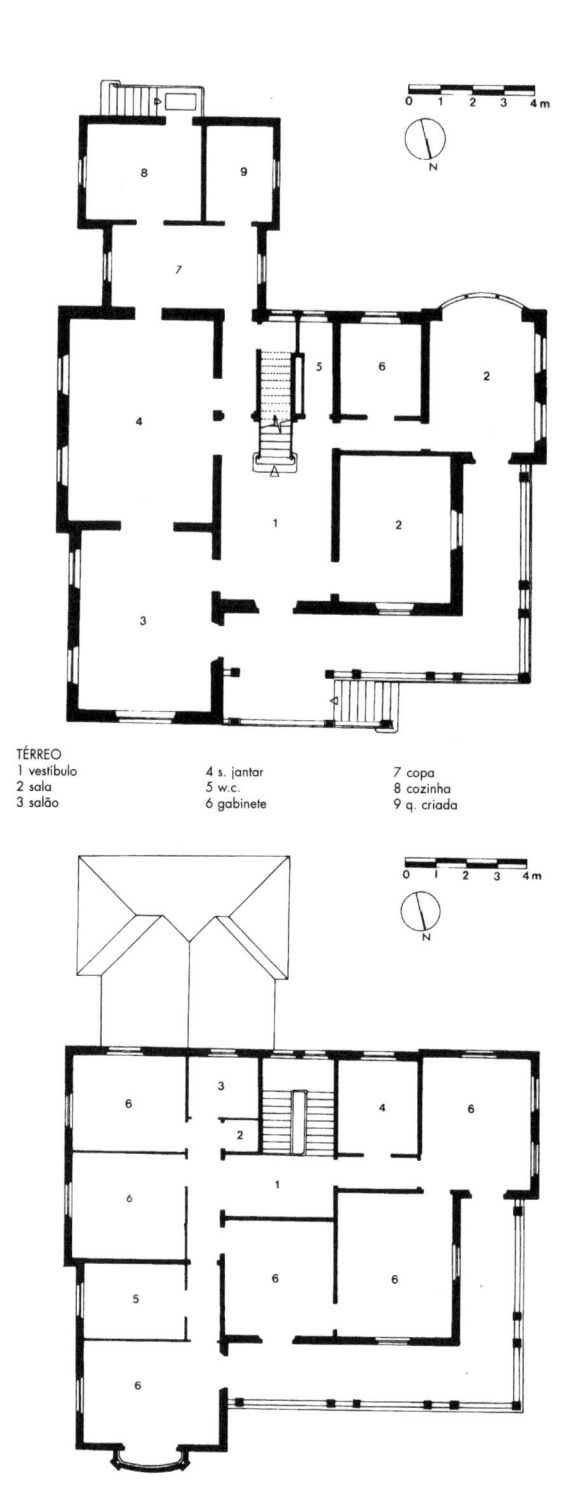

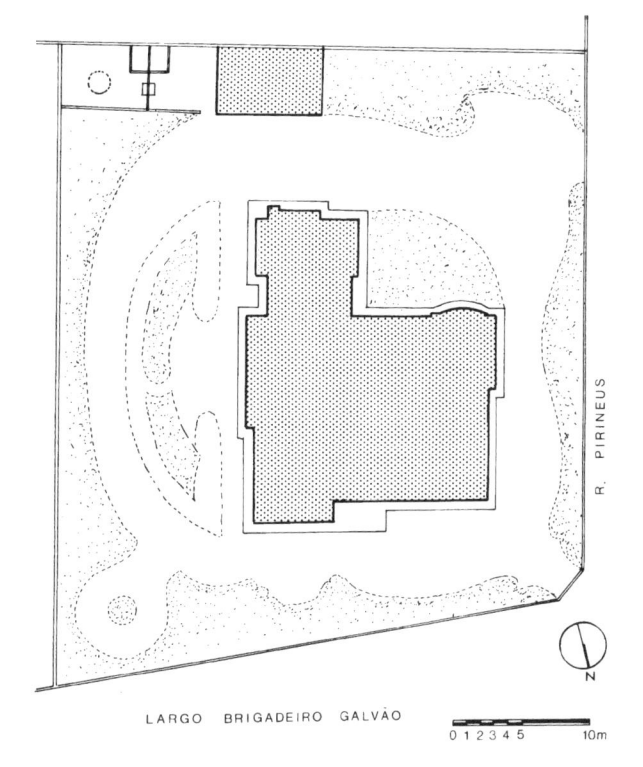

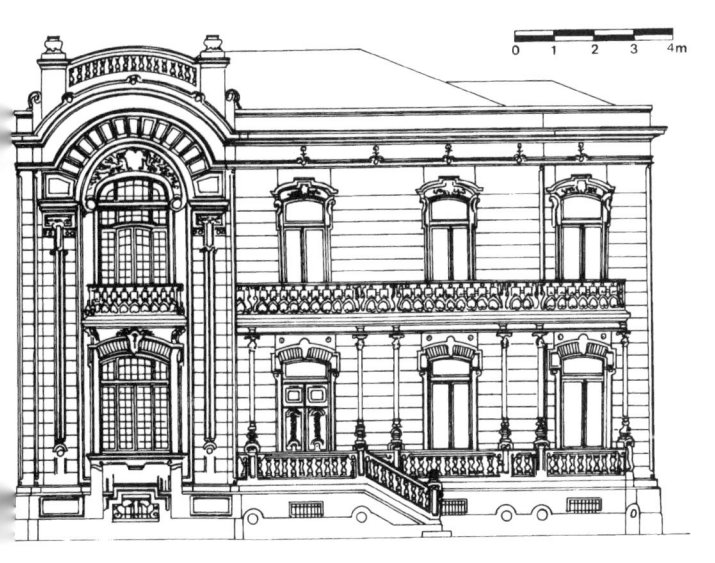

de guardava os seus livros, suas escritas e onde recebia parentes e políticos para tratarem de assuntos reservados.

Habitualmente, a família se reunia no jardim de inverno. Havia o dia certo, ou *le jour de Madame Moraes*, em que recebia os amigos para o chá. As senhoras iam acompanhadas de suas filhas. Alguns cavalheiros também se faziam presentes. Até lá, cobriam-se os móveis da sala de visitas com capas. O objetivo era a proteção dos tecidos de tapeçaria, que eram preciosos.

Com o tempo, à medida que os filhos foram se casando, os Moraes Barros construíram uma casa para cada um nos jardins da mansão. A família permaneceu no palacete até 1972, quando foi demolido para ceder espaço a um arranha-céu.

A casa de Numa de Oliveira

Constituiu o primeiro exemplar de arquitetura residencial unifamiliar em estilo Neocolonial, ocorrendo mudanças quanto à decoração, mas não com referência aos programas. O estilo do palacete estaria menos próximo do colonial brasileiro do que do tradicional português, visto que, na época, este era considerado mais rico do que o nosso, o que pode explicar o fato de se iniciar por ele a trajetória do novo estilo[48]. Mantiveram-se as características do palacete relativas à implantação e aos programas, conquanto a distribuição francesa não fosse bem resolvida. Devia-se passar à copa pela sala de jantar e não se contornando a escada.

Numa de Oliveira nasceu no Rio de Janeiro, em 1870, e fez fortuna em São Paulo, para onde veio em 1891, em companhia de seu cunhado, Horácio Belfort Sabino. Extremamente culto, dera aulas de Literatura no Rio de Janeiro para compensar o salário de entregador de cartas da Central do Brasil[49].

Em São Paulo conseguiu prosperar organizando e dirigindo o serviço de taquigrafia da Assembléia Legislativa, juntamente com Horácio Sabino. Anos depois, tornou-se diretor e presidente do Banco

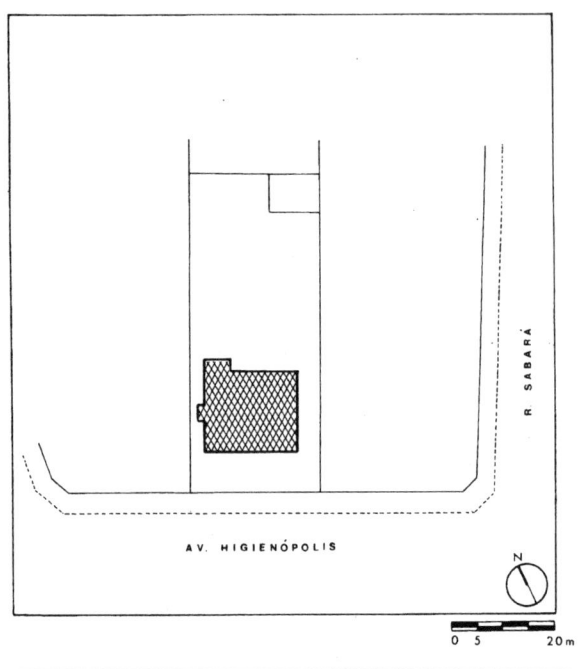

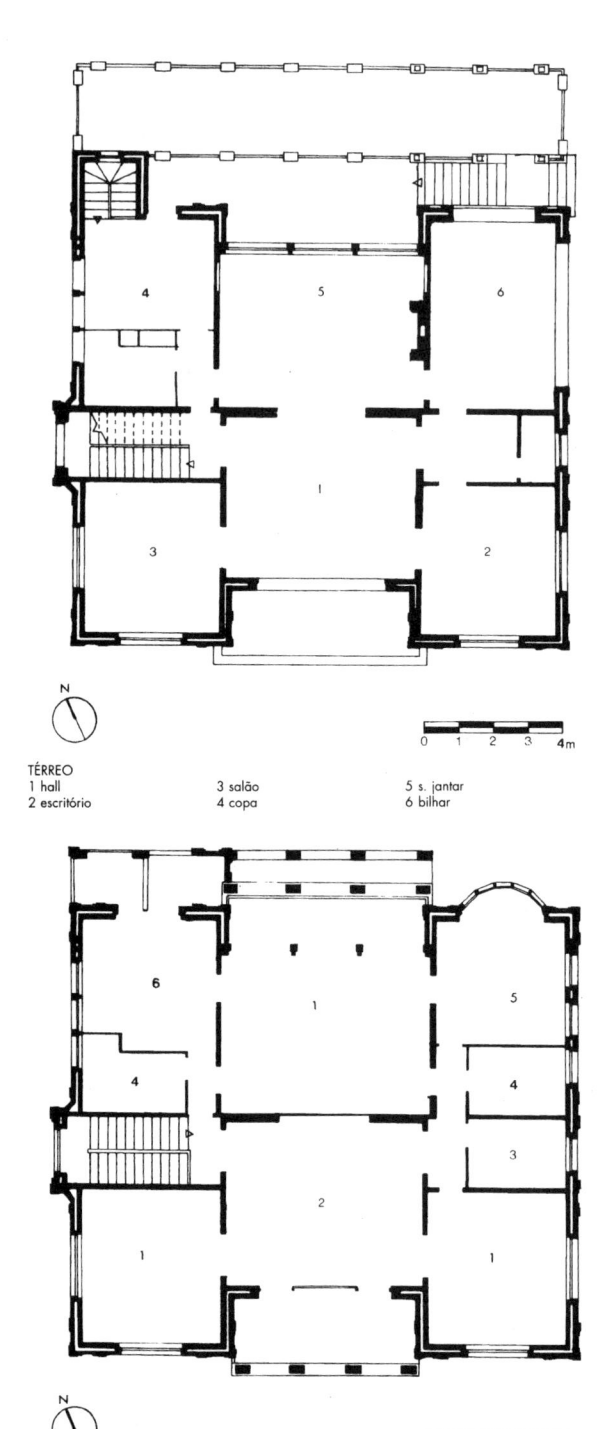

O palacete paulistano

proprietário:	CÁSSIO PRADO
endereço:	Av. Higienópolis, 10 APUD SARA-BRASIL, 1930
projeto:	Victor Dubugras
ano:	1912

TÉRREO
1 hall   3 salão   5 s. jantar
2 escritório   4 copa   6 bilhar

1º ANDAR
1 dormitório
2 hall
3 serviço
4 banho e w.c.
5 toilette de Sra.
6 toilette

Pelos desenhos da Vila Cássio Prado, realizados por Victor Dubugras e constantes na biblioteca da FAU-USP, nota-se que a fachada não concorda com as plantas no que diz respeito a algumas janelas. Certamente não se trata dos desenhos conclusivos para a execução da obra.

O arquiteto franco-argentino privilegiou a sala de jantar, uma característica de sua obra, que aqui se aliou ao grande *hall* e à distribuição francesa. Os programas das necessidades contam também com a variável desta, pela qual se estabeleceu uma ligação direta entre a sala de jantar e a copa, independente do vestíbulo. Esta vila, cuja cozinha fica no porão, atende a todos os quesitos propostos pela elite do café.

PORÃO
1 cozinha 2 serviço 3 quarto

ELEVAÇÃO

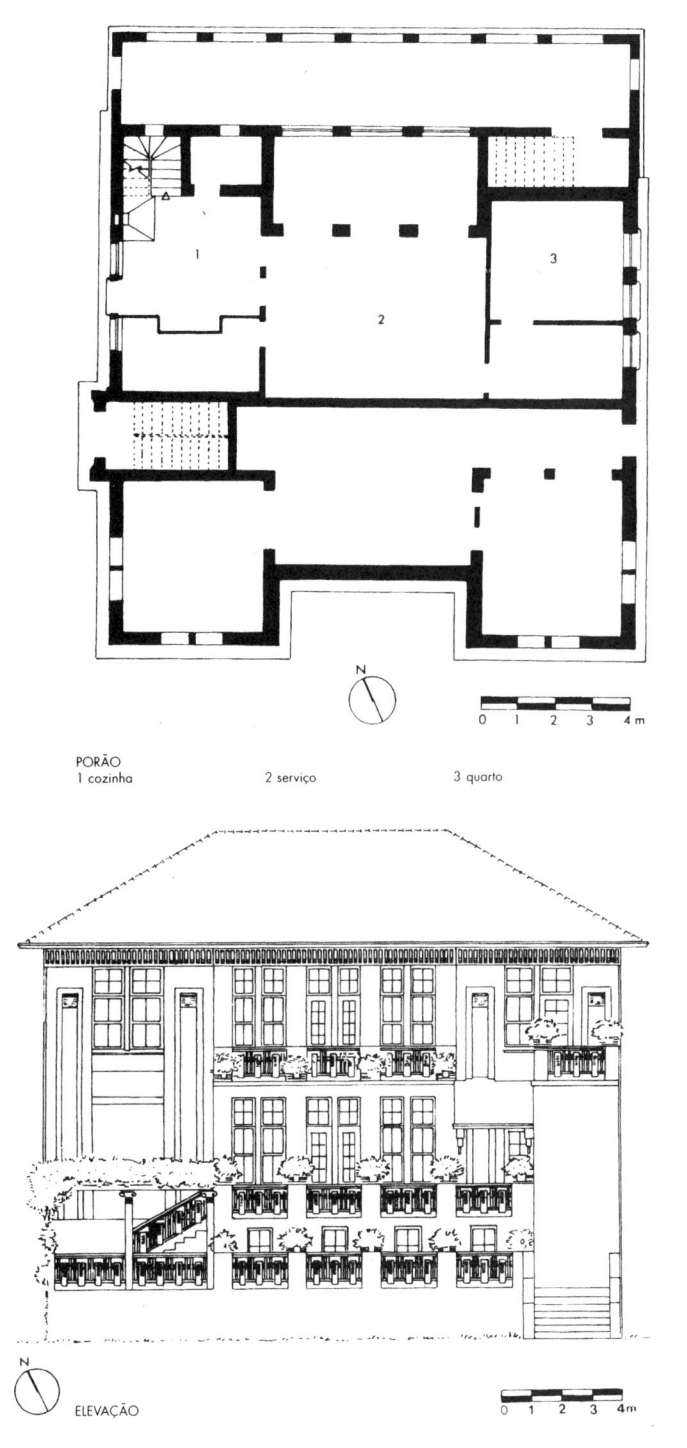

Comércio e Indústria e figura de projeção na sociedade paulistana. Ao lado do Conselheiro Antônio Prado e outros, foi um dos fundadores do Automóvel Clube e, com Antônio Prado Jr., do Clube Athletico Paulistano. Integrou a comissão diretora do Teatro Municipal, em companhia de Ramos de Azevedo e Villaboim.

Ao chegar a São Paulo, morou primeiro na Rua da Glória. Em seguida, na Rua General Jardim, nº 72, numa casa construída por Victor Dubugras, no estilo *art nouveau*. Compunha-se de andar nobre com porão alto, em meio a jardins[50].

O palacete de Numa de Oliveira, na Avenida Paulista, data de 1916. Foi projetado pelo arquiteto português Ricardo Severo e construído sob a responsabilidade do Escritório Técnico "Ramos de Azevedo"[51]. Tratava-se de um sobrado com porão, situado na esquina daquela avenida com a Alameda Campinas, com fundos para a Alameda Santos. Foi construído em declive, em meio a jardins cercados por grades de madeira e dois portões, de entrada e de serviços. No gramado da frente, sobressaía a escultura *Iguaçu*, de Magalhães Corrêa.

Nos terraços sustentados por colunas, balcões e telhados com largos beirais, a decoração arquitetônica era bastante profusa: cachorros trabalhados, telhas de porcelana decorada e painéis de azulejos que reproduziam figuras femininas da família, desenhadas pelo artista português Jorge Collaço. No *hall*, destacavam-se a escadaria de madeira entalhada, um grande vitral de pé-direito duplo da Casa Conrado Sorgenicht, versando sobre o tema da Yara, e as paredes revestidas de painéis de azulejos. A decoração era no estilo D. João VI, exceção feita à sala de visitas e à sala de música, mobiliadas com móveis Luís XVI, revestidas de tapeçaria Aubusson, executada especialmente com desenhos de lendas brasileiras de autoria de José Wasth Rodrigues. Mas, devido à umidade do clima, logo se estragaram.

No térreo, havia o terraço de entrada, dando para o grande *hall*, escritório com lavabo e entrada independente, sala de visita, sala de jantar, sala de

O *palacete paulistano*

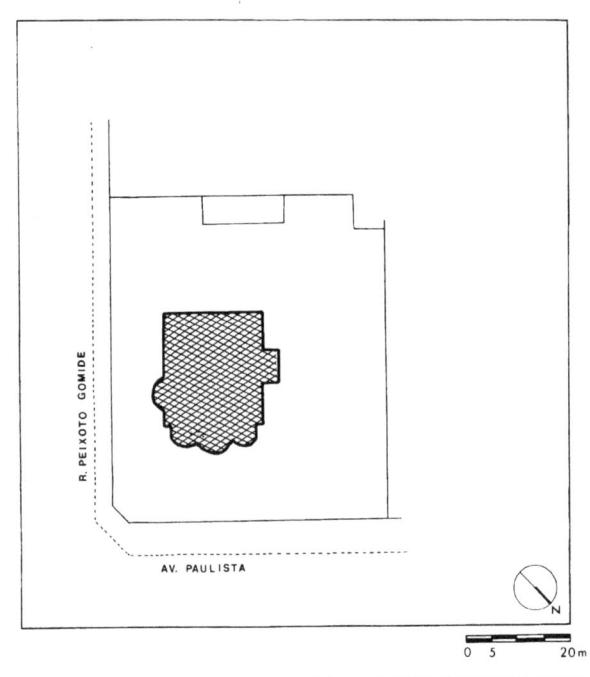

proprietário:	BARONESA DE ARARI	
endereço:	Av. Paulista/R. Peixoto Gomide	APUD SARA-BRASIL, 1930
projeto:	Victor Dubugras	
ano:	1916	

TÉRREO
1 vestíbulo   8 copa
2 lavabo/w.c. 9 cozinha
3 s. música 10 despensa
4 s. visitas 11 serviço
5 s. jantar 12 hóspede
6 saleta janta 13 w.c.
7 hall   14 escritório

TÉRREO
1 copa   2 banho/w.c.   3 toilette   4 quarto

Construída durante a Primeira Guerra Mundial, a residência da Baronesa de Arari, no estilo *art nouveau*, possuía todas as características das *villas* de Victor Dubugras aqui analisadas, com uma grande inovação: o aumento do número de banheiros. No pavimento térreo, surgiram o lavabo junto à porta da entrada e um w.c. contíguo ao quarto de hóspede. Para os oito dormitórios do primeiro andar, construíram-se quatro banheiros completos, além de duas *toilettes*. Contudo, os quartos ainda eram intercomunicantes.

As plantas acima foram copiadas dos originais, ora na biblioteca da FAU-USP (Arquivo de Victor Dubugras).

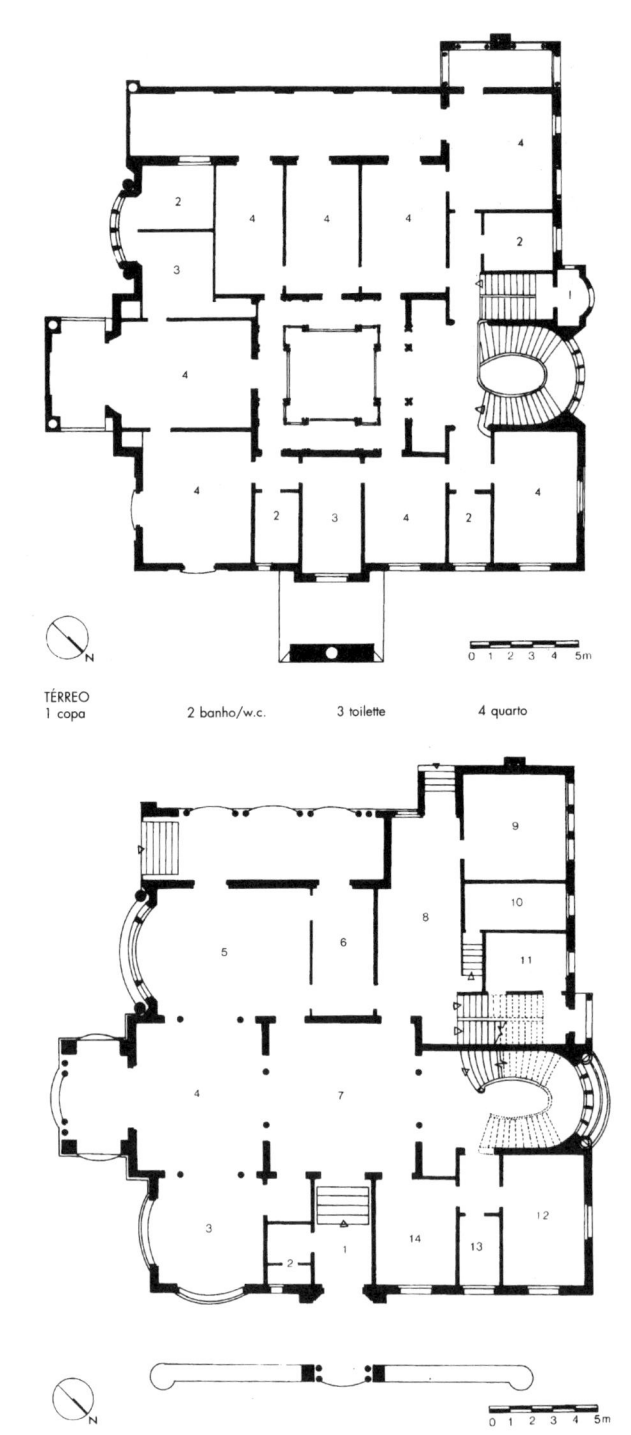

São Paulo em 1900

172.
Projeto de residência da Baronesa de Arari, de autoria de Victor Dubugras: aquarela de um estudo preliminar.
Biblioteca da FAU-USP.

ELEVAÇÃO

ELEVAÇÃO

O palacete paulistano

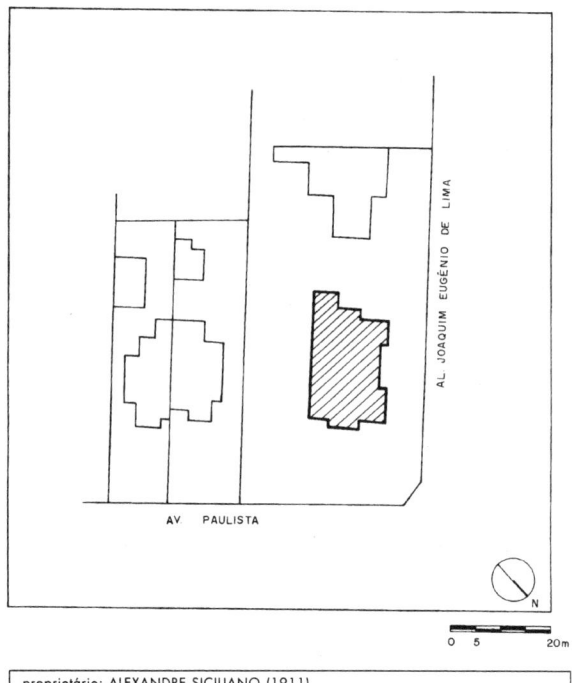

proprietário: ALEXANDRE SICILIANO (1911)
endereço: Av. Paulista, 126/Al. Joaquim Eugênio de Lima
projeto: Ramos de Azevedo
ano: 1896 Para Luís Anhaia

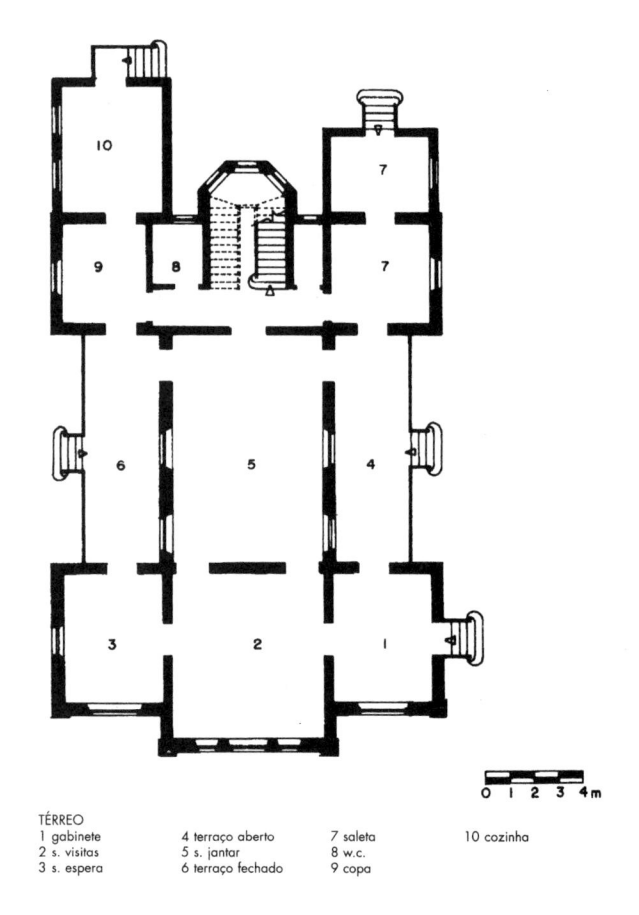

TÉRREO
1 gabinete
2 s. visitas
3 s. espera
4 terraço aberto
5 s. jantar
6 terraço fechado
7 saleta
8 w.c.
9 copa
10 cozinha

O Conde Alexandre Siciliano residiu com a família neste palacete a partir de 1911. Era casado com Laura Melo e Coelho, com quem teve quatro filhos. D. Laura deu nome à *villa* e pertencia a uma família tradicional paulista. Era filha do Coronel João Frutuoso Coelho, fazendeiro de café, e de Maria Ferraz do Amaral e Mello.

Ainda que sócio de conhecidos empresários do café, tais como Augusto de Souza Queiroz, Elias Antônio Pacheco e Chaves, Cândido Lacerda Franco, Carlos Paes de Barros, Siciliano não se naturalizou, mantendo-se culturalmente vinculado à Itália e à Alemanha.

A sala de jantar ocupava o centro de uma composição feita com o maior rigor métrico, a qual, no entanto, não contava com a distribuição francesa. Mobiliada com móveis assinados pelo arquiteto alemão Maximiliano Hehl, aí servia-se à moda da fazenda ou das famílias italianas, deixando-se as travessas todas sobre a mesa.

Foi um dos poucos palacetes a ter capela e berçário. Com o tempo, fechou-se a ala esquerda superior do terraço, que cedeu espaço ao banheiro do casal e a um dormitório.

A entrada de serviços era feita pela Alameda Joaquim Eugênio de Lima, com acesso à garagem e aos quartos dos empregados que ficavam atrás da construção principal. Os terrenos do palacete iam até a Alameda Santos, onde existiam quadra de tênis, tanques para lavar roupa e um coreto, além da horta e de árvores remanescentes da mata denominada Caaguaçu.

Os originais desta planta encontram-se no arquivo do Escritório Técnico "Ramos de Azevedo", na biblioteca da FAU-USP. Os programas foram fornecidos por Eliza Siciliano.

São Paulo em 1900

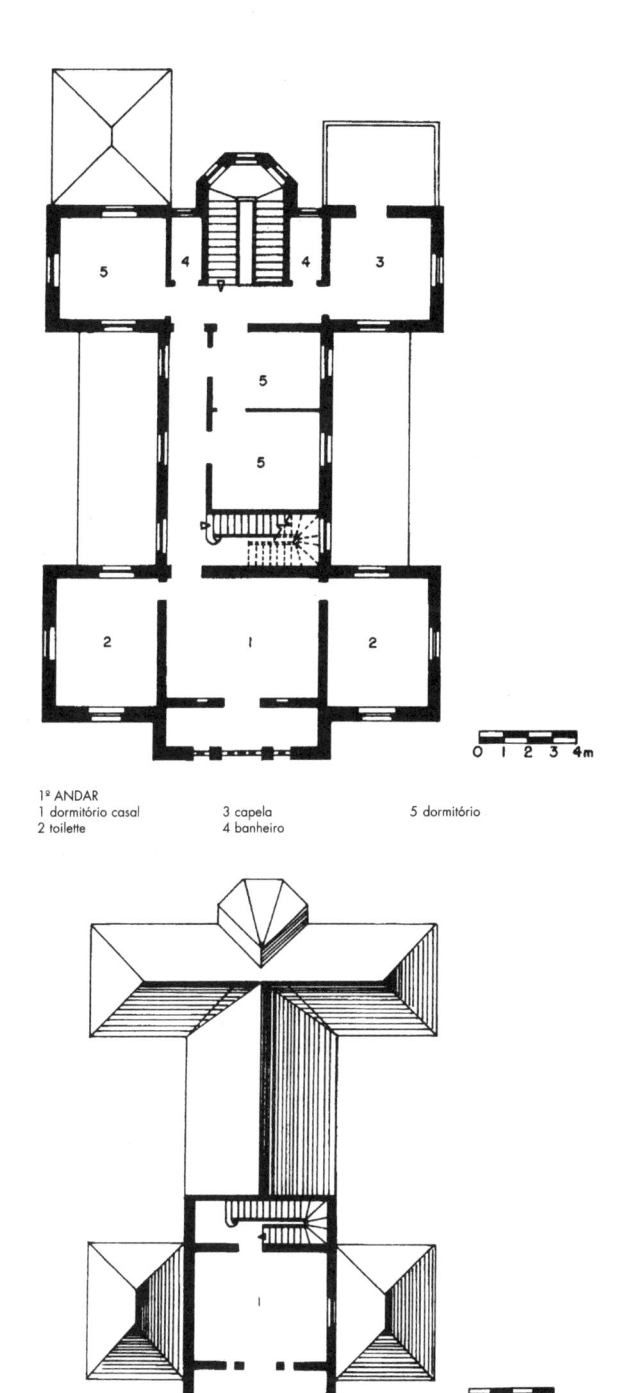

1º ANDAR
1 dormitório casal
2 toilette
3 capela
4 banheiro
5 dormitório

SOTÃO
1 dormitório rapazes

música, apartamento com lavabo, banho e *w.c.* para os idosos da família, saleta de costura, copa com escada de serviço comunicando com o subsolo e o andar superior, além da cozinha, despensa e quarto de empregada em puxado. Os alpendres situados nas laterais e nos fundos comunicavam-se com os jardins por meio de escadas.

A cozinha, azulejada até o teto, funcionava com fogão a lenha e panelas pendentes das prateleiras. Contava com máquina de moer carne, moinho de café; havia também uma geladeira a pedra de gelo.

No andar superior havia seis quartos de dormir e dois banheiros completos, um deles para a governante. Nos dormitórios funcionavam a rouparia, quarto de vestir do casal e o ateliê de pintura da dona da casa. Sobre a sala de música ficava o *solarium*, que servia para a iluminação do *hall*.

Os dormitórios eram mobiliados com guarda-roupa, penteadeira, mesa e cômoda, além das camas. O quarto de vestir, com guarda-roupa, penteadeira, escrivaninha e sofá. Na rouparia, guardava-se a roupa de cama, mesa e banho e, nos armários do banheiro, os remédios. Na copinha do primeiro andar destinou-se um armário aos objetos fora de uso, existindo um monta-cargas que interligava as copas.

No porão, ficavam os quartos dos empregados, lavanderia, rouparia, adega, despejo, sala de estudos e banheiro completo. Fora, o lenheiro e o quarador. A garagem, para vários automóveis, contava com um apartamento no primeiro andar para o motorista e sua família.

Havia horta e jardim. Mas apenas uma jaboticabeira evocava os antigos pomares. Verduras, pão, leite, carne, frutas e flores, para o dia-a-dia, chegavam pela porta dos fundos, entregues pelos fornecedores.

O palacete funcionava com cozinheira, copeiro japonês, arrumadeira, lavadeira, motorista e jardineiro. Com o tempo, Fräulein Luise Stann, governante alemã da casa de D. Olívia Guedes Penteado, veio trabalhar no palacete. Passou a tomar conta da casa, examinava as roupas, consertava-as e fazia as

239

O palacete paulistano

173.
Residência de Alexandre Siciliano, na Avenida Paulista nº 126, na esquina com a Alameda Joaquim Eugênio de Lima.
Arquivo da família Siciliano.

174.
Sala de jantar da residência de Alexandre Siciliano, cujos móveis foram desenhados pelo arquiteto alemão Maximiliano Hehl.
Arquivo da família Siciliano.

sobremesas. Havia também uma costureira que vinha fazer os consertos das roupas.

Tomava-se o café da manhã na copa, mas a família fazia diariamente as refeições na sala de jantar.

O cardápio, brasileiríssimo, compreendia arroz, feijão, verdura cozida, carne, pastel ou frango assado. A salada era rara e demorou a entrar. Variáveis e múltiplas, as sobremesas não podiam faltar: dois ou três doces entre pudins, cremes, compotas e bolos. Raramente comia-se macarrão. O serviço de mesa, de porcelana francesa, era personalizado com o monograma do proprietário. Os faqueiros eram de prata e de Christofle.

A família reunia-se todas as noites no *hall*. Vinham os filhos, filhas, genros, noras e netos. Lia-se bastante, sobretudo literatura européia e a *Revista Illustration*, cuja coleção se conservou até hoje, relativa ao período que vai de 1843 até a Segunda Guerra Mundial.

Nos dias de carnaval, a casa era aberta a todos os amigos que estivessem fazendo o corso e quisessem entrar para descansar. No dia-a-dia, as janelas da frente ficavam abertas, deixando à mostra a quem passasse pela Avenida Paulista a escultura *La Délivrance*, no gabinete do proprietário.

A dona da casa recebia para o chá, duas vezes por mês. Os preparativos eram intensos: flores pela casa, bolos, doces, salgados, chás, sorvetes, etc.

D. Amélia freqüentou escola pública, falava línguas estrangeiras, cantava e dançava. Mas também costurava para os filhos quando eram pequenos. Com o tempo, aprendeu pintura e escultura. Fotografava muito bem, tendo sido das primeiras pessoas em São Paulo a se interessar pela preservação da arquitetura tradicional paulistana. Em 1932 tirou uma série de fotos de sobrados remanescentes da arquitetura de taipa no centro da cidade, que se encontram em poder da autora. Muito interessada na nossa realidade, visitou favelas no Rio, onde dialogou com os moradores e tirou fotos.

D. Amélia ia a antiquários, pois colecionava objetos de prata antigos, os quais, ao falecer, foram doados ao Museu Paulista, a seu pedido. Realizava obras de filantropia como auxílio a hospitais e a leprosos[52].

Eduardo Sabino de Oliveira, um dos filhos do casal Amélia e Numa de Oliveira, contou-nos que, enquanto na casa de seus tios América e Horácio Sabino existia maior formalismo e luxo, ele e seus irmãos foram criados de maneira mais informal e democrática. Em lugar de governantes estrangeiras tiveram pajens e estudaram em escola pública. As mulheres fizeram a Escola Normal da Praça.

A casa de Numa de Oliveira assinalou o final de um período. Embora o uso do espaço ainda não apresentasse mostras de mudanças, o Ecletismo dava sinais de cansaço e já se detectara o processo de descaracterização que trouxera consigo. Monteiro Lobato saúda o Neocolonial, em que se inseria o palacete de Numa de Oliveira e mais alguns outros. Primeiramente, o autor de *Idéias de Jeca Tatu* descreve aquele processo:

Nossas casas não denunciam o país (...)
Dentro de um salão Luís XV somos uma mentira com o rabo de fora (...)
Nosso mobiliário dedilha a gama inteira dos estilos exóticos, dos rococós luisescos às japonesices de bambu lacado. O interior das nossas casas é um perfeito prato de frios dum hotel de segunda. A sala de visitas só pede azeite, sal e vinagre para virar salada completa. Cadeiras Luís XV ou XVI, mesinha central Império, jardineiras de Limoges, tapetes da Pérsia, pendões da Bretanha, gessos napolitanos, porcelanas de Copenhague, ventarolas do Japão, dragõezinhos de alabastro chinês (...)
Por fora, a mesma ausência de individualidade. Acentos gregos, curveteiros lombricoidais do Art Nouveau, capitéis coríntios, frisões de todas as renascenças, arcos romanos e árabes, barrocos, rocalhos — o can can inteiro das formas exóticas.

Mais adiante, refere-se ao arquiteto Ricardo Severo e a seus méritos:

Ricardo Severo já se desfraldou (...)
Transpôs o passo difícil que vai da teoria à realização. Vários palacetes surgem por aí, filhos desse ideal.

O palacete paulistano

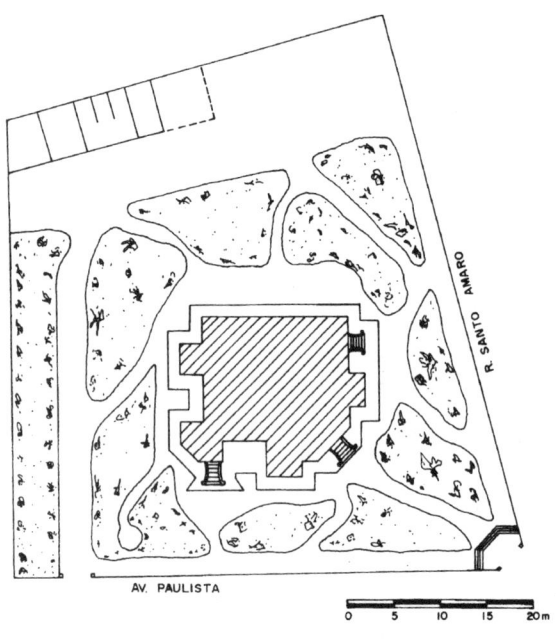

proprietário:	EGIDIO PINOTTI GAMBA
endereço:	Av. Paulista
projeto:	Eduardo Loschi
ano:	1905

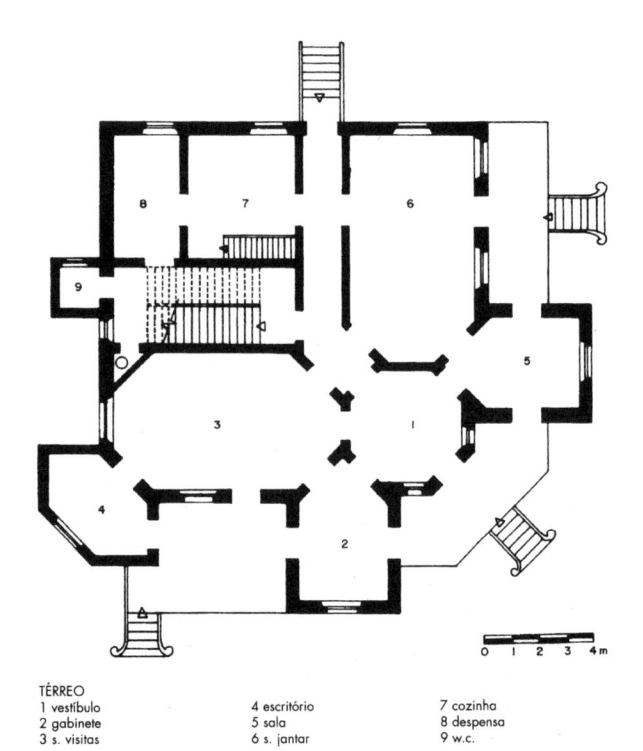

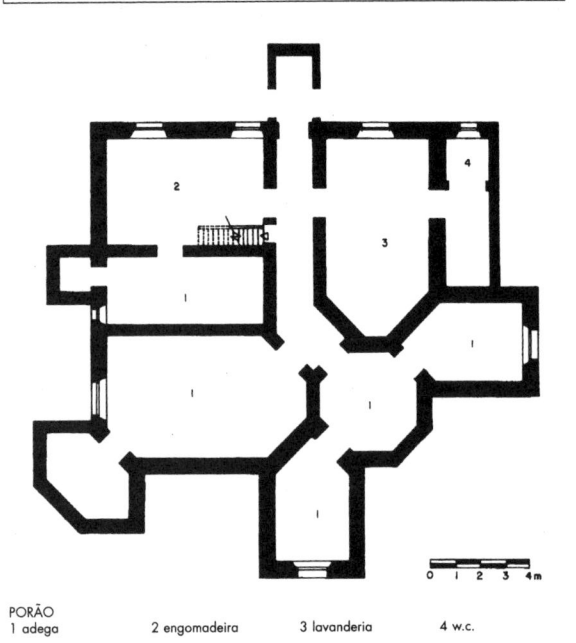

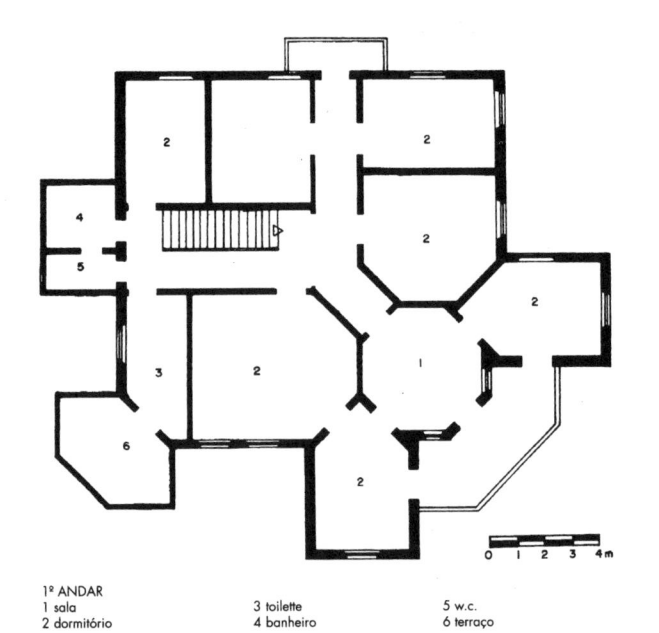

TÉRREO
1 vestíbulo
2 gabinete
3 s. visitas
4 escritório
5 sala
6 s. jantar
7 cozinha
8 despensa
9 w.c.

PORÃO
1 adega
2 engomadeira
3 lavanderia
4 w.c.

1º ANDAR
1 sala
2 dormitório
3 toilette
4 banheiro
5 w.c.
6 terraço

242

São Paulo em 1900

Este palacete, residência do Conde Egídio Pinotti Gamba, proprietário dos Moinhos Gamba, revela forte influência do *art nouveau*. O organograma básico da distribuição francesa não se completava com relação à zona de serviços. Não dispunha de copa e a cozinha era separada da sala de jantar por um corredor. Outra curiosidade é que esta, apesar de térrea, não se encontrava em puxado.

No piso superior, havia apenas um banheiro, separado do w.c., e uma *toilette* para sete dormitórios. As cocheiras ficavam nos fundos e o acesso era feito pela Avenida Paulista.

A neta do proprietário, Flávia Rocha Diniz, enviou-nos esta planta, cuja autoria é de Eduardo Loschi, que projetou outras residências na avenida.

175.
Residência de Egídio Pinotti Gamba, na Avenida Paulista com a Avenida Brigadeiro Luís Antônio.
Projetada em 1905 por Eduardo Loschi.
Foto: "Gli italiani nel Brasile". São Paulo, *Fanfulla*, 1924.

VIAS

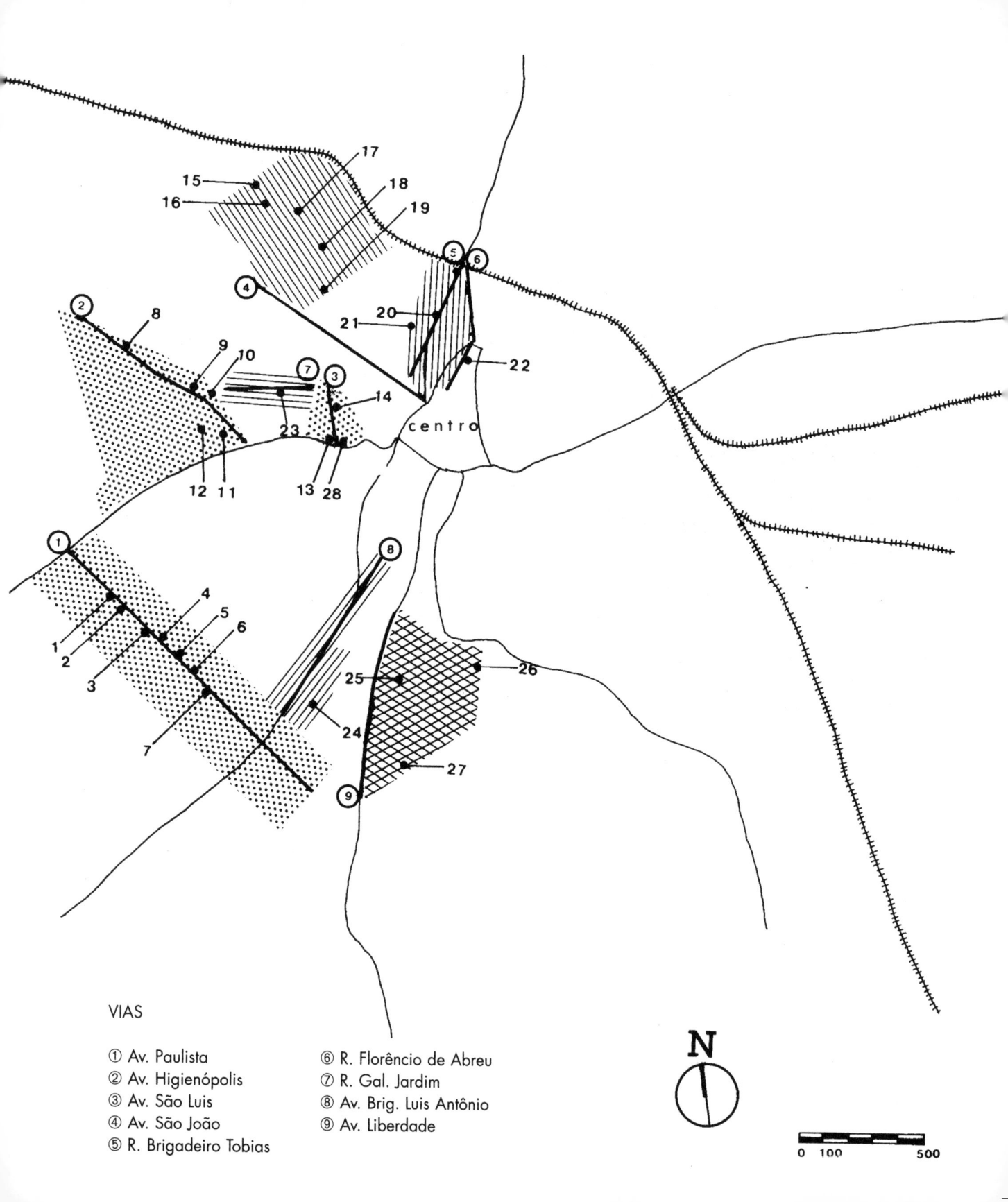

① Av. Paulista
② Av. Higienópolis
③ Av. São Luis
④ Av. São João
⑤ R. Brigadeiro Tobias
⑥ R. Florêncio de Abreu
⑦ R. Gal. Jardim
⑧ Av. Brig. Luis Antônio
⑨ Av. Liberdade

São Paulo em 1900

INCIDÊNCIA E LOCALIZAÇÃO DOS PALACETES EM S. PAULO

(BASEADO NA PLANTA GERAL DA CIDADE DE SÃO PAULO — 1897)

LEGENDA

    área de maior incidência de palacetes

|||||||| área mista (palacetes, casa média e operária, comércio e indústria)

XXXXXX área de menor incidência de palacetes

+++++++ ferrovias

─────── saídas principais da cidade

○   vias principais

1 Horácio Sabino
2 Baronesa de Arari
3 René Thiollier
4 J. Borges Figueiredo
5 Vila Matarazzo
6 Nicolau M. Barros
7 Numa de Oliveira
8 Adolfo A. Pinto
9 Cássio Prado
10 D. Veridiana
11 Vila Penteado
12 A. Alves Lima
13 Antônio de S. Queiroz
14 Frederico de S. Queiroz
15 Chácara do Carvalho
16 José de Souza Queiroz
17 Waldomiro P. Alves
18 Elias Chaves
19 Olívia Guedes Penteado
20 Barão de Piracicaba II
21 A. de Toledo Lara
22 Cel. C. Teixeira de Carvalho
23 Numa de Oliveira
24 Hermann Buchard
25 Ramos de Azevedo
26 Condessa de Parnaíba
27 M. Lopes de Oliveira
28 Nicolau de S. Queiroz

Os projetos das casas Júlio de Mesquita, Numa de Oliveira e tantas outras valem pelo dealbar dum fulgurante renascimento arquitetônico[53].

Concomitantemente, um novo tipo de implantação de casas estava a caminho, acompanhado de uma nova concepção de bairro residencial, a de bairro-jardim. Em 1914, a Prefeitura aprovou a planta referente ao loteamento do Jardim América apresentada pela Cia. City of São Paulo Improvements and Freehold Land Co. Ltd., responsável pelo primeiro de uma série de loteamentos desse tipo de bairro em São Paulo[54].

Mesmo assim, os recuos fronteiros de dez metros estenderam-se às construções do Rio Tamanduateí, e os de quatro metros, às construções particulares suburbanas. Quando as dimensões dos terrenos fossem superiores a sete metros, guardariam dos vizinhos uma distância nunca inferior a um metro e meio. Isso prova que princípios introduzidos pelo palacete assinalaram a história da arquitetura paulistana.

CONCLUSÃO

O palacete do Ecletismo constituiu manifestação do processo civilizador, sendo o espaço independente do estilo de arquitetura. Esse tipo de residência definiu-se com a República, com a instituição da higiene pública e a separação dos papéis masculinos e femininos. Foi construído numa cidade "civilizada", servida por redes de água e esgoto, transporte coletivo, iluminação a gás e elétrica, situada nas terras mais altas, a salvo das enchentes, etc. Nasceu nos caminhos da Estação da Luz para multiplicar-se no âmbito de um trajeto que ia do centro e do Vale do Anhangabaú, atravessava o Viaduto do Chá rumo a oeste, em busca das novas avenidas arborizadas. Portanto, o palacete surgiu na cidade progressista, sobreposta à cidade caótica, onde proliferavam ruas por calçar, cortiços, casas populares, chácaras, terrenos baldios e brejos.

Para os burgueses endinheirados, a civilização urbana englobou o acúmulo de bens materiais, o consumo, a secularização, a ordem, a limpeza, a profissionalização e o cosmopolitismo. Foram assimiladas a polidez e a etiqueta e valorizadas a hora certa e a privacidade. Procurou-se promover a hierarquia social, o trabalho livre, o branqueamento e a separação trabalho-casa. Esse processo, por sua vez, acelerou-se antes da mudança do espaço, revelando-se independente e anterior ao grande surto de urbanização que a cidade conheceu, na República Velha. Intensificou-se com a chegada do trem de ferro, revelando-se, contudo, inadaptado ao sobrado, tipo de residência que unia o trabalho masculino ao domicílio, numa construção efetuada no lote estreito e alongado, no alinhamento da rua, em conformidade com a tradição urbana portuguesa. Associada às limitações da taipa, essa situação prejudicava a iluminação e a ventilação dos interiores e induzira à distribuição feita no sentido frente-fundos, em detrimento da privacidade.

Os programas do palacete revelaram o ideário burguês, atendido por uma arquitetura que propunha a individualização da casa e a conciliação dos estilos, espelhando o êxito socioeconômico do proprietário. Foram consagrados a casa em meio a jardins, a distribuição a partir do *hall* e um espaço para cada função a fim de se evitar a sua superposição. Observaram-se a ordem, uma decoração profusa, baseada no excesso de móveis, tecidos e objetos, e a criadagem branca de libré que vivia em espaços separados em relação aos dos patrões ou nas edículas, cujo acesso era feito pelo portão dos fundos. Para a governante estrangeira, preceptora das crianças, não faltou, contudo, um dormitório especial, situado em plena zona de respouso familiar.

A urbanização possibilitou a água corrente nas pias e a entrada da cozinha e do banheiro, em conformidade com as regras mais recentes de higiene. Os modos de solucionar as necessidades básicas se alteraram radicalmente. A casa tornou-se mais receptora de mercadorias do que produtora. Em geral, essas casas não tiveram mordomos, mas sim o primeiro-copeiro e dois auxiliares. Dispensavam-se aqueles, pois o comando das tarefas cotidianas, em última instância, cabia à mulher. Por morte desta, assumia o seu papel uma filha, mesmo casada, e, na sua ausência, uma nora.

No palacete manteve-se uma tradição brasileira observada com relação à casa paterna. A partir da casa principal, estabeleciam-se outras casas nos seus entornos ou até no próprio lote, com a finalidade de abrigar parentes e filhos casados, condição indicativa de dependência. Muitos filhos chegaram a morar na casa-matriz, que era também onde as filhas casadas vinham dar à luz. Nesses termos, o comando masculino exerceu papel importante, significando severidade, honradez, proteção e esteio financeiro, em torno do qual gravitaram filhos, netos, parentes e amigos. Para o marido também vigorava o papel de "esposo solícito" e de "pai extremoso", como vimos na correspondência assinada por Antônio Álvares Penteado. Pela manhã, o chefe da família encerrava-se no gabinete onde lia os jornais. Quando não ia a Santos, dirigia-se para o centro da cidade, a fim de inteirar-se das cotações do café. Passava as tardes jogando no Automóvel Clube e no Clube Comercial. Alguns aproveitavam para visitar as suas "protegidas". As *cocottes*, mulheres de costumes fáceis, eram as mais valorizadas, tendo ensinado qualidade de vida ao grupo masculino. Saídas dos "*vaudevilles*", ou dos teatros de revistas e de variedades, mandava o figurino burguês que fossem "ignoradas" pela esposa em nome da segurança familiar e dos bons costumes. Com o tempo, houve as que entraram para as famílias mais importantes, contraindo matrimônio com jovens herdeiros.

O dono da casa regressava ao anoitecer para jantar com os parentes e amigos. Christianne Lacerda Soares, ilustre dama francesa que conheceu essas famílias vivendo no ambiente acima descrito, embora já na década de 1930, contou-nos que tudo dava a impressão de muita solidez e riqueza e que todos pareciam muito felizes, vivendo ao redor de um chefe todo-poderoso. As mulheres, acrescentou ela, muito belas, elegantes e inteligentes, confessaram-lhe, contudo, que eram extremamente infelizes.

Apesar de a casa destinar-se ao reino da mulher, o espaço maior foi literalmente dedicado ao homem. Pela primeira vez, ela teve uma sala para si mesma, a denominada sala da senhora, mas o marido ganhou o bilhar, o *fumoir*, a biblioteca e até a sala de armas, além de ter preservado o seu gabinete, sempre na frente da casa, com entrada independente. Valorizaram-se a maternidade e a afetividade femininas, associadas à saúde e à natureza. A mulher devia encaixar-se no ideal da "esposa solícita" e da "mãe extremosa", doadora de afeto para suavizar o excesso de ciência e de bens materiais. Fazer o marido e os filhos felizes era a sua atribuição. Em compensação, ela seria alvo das suas homenagens, bem como dos amigos e parentes. Se na economia de subsistência da sociedade escravocrata ou nos domínios autárquicos da fazenda de café ela comandava diretamente os trabalhos que diziam respeito à resolução das necessidades básicas, agora se tornaram tarefas suas o consumo e outras atividades as mais supérfluas, como a exibição da moda, as compras, a confecção de doces, bordados, arranjos florais, o saber apresentar-se nas salas de jantar e de visitas, bem como nos salões, onde ela devia acompanhar o marido com vistas à sua carreira de homem público. Como a governante, a mulher tinha, agora, que transmitir a "civilização", a qual se tornou a forma de distinção entre as famílias pertencentes à elite cafeeira.

As famílias que não assimilaram na íntegra o processo civilizador foram consideradas "acaipiradas" pelas demais. O estar formal recebia um tratamento especial e a sociabilidade era tanto mais intensa quanto mais europeizada fosse a família. A sala de visitas e a sala de jantar eram os cômodos mais amplos que compunham a parte mais ricamente decorada da casa. Pisos em mosaicos, cobertos de tapetes e paredes pintadas a ouro recebiam uma profusão de cortinas trabalhadas com fios desse metal, acompanhadas de quadros e tapeçarias. Na primeira, os móveis dourados franceses, nos estilos dos Luíses de França, estofados com tecidos preciosos, substituíram as cadeiras Thonet do antigo sobrado. Lustres e espelhos de cristal Baccarat, porcelanas e estatuetas completavam o cenário, onde não podia faltar o piano, coberto com um xale de seda, secundado por uma vitrine expondo coleções de leques, de miniaturas ou de medalhas e troféus amealhados pelo dono da casa. A ornamentação à base de plantas tropicais, em especial com pequenas palmeiras que foram levadas à Europa pelos colonizadores, chegara aos nossos salões e aos grandes *halls*. Os quadros eram sempre acadêmicos, pintados pelos artistas nacionais ou trazidos do exterior. Naturezas-mortas, paisagens, cenas de caça e de batalhas alternavam-se com fotografias e retratos a óleo de antepassados ou dos membros da nossa família imperial.

Quanto mais elegante era a família, mais se usava a sala de visitas. Durante a República, esse cômodo desempenhou um papel muito importante. Em algumas casas, abria-se todas as noites para os serões familiares compartilhados por parentes e amigos, quando se discutiam política e as novidades do dia trazidas pelo elemento masculino do centro da cidade. O médico teve papel preponderante, pois, ao visitar os pacientes em suas casas, inteirava-se de notícias que ajudava a divulgar. A seguir, servia-se a todos o chá da noite, na sala de jantar, acompanhado de bolos e sequilhos.

Algumas *villas* contavam com salões especiais, de maiores dimensões, que se abriam nas ocasiões solenes como casamentos, batizados, bailes, formaturas e concertos. A princípio, sendo as famílias bastante prolíferas, os convites restringiam-se a elas. Os estudantes da Academia de Direito foram os primeiros a comparecer, devido à aproximação que mantinham com os jovens estudantes pertencentes às famílias locais.

Os salões políticos e literários começaram a acontecer na São Paulo de meados do Império. Na passagem para a República, já estavam nos palacetes, sendo dirigidos por elementos do sexo masculino com o Barão de Piracicaba II, o Conselheiro Antônio Prado e seu irmão, o escritor Eduardo Prado, por Paulo Prado, filho do Conselheiro, por René Thiollier, pelo Senador Freitas Valle, etc. Os salões pertencentes a mulheres como D. Veridiana da Silva Prado e, depois, já nos anos 20, D. Olívia Guedes Penteado, constituíram exceções que ocorreram quando ambas estavam sem marido, por divórcio, no primeiro caso, e por viuvez, no segundo.

A sala de jantar do palacete perdeu os serviços que outrora abrigava, como costuras, convívio familiar e a recepção a visitas íntimas, os quais transcorriam sob o comando feminino. Transformou-se em lugar solene, destinado apenas ao ritual exigido pelos novos cardápios e pela etiqueta. O figurino mandava que se recebesse para jantares de cerimônia. O almoço era mais íntimo. Em geral, servia-se à francesa. Dois copeiros e uma auxiliar apresentavam as travessas na seguinte ordem:

1. *hors d'oeuvres* ou massa
2. peixes
3. aves
3. carnes vermelhas
4. queijo, doces e frutas

Vinhos e águas minerais importadas regavam as refeições. O café e os licores eram servidos na sala de visitas, ao som do piano. Em algumas casas, o serviço era "meio à francesa", isto é, deixavam-se sobre a mesa as travessas de arroz e de feijão, apresentando-se as demais no ritual francês.

A sala de jantar de grandes dimensões favorecia as famílias sempre numerosas. Muito prolíferas, eram aparentadas entre si, entrelaçadas por casamentos e por sociedades em negócios. Pelos estudos genealógicos e o modo de ocupação do solo urbano concluímos que houve dois grupos mais notáveis de famílias. No primeiro, destacou-se o dos Souza Queiroz, ligado culturalmente à Alemanha e integrado pelas famílias Vergueiro, Souza Aranha, Paes de Barros, Aguiar Barros, Brotero, Pompeu de Camargo, Novaes, Albuquerque Lins, etc. Concentravam-se, de preferência, na Rua São Luís. Mas houve palacetes pertencentes a essas famílias nos Campos Elíseos, no Largo do Arouche, em Santa Cecília e nas avenidas Angélica e Brigadeiro Luís Antônio.

As preferências culturais do grupo liderado pela família Silva Prado incidiam sobre a França, país onde também mantinham relações sociais. Sua extensa parentela compreendia as famílias Jordão, Pacheco Chaves, Alves de Lima, Pinto Alves, Monteiro de Barros, Álvares Penteado, Silva Ramos, Mendonça, Uchoa, Lacerda Franco, Lacerda Soares, etc. Distribuíram-se entre a Chácara do Carvalho, na Barra Funda, e o Palacete Chaves, nos Campos Elíseos, sobressaindo-se a figura do Conselheiro Antônio Prado, que foi importante chefe político do Império e da República. Parte da família permaneceu junto à matriarca, D. Veridiana da Silva Prado, na confluência de Santa Cecília com Higienópolis, ou em torno de Antônio Álvares Penteado, importante cafeicultor e industrial que residia do outro lado da Avenida. Evidentemente, houve outras famílias importantes tais como Silva Telles, Queiroz Telles, Cerqueira César, Rodrigues Alves, Moraes, Ribeiro de Barros, etc., mas aqueles grupos foram mais coesos e se destacaram no conjunto.

Contudo, viver no palacete tornara-se opressivo. Na sala da senhora, a meio caminho da sala de jantar e da cozinha, a mulher passava a maior parte do dia bordando, rodeada de suas filhas, parentes e amigos que entravam e saíam da casa a qualquer hora, em prejuízo de sua privacidade. As crianças mantinham-se tão afastadas dos adultos que algumas governantes precisavam marcar hora para que elas se avistassem com os pais. A amplidão da zona destinada ao estar formal e o excesso de cuidado que esta recebeu acabaram por deixar pouco espaço à vida familiar. Aquele tipo de estar e a distribuição francesa contaram antes, mais para as famílias que possuíam envolvimento maior com a cultura francesa, revelando-se social e politicamente mais poderosas. Por isso mesmo, houve maior número de casas com planta desarticulada com relação ao vestíbulo ou ao *hall*. O que acabou importando para o palacete foram a construção em meio aos jardins, uma fachada com apuro estilístico e uma sala de visitas com piano e móveis franceses, cobertos por tecidos preciosos, sem contarmos as edículas ou o porão, a entrada social e a de serviços. A sala de jantar como centro da vida familiar, oscilando entre a sala de visitas e os dormitórios, a presença do gabinete e do quarto de hóspedes, além dos elementos semi-rurais existentes nos exteriores, revelaram o hibridismo dos programas, resultantes da superposição do processo civilizador urbano a uma sociedade recém saída da escravidão, com um pé no latifúndio e outro na cidade.

Assistimos, pois, à reformulação do espaço. O porão, a princípio recurso obrigatório contra a umidade, tornou-se habitável e passou a receber tudo o que fugia aos programas originais. Nele, se acumularam malas, baús, louças e móveis, quartos dos criados, salas de estudos das crianças, local dos folguedos infantis, adegas, etc. Visto que dispunha de comunicação direta com a rua, os jovens mantiveram aí os seus dormitórios, ateliês e bibliotecas, o que fez dele ponto de encontro da juventude. Por ele e por algumas cocheiras passaram os vanguardistas, malvistos pelos burgueses que moravam no andar superior, mesmo após a sua oficialização, representada pela Semana de Arte Moderna, ocorrida em fevereiro de 1922, no Teatro Municipal.

Visto que a dona da casa não encontrara privacidade na sala da senhora, foi no seu quarto de vestir que ela passou a receber as amigas, a ler e a escrever a sua correspondência. Nos começos do século, os terraços foram envidraçados, transformando-se em jardins de inverno, os quais acabaram atraindo o estar familiar. Nesse mesmo período, os

Conclusão

grandes *halls* foram introduzidos nos palacetes, uma substituição do pequeno vestíbulo que nem sempre respeitaria a distribuição francesa. Móveis ingleses compunham uma decoração mais sóbria que cedia espaço às atividades culturais dos salões, acrescidas de peças infantis e exibições circenses. Aliaram a linha do público ao estar informal, mesclando a vida em família com os contatos políticos. Os serões, que agora aconteciam nos *halls*, eram bastante concorridos. Compareciam os filhos casados, amigos e vizinhos dos moradores, muitos deles membros do Partido Republicano Paulista. Foi na Chácara do Carvalho que nasceu o Partido Democrático, o qual faria frente ao PRP. Em quase todos os palacetes, a sala de visitas permanecia fechada a maior parte do tempo, os móveis cobertos com guarda-pós. Eram abertas apenas nas ocasiões solenes como casamentos, batizados e velórios.

As maneiras como as atividades ocorriam no âmbito doméstico e as histórias de vida forneceram uma realidade mais rica. Muitas mulheres se notabilizaram, tecendo o capital social, o cultural e o simbólico, e existiram as que ultrapassaram as representações. O consumismo e a criadagem numerosa possibilitaram-lhes maior sobra de tempo, aparentemente dedicado às atividades fúteis, como chás, jantares, exibição de moda, etc., tempo que elas aproveitaram para estudar, viajar, manter correspondência com amigos e familiares, ler livros de literatura francesa, russa e portuguesa, ir a teatros e assistir a conferências. Por terem sido muito mais jovens do que os maridos, a maioria enviuvou. Neste caso, ou na ausência destes por motivo de viagem ou separação, vemo-las como centro da vida familiar, assumindo as rédeas da família. Não raro acompanharam e, mesmo, administraram os bens herdados, situação essa favorecida pela condição legal de meeira. Nessas condições estiveram a Condessa de Piracicaba II, a Condessa de Parnaíba, D. Veridiana da Silva Prado, D. Angélica de Barros e Ana Álvares Penteado. Ainda que ocorrido em período bem posterior ao estudo, cumpre lembrar o feito de Maria Soldado, que saiu da cozinha do palacete para avançar a linha do público, chegando à luta armada na Revolução de 32. Para tanto, precisou travestir-se de homem.

Graças ao seu preparo e aos estudos, as mulheres competiram com os elementos masculinos nos salões, tiveram algum peso político e avançaram pelos capitais simbólico e social. Algumas, como D. Veridiana e D. Olívia Guedes Penteado, romperam com certas convenções sociais, tendo sido formadoras da opinião pública. Nos bastidores, mantiveram-se como supervisoras do lar e da educação dos filhos, conhecedoras de agricultura e medicina caseira, conselheiras dos negócios dos maridos, ora tramando casamentos ou mesmo servindo de cúmplices quanto às estratégias matrimoniais.

No dia-a-dia, as relações tornaram-se bem mais complexas e nem sempre inseridas nas instituições. Foram além de uma arquitetura que espelhava o poder e a sua manutenção. Revelaram discrepância entre o espaço e o cotidiano. Por eles desfilaram mulheres fortes, extremamente versáteis, quiçá colocadas à prova pela saga do café que as levou a enfrentar situações as mais díspares. Saíram da chácara, do sobrado, ou da cidade, em direção à fazenda aberta no sertão distante e, daí, à Europa e ao palacete. De produtoras passaram a consumidoras; do trato com os escravos, ao trato com a mão-de-obra livre e assalariada e com a criadagem especializada européia; da experiência no campo da agricultura, aos estudos e aos salões. Essas mudanças sugerem uma nova imagem da mulher no ideário burguês e uma participação bem diversificada diante dos papéis previamente definidos.

O estudo do palacete permitiu resgatar parte dos bastidores do ciclo do café e trazer à luz o cotidiano dos membros das famílias detentoras dos meios de produção e do poder político, destacando-se as mulheres, cuja atuação também extrapolou o privado. No âmbito da família, da casa e da agricultura, em muitos momentos, elas estiveram ombro a ombro com os homens. Em outros, mostraram-se criativas, usando de expedientes para driblar as normas impostas pela sociedade. Finalmente, com relação ao público, sobressaíram, exímias na arte de construir e acumular o capital cultural, o social e o simbólico, imprescindíveis como formas de distinção e de continuidade do poder. Nesses termos, o palacete teria funcionado como um dos caminhos mais notáveis.

APÊNDICE

Equipamento da casa de D. Veridiana Valéria da Silva Prado (transcrito na íntegra do seu inventário).

Nos jardins da Vila Maria, havia quinze bancos; na cocheira, uma vitória, dois armários envidraçados contendo mantas, cintas, capas, encapados e escovas, além de um grande móvel para se guardarem os arreios completos, freios, argolas, etc. Na adega, trezentas garrafas de vinhos envelhecidos diversos e vinte garrafas de xaropes vários. Na copa, um armário, uma geladeira, mesa de ferro com tampo de mármore e cinco bancos de madeira.

Na cozinha, um trem de cozinha completo de cristal amarelo; mesa de ferro com tampo de mármore, pilão de madeira com guarnição de cristal, cepo de madeira com guarnição de metal e mesa com tampo de mármore.

Na salinha de jantar, havia um espelho grande com moldura dourada, um armário-despensa com quatro cristaleiras, três quadros a óleo com paisagens, três quadros pequenos com fotografias, duas bandejas de metal, um galheteiro com doze vidros, um armário com porta de vidro, quatro travessas de prata e cobre, uma cafeteira de metal, dois açucareiros, dois bules e uma leiteira, um *buffet* com três espelhos e mesa com cinco cadeiras.

No corredor da escada, ficavam um armário com três gavetas, duas cadeiras antigas desenhadas, um escudo e um par de vasos de mármore.

Na entrada, um porta-chapéus com espelho e uma estatueta de mármore preto com o respectivo pedestal.

Na sala de visitas do térreo, estavam um sofá de couro amarelo, dois vasos de louça com pedestais, um sofá e duas poltronas estofadas de seda, duas cadeiras de palhinha, espelho grande e pedestal de mármore, três figuras japonesas, um espelho grande com madeira dourada, uma pequena mesa preta desenhada com flores, relógio de mármore, dois castiçais de louça, dois vasos com flores, pequena figura de raposa, mesinha preta com louça no centro, mesa de canela escura, anjo de bronze com duas figuras, dois vasos de flores e plantas, duas estampas antigas com molduras douradas, outras tantas de cachorros com molduras pretas, uma bandeja de madeira emoldurada, um quadro a óleo com duas figuras; mesa com tampo de mármore, tapete para mesa, vaso de bronze, caixa porta-fotografias, um porta-cartões japonês de valor, sofá estofado de couro amarelo e um tapete indiano grande de sala.

Na sala pequena à esquerda, existiam uma mesa grande, cama pequena de passeio (*sic*), com colchão, duas cadeiras simples de palhinha, duas estampas grandes com molduras douradas e duas cantoneiras de madeira.

A sala de jantar continha mobília (sem descrição), um armário antigo, 185 peças de louça, cinco travessas de cristal, duas com fundo deste material, quatro guarda-comidas, um suporte para aquecer comida, aquecedor de ovos, colher quadrada para pão (*sic*), garfo com cabo de marfim, sete porta-garrafas redondos, um acendedor de cigarros, um cavalete com quatro pratos de louça, cinco pratos com fundo de prata e cobre, dois porta-pães, um porta-garrafa, uma licoreira, um vidro para conservas com grade de metal, dois vidros para pimenta, aquecedor de comida, cafeteira de cobre, porta-doces com três vidros e tampa, um gradeado para pão, um porta-aspargos, um serviço de cristal inglês de quinze peças para mesa, cinco peças de cristal, suporte com cinco copos, um suporte com caçarolas de metal, cesta com colher, suporte com doze caçarolas de metal, um suporte, morangueira com duas xícaras e dois talheres de metal para açúcar, um porta-facas com doze faquinhas de cabo de louça, duas figuras de louça, dois jarros antigos com figuras, um prato fundo de metal para pão; um jarro de metal, porta-frutas de metal com garfos, prato com flores, pequena estátua de louça, porta-licor com duas garrafas e dez copos, seis porta-copos com fundo de louça, porta-frutas com pedestal de veludo, serviço de louça, serviço de metal, onze porta-garrafas de metal, estátua de barro, diversos vasos, sendo dois japoneses de porcelana azul, relógio veneziano, geladeira de metal para garrafas, chaleira de metal com fogareiro, lâmpada elétrica para mesas, grande lampião de metal amarelo, quatro pratos de louça florida, lavatório de metal branco com bacia e saboneteira, porta-sardinhas, porta-salsa, saladeira, cestos de frutas de metal, balde de gelo com garfo, duas garrafas de cristal para champanhe, manteigueira, porta-frutas, chaleira com fogareiro, 187 pratos de tamanhos variados em estilo japonês, com ornamentos dourados conforme a decoração da sala, tímpano para o centro de mesa, porta-licor com quatro garrafas, tigelas de madeira, cesto de metal, duas bacias de mármore com jarros de bronze estilo antigo, estátuas de barro, dois espelhos grandes, duas naturezas-mortas com moldura dourada, um óleo de pássaros, cestos de barro envernizados para frutas e dois pratos de metal e de barro.

No escritório, encontravam-se escrivaninha, caixa para papéis, bandeja, lâmpada elétrica, cama americana com prateleira e espelho, serviço de lavatório, *toilette* com tampo de mármore, sofá estofado de diversos tamanhos e cores, estilo japonês, com ornamentos dourados, conforme a decoração da sala, e um tapete de couro verde, um cofre (burra), estante giratória com gavetas e três cadeiras.

No vestíbulo do primeiro andar, havia caixa antiga, grande relógio, duas camas de madeira estilo antigo, três porta-estátuas, cantoneira com dois espelhos, duas cadeiras antigas, um quadro de veludo, sofá de palhinha, cômoda, mesa preta com tampo de mármore e duas estátuas.

No quarto da torre, estavam sete cadeiras, duas aquarelas e dois quadros de parreiras.

O quarto de *toilette* era mobiliado com armário grande e com espelho, pequena mesa, onze cadeiras, mesa redonda, cômoda, sofá grande estofado de vermelho, poltrona com estante, dois tapetes, *toilettes* com espelho e gavetas, lavatório com depósito de água, porta-toalhas, criado-mudo, cama grande de metal amarelo, colchão de borracha.

Na rouparia do segundo andar, localizou-se um armário de canela escura.

No banheiro, encontravam-se armário de farmácia, pequeno fogão a gás, mesa para doentes, uma cadeirinha, quadro com três espelhos e banquinho de madeira.

Decoravam o salão de visitas amarelo: piano C. Bechstein, pianola americana com banco e diversos discos, vaso japonês, quadro com paisagens, armário com espelhos e tampo de mármore, uma caixa, floreira, dez cadeiras, dois tapetes pequenos, três poltronas de couro verde com almofadas, armário com espelho e mármore, uma caixa, um porta-flores, dez cadeiras, relógio de mármore preto, escrivaninha, floreira, cama envernizada com cruz, anjo de bronze, jarros de bronze, dois tapetes, estante giratória, dois cavalos de metal, mesa de centro, porta-cartões, quadro a óleo de D. Pedro II, óleo intitulado *Aurora*, óleo da Princesa D. Isabel, um porta-flores, armário contendo *bibelots*, uma tela de Cruz do Campo Alto e tapete para mesa.

No jardim de inverno, existiam mobília completa de vime de dezesseis peças, um pendente para flores e um busto de Meniliche.

O salão de visitas do primeiro andar era decorado com poltrona estofada, armário preto filetado a ouro, vaso de metal, cadeira com grade dourada, dois porta-vasos venezianos, sofá pequeno de veludo amarelo, mesa antiga com cadeira de couro dourado, mesas redondas douradas, quatro cadeiras de palhinha, estante dourada de bambu, duas poltronas de couro marrom, duas barquinhas, dois armários e uma mesa filetada de dourado, diversos vasos japoneses, quatro porta-flores de porcelana e de vidro, sofá pequeno de veludo, banquinhos de veludo, mesa pequena, duas figuras estilo veneziano, figura, espelho, mobília estofada de vermelho, almofadas, cadeiras douradas, banco estofado, dois bancos almofadados, cadeira de braço marchetado, quatro espelhos grandes, dois quadros a óleo com paisagem do Retiro da Freguesia do Ó de Parreiras, pratos de bronze e paravento japonês.

No pavimento térreo, o vestíbulo possuía armário grande com portas de vidro contendo: serviço de vidro verde para mesa, bandeja de vidro, serviço de mesa com 95 peças de cristal, outro com 120 peças de vidro, e um terceiro com 243 peças também em vidro, seis abajures, duas rosas de vidro, pires de vidro, 112 copos de vidro de diversos tamanhos, suporte de cristal, porta-doces de vidro com tampo de metal, jarras e garrafinhas de vidro, 24 pratos de vidro e outras tantas garrafas de vidro, abajures de vidro, serviço de mesa em porcelana azul com 344 peças, porta-vasinhos e porta-flores, seis panelinhas de vidro com cabo de metal, um armário grande, jogo de chá e de café de 220 peças, lavatório de louça branca, serviço completo japonês para centro de mesa, bandeja de louça com tigelas, doze tigelas brancas, dezesseis panelas pequenas de barro, dezesseis pratos de metal para sorvetes, bandeja, xícaras, porta-ovos, tigela, pratos de cristal para frutas, seis compoteiras de cristal, centro de mesa, balde para gelo, 23 fruteiras de cristal e de louça, três cestas de palha para copos, 36 peças de vidro para velas, doze tigelinhas brancas, doze xícaras de louça para criados, seis fruteiras de louça, seis pratos de louça, dois porta-sais de louça, bandeja com 16 xícaras, 25 xícaras diversas, um galheteiro, 25 pratos de louça e um serviço de mesa de 144 peças.

Relação de objetos de metal: um par de candelabros, dois castiçais, quatro pratos para uvas, cinco fruteiras, jardineira, prato oval para café, outro para chá, um serviço de chá, quatro leiteiras de Christofle, jarra para água, vaso, cestas ovais trançadas, um agarrador de pão, quatro vasos, dois porta-garrafas, cesta com desenhos, dezenove pratos diversos, uma pia para água benta, doze garfos para ostras, oito colheres de chá, bandejas, cem peças Christofle, faqueiro com 55 peças de marfim, serviço de porcelana japonesa, dezenove talheres variados e um par de trinchantes.

Entre os objetos de prata especificam-se: 23 castiçais de uma vela cada, par de candelabros de três velas cada, duas jarras de bacia, cinco cestas, balde, leiteira, três jardineiras de cristal e de metal, aquecedor de ovos, 16 bandejas diversas, poncheira, molheira, cafeteira, galheteira, saleiros, cinzeiros, pás, 24 garfos para ostras, dois pratos antigos, fruteira, *bonbonnière*, serviço para chá composto de dois bules, açucareiro, leiteira e lavanda estilo Maria Antonieta, bule e dois açucareiros com pegador de madeira, quatro bandejas com duas tesouras para aparar velas, seis paliteiros, açucareiro antigo, doze pratos rasos, xícara grande com pires, panelas de barro com incrustação de prata, um *tête à tête*, faqueiro completo estilo inglês, objetos avulsos, dois serviços de chá, um escaldador, doze colheres de café de prata dourada, tinteiro, mala de couro com estojo de prata, faqueiro de seis peças para frutas, serviço para sorvetes, doze colheres de prata dourada para sorvetes, serviço para frutas com cabo preto e incrustações de prata, faqueiro de garfos e colheres, grande bandeja, 56 facas velhas, diversos talheres pesando 3,5 quilogramas, serviço para chá, serviço para sorvete, faqueiro de prata dourada e faqueiro completo.

No quarto grande de roupa, havia um armário grande, um armário pequeno, três cadeiras diversas, máquina de costura, um manequim, mesa pequena flexível de costura, um cabide, mesa grande e escada de madeira.

O vestíbulo do segundo andar contava com armário grande, cesta com objetos de fabricar manteiga, máquina de gelo, máquina grande para passar roupa, uma sorveteira e cinco fogareiros a gás.

O quarto de D. Otília tinha um espelho grande com dois suportes para vasos, mesa pequena, cabide, suporte, mesinha, duas cadeiras, serviço de *toilette* com cinco peças e balde de ferro esmaltado.

No corredor, ficava a mesa de passar roupas.

Mobiliavam o quarto da criada uma cômoda de quatro gavetas, colchão de borracha e armário com espelhos.

No quarto da costureira, mencionam-se cama de ferro com colchão, armário, cômoda, cadeira de madeira, cadeira de palha, criado-mudo, lavatório com cinco peças, um cabide e um espelho pequeno.

No quartinho, diversos ferros para escada.

Na entrada para o escritório, encontrava-se uma prensa de madeira.

No terraço, uma mobília de ferro com nove peças.

NOTAS

Introdução

1. Após a primeira edição deste livro, a "casa moderna" do século XIX seguiu como alvo de diversos estudos e teses acadêmicas, no exterior e em nosso país. Salientamos: ELEB-VIDAL, MONIQUE, DEBARRE, ANNE. *L'invention de l'habitation moderne – Paris, 1880-1914.* Paris, Hazan, Archives de l'Architecture Moderne, 1995. TRAMONTANO, Marcelo. *Modos de vida, novos espaços de morar.* São Paulo, Tokyo. Tese de doutorado. São Paulo, FAU-USP, 1998; RYBCZYNSKI, Witold. *Casa, pequena história de uma idéia.* Record, 1999. CARVALHO, Maria Cristina Wolff de. *Ramos de Azevedo.* São Paulo, Edusp, 2000. VILLA, Simone Barbosa. *Apartamento metropolitano: habitações e modos de vida na cidade de São Paulo.* Dissertação de Mestrado: EESC-USP, 2002.

2. LEMOS, Carlos A. C. *História da casa brasileira.* São Paulo, Contexto, 1989 (Repensando a História), pp. 9-10.

3. RAPOPORT, Amos. *Vivienda y cultura.* Trad. Conchita D. Espada. Barcelona, Gustavo Gili, 1972, pp. 83-84.

4. ABBAGNANO, Nicola. *Diccionario de filosofia.* Trad. Alfredo N. Galletti. México/Buenos Aires, Fondo de Cultura Económica, 1963, e *Dicionário de ciências sociais,* Rio de Janeiro, Ed. da FGV, 1986, também citado por: VAZ, Maria Luísa Albiero. *Mulheres da elite cafeeira em São Paulo. Conciliação e resistência – 1890/1930.* Dissertação de Mestrado, FFLCH-USP, 1995, pp. 30-31.

5. PRADO JR., Caio. *Formação do Brasil contemporâneo – Colônia.* 13ª ed. São Paulo, Brasiliense, 1973, p. 289.

6. Idem, *História econômica do Brasil.* 18ª ed. São Paulo, Brasiliense, 1976, p. 167.

7. KUZNESOF, Elizabeth Anne. "A família na sociedade brasileira: parentesco, clientelismo e estrutura social (São Paulo, 1700-1980)". *In: Revista brasileira de história,* v. 9, nº 17, p. 62, set. 1988/fev. 1989.

8. CORONA, Eduardo & LEMOS, Carlos. *Dicionário da arquitetura brasileira.* São Paulo, São Paulo Livraria Editora, 1972, p. 462.

9. WIRTH, Louis. "Urbanismo como modo de vida". Trad. A. M. Gonçalves. São Paulo, FAU-USP, s. d. Extraído do *American Journal of Sociology,* v. XLIX, n. 1, pp. 1-24, 1938. Vide também: LAMPARD, Eric. "Aspectos históricos da urbanização". *In:* HAUSER, Philip & SCHNOR, Leo F. (org.) *Estudos de urbanização.* Trad. Eunice Ribeiro da Costa. São Paulo, Pioneira, 1975, pp. 487-520.

10. ELIAS, Norbert. *O processo civilizador. Uma história de costumes.* Trad. R. Jungmann. Res. e apres. R. Janine Ribeiro. Rio de Janeiro, Zahar, 1990, Prefácio e cap. I.

11. BIRKET-SMITH, K. *Histoire de la civilisation.* Trad. C. Desgoffe e J. L. Pelosse. Paris, Payot, 1955, pp. 32 s.

12. MUMFORD, Lewis. *El mito de la máquina.* Trad. D. Nañez. Buenos Aires, Emecé, 1967, Prefácio e pp. 290-292, e do mesmo autor: *Technics and civilization,* 2ª ed. New York, Harcourt, Brace and Co., 1934, Prefácio e cap. I.

13. HOLANDA, Sérgio Buarque de. *Raízes do Brasil*. 2ª ed. Rio de Janeiro, José Olympio, 1948, pp. 98-100.

14. Gilberto Freyre chama de reeuropeização o contato que o Brasil manteve desde fins do século XVIII e começo do século XIX, com a Europa industrial, comercial, mecânica e relativa à burguesia de cima. Segundo o autor, "a reeuropeização se verificou (perdoe o leitor os muitos mas inevitáveis "ão") pela assimilação, da parte de raros, pela imitação (no sentido sociológico fixado por Tarde) da parte do maior número; e também por coação, os ingleses, por exemplo, impondo à colônia portuguesa da América através do Tratado de Methuem, quase colônia deles, Portugal só fazendo reinar e mais tarde ao Império, uma série de atitudes morais e padrões de vida que espontaneamente não teriam sido adotados, pelo menos com tanta rapidez". *In*: FREYRE, Gilberto. *Sobrados e mocambos. Decadência do patriarcado rural no Brasil*. Ed. il. São Paulo, Nacional, 1936, p. 259. Do mesmo autor: *Ordem e progresso. Processo de desintegração das sociedades patriarcal e semipatriarcal no Brasil sob o regime do trabalho livre*. 2ª ed. Rio de Janeiro, José Olympio, 1962.

15. DURHAM, Eunice Ribeiro, "Texto II". *In*: ARANTES, Antônio Augusto (org.). *Produzindo o passado*. São Paulo, Condephaat e Brasiliense, 1984.

16. ORTIZ, Renato (org.). *Pierre Bourdieu: sociologia*. São Paulo, Ática, 1983, pp. 71-75 (Col. Grandes Cientistas Sociais, 39) e BOURDIEU, Pierre. "Da regra às estratégias". *In: Coisas ditas*. São Paulo, Brasiliense, 1990, pp. 77-95.

17. ORTIZ, *op. cit.*, p. 106.

18. CHARTIER, Roger. *A história cultural. Entre práticas e representações*. Trad. Maria Manuela Galhardo. Lisboa, Difel, e Rio de Janeiro, Bertrand do Brasil, 1990, p. 22. (Coleção Memória e Sociedade.)

19. CERTEAU, Michel de. *A invenção do cotidiano*. 1. *Artes de fazer*. Trad. Ephraim Ferreira Alves. Rio de Janeiro, Vozes, 1994, Introdução geral. pp. 37-53, e "Teoria e método no estudo das práticas cotidianas". *In*: SZMERECSANYI, Maria Irene de Q. F. *Anais do Encontro "Cotidiano, cultura popular e planejamento urbano"*. São Paulo, FAU-USP, 1985, p. 3.

20. TRIGO, Maria Helena Bueno. *Ser e parecer. Estudo sobre as práticas de reprodução social do grupo cafeicultor paulista*. Dissertação de Mestrado, FFLCH–USP, 1989.

21. BOURDIEU, Pierre. "Le capital social. Notes provisoires". *In: Actes de la recherche em sciences sociales*, 31, pp. 2-3, jan. 1980.

22. Um romance e um livro de memórias retratam a vida da família Cerqueira César que, apesar de sua importância política e econômica, teve costumes bastante simples. MESQUITA, Alfredo. *Silvia Pélica na Liberdade*. 2ª ed. São Paulo, Duas Cidades, 1979 e MESQUITA, Esther. *Memórias quase sem importância*. São Paulo, Duas Cidades, 1982.

23. Entre outras, salientamos a família Lébeis, descendente de Guilherme Lébeis, proprietário do Hotel de França, que residiu na Vila Buarque, a família Carvalho Franco, que se misturou a franceses, residente no Bairro da Liberdade, a família Müller (Carioba), moradora em Higienópolis, que levou vida refinada, e principalmente, teve uma atividade cultural intensa, dedicada à música, à literatura, à história, etc.

24. Palácio deriva do termo latino *palatium*, monte onde Augusto mandou edificar sua grandiosa morada. Fontes: AULETE, Caldas. *Dicionário contemporâneo da língua portuguesa*. Rio de Janeiro, Delta, 1958, 4 v. FERREIRA, Aurélio Buarque de Holanda. *Novo dicionário da língua portuguesa*. 1ª ed., 7ª impr. Rio de Janeiro, Nova Fronteira, 1979. BOUILLET, M.-N. *Dictionnaire universel des sciences, des lettres et des arts*. Paris, Hachette, 1908.

25. QUARTIN, Maria da Glória (Dorotéa). *Reminiscências de uma velha. Notas de 1893 a 1916*. Exemplar datilografado, cedido por Carlos Eugênio Marcondes de Moura.

26. ZALUAR, Augusto Emílio. *Peregrinação pela província de São Paulo (1860-1861)*. São Paulo/Belo Horizonte, Edusp/Itatiaia, 1975, p. 113.

27. SAINT-HILAIRE, Auguste de. *Voyage dans les provinces de Saint-Paul et de Sainte-Cathérine*. Paris, Arthur Bertrand, 1851, tomo I, pp. 254-255. Vide também MARTINS, Antônio Egydio. *São Paulo antigo (1554-1910)*. Rio de Janeiro, Francisco Alves, 1911, v. I, pp. 124 s.

28. PUPO, Celso Maria de Mello. *Campinas, município do Império*. São Paulo, Imesp, 1983, pp. 51 s.

29. SOMBART, Werner. *Lujo y capitalismo*. Trad. Luís Isabel. Madrid, Alianza Editorial, 1979, pp. 83-113.

30. SAINT-HILAIRE, *op. cit.*, p. 259.

31. *Id., ibid.*, p. 260.

32. MACHADO, Alcântara. *Vida e morte do bandeirante*. São Paulo/Belo Horizonte, Edusp/Itatiaia, 1980, p. 37.

33. *Id., ibid.*, p. 44.

34. PRADO JR., Caio. "O fator geográfico na formação e no desenvolvimento da cidade de São Paulo". *In: A cidade de São Paulo. Geografia e história*. 13ª ed. São Paulo, Brasiliense, 1983, p. 29.

35. Idem, *Formação do Brasil contemporâneo – colônia, op. cit.*, pp. 142-143 e 157.

36. MILLIET, Sérgio. "Introdução". *In:* MACHADO, *op. cit.*, p. 22.

37. SAINT-HILAIRE, *op. cit.*, p. 269.

38. AZEVEDO, Álvares de. *Cartas. Apud:* BRUNO, Ernani da Silva. *Memória da cidade de São Paulo. Depoimentos de moradores e visitantes/1553-1958.* São Paulo, Secretaria Municipal de Cultura, DPH, 1981, Série Registro 4, p. 62.

39. ZALUAR, *op. cit.*, pp. 124-125.

40. Alfredo Mesquita dá bem uma idéia do modo de vida provinciano da cidade em: MESQUITA, *op. cit.*

41. PICARD, Roger. *Le romantisme social*, p. 282. *Apud:* COSTA, João Cruz. *Contribuição à história das idéias no Brasil. O desenvolvimento da filosofia no Brasil e a evolução da história nacional.* Rio de Janeiro, José Olympio, 1956, p. 80. Na página seguinte, lê-se ainda: "À França, pediram-se figurinos literários e filosóficos; à Inglaterra, senhora de uma monarquia modelo, o 'ritual' do parlamentarismo, e a Alemanha, sobretudo depois de 1870, ao mesmo tempo que nos enviara a sua metafísica clássica, remetia-nos também as suas novas orientações científicas."

42. REIS FILHO, Nestor Goulart. *Quadro da arquitetura do Brasil.* 4ª ed. São Paulo, Perspectiva, 1978, pp. 180, 182-186.

43. LEMOS, Carlos A. C. *Arquitetura brasileira.* São Paulo, Melhoramentos e Edusp, 1979, p. 116. Do mesmo autor: "Ecletismo em São Paulo". *In:* FABRIS, Annateresa (org.). *Ecletismo na arquitetura brasileira.* São Paulo, Nobel e Edusp, 1987. p. 70.

44. FREYRE, Gilberto. *Casa-grande & senzala. Formação da família brasileira sob o regime de economia patriarcal.* Rio de Janeiro, Maia & Schmidt Ltda., 1933, p. XIX, e *Sobrados e mocambos, op. cit.*

45. LEMOS, Carlos A. C. *Cozinhas, etc. Um estudo sobre as zonas de serviço da casa paulista.* 2ª ed. São Paulo, Perspectiva, 1978, Introdução.

46. BOURDIEU, Pierre. "A metamorfose dos gostos". *In: Questões básicas de sociologia.* (Comunicação feita na Universidade de Neuchâtel, maio de 1980), p. 128.

Capítulo I

1. CORONA & LEMOS, *op. cit.*, verbete "Habitação".

2. Sobre a importância da privacidade, vide: PERROT, Michele. "Modos de habitar: la evolución de lo cotidiano en la vivienda moderna". *In: A&V*, 14, 12-17, 1988.

3. ARIÈS, Philippe. "Introdução". *In:* ARIÈS, Philippe & DUBY, Georges (dir.). *História da vida privada. 3. Da Renascença ao Século das Luzes.* Trad. H. Feist. São Paulo, Cia. das Letras, 1991, pp. 8 e 15. Philippe Ariès escreveu ainda *História social da criança e da família*, 2ª ed. Trad. D. Flaksman. Rio de Janeiro, Guanabara, 1981. (A 1ª ed. brasileira data de 1978.) Nessa obra, o autor mostra que a valorização da criança constituiu um dos fenômenos da burguesia do século XIX, decorrentes da procura de intimidade e da emergência de novos sentimentos que passaram a unir os membros de uma família.

4. PERROT, Michele. *Os excluídos da história. Operários, mulheres e prisioneiros.* Trad. Denise Bottmann. Sel. e intr. de textos M. Stella Bresciani. São Paulo, Paz e Terra, 1988.

5. WILHELM, Jacques. *Paris no tempo do rei Sol (1660-1715).* Trad. Cássia R. da Silveira e Denise M. Pegorim. São Paulo, Cia. das Letras, 1988, pp. 134, 214-215, 223.

6. *Id., ibid.*, pp. 128 e 124.

7. ARIÈS, Phillippe. *História social da criança e da família, op. cit.*, p. 279.

8. ARIÈS, Phillippe. "Introdução". *In:* ARIÈS, Phillippe & DUBY, Georges (dir.). *História da vida privada*, 3, *op. cit.*, p. 13.

9. *Id., ibid.*, pp. 13 s.

10. GUADET, Julien. *Eléments et théorie de l'architecture.* Cours professé à l'École Nationale et Spéciale des Beaux-Arts, 5ª ed. s.d. (1ª ed. 1901-1904). Paris, Librairie de la Construction Moderne, p. 39. Nesta página, o autor reporta-se ao arquiteto francês J. F. Blondel que exerceu grande influência na arquitetura por intermédio de seus tratados: *L'architecture française* (1752) e *Cours d'architecture civile* (1771-1777). A obra de Guadet encontra-se na seção de Livros Raros da Biblioteca da FAU-USP, doada em 1954 pelo engenheiro-arquiteto Carlos Prado, formado pela Escola Politécnica em 1930.

11. DURAND, J. N. L. *Précis des leçons d'architecture données à l'École Polytechnique*, 1802, v. 2, p. 75.

12. DALY, César Dénis. *L'architecture privée au XIX siècle sous Napoléon III*. Série 1, tomo I, Maisons privés, Maisons à loyer. Paris, Ducher, 1867-1870, 6 v., p. 23.

13. PERROT, Michele. *Os excluídos da história. Operários, mulheres e prisioneiros*, p. 168.

14. *Id., ibid.*, p. 173-184 e GAY, Peter. *A educação dos sentidos. A experiência burguesa da Rainha Vitória a Freud*. Trad. Peter Salter. São Paulo, Cia. das Letras, 1988, p. 111.

15. PERROT, Michele. "Figuras e papéis". *In*: PERROT, Michele (org.). *História da vida privada. 4. Da Revolução Francesa à Primeira Guerra*. Trad. Denise Bottmann e Bernardo Joffily, São Paulo, Cia. das Letras, 1991, pp. 124-125, e PALLARES-BURKE, Maria Lúcia G. "Ousadia feminina e ordem burguesa". *In*: *Estudos feministas*. v. 1, nº 2. Escola de Comunicação UFRJ, 1993, pp. 247-249.

16. HABERMAS, Jurgen. *Mudança estrutural da esfera Pública. Investigações quanto a uma categoria da sociedade burguesa*. Trad. Flávio Kothe. Rio de Janeiro, Tempo Brasileiro, 1984, pp. 42 s. SENETT, Richard. *O declínio do homem público. As tiranias da intimidade*. Trad. Lygia Watanabe. São Paulo, Cia. das Letras, 1988.

17. ARIÈS, Phillippe. "Introdução". *In*: ARIÈS, Phillippe & DUBY, Georges (dir.). *História da vida privada, 3, op. cit.*, p. 13.

18. GUERRAND, Roger-Henri. Espaços privados. *In*: PERROT, *História da vida privada, 4, op. cit.*, p. 332.

19. DALY, *op. cit.*, p. 23.

20. HOBSBAWN, Eric. *A era do capital: 1848-1875*. Trad. Luciano Costa. 2ª ed. Rio de Janeiro, Paz e Terra, 1977, cap. 13, p. 241.

21. *Id., ibid.*, pp. 241-242.

22. *Id., ibid.*, p. 243. Segundo Walter Benjamin, com a Revolução Industrial, a casa opõe-se aos locais de trabalho. No domínio vital do homem privado, ele mantém suas ilusões, pois "não lhe ocorre, absolutamente, a idéia de ampliar sua reflexão de homem de negócios ao nível social". Enquanto, no balcão, o homem privado considera o real, o "seu salão é um camarote no teatro do mundo", pois o interior representa o universo. BENJAMIN, Walter. "Paris, capital do século XIX". *In*: LIMA, Luís Costa (org.). *Teoria da literatura em suas fontes*. 2ª ed. rev. e compl. Rio de Janeiro, Francisco Alves, 1983, v. II, p. 141.

23. GIEDION, Siegfried. *La mecanización toma el mando*. Trad. Esteve R. Suari, Barcelona, Gustavo Gili, 1978, p. 678.

24. *Id., ibid.*, pp. 533-545; 679-682.

25. *Id., ibid.*, pp. 676 e BRAGDON, Allen D. *Ingenious inventions of domestic utility*. New York, Harper & Row, 1989.

26. GIEDION, *op. cit.*, p. 680.

27. *Id., ibid.*, p. 336 e FOUCAULT, Michel. *Microfísica do poder*. 7ª ed. Org. trad. e rev. Roberto Machado, Rio de Janeiro, Graal, 1979, cap. V.

28. DALY, *op. cit.*, v. 1, 1ª série, pp. 5 e 13.

29. *Id., ibid.*, p. 19.

30. *Id., ibid.*, p. 23.

31. REIS FILHO, *op. cit.*, p. 32.

32. LEMOS, *História da casa brasileira, op. cit.*, p. 32.

33. *Id., Alvenaria burguesa*. São Paulo, Nobel, 1985, p. 94.

34. Sobre a casa bandeirista vide: SAIA, Luís. *Morada paulista*. São Paulo, Perspectiva, 1972 e KATINSKY, Júlio Roberto. *Casas bandeiristas. Nascimento e reconhecimento da arte em São Paulo*. São Paulo, FAU-USP, 1972 (mimeo.), e AMARAL, Aracy Abreu. *A hispanidade em São Paulo: da casa rural à capela de Santo Antônio*. Belo Horizonte, s. c. p., 1975.

35. KIDDER, Daniel Parish. *Reminiscências de viagem e permanência no Brasil. Apud*: BRUNO, Ernani da Silva. *Memória da cidade de São Paulo. Depoimentos de moradores e visitantes/ 1553-1958, op. cit.*, p. 56.

36. Na casa do Barão de Iguape, na Rua de São Bento, o "chio" ou carro de bois entrava pela via lateral, na Rua Direita, onde também se acolhiam tropas e animais de sela. SOUSA, Pedro Luís Pereira. *Casa do Barão de Iguape*. São Paulo, ed. do A., 1959, p. 12.

37. QUARTIN, *op. cit.*

38. Celso Maria de M. Pupo apresenta várias plantas de casas da cidade de Campinas, Estado de São Paulo, que repetem o esquema aqui tratado. Por ter sido muito comum e persistido em cidades do interior paulista, consideramos exemplos recolhidos pelo autor. Vide: PUPO, *op. cit.*

39. COSTA, Lúcio. *Sobre arquitetura*. Porto Alegre, Centro de Estudos Universitários de Arquitetura, 1962, pp. 174-175 e FREYRE, Gilberto. *Sobrados e mocambos, op. cit.*, p. 134, Brasiliana, v. 64.

40. VIEIRA BUENO, Francisco de Assis. *A cidade de São Paulo. Recordações evocadas de memória*. São Paulo, Biblioteca da Academia Paulista de Letras, v. 2, 1976, pp. 16, 25.

41. O tipo de economia informal, a cargo de mulheres pobres, na cidade de São Paulo, nesse período, foi es-

tudado por DIAS, Maria Odila Leite da Silva. *Cotidiano e poder em São Paulo no século XIX*. São Paulo, Brasiliense, 1984.

42. BARROS, Maria Paes de. *No tempo de dantes*. São Paulo, Brasiliense, 1946, pp. 23-25.

43. SINGER, Paul. *Desenvolvimento econômico e evolução urbana: análise da evolução econômica de São Paulo, Blumenau, Porto Alegre, Belo Horizonte e Recife*. 2ª ed. São Paulo, Nacional, 1977, p. 41.

44. *Id.*, *ibid.*, p. 41.

45. Sobre cozinha consulte-se: LEMOS, *Cozinhas, etc.*, *op. cit.*

46. O número excessivo de atividades que se desenvolviam dentro de casa, a cargo dos escravos, agregados ou "jornaleiros", sob a supervisão da mulher, foi atestado por autores diversos. Em muitos casos, eles concorriam para o sustento da senhora, mediante o fabrico e a venda dos produtos. Entre outros, vide: FREYRE, *Sobrados e mucambos*, *op. cit.*, pp. 134-135; BARROS, *op. cit.* TOUSSAINT-SAMSON, Adèle. *Viagem de uma parisiense ao Brasil*. (Estudo e crítica dos costumes brasileiros). *Apud*: LEITE, Miriam L. Moreira. "Mulheres e famílias". *In*: SAMARA, Eni de Mesquita (org.). "Família e Grupos de Convívio". *In: Revista Brasileira de História*. São Paulo, v. 9, n. 17, set. 1988-fev. 1989; CANDIDO, Antonio. "The Brazilian Family". *In*: SMITH, T. Lynn. *Brasil. Portrait of half a continent*. New York, Dryden Press, 1951, p. 296; DIAS, *op. cit.*, pp. 74 e 81, *op. cit.*

47. SAMARA, Eni de Mesquita. "A estrutura da família paulista no começo do século XIX". *In: Revista do Museu da Casa Brasileira*. Governo do Estado de São Paulo, Secretaria de Estado da Cultura, s. d., pp. 28-38 e *Id.*, "A família na sociedade paulista do século XIX (1800-1860)". São Paulo, Tese de Doutoramento, FFLCH-USP, 1980, pp. 22-27; 29-39. Publicada com o título: *As mulheres, o poder e a família, São Paulo, século XIX*. São Paulo, Marco Zero e Secretaria de Estado da Cultura de São Paulo, 1989.

48. *Id.*, *ibid.*, pp. 47-48-52.

49. DIAS, *op. cit.*, p. 24. Até 1870 os escravos figuraram nos dotes paulistas como peças fundamentais. Vide: NAZZARI, M. "Dotes paulistas: composição e transformações (1600-1870)". *In*: SAMARA, E. M. (org.). *Família e grupos de convívio*. São Paulo, ANPUH, Marco Zero, 1987/1988, pp. 87-114.

50. MELLO, Zélia Maria Cardoso de. *Metamorfose da riqueza. São Paulo, 1845-1895. Contribuição ao estudo da passagem da economia mercantil escravista à economia exportadora capitalista*. São Paulo, Prefeitura do Município e Hucitec, 1985, pp. 126 s.

51. BASTIDE, Roger & FERNANDES, Florestan. *Relações raciais entre negros e brancos em São Paulo*. São Paulo, Unesco e Anhembi, 1955, p. 43.

52. *Correio paulistano*, São Paulo, 11 jan. 1859.

53. *Ibid.*, São Paulo, 28 mar. 1867, s. p.

54. *Diário de São Paulo*, 22 ago. 1872. *Apud*: MARTINS, Antônio Egydio. *São Paulo antigo (1554-1910)*. São Paulo, Diário Oficial, 1912, v. II, p. 132.

55. *Correio paulistano*, São Paulo, 19 jul. 1873, s. p.

56. D'ALINCOURT, Luís. *Memória sobre a viagem do porto de Santos à cidade de Cuiabá*. *Apud*: BRUNO, *Memória da cidade de São Paulo*, *op. cit.*, p. 32.

57. KIDDER, Daniel P. *Reminiscências de viagens e permanência no Brasil*. *Apud*: BRUNO, *op. cit.*, p. 56.

58. ZALUAR, *op. cit.*, p. 78.

59. BRUNO, Ernani da Silva. *História e tradições da cidade de São Paulo. Burgo de estudantes (1828-1872)*. Rio de Janeiro, José Olympio, 1953, v. II, p. 466.

60. O leite, o trigo e a carne de vaca eram artigos caros e urbanos. As primeiras vacas leiteiras holandesas chegaram a São Paulo via Chácara das Palmeiras, adquiridas por D. Angélica de Barros, conforme depoimento de seu neto, Paulo Barros Ulhoa Cintra. Paim Vieira escreveu que o isolamento da chácara, com relação ao centro, era devido à dificuldade dos caminhos. Isso levava à auto-suficiência e à solidariedade entre os vizinhos que trocavam os excedentes, bem como ao desenvolvimento da medicina caseira baseada em ervas e na homeopatia. VIEIRA, Antônio Paim. *Chácara de capão*. Separata da *Revista do Arquivo Municipal*, 148. São Paulo, DPH, 1952, pp. 113-141.

61. DIAS, *op. cit.*, pp. 18 e 35.

62. NAZZARI, *op. cit.*

63. Sobre a intimidade em que viviam brancos e negros, vide especialmente: BINZER, Ina von. *Os meus romanos. Alegrias e tristezas de uma educadora alemã no Brasil*. Trad. A. Rossi e L. G. Cerqueira. 2ª ed, Rio de Janeiro, Paz e Terra, 1980, EXPILLY, Charles. *Mulheres e costumes do Brasil*. Trad. Gastão Penalva. São Paulo, Nacional, 1935; KIDDER, *op. cit.*, e tantos outros livros de viajantes. Vide também: PINHO, Wanderley. *Salões e damas do II Reinado*. São Paulo, Martins, 1959, pp. 74-75, e QUEIROZ, Maria Isaura Pereira de. "A estratificação e a mobilidade social nas comunidades agrárias do Vale do Paraíba entre 1850 e 1888". *In: Revista de História*, 2. Ano 1, pp. 195-218, abr.-jun., 1950.

64. SAINT-HILAIRE, apud: BRUNO, Ernani Silva. *Memória da cidade de São Paulo, op. cit.*, pp. 40-41.
65. BARROS, Maria Paes de, *op. cit.*, p. 13.
66. TAUNAY, Visconde de. "Viagens de outrora" e "Cartas da campanha de Mato Grosso", 1865, *apud*: BRUNO, *op. cit.*, p. 82.
67. VIEIRA BUENO, *op. cit.*, p. 27.
68. EXPILLY, *op. cit.*, p. 401.
69. FREYRE, *Sobrados e mocambos, op. cit.*, p. 117.
70. TOUSSAINT-SAMSON, *op. cit.*, pp. 66-67, *apud*: LEITE, Miriam F. Moreira *et alii. Mulher brasileira.* São Paulo, Fundação Carlos Chagas, Brasiliense, 1979, pp. 176-177.
71. CANDIDO, *art. cit.*, pp. 295-297.
72. BRUNO, *História e tradições da cidade de São Paulo, op. cit.*, p. 683.
73. Reportamo-nos ainda à nota 46. A respeito da mulher fazendeira, vide: DIAS, Matilde de Carvalho. *Amor e trabalho. Recordações de uma fazendeira do Sul de Minas.* Rio de Janeiro, José Olympio, 1973, pp. 9-11 e SILVEIRA, Floriza Barbosa Ferraz. *Páginas de recordações.* Ex. dat. cedido por Carlos Eugênio Marcondes de Moura. Este livro de memórias foi analisado, juntamente com os escritos de Brasília Oliveira Franco de Lacerda, *in*: MALUF, Marina. *Ruídos da memória.* São Paulo, Siciliano, 1995.
74. LEMOS, *Cozinhas, etc. op. cit.*, pp. 60-73.
75. LEMOS, *História da casa brasileira, op. cit.*, p. 30.
76. BINZER, *op. cit.*, p. 30 e BARROS, *op. cit.*, p. 53.
77. *Id., op. cit.*, p. 24.
78. *Id., op. cit.*, p. 31.
79. PRADO, Luís da Silva. *Biografia de D. Veridiana Valéria da Silva Prado*, manuscr., São Paulo, 1948, pp. 5-6.
80. CINTRA, Paulo de Barros Ulhoa, em depoimento à autora, em 25 de out. de 1986, e "Nome de flor, coração de mulher e energia de homem". *Folha da Manhã*, São Paulo, 24 ago. 1952.
81. TRIGO, *op. cit.*, p. 81.

Capítulo II

1. MELLO, *op. cit.*, pp. 126-130.
2. *Id., ibid.*, pp. 130 s.
3. SAES, Flávio A. M. *A grande empresa de serviços públicos na economia cafeeira. Um estudo sobre o desenvolvimento do grande capital em São Paulo.* Tese de Doutoramento, FFLCH-USP, 1979, p. 57 (mimeo.).
4. VASCONCELLOS, Barão de & VASCONCELLOS, Barão Smith de. *Arquivo nobiliárquico brasileiro.* Lausanne (Suíça), Impr. La Concorde, 1918, p. 183.
5. *Id., ibid.*, pp. 339-340.
6. SCHMELING, Gila do Amaral von. *A família Souza Queiroz e a "Associação Barão de Souza Queiroz de Proteção à Infância".* São Paulo, 1974, pp. 24-25.
7. *Novo dicionário de história do Brasil. Ilustrado.* São Paulo, Melhoramentos, 1970. Verbete "Prado" (Antônio da Silva Prado), p. 477.
8. CANDIDO, *art. cit.*, p. 294.
9. LEVI, Darrell E. *A família Prado.* Trad. José Eduardo Mendonça. São Paulo, Cultura 70, 1977, pp. 23-24.
10. KUZNESOF, *art. cit.*, p. 45. Estudos mais recentes observam que "a família patriarcal pode ter existido, e seu papel ter sido extremamente importante, apenas não existiu sozinha, nem comandou do alto da varanda da casa-grande o processo total da formação da sociedade brasileira". *In*: CORRÊA. Mariza. "Repensando a família patriarcal brasileira". *In*: VÁRIOS. *Colcha de retalhos. Estudo sobre a família no Brasil.* São Paulo, Brasiliense, 1982, p. 25.
11. SAMARA, Eni de Mesquita. "A estrutura da família paulista no começo do século XIX. *art. cit.*, pp. 32-35.
12. SINGER, *op. cit.*, pp. 24-27 e MELLO, *op. cit.*
13. FREYRE, Gilberto. *Sobrados e mocambos, op. cit.*, pp. 93-96.
14. FERNANDES, Florestan. "O negro em São Paulo". *In*: MARCONDES, J. V. F. & PIMENTEL, O. (org.). *São Paulo, espírito, povo e instituições.* São Paulo, Pioneira, 1968, pp. 140-141.
15. DEAN, Warren. *A industrialização de São Paulo (1880-1945)*, 2ª ed. Trad. O. M. Cayado. São Paulo, Difel, 1971, cap. III. Fernando H. Cardoso demonstra que a própria fazenda de café era uma empresa, principalmente quando passou a utilizar a mão-de-obra livre e assalariada. CARDOSO, Fernando Henrique. *Mudanças sociais na América Latina.* Rio de Janeiro, Difel, 1969 (Corpo e Alma do Brasil), cap. VIII.
16. MOMBEIG, Pierre. *La croissance de la ville de São Paulo.* Grenoble, Institut et Rêvue de Géographie Alpine, pp. 27 s.
17. Conta-nos um ex-morador de Santa Cruz das Palmeiras que o trem chegava até a fazenda Santa Veridiana e nele entrava de marcha a ré a fim de facilitar a descida da proprietária, D. Veridiana da Silva Prado. De-

poimento do Dr. José Vicente de Campos, natural de Santa Cruz das Palmeiras, Estado de São Paulo, fornecido à autora.

18. Depoimentos prestados à autora por Gofredo da Silva Telles sobre sua avó, D. Olívia Guedes Penteado; por Paulo de Barros Ulhoa Cintra (falecido em janeiro de 1989) sobre sua avó, D. Angélica de Barros; e por Maria da Penha Müller Carioba sobre seu pai, o fazendeiro de café Waldomiro Pinto Alves.

19. HOMEM, Maria Cecília Naclério. *Higienópolis. Grandeza e decadência de um bairro paulistano*, São Paulo, Prefeitura Municipal, DPH, 1979.

20. BENJAMIN, *art. cit.*, p. 140.

21. *Id., ibid.*, pp. 139 e 140.

22. A respeito do luxo e do consumo como parte da civilização francesa no século XIX, vide ORTIZ, Renato. *Cultura e modernidade. A França no século XIX*. São Paulo, Brasiliense, 1991, pp. 121-186. Especificamente sobre a moda e a mulher naquele século, temos: SOUZA, Gilda de Mello e. *O espírito das roupas. A moda no século XIX*. São Paulo, Cia. das Letras, 1987.

23. MAYER, Arno. *A força da tradição. A persistência do Antigo Regime, 1848-1914*. Trad. Denise Bottmann. São Paulo, Cia. das Letras, 1987, cap. 2.

24. Cf. depoimento de nossos entrevistados (relacionados na bibliografia) e correspondência da família Pacheco e Chaves no Museu Paulista da USP.

25. *Id.*

26. *Id.*

27. Cartão postal de Stela Penteado a D. Francisquinha Nogueira, Col. de Marina Moraes Barros Cosenza.

28. SIMMEL, George. "A metrópole e a vida mental". *In: O fenômeno urbano*. Rio de Janeiro, Zahar, 1967, pp. 13-28.

29. Conforme Gilda de Mello e Souza, com o desenvolvimento da indústria a moda se tornou importante aliada da mulher, constituindo uma das regras do jogo de agradar o homem, em vista de uma proposta matrimonial. SOUZA, Gilda de Mello e, *op. cit.*, p. 81.

30. Correspondência da família Pacheco e Chaves no Museu Paulista da USP.

31. GRAHAN, Richard. *Grã-Bretanha e o início da modernização no Brasil*. Trad. Roberto M. de Almeida. São Paulo, Brasiliense, 1973, cap. I.

32. De 1839-44 a 1869-74 o volume das importações no país aumentou de 272.054:900$ para 798.707:300$ e, de 1901 a 1905, para 2.373.538:880$. Enquanto o ritmo das exportações cresceu ainda mais, tendo sido nesses períodos, respectivamente, 208.785:500$, 996.580:600$ e 3.801.223:121$. *Le Brésil, ses richesses naturelles, ses industries*. Paris, Librairie Aillaud & Cie., 1905, tomo I, pp. 149-208.

33. *Ibid.*, p. 194.

34. GRAHAN, *op. cit.*, cap. 4.

35. *Id., ibid.*, cap. 3 e HOMEM, Maria Cecília Naclério. *Indústria, cozinha e mulher na cidade de São Paulo (1850-1945)*. Trabalho programado ao Doutoramento, FAU-USP, 1991, p. 34.

36. *Id., ibid.*, pp. 31-32.

37. *Almanaque Adm., Com. e Ind. para a Província de São Paulo*, Ed. Seckler, 1884, pp. 567-624.

38. *Id., ibid*

39. BRUNO, *op. cit.*, p. 1.163.

40. PAULA, Eurípedes Simões de. "A segunda fundação de São Paulo. Da pequena cidade à grande metrópole de hoje". *In: Revista de história*, ano V, nº 17, pp. 169-179, jan./mar. 1954.

41. ARAÚJO FILHO, J. R. "A população paulistana". *In*: AZEVEDO, Aroldo de (org.), *A cidade de São Paulo. Estudos de geografia urbana*. São Paulo, Nacional, 1958, V. II. Evolução urbana, pp. 175-178.

42. *Almanaque, cit.*

43. LEMOS, Carlos A. C. *Alvenaria burguesa, op. cit.*, pp. 104-105.

44. VEBLEN, Thorstein. *A teoria da classe ociosa*. Um estudo econômico das instituições. Trad. Olivia Krahenbuhl. São Paulo, Pioneira, 1965, p. 74

45. Depoimentos de Lucila Campos Artigas e de Laura Campos Guimarães à autora.

46. HOMEM, Maria Cecília Naclério. *Memórias paulistanas. Mulheres e representações no sobrado e na chácara (1808-1889)*. Trab. apresentado ao IV Encontro Regional da ANPUH. Campinas, Unicamp, set. 1994, p. 17.

47. Transcrevemos anúncio de oferta de uma governante. Embora alemã, os dizeres encontram-se em francês, o que atesta a obrigatoriedade do aprendizado dessa língua: "Governante, institutrice allemande, sâchant bien le français et un peu d'anglais, désire place dans bonne famille auprès des enfants de 7 à 12 ans. Donne instruction, éducation et soins complets." *In: O Estado de S. Paulo*, São Paulo, 4 maio 1914.

48. *Almanaque, cit.*, pp. 109-113.

49. *A Província de São Paulo*, São Paulo, 4 jan. 1876, p. 3.

50. *A Gazeta de Campinas*, Campinas, 25 dez. 1875 e *A Província de São Paulo*, São Paulo, 16 e 17 jan. 1876, p. 1.

51. Correspondência da família Pacheco e Chaves no Museu Paulista da USP.

52. OCTAVIO, Laura Oliveira Rodrigo. *Elos de uma corrente*. Rio de Janeiro, Livr. São José, 1974, p. 112.

53. *Id., op. cit.*, p. 110.

54. Correspondência da família Pacheco e Chaves no Museu Paulista da USP.

55. *Id.*

56. EÇA de QUEIROZ, José Maria. *A cidade e as serras*. 6ª ed. Chardron, de Lello & Irmão, 1919. (A 1ª ed. é de 1901.)

Capítulo III

1. MATOS, Odilon Nogueira de. "São Paulo no século XIX". *In*: AZEVEDO, Aroldo de (org.). *A cidade de São Paulo, op. cit.*, v. II, pp. 74-75 e SINGER, *op. cit.*, p. 26.

2. LANGENBUCH, Juergen Richard. *A estruturação da Grande São Paulo. Estudo de geografia urbana.* Rio de Janeiro, IBGE, 1971, pp. 9 s.

3. ZALUAR, *op. cit.*, p. 78.

4. CENNI, Franco. *Italianos no Brasil.* "Andiamo in Mérica". São Paulo, Martins, 1958, p. 172, e RAFFARD, Henrique. *Alguns dias na Paulicéia. Apud*: BRUNO, Ernani da Silva. *Memória da cidade de São Paulo, op. cit.*, p. 107.

5. TAUNAY, Afonso E. de. *Velho São Paulo.* São Paulo, Melhoramentos, 1954, v. 3, p. 33.

6. Segundo Raffard, o carvão vegetal era produzido nas imediações pelos italianos, fazendo concorrência à lenha que barateava graças ao transporte ferroviário e a empresas especializadas, "montadas para esse fim, que trabalhavam com serras movidas a vapor". RAFFARD, *op. cit.*, pp. 207 s.

7. Em 1882, Matarazzo formou a primeira indústria rudimentar de banha embalada em latas pequenas, novidade que logo seria imitada em todo o país. Oito anos depois, com seus irmãos, começou a operar no mercado da Rua 25 de Março. CENNI, Franco, *op. cit.*, pp. 207 s.

8. PAULA, *op. cit.*

9. MARTINS, *op. cit.*, pp. 187-188.

10. *Id., ibid.*, pp. 144 s.

11. STIEL, Waldemar C. *História dos transportes coletivos em São Paulo.* São Paulo, McGraw Hill do Brasil/Edusp, 1978, pp. 42-58 e p. 96.

12. *A Província de São Paulo*, São Paulo, 21 ago. 1875.

13. *Ibid.*, 24 out. 1879, s. p.

14. CANABRAVA, Alice P. "As chácaras paulistanas". *In*: *Anais da Associação dos Geógrafos Brasileiros*, IV, I, pp. 97-104. São Paulo, Associação dos Geógrafos Brasileiros, 1949-50.

15. CANABRAVA, *loc. cit.*

16. *Id., ibid.*

17. FERNANDES, Florestan. "Do escravo ao cidadão". *In*: BASTIDE, Roger & FERNANDES, Florestan. *Relações raciais entre negros e brancos em São Paulo, op. cit.*, p. 44.

18. *Correio Paulistano*, São Paulo, 7 ago. 1867, s. p.

19. *Ibid.*, 6 set. 1868, s. p.

20. LEMOS, Carlos A. C. *Alvenaria burguesa, op. cit.*, pp. 94-95.

21. *Id., ibid.*, pp. 103-107.

22. Reis Filho considera as obras neoclássicas em São Paulo, nesse período, superficiais ou "cópias imperfeitas da arquitetura dos centros maiores do litoral (...) restritas apenas a elementos de acabamento das fachadas, com importância secundária como as platibandas com seus vasos e as figuras de louça, ou as portas e janelas arrematadas com vergas de arco pleno que vinham substituir os arcos de centro batido, de estilo barroco". Vide: REIS FILHO, Nestor Goulart. *Quadro da arquitetura no Brasil, op. cit.*, pp. 123-124.

23. PRADO, Yan de Almeida. "São Paulo antigo e sua arquitetura". *In*: *Ilustração brasileira*. Rio de Janeiro, ano X, nº 109, set. 1929, número especial: "A arquitetura e as artes afins em São Paulo".

24. SANTOS, Maria Cecília Loschiavo dos. *Escola Politécnica (1894-1984).* São Paulo, Reitoria da USP, 1985, p. 70.

25 D'ALESSANDRO, Alexandre. *A Escola Politécnica de São Paulo* (História de sua história). *Apud*: SANTOS, *op. cit.*, p. 72.

26. Carta de Arrendação, extraída dos Autos do Executivo Hipotecário. *In*: SANTOS, *op. cit.*, p. 70.

27. AZEVEDO, Francisco de P. Ramos de. "Os edifícios da Escola Politécnica e suas dependências". *In*: *Anuário da Escola Politécnica de São Paulo para o ano de 1900*, 1º ano. São Paulo, Tip. do Diário Oficial, 1900, p. 9.

28. SAMPAIO, Teodoro. "São Paulo de Piratininga no fim do século XIX". *In: Revista do Instituto Histórico e Geográfico de São Paulo*, IV, p. 257, 1900-1901.

29. HOMEM, Maria Cecília Naclério. *Higienópolis. Grandeza e decadência de um bairro paulistano*, *op. cit.*, p. 37.

30. MARTINS, Antônio Egydio. *São Paulo Antigo (1554-1910)*, *op. cit.*, 2º v.

31. SAMPAIO, Teodoro. *Apud*: PRADO, Luís da S. *Biografia de D. Veridiana Valéria da Silva Prado*, *op. cit.*, pp. 7-8.

32. Depoimento de D. Aparecida Dias Velho, ex-aluna do Seminário das Educandas que funcionou posteriormente no sobrado.

33. Carta do Barão de Iguape a sua filha D. Veridiana V. da S. Prado, São Paulo, 23 set. 1852. *In*: PRADO, Luís da Silva, *op. cit.*, p. 5.

34. Depoimento do historiador Caio Prado Jr., bisneto de D. Veridiana Valéria da Silva Prado.

35. Conforme escritura de hipoteca da Chácara da Consolação, de 19 de abril de 1905. *In: Habitação de credores entre partes: Prado Chaves & Companhia Requerentes. O espólio de D. Veridiana Valéria da Silva Prado* – requerida 4 jan. 1911. Processo 2.449, Arquivo Histórico DEPR, 44, p. 17. Conforme também planta da referida chácara no inventário de D. Veridiana.

36. INNOCENTI, Thais F. de Barros Pimentel. *Dona Veridiana Valéria da Silva Prado. Uma imagem e seus espelhos*. Dissertação de Mestrado, FFLCH-USP, 1985, pp. 80-83.

37. PRADO, Luís da Silva, *op. cit.*, p. 9.

38. *Id., ibid.*, p. 5.

39. BINZER, *op. cit.*, p. 67.

40. SOUSA, Pedro Luís Pereira de, *op. cit.*, p. 13.

41. Ina von Binzer fala que essas alcovas eram aquecidas com bacias de água quente trazidas pelas mucamas, o que as deixava mais úmidas ainda. BINZER, *op. cit.*, pp. 66-89.

42. PRADO, Yan de Almeida, *op. cit.*, s. p.

Capítulo IV

1. PRADO JR., Caio. "O fator geográfico na formação e no desenvolvimento da cidade de São Paulo". *In: A cidade de São Paulo*, *op. cit.*, pp. 26-36.

2. PAULA, Eurípedes Simões de. "A segunda fundação de São Paulo", *art. cit.*, p. 175.

3. *Id. ibid.*, pp. 177-178.

4. ARAÚJO FILHO, J. R. "A população paulistana". *In*: AZEVEDO, Aroldo de (org.), *op. cit.*, pp. 175-178.

5. PAULA, *op. cit.*, p. 168.

6. *Id., ibid.*, p. 170.

7. LEMOS, *Alvenaria burguesa*, *op. cit.*, p. 36.

8. REIS FILHO, *Quadro da arquitetura no Brasil*, *op. cit.*, p. 158.

9. *Id., ibid.*, p. 170.

10. Sobre a arquitetura de tijolos de influência italiana em São Paulo, ver pesquisa clássica e pioneira de: DEBENEDETTI, Emma & SALMONI, Anita. *Architettura italiana a San Paolo*. São Paulo, Instituto Cultural Ítalo-Brasileiro, 1953. Foi traduzida para o português, revista e ampliada (com ilustrações) por Paulo V. Bruna e Sílvia Mazza (São Paulo, Perspectiva, 1981).

11. *Hôtel*: do latim *hospitale*. Na sua origem, é sinônimo de *hôtellerie* ou de hospital. Na França, ainda se diz *Hôtel-Dieu* para a Santa Casa. Com o tempo, *hôtel* passou a significar a morada do rei. *Le maître d'hôtel* quer dizer um dos grandes oficiais da casa real que exercia essa função. Depois, *hôtel* passou a significar a casa da cidade dos senhores da corte ou daqueles cuja riqueza permitia levar uma vida em grande estilo. BOUILLET, *op. cit.*, verbete *hôtel*. Corresponderia ao nosso palácio que, em São Paulo, existiu apenas como residência dos governadores e sede do governo provincial.

12. PRADO, Yan de Almeida, "São Paulo Antigo e sua Arquitetura", *op. cit.*, s. p.

13. Heloísa Alves de Lima e Motta guarda exemplares dos tijolos que pertenceram à construção do palacete do Barão de Piracicaba II, seu avô.

14. Depoimentos gravados pela autora, dados por Heloísa Alves de Lima e Motta e Caio Luís Pereira de Sousa, netos do Barão de Piracicaba II. Sobre este vide também: VASCONCELLOS & VASCONCELLOS, *op. cit.*, p. 359.

15. Depoimentos gravados dos referidos netos do Barão de Piracicaba II.

16. MARTINS, *op. cit.*, v. 2, pp. 144-148.

17. VASCONCELLOS & VASCONCELLOS, *op. cit.*, p. 359.

18. Depoimentos dos referidos netos do Barão de Piracicaba II.

19. PETRONE, Maria Thereza Schoerer. *O Barão de Iguape*. São Paulo, Nacional, MEC, 1976, p. XIX.

20. PINHO, Wanderley. *Salões e damas do II Reinado*, 3ª ed., São Paulo, Martins, 1959, p. 81.

21. MOTTA FILHO, Cândido. *A vida de Eduardo Prado*. Rio de Janeiro, José Olympio, 1967, p. 22.

22. CHAVES, Jorge Pacheco e. "D. Veridiana e o patriarcado paulista". In: *Colegia Revista de Cultura e Arte*. Ano I, nº 4, São Paulo, dez. 1948. *Apud*: INNOCENTI, *op. cit.*, p. 79. Vide também o capítulo I.

23. CHAVES, Jorge Pacheco e. *Notas sobre Martinho da Silva Prado*. Manuscr. s. d. do arquivo de Ana Cândida Sampaio Ferraz, p. 1.

24. Carta de Eça de Queiroz à sua mulher, de 17 ago. 1897. In: *Eça de Queiroz entre os seus, apresentado por sua filha*. Cartas íntimas. Porto e Lisboa, Lello e Irmão, 1948, p. 335.

25. Na época da Revolução Francesa, toda casa de campo elegante chamava-se *château*, independente do estilo de arquitetura. BOUILLET, *op. cit.*, verbete *château*.

26. Conforme as escrituras de compra e venda do referido imóvel, datadas de 18 de abril de 1877, livro 7, folha 7, e de 11 de agosto de 1881, livro 11A, folha 14, ambas no 3º Cartório.

27. VIOLLET-LE-DUC, E. E. *Historia de la habitación humana*. Trad. Manuel A. Dominguez. Buenos Aires, Victor Leru, 1945, pp. 338 e 340. Em outra obra de sua autoria, Viollet-le-Duc mostra como construir um velho castelo conforme programas e projetos modernos, mediante técnicas construtivas aperfeiçoadas. Cf. VIOLLET-LE-DUC, E. E. *Histoire d'une maison*. Paris, Bibliotèque d'Education e de Récréation, s. d.

28. O sistema da cozinha no porão, que se usava em diversos países da Europa, passou a ser utilizado pelos arquitetos franceses apoiados no equipamento aperfeiçoado pela industrialização. Mas logo concorreu com a cozinha em puxado, no térreo, situação que eles acabaram por considerar preferível porque evitava os odores, os ruídos e a fumaça. Esta constituía-se uma zona de proteção ao fogo a lenha e à combustão dos gases. Vide a respeito: GUADET, Julien. *Eléments et théorie de l'Architecture*. Cours professé à l'École Nationale et Spéciale des Beaux-Arts. 5ª ed. (1ª ed. 1901-1904), tome II, livre VI, chapître VII s. d. & DURAND, *op. cit.*, v. 2, parte III, p. 80.

29. MACEDO, Sílvio Soares. *Higienópolis e arredores. Processo de mutação da paisagem urbana*. São Paulo, Edusp, Pini, 1987, p. 136.

30. Os documentos referentes à venda de parte dos terrenos da Vila Maria encontram-se na Companhia Prado Chaves. A hipoteca da casa e a venda dos referidos terrenos ter-se-iam realizado para saldar dívidas contraídas pelo escritor Eduardo Prado.

31. Localizamos o inventário de D. Veridiana da Silva Prado no Arquivo Forense da Vila Leopoldina.

32. No inventário de D. Veridiana, Parreiras está com p minúsculo, mas deve referir-se ao pintor A. Parreiras que fez um óleo da chácara de D. Veridiana da Rua da Consolação.

33. Paulo Plínio da Silva Prado. *Apud*: INNOCENTI, *op. cit.*, p. 135.

34. PRADO, *op. cit.*, pp. 11-12.

35. DAUNT, Ricardo Gumbleton (ed.). *Diário da Princesa Isabel: Excursão dos Condes d'Eu à Província de São Paulo em 1884*. São Paulo, Anhembi, 1957. *Apud*: INNOCENTI, *op. cit.*, p. 134.

36. Carta de Ramalho Ortigão a Eduardo Prado. Lisboa, 14 dez. 1887. *Apud*: PRADO, *op. cit.*

37. HOMEM, Maria Cecília Naclério. *Higienópolis. Grandeza e decadência de um bairro paulistano*, *op. cit.*, p. 124.

38. *Id., ibid.*, pp. 124-125.

39. Yan de Almeida Prado, Cândido Motta Filho e Laura Rodrigo Octavio moraram no bairro de Higienópolis e na Vila Buarque. Quando crianças, freqüentaram os jardins da chácara de D. Veridiana. Os primeiros proferiram conferências sobre essa senhora em 1948, no antigo Museu de Arte de São Paulo, cujas cópias se encontram no Instituto de Estudos Brasileiros da USP. Laura é autora de *Elos de uma corrente* (Rio de Janeiro, São José, 1974), em que descreve o brinquedo-surpresa que D. Veridiana mantinha no jardim para divertir a garotada.

40. OCTAVIO, *op. cit.*, pp. 31-32.

41. Depoimento de Yan de Almeida Prado à autora, em 1974.

42. MOTTA FILHO, Cândido. *D. Veridiana e o meio aldeão paulista*. Man. de conferência no arquivo de Ana Cândida Sampaio Ferraz.

43. Depoimento de Maria Isaura Pereira de Queiroz à autora, em set. 1994.

44. Cópia man. no arquivo de Ana Cândida Sampaio Ferraz.

45. A expressão atribuída a Eça de Queiroz é conhecida por tradição na família Silva Prado.

46. *Bens culturais arquitetônicos no município e na região metropolitana de São Paulo*. São Paulo, SNM, Emplasa e Sempla, 1984, pp. 208-209.

47. LEMOS, Carlos A. C. "A construção da Vila Penteado". In: HOMEM, Maria Cecília N. & MACHADO, Lúcio G. (coord.). *Vila Penteado*. São Paulo, FAU-

USP e Secretaria da Cultura, Ciência e Tecnologia, 1976, pp. 102-111.

48. O *Vignola brasileiro*, de autoria de César de Rainville, publicado no Rio de Janeiro, em 1880, apresenta o mesmo tipo de solução do Cel. Carlos Teixeira de Carvalho. Vide pp. 484 s.

49. Parecer técnico dado por Carlos A. C. Lemos no processo de Tombamento nº 00535/1975, relativo ao imóvel da Rua Florêncio de Abreu, nº 111.

50. *Porte-cochères* corresponde em português a porta-cocheiras, a porta maior de uma construção. Cf. CORONA & LEMOS, *op. cit.*, verbete *Porte-cochères*.

Capítulo V

1. *A Constituição do Brasil*, 1898. 2ª ed. Rio de Janeiro, Imprensa Nacional, 1898, pp. 360-363, 176-177, 396-397.

2. FAUSTO, Boris. *Crime e cotidiano. A criminalidade em São Paulo (1880-1924)*. São Paulo, Brasiliense, 1984, p. 109.

3. *A Constituição do Brasil*, 1898, *op. cit.*, pp. 396-397.

4. FOUCAULT, *op. cit.*, p. 93. A expressão higiene pública é utilizada na mesma acepção que esse autor lhe confere.

5. O Decreto nº 50, de 28 de abril de 1890, autorizava o Estado de São Paulo a organizar uma Repartição de Higiene dotada de verbas estaduais independente de auxílios federais. *Coleção das Leis e Decretos do Estado de São Paulo, 1889-1891*. 1ª, 2ª ed. São Paulo, Imprensa Oficial do Estado, 1938, cap. III. A Lei nº 240, de 24 de setembro de 1893, reorganizou o Serviço Sanitário do Estado de São Paulo, compreendendo: a) o emprego de meios tendentes a impedir a importação das moléstias epidêmicas e a disseminação das já existentes; b) o estudo científico de todas as questões relativas à saúde pública do Estado; c) a fiscalização do exercício da medicina e farmácia; d) a organização da estatística demógrafo-sanitária do Estado. *Coleção das Leis e Decretos do Estado de São Paulo de 1903*. Tomo III. São Paulo, Tip. do Diário Oficial, 1913, pp. 160-161.

6. LEMOS, Carlos A. C. *Ramos de Azevedo e o seu escritório*. São Paulo, Pini, Grupo Lix da Cunha, 1993.

7. PRADO JR., Caio. *História econômica do Brasil, op. cit.*, pp. 218 s. e SINGER, *op. cit.*, p. 46.

8. PRADO JR., *op. cit.*, p. 208.

9. *Id., ibid.*, pp. 221-223.

10. As rendas do Estado de São Paulo procediam principalmente do imposto cobrado sobre cada saca de café exportado por Santos e da obtenção dos avais do governo federal para empréstimos obtidos no exterior. CARONE, Edgard. *A República Velha. Instituições e classes sociais*. São Paulo, Difel, 1970, pp. 110-113.

11. LOVE, Joseph. *A locomotiva. São Paulo na Federação Brasileira, 1889-1937*. Trad. Vera Alice Cardoso da Silva. Rio de Janeiro, Paz e Terra, 1982, pp. 107-108.

12. PRADO, Nazareth. *Antônio Prado no Império e na República*. Rio de Janeiro, F. Briguet & Cia., 1929, pp. 41 s. *In memoriam: Martinho Prado Júnior (1843-1943)*. São Paulo, 1944, pp. 22 s.

13. LOVE, *op. cit.*

14. SALLES, Iraci Galvão. *Trabalho, progresso e sociedade civilizada. O Partido Republicano Paulista e a política de mão-de-obra, 1870-1889*. São Paulo, Hucitec e outras, 1986.

15. CENNI, *op. cit.*, p. 172.

16. ARAÚJO FILHO, *A população paulistana no século XIX, op. cit.*, pp. 177-178.

17. FAUSTO, Boris. *Trabalho urbano e conflito social, 1890-1920*. São Paulo, Difel, 1977, p. 30.

18. FERNANDES, Florestan. *A revolução burguesa no Brasil. Ensaio de interpretação sociológica*. Rio de Janeiro, Zahar, 1975, pp. 110 s.

19. Oscar Americano diz que a indústria em São Paulo se resumia a "trinta ou quarenta chaminés de fumaça negra de coque da Inglaterra", distribuídas entre os bairros do Brás, da Moóca, da Luz e do Bom Retiro. AMERICANO, Oscar. *São Paulo naquele tempo, 1895-1915*. São Paulo, Saraiva, 1957, p. 105.

20. BANDEIRA JÚNIOR, Antônio Francisco. *A indústria no Estado de São Paulo em 1901*. São Paulo, Tip. Diário Oficial, 1901.

21. CENNI, *op. cit.*, pp. 201-205.

22. A lei nº 240, de 4 de setembro de 1893, que modificou a organização do Serviço Sanitário, procurou deixar uma parte sob a responsabilidade do Estado e outra sob a do Município. Contudo, as obras de saneamento de maior vulto ficaram a cargo do primeiro, devido às melhores verbas de que dispunha.

23. PRADO JR., Caio. "Contribuição para a geografia urbana da cidade de São Paulo". *In*: *A cidade de São Paulo, op. cit.*, pp. 65 s.

24. Diretoria de Higiene do Estado de São Paulo. *Resumo sintético da mortalidade na capital, de janeiro a de-*

zembro de 1893. São Paulo, Tip. do Diário Oficial, 1895. Em 1894, efetuaram-se na cidade 60.342 desinfecções nas instalações higiênicas de habitações e de edifícios públicos, em 233.393 peças de roupas, além da remoção de enfermos. Relatório referente a 1894, apresentado pelo Dr. Diogo Teixeira de Faria, Diretor Geral do Serviço Sanitário. Por resolução nº 2, de 18 de outubro de 1893, a Câmara Municipal obrigava a empresa da limpeza pública a retirar o lixo das casas particulares.

25. Isentaram-se de impostos, ao lotearem suas chácaras, sucessivamente, a Baronesa de Limeira, na Rua do Riachuelo (1893), a família Dulley, no Bom Retiro (1899), D. Maria Angélica de Barros, na Chácara das Palmeiras (1901) e D. Veridiana V. da Silva Prado, na Chácara da Consolação (1901).

26. Assinaram os relatórios cientistas de renome: Cesário Motta Jr., Cândido Espinheira, Diogo de Faria, Cunha Vasconcelos e Marcondes Machado, seguidos de Teodoro Sampaio e Luís C. do Amaral Gama. Vide especialmente o Relatório da Comissão de Exame e Inspeção das Habitações Operárias e Cortiços no Distrito de Santa Ifigênia, apresentado à Câmara Municipal pelo Intendente Cesário Ramalho da Silva, em 1893. São Paulo, Typ. Espíndola, Siqueira e Cia., 1894.

27. PRADO JR., *op. cit.*, pp. 69 s.

28. Lei nº 111, de 21 de setembro de 1894.

29. Lei nº 355, de 3 de junho de 1898. Em 10 de agosto de 1934, o ato nº 663 confirmou todos aqueles recuos, quiçá já relativos à verticalização futura, estendendo-os às avenidas Pedro I, Pompéia e Maranhão.

30. HOMEM, *op. cit.*, p. 52. Segundo Duílio Crispim Fariana, o hotel recebera o nome de um setor do Desinfectório Municipal que funcionara no mesmo lugar, montado para se queimar o material utilizado pelos portadores de moléstias transmissíveis, como lençóis, peças de vestuário, etc. Atribui-se o nome e a instalação desse setor ao Dr. Sérgio Meira, então diretor do Serviço Sanitário. Vide: FARINA, Duílio Crispim. "O sítio da Consolação, o arrabalde de Higienópolis e a chácara de Dona Maria Antonia". *In: Leitura D.O.*, São Paulo, Imesp, 10, nº 109, pp. 11-12, jun. 1991.

31. DORÉA, Augusta Garcia Rocha. *Aclimação*. São Paulo, Prefeitura Municipal, DPH, s. d., p. 49.

32. Arquivo Aguirra, Museu Paulista da USP. *Apud*: FERREIRA, Eder O. & CAMPOS, Fernando F. *Do Campo Redondo aos Campos Elíseos*. Ex. dat. of. p. AA.

33. RAFFARD, *op. cit.*, p. 104.

34. SALMONI, Anita & DEBENEDETTI, Emma. *Architettura italiana a San Paolo*, *op. cit.*, p. 36.

35. PINHO, Maria Lúcia. *Desenvolvimento urbano e habitação popular em São Paulo, 1870-1914*. São Paulo, Nobel, 1989, p. 74.

36. HOMEM, Maria Cecília Naclério. "Mudanças espaciais na casa republicana. A higiene pública e outras novidades". *In: Pós*. Revista do Programa de Pós-graduação em Arquitetura e Urbanização da FAU-USP. São Paulo, nº 3, jun. 1993, p. 12.

37. Relatório da Comissão de Exterminação e Inspeção das Habitações Operárias e Cortiços do Distrito de Santa Ifigênia, 1893.

38. HOMEM, *art. cit.*, p. 13.

39. Na França do século passado, o que caracterizou a casa burguesa foi a existência da sala de visitas. CLOQUET, Louis. *Traité d'architecture*. Paris et Liège. Librairie Polytechnique, Béranger Ed., 1900, v. 4.

40. Pesquisa desenvolvida na FAU-USP, dirigida pelo professor Carlos A. C. Lemos, subvencionada pelo CNPq (1992-1993).

41. A maioria dos projetos aqui citados encontra-se no arquivo de obras do Escritório Ramos de Azevedo/Severo & Villares, na Biblioteca da FAU-USP. Vêm especificados no *Catálogo de desenhos de arquitetura da biblioteca da FAU-USP*. São Paulo, FAU-USP, apoio "Vitae", 1988, pp. 15-20.

42. RIBEIRO, Júlio. *A carne*. São Paulo, Três, 1972, p. 58.

43. A pesquisa sobre a Chácara do Carvalho aqui apresentada foi transcrita do trabalho de nossa autoria intitulado *A Chácara do Carvalho: sua arquitetura e sua história*. São Paulo, FAU-USP, 1º sem. 1986. Curso de pós-graduação: Técnicas Construtivas Tradicionais Paulistas. Prof. Dr. Carlos A. C. Lemos.

44. Os dados biográficos de Antônio da Silva Prado foram extraídos de PRADO, Nazareth, *op. cit.*

45. RIBEIRO, José Jacinto. "Cronologia paulista". São Paulo, 1899-1901, 2 v. *In*: "Efemérides. Homenagem ao Conselheiro Antônio da Silva Prado". *O Estado de S. Paulo*, 25 fev. 1978.

46. Depoimento de D. Guiomar de Carvalho Franco à autora, em 3 out. 1986.

47. SAINT-HILAIRE, *op. cit.*, v. 1, p. 131.

48. Arquivo Aguirra, no Museu Paulista da USP.

49. Luigi Pucci era matemático, astrônomo e geômetra, tendo sido construtor e realizado projetos de arquitetura em São Paulo. Segundo o arquiteto Gustavo

Neves da Rocha Filho, Pucci fez a planta da Cidade de Amparo, no Estado de São Paulo, em 1876, onde assina Engenheiro Luis Pucci. Sobre Luigi Pucci, consulte-se: DEBENEDETTI & SALMONI, *op.cit.*, pp. 29-33.

50. *Id., ibid.*, p. 31.

51. *Il Brasile e gli Italiani*. São Paulo, Fanfulla, c. 1907, p. 1.036.

52. D'ATRI, Alessandro. *L'état de São Paulo et le rénouvellement économique de l'Europe.* Paris, V. Allard, Chanterland, 1926, p. 201.

53. WRIGHT, Marie R. *The new Brazil, its resources and attractions, historical, descriptive and industrial.* 2ª ed. Philadelphia, George Barriel & Sons, 1907, p. 213.

54. Depoimento gravado de Nicanor Miranda à autora.

55. ETZEL, Eduardo. "O verde da cidade de São Paulo". Separata da *Revista do Arquivo Municipal*, nº 195, pp. 51-76, jan-dez. 1982, p. 58.

56. Depoimento de Vera da Silva Prado à autora, em 19 abr. 1986.

57. A primeira linha de bonde elétrico da cidade foi a da Barra Funda, inaugurada em 7 de maio de 1900, na gestão do Conselheiro Antônio da Silva Prado como Prefeito de São Paulo.

58. Arquivo Samuel e Cristiano S. das Neves, FAU-USP.

59. Arquivo da Família Pacheco e Chaves, no Museu Paulista da USP.

60. Charlottenburg, ou Castelo Lietzenburg, de 1696, situado perto da aldeia de Lietzow, junto ao Rio Spree. Deu-se o nome em honra da Rainha Sophie Charlotte, mulher de Frederico I, da Prússia.

61. SCHMELING, *op. cit.*, p. 26.

62. Depoimento de seu neto, Paulo de Barros Ulhoa Cintra, à autora.

63. Os dados acima foram levantados por nós para o trabalho *Higienópolis, grandeza e decadência de um bairro paulistano*, pp. 47-48, de nossa autoria.

64. Conforme o depoimento de Paulo de Barros Ulhoa Cintra, neto de D. Angélica de Barros, feito à autora, certo arquiteto francês, denominado Collet, teria realizado a construção do palacete de sua avó. Mas em suas memórias, o arquiteto sueco Carlos Ekman atribuiu-a com segurança a August Fried. EKMAN, Carlos. "Recordações da minha vida", 1937. *In*: HOMEM & MACHADO, *op. cit.*, p. 49.

65. Inventário de Francisco de Aguiar Barros.

66. Depoimento de Paulo de Barros Ulhoa Cintra à autora.

67. Ver a respeito: RIEHL, M. H. "Moeurs de la maison". *In*: Rêvue trimestrale allemande pour 1853, *apud*: *Rêvue générale de l'architecture et des travaux publics*. Paris, 1853.

68. *In: Palácio dos Campos Elíseos*. São Paulo, Governo do Estado, Secretaria de Indústria, Comércio, Ciência e Tecnologia, s. d.; "Campos Elíseos: história e patrimônio". *In: Campos Elíseos: um estudo de área de interesse*. São Paulo, Condephaat, 1982.

69. FERREIRA, Barros. "Como foi construído o Palácio". *In: O Estado de S. Paulo*, 3 dez. 1967.

70. FERREIRA, *op. cit.*, s.p.

71. Arquivo da Família Pacheco e Chaves, no Museu Paulista da USP.

72. CHAVES, Maria Pacheco e. *Os grandes esquecidos de um Brasil verdadeiro*. São Paulo, Liga Independente pela Liberdade, 1970, p. 41.

73. *Id., ibid.*, p. 42.

74. *Companhia Prado Chaves Exportadora, 1887-1947*, pp. 6 e 8.

75. A Companhia Balneária da Ilha de Santo Amaro, no Guarujá, importou dos Estados Unidos um hotel completo com 50 quartos, cassino, igreja e cerca de 46 chalés de pinho da Geórgia. Cf. SOUSA, Pedro Luís Pereira de. *Meus cinqüenta anos na Companhia Prado Chaves*. São Paulo, 1950, p. 67 & CHAVES, *op. cit.*, p. 42.

76. Carta de Anésia Pacheco e Chaves à sua nora, Alzira de Barros Pacheco e Chaves, de 17 de julho de 1906, no arquivo Pacheco e Chaves, no Museu Paulista da USP.

77. VAZ, Maria Luísa Albiero. *Mulheres da elite cafeeira em São Paulo. Conciliação e resistência – 1890/1930*. Dissertação de Mestrado, FFLCH-USP, Depto. de História, 1995, pp. 97 e 67.

78. Carta de Ernesto para Fernando Pacheco e Chaves, de 13 de agosto de 1706, *ibid*.

79. *Palácio dos Campos Elíseos, op. cit.*, p. 12.

80. "Começo do Palácio foi sonho de fazendeiro". *In: Jornal da Tarde*. São Paulo, 18 out. 1967, p. 7.

81. *Palácio dos Campos Elíseos, op. cit.*, p. 20. *Apud: Campos Elíseos: história e patrimônio*, *loc. cit.*

82. *Campos Elíseos: história e patrimônio*.

83. *Id., ibid*.

84. Para a reconstrução do palacete de Ramos de Azevedo, consultamos os arquivos do Condephaat, o trabalho de graduação da arquiteta Amarillys S. Vigorito, da Escola de Belas-Artes, e o artigo "O palacete da Rua Pirapitingui", de autoria de Maria Cristina Wolff

de Carvalho. *In: Memória*, DPH. Eletropaulo: n.º 14, IV, pp. 23-26. São Paulo, abr., maio, jun., 1992. Os programas da casa foram fornecidos a nós por Lúcia Villares de Azevedo, neta do arquiteto.

85. DANTAS, Arruda. *Dona Olívia* (Olívia Guedes Penteado). São Paulo, Pannartz, 1975, p. 9.

86. PRADO, Yan de Almeida. "São Paulo antigo e sua arquitetura", *op. cit.*, s. p.

87. Levantamos os programas do palacete de D. Olívia Guedes Penteado mediante dados fornecidos por D. Olívia da Silva Prado, pelo professor Gofredo da Silva Telles e pelos netos de D. Olívia que residiram na casa. Carolina da Silva Telles falou-nos sobre a vida de seus pais, o casal Penteado.

88. Crônica da Quinzena d'*O Comércio de São Paulo*. São Paulo, 31 ago. 1898, atribuída a Afonso Arinos. *In:* DANTAS, *op. cit.*, pp. 11-15.

89. TORRES, Lygia Lemos. "Damas paulistas". *In: São Paulo em quatro séculos*, 2 v. Citado por DANTAS, *op. cit.*, p. 20.

90. OCTAVIO, *op. cit.*, p. 45.

91. EKMAN, *op. cit.*, p. 49.

Capítulo VI

1. DEAN, Warren. "São Paulo em 1900". *In:* HOMEM & MACHADO, *op. cit.*, pp. 22-27.

2. DENIS, Pierre. *Le Brésil au XX.ᵉ siècle. Apud:* PETRONE, Pasquale. "São Paulo no século XX". *In:* AZEVEDO, Aroldo de. (org.) *A cidade de São Paulo*, p. 112.

3. MORSE, Richard. *Formação histórica de São Paulo. De comunidade a metrópole*. 2ª ed. São Paulo, Difel, 1970, p. 274.

4. *Id., ibid.*, p. 281.

5. TÁCITO, Hilário. *Madame Pommery* (São Paulo, 1919), pp. 61-62 e 83-85. Citado também por MORSE, *op. cit.*, pp. 279-280.

6. PINTO, Alfredo Moreira. *A cidade de São Paulo em 1900. Impressões de viagem*. Rio de Janeiro, Imprensa Nacional, 1900.

7. BRUNO, Ernani da Silva. "Com os imigrantes o movimento na velha São Paulo". *Folha de S. Paulo*, 9 ago. 1980. Ilustrada, p. 21 e CENNI, *op. cit.*, pp. 138 e 181.

8. HOMEM, Maria Cecília Naclério. *Higienópolis. Grandeza e decadência de um bairro paulistano, op. cit.*, pp. 77-84.

9. A relação dos proprietários da Avenida Paulista foi extraída de: TOLEDO, Benedito Lima de. *Álbum iconográfico da Avenida Paulista*. São Paulo, Ex-Libris, João Forbes Engenharia, 1987.

10. GAFFRE, L. A. *Visions du Brésil*. Paris, Aillaud, 1912. *Apud:* BRUNO, E. da Silva. *História e tradições da cidade de São Paulo*. Rio de Janeiro, José Olympio, 1954, v. 3, p. 983.

11. WRIGHT, Marie Robinson. *The new Brazil, its resources and attractions: historical, descriptive and industrial.* 2ª ed. Filadélfia, George Barrie & Sons, 1907, p. 212.

12. BACELLI, Ronei. *A presença de Cia. City em São Paulo e a implantação do 1º bairro-jardim, 1915-1940*. Dissertação de Mestrado, FFLCH-USP, Depto. História. São Paulo, 1982 (mimeo.).

13. MACHADO, Antônio de Alcântara. "Brás, Bexiga e Barra Funda". *In: Novelas paulistanas*. 5ª ed. Rio de Janeiro, José Olympio, 1978, p. 45.

14. LOBATO, José Bento Monteiro. "O fisco". *In: Obras completas*. São Paulo, Brasiliense, 1946, v. 3, p. 59.

15. PENTEADO, Jacob. *Belenzinho, 1910. Retrato de uma época*. São Paulo, Martins, 1962, p. 143.

16. Ato 137, de 18 nov. 1902, Lei 782, de 19 out. 1904.

17. Lei 498, de 14 dez. 1900.

18. Lei 790, de 17 nov. 1904.

19. Lei 1.788, de 18 maio 1914.

20. Leis 1.780, de 7 maio 1914, e 1.422, de 12 maio 1911.

21. Lei 1.788, de 28 maio 1914.

22. BRUNO, *op. cit.*, pp. 1.216-1.238.

23. *Id., ibid.*, pp. 1.151-1.161 e 1.287-1.296.

24. ANDRADE, Oswald. *Marco Zero. A revolução melancólica*. 1943. *In:* MORSE, *op. cit.*, p. 273.

25. O Automóvel Clube esteve aberto exclusivamente para Rodolfo Crespi porque sua filha, Renata Crespi, se casou com Fábio da Silva Prado, que viria a ser Prefeito de São Paulo. *In:* HOMEM, Maria Cecília Naclério. *O prédio Martinelli. A ascensão do imigrante e a verticalização de São Paulo*. São Paulo, Projeto, 1984, p. 39.

26. *São Paulo e seus homens no centenário*, v. 1, p. 67. São Paulo, Emp. Publicidade Independência Editora, 1922. *Apud:* PETRONE, *loc. cit.*, v. II, p. 113.

27. Desde 1928 que o número de construções vem diminuindo sensivelmente nesta capital. *Diário da Noite*. São Paulo, 22 dez. 1931.

28. DEBENEDETTI & SALMONI, *op. cit.*, pp. 45-55.

29. O arquivo dos projetos de Victor Dubugras encontra-se na Biblioteca da FAU-USP. Sobre a vida e a obra do arquiteto, vide: BRUAND, Yves. *Arquitetura contemporânea no Brasil*. Trad. Ana M. Goldberger. São Paulo, Perspectiva, 1981, pp. 47-48, MOTTA, Flávio. "*Art nouveau*: um estilo entre a flor e a máquina". *Cadernos brasileiros*, nº 28, março-abril de 1965, pp. 54-65, e TOLEDO, Benedito Lima de. *Victor Dubugras e as atitudes de inovação em seu tempo*. Tese de Livre-Docência, FAU-USP, 1985, 4 v.

30. Dados extraídos de nosso trabalho programado que versou sobre cozinha e indústria (1867-1930), para o qual realizamos pesquisa nos jornais da cidade relativos ao período em questão.

31. Uma série de estudos sobre a Vila Penteado estão publicados em: HOMEM & MACHADO, *op. cit.*

32. Os dados ora apresentados fazem parte dos artigos de nossa autoria: "Uma família paulista" e "Vila Penteado como residência". *In*: HOMEM & MACHADO, *op. cit.*, pp. 58-59 e 70-76.

33. BRUAND, *op. cit.*, p. 46.

34. *Id.*, *ibid.*, p. 46.

35. MOTTA, Flávio. "A velha FAU". *In*: HOMEM & MACHADO, 1976, *op. cit.*, p. 14. Vide artigo de DAHER, Luiz Carlos. "Aspectos da arquitetura no início do século XX". *In*: HOMEM & MACHADO, *op. cit.*, p. 38 e de MOTTA, Flávio. *Contribuição ao estudo do "Art Nouveau" no Brasil*, São Paulo, 1957.

36. A vaca chamava-se Arruma Caixa e ficava aos cuidados de um jardineiro italiano, Nacca, e de sua mulher, Chiarina, que fazia pão em casa. Cf. OCTÁVIO, *op. cit.*, p. 45.

37. *Id.*, *ibid.*, pp. 27-28.

38. BACELLI, Ronei. *Jardim América*. São Paulo, Prefeitura Municipal, DPH, 1982. (História dos Bairros de São Paulo, v. 20), p. 30.

39. D. Sylvia Laraya Kawall, neta dos proprietários, em entrevista gravada pela autora, forneceu os programas da Vila Horácio Sabino.

40. OCTAVIO, *op. cit.*, p. 47.

41. SCHMELING, *op. cit.*, p. 137.

42. Os programas e os demais dados sobre o palacete de José de Souza Queiroz foram fornecidos por Nelson Penteado, seu neto, em entrevista gravada pela autora.

43. Os dados sobre esta casa e sobre a família de Waldomiro Pinto Alves foram fornecidos por Maria da Penha Müller Carioba, filha dos proprietários, e por Cecília Pinto Alves de Salles Pinto, neta deles.

44. Segundo Maria da Penha Müller Carioba, trazer coisas da fazenda era mania, pois comprar no mercado em São Paulo saía mais barato. Entrevista à autora em 10 de maio de 1989.

45. No depoimento à autora, Maria da Penha Müller Carioba conta que Miss Folkat herdou da família Paes de Barros uma casa na Rua Cubatão.

46. *Bens culturais arquitetônicos no município e na região metropolitana de São Paulo*. São Paulo, SNM, Emplasa e Sempla, 1984, p. 239.

47. Os dados relativos ao palacete do Dr. Nicolau Moraes Barros foram transmitidos por Marina Moraes Barros Cosenza, filha do proprietário, tendo sido gravados pela autora.

48. LEMOS, *Alvenaria burguesa*, *op. cit.*, p. 156.

49. OCTAVIO, *op. cit.*, pp. 24 e 202 s.

50. *Id.*, *ibid.*, p. 32.

51. Eduardo Sabino de Oliveira, filho de Amélia Sabino de Oliveira, e de Numa de Oliveira forneceu-nos um esquema aproximado da planta da casa e os programas. Com sua família, concedeu-nos diversas entrevistas sobre o palacete e sobre a vida cotidiana dos moradores, gravadas pela autora.

52. OCTAVIO, *op. cit.*, pp. 195 s.

53. LOBATO, Monteiro. "A criação do estilo". *In*: *Idéias do Jeca Tatu*. São Paulo, Brasiliense, 1948, pp. 25-29.

54. BACELLI, *op. cit.*

DOCUMENTAÇÃO

Arquivos

Arquivo Aguirra, no Museu Paulista da USP.
Arquivo da Família Pacheco e Chaves, no Museu Paulista da USP.
Arquivo da Prefeitura do Município de São Paulo, Seção de Plantas.
Arquivo do Estado de São Paulo, hemeroteca.
Arquivo Forense.
Arquivo Histórico Municipal "Washington Luiz", livros de obras particulares e Seção de Cartografia.
Arquivos de Carlos Ekman, do Escritório Técnico "Ramos de Azevedo", e de Victor Dubugras, na Biblioteca da FAU-USP.
Conselho de Defesa do Patrimônio Histórico, Artístico, Arqueológico e Turístico do Estado de São Paulo – Condephaat, plantas e fotos.
Departamento do Patrimônio Histórico da Eletropaulo.
Serviço do Patrimônio Histórico e Artístico Nacional – SPHAN, São Paulo.
Sociedade Comercial e Construtora.

Entrevistas realizadas pela autora sobre os palacetes em São Paulo

Alice Clemente Pinto (jun. de 1986) (falecida).
Antônio Alves de Lima (jun. de 1989).
Caio Luiz Pereira de Souza (jun. de 1990) (falecido).
Carolina Silva Telles (mar. de 1989).
Cecília Pinto Alves de Salles Pinto.
Christianne F. Lacerda Soares (jun. de 1988).
Eduardo Sabino de Oliveira e família (maio de 1987) (falecido).
Família Dib Camasmie.
Gofredo da Silva Telles (out. de 1989).
Guilherme Rubião (jul. de 1986).
Guiomar de Carvalho Franco (jan. de 1985).
Heloísa Alves de Lima e Motta (jun. de 1990).
Ignez Lucchesi Krümenerl (fev. de 1986).
Laura Campos Guimarães (fev. de 1990) (falecida).
Laura Rodrigo Octavio (jan. de 1989).
Lúcia Villares de Azevedo (maio de 1991).
Lucilla de Campos Artigas (mar. de 1991) (falecida).
Luís José de Campos Artigas (abr. de 1991).
Marcos Monteiro de Barros (jan. de 1986) (falecido).
Maria da Penha Müller Carioba (maio de 1989).
Maria Helena de Souza Queiroz (jan. de 1990).
Marina Magalhães Carneiro de Oliveira (maio de 1989).
Marina Moraes Barros Cosenza (jan. de 1990).
Marina Vampré Cristiano de Souza (maio de 1987) (falecida).
Mario Campos Costa (mar. de 1986).
Nelson Penteado (jan. de 1987).
Nicanor Miranda (out. de 1988).
Olívia Penteado da Silva Prado (out. de 1990).

Paulo de Barros Ulhoa Cintra (jan. de 1988) (falecido).
Sylvia Laraya Kawall (nov. de 1991).
Vera da Silva Prado (jul. de 1986) (falecida).

Dicionários

ABBAGNANO, Nicola. *Diccionario de filosofia.* Trad. Alfredo N. Galletti. México, Fondo de Cultura Económica, 1963.

AULETE, Caldas. *Dicionário contemporâneo da língua portuguesa.* Rio de Janeiro, Delta, 1958, 4 v.

BOUILLET, M.-N. *Dictionnaire universel des sciences, des lettres et des arts.* Paris, Hachette, 1908.

CORONA, Eduardo & LEMOS, Carlos A. C. *Dicionário da arquitetura brasileira.* São Paulo, São Paulo Livraria Editora, 1972.

Dicionário de ciências sociais. Rio de Janeiro, Fundação Getúlio Vargas, Ed. da FGV, 1986.

FERREIRA, Aurélio Buarque de Holanda. *Novo dicionário da língua portuguesa.* Rio de Janeiro, Nova Fronteira, 1979.

MELLO, Luís Correia de. *Dicionário de autores paulistas.* São Paulo, Comissão do IV Centenário da Cidade de São Paulo, 1954.

Novo Dicionário de História do Brasil. Ilustrado. São Paulo, Melhoramentos, 1970.

Petit Larousse en couleurs: Langue française, culture générale. Paris, Larousse, 1989.

Livros, teses e artigos com indicação expressa do autor

ALBUQUERQUE, A. *Construções civis.* São Paulo, S. C. e., 1942.

ALVIM, Carlos Ferraz. *Dos direitos da mulher e sua evolução* (Separata da *Revista de Crítica Judiciária*). Rio de Janeiro, Tip. Jornal do Commércio, 1934.

AMARAL, Aracy Abreu. *A hispanidade em São Paulo: da casa rural à capela de Santo Antônio.* Belo Horizonte, s. c. p., 1975.

ARAÚJO, Moacir de. *Tradicionalismo e modernização em São Paulo 1870-1889.* Conflitos e mediações na economia cafeeira. Dissertação de Mestrado, FFLCH-USP, 1978.

ARIÈS, Philippe. *História social da criança e da família.* 2ª ed. Trad. Dora Flaksman. Rio de Janeiro, Guanabara, 1981.

ARIÈS, Philippe & DUBY, Georges (dir.). *História da vida privada, 3. Da Renascença ao Século das Luzes.* Org. por Philippe Ariès e Roger Chartier. Trad. H. Feist. São Paulo, Cia. das Letras, 1991.

———. *História da vida privada, 4. Da Revolução Francesa à Primeira Guerra.* Org. por Michelle Perrot. Trad. Denise Bottmann e Bernardo Joffily. São Paulo, Cia. das Letras, 1991.

———. *História da vida privada, 5. Da Primeira Guerra a nossos dias.* Org. por Antoine Prost e Gerard Vincent. Trad. Denise Bottmann. São Paulo, Cia. das Letras, 1992.

AZEVEDO, Aroldo de (org.). *A cidade de São Paulo. Estudos de geografia urbana.* São Paulo, Nacional, 1958, 4 v.

AZEVEDO, Francisco de Paula Ramos de. "Os edifícios da Escola Politécnica e suas dependências". In: *Anuário da Escola Politécnica de São Paulo.* São Paulo, Tip. Diário Oficial, 1900, pp. 9-14.

AZEVEDO, Militão Augusto de. *Álbum comparativo da cidade de São Paulo, 1862-1887.* São Paulo, Secretaria Municipal de Cultura/DPH, 1981.

BACELLI, Ronei. *A presença da Cia. City em São Paulo e a implantação do 1º bairro-jardim, 1915-1940.* Dissertação de Mestrado, FFLCH-USP, 1982.

———. *Jardim América.* São Paulo, Prefeitura Municipal/DPH, 1982. (História dos Bairros de São Paulo)

BANDEIRA JÚNIOR, Antonio F. *A indústria no Estado de São Paulo em 1901.* São Paulo, Tip. Diário Oficial, 1901.

BARRO, Máximo & BACELLI, Ronei. *Ipiranga.* São Paulo, Prefeitura Municipal/DPH, 1979. (História dos Bairros de São Paulo)

BARROS, Gilberto Leite de. *A cidade e o Planalto. Processo de dominância na cidade de São Paulo.* São Paulo, Martins, 1967, 2 v.

BASTIDE, Roger & FERNANDES, Florestan. *Relações raciais entre negros e brancos em São Paulo.* São Paulo, Unesco, Anhembi, 1955.

BELLUZZO, Ana Maria de Moraes. *Artesanato, arte e indústria.* Tese de Doutoramento, FAU-USP, 1988.

———. *Voltolino e as raízes do modernismo.* São Paulo, Marco Zero, 1992.

BENCLOWICZ, Carla Milano. *Prelúdio modernista. Construindo a habitação operária em São Paulo.* Dissertação de Mestrado, FAU-USP, 1989.

BENEVOLO, Leonardo. *História da arquitetura moderna.* Trad. Ana M. Goldberger. São Paulo, Perspectiva, 1976.

———. *História da cidade*. Trad. Silvia Mazza. São Paulo, Perspectiva, 1983.

BENJAMIN, Walter. "Paris, capital do século XIX". *In*: LIMA, Luiz Costa (org.). *Teoria da literatura em suas fontes*. Trad. Maurice Gandilac. 2ª ed. rev. e compl. Rio de Janeiro, Francisco Alves, 1983, v. 2, pp. 134-149.

BERNÁRDEZ, Manuel. *El Brasil. Su vida, su trabajo, su futuro*. Buenos Aires, 1908.

BIRKET-SMITH, K. *Histoire de la civilisation*. Trad. C. Desgoffe e J. L. Pelosse. Paris, Payot, 1955.

BOSI, Ecléa. *Memória e sociedade. Lembranças de velhos*. São Paulo, T. A. Queiroz, 1979.

BOURDIEU, Pierre. "A família enquanto categoria legalizada". *In*: *Actes de la Recherche en sciences sociales*, nº 100, dez. 1993.

———. "A metamorfose dos gostos". *In*: *Questões básicas de sociologia*. Comunicação feita na Universidade de Neuchâtel, em maio de 1980.

———. "Da regra às estratégias". *In*: *Coisas ditas*. São Paulo, Brasiliense, 1990, pp. 77-95.

———. "Espace social et génèse de classe". *In*: *Actes de la recherche en sciences sociales*, 1984.

———. "Le capital social. Notes provisoires". *In*: *Actes de la recherche en sciences sociales*, 31 jan. 1980.

BOVO, José Murari. *O desenvolvimento econômico e urbanização. Influência do capital inglês na estrutura urbana da cidade de São Paulo*. Dissertação de Mestrado, FFLCH-USP, 1974.

BRESCIANI, Maria Stella. *Ideologia e controle social. Um estudo sobre São Paulo de 1850 a 1910*. Tese de Doutoramento, FFLCH-USP, 1976.

———. *Londres e Paris no século XIX. O espetáculo da pobreza*. São Paulo, Brasiliense, 1982. (Tudo é História)

BRUAND, Yves. *Arquitetura contemporânea no Brasil*. Trad. Ana M. Goldberger. São Paulo, Perspectiva, 1981.

BRUNO, Ernani da Silva. *História e tradições da cidade de São Paulo*. Rio de Janeiro, José Olympio, 1953, 3 v.

———. *O equipamento da casa bandeirista segundo os antigos inventários e testamentos*. São Paulo, Secretaria Municipal de Cultura/DPH, 1977. (Série Registros)

——— (org.). *São Paulo, terra e povo*. Porto Alegre, Globo, 1967.

CANABRAVA, Alice Piffer. "As chácaras paulistanas". *In*: *Anais da Associação dos Geógrafos Brasileiros* (1949-1950). São Paulo, IV, I, pp. 97-104, 1953.

CANDIDO, Antonio. *Parceiros do Rio Bonito. Estudos sobre o caipira paulista e a transformação dos seus meios de vida*. 4ª ed. São Paulo, Duas Cidades, 1977.

———. "The brazilian family". *In*: SMITH, T. Lynn. *Brazil. Portrait of half a continent*. New York, Dryden Press, 1951, pp. 291-312.

CARDOSO, Fernando Henrique. *Mudanças sociais na América Latina*. Rio de Janeiro, Difel, 1969. (Corpo e Alma do Brasil)

CARONE, Edgard. *A Primeira República. Texto e contexto, 1889-1930*. São Paulo, Difel, 1969. (Corpo e Alma do Brasil)

———. *A República Nova (1930-1937)*. São Paulo, Difel, 1974. (Corpo e Alma do Brasil)

———. *A República Velha. Evolução política*. São Paulo, Difel, 1971. (Corpo e Alma do Brasil)

———. *A República Velha. Instituições e classes sociais*. São Paulo, Difel, 1970. (Corpo e Alma do Brasil)

CARVALHO, Afonso José de. "São Paulo Antigo (1882-1886)". *In*: *Revista do IHGSP*, v. XLI, São Paulo, 1942.

CENNI, Franco. *Italianos no Brasil*. "Andiamo in Mérica". São Paulo, Martins, 1958.

CERTEAU, Michel de. *A escrita da história*. Trad. Maria de Lourdes Menezes. Rev. Técnica de Arno Vogel. Rio de Janeiro, Forense Universitária, 1982.

———. *L'invention du quotidien*. 1. *Arts de faire*. Paris, Gallimard, 1990.

CHASTENET, Jacques. *A vida cotidiana na Inglaterra no começo da era vitoriana, 1837-1851*. Trad. Elisa Lopes Ribeiro. Lisboa, Edição "Livros do Brasil", c. 1954.

CHARTIER, Roger. *A história cultural. Entre práticas e representações*. Trad. Maria Manuela Galhardo. Lisboa, Difel e Rio de Janeiro, Bertrand do Brasil, 1990. (Col. Memória e Sociedade)

CHAUÍ, Marilena. "Cultuar e cultivar". *In*: *Teoria e debate*, nº 8, pp. 50-52, out.-dez. 1989.

CHOAY, Françoise. *O urbanismo; utopias e realidades. (Uma antologia)* Trad. Dafne N. Rodrigues. São Paulo, Perspectiva, 1979. (Série Estudos)

CLOQUET, Louis. *Traité d'Architecture; types d'édificies*. Paris, Librarie Polytechinique, Liège, Béranger Editeur, 1900, v. 4.

CORRÊA, Mariza. *Mulher & família: um debate sobre a literatura recente*. BIB. Rio de Janeiro, nº 18, pp. 27-44, 2º sem., 1984.

———. "Repensando a família patriarcal brasileira". *In*: Vários. *Colcha de retalhos. Estudo sobre a família no Brasil*. São Paulo, Brasiliense, 1982, pp. 13-38.

COSTA, Emília Viotti. *Da Monarquia à República. Momentos decisivos*. 5ª ed. São Paulo, Brasiliense, s. d.
——. *Da Senzala à Colônia*. São Paulo, Difel, 1966.
COSTA, João Cruz. *Contribuição à história das idéias no Brasil*. Rio de Janeiro, José Olympio, 1956.
COSTA, Lúcio. *Sobre arquitetura*. Porto Alegre, Centro de Estudos Universitários de Arquitetura, 1962.
D'ALESSANDRO, Alexandre. *A Escola Politécnica de São Paulo*. São Paulo, Revista dos Tribunais, 1943, v. 3.
DALY, César Dénis. *L'Architecture privée au XIXe. Siècle; décorations intérieures peintes*. Paris, Ducher, 1877, 2 v.
——. *L'Architecture privée au XIXe siècle. Nouvelles maisons de Paris et des environs*. Paris, Ducher, 1867-1870, 6 v.
——. (dir.) *Rêvue générale de l'architecture et des travaux publics*. (Histoire, Alégorie, Pratique, Mélange) Paris, Ducher, 1840-1887.
DANON, Diana D. & TOLEDO, Benedito L. *São Paulo "belle époque"*. São Paulo, Nacional, Edusp, 1974.
DANTAS, Arruda. *Dona Olívia* (Olívia Guedes Penteado). São Paulo, Pannartz, 1975.
D'ATRI, Alessandro. *L'État de São Paulo et le rénouvellement économique de l'Europe*. Paris, Victor Allard, Chanterland, 1926.
DEAN, Warren. *A industrialização de São Paulo (1880-1945)*. Trad. O. M. Cayado. São Paulo, Difel, 1971.
DIAS, Maria Odila Leite da Silva. *Cotidiano e poder em São Paulo no século XIX*. São Paulo, Brasiliense, 1984.
DIAS, Matilde de Carvalho. *Amor e trabalho. Recordações de uma fazendeira do Sul de Minas*. Rio de Janeiro, José Olympio, 1973, pp. 9-11.
D'INCAO, Maria Ângela. "O amor romântico e a família burguesa". *In*: D'INCAO, Maria Ângela e outros. *Amor e família no Brasil*. São Paulo, Contexto, 1989, pp. 57-71.
DINIZ, Firmo de Albuquerque (Junius). *Notas de viagem*. Introd. e Notas de Antônio Barreto do Amaral. 2ª ed. São Paulo, Governo do Estado de São Paulo, 1978. (Col. Paulística, 5)
DORÉA, Augusta Garcia Rocha. *Aclimação*. São Paulo, Prefeitura Municipal/DPH, s. d.
DREXLER, Arthur. *The architecture of the Ecole des Beaux-Arts*. New York, MOMA, 1977.
DURAND, J. N. L. *Précis des leçons d'architecture données à l'École Polytechnique*. Paris, École Polytechnique, 1802. v. 2, parte 3.
DURHAM, Eunice Ribeiro. "Texto II". *In*: ARANTES, Antônio Augusto (org.). *Produzindo o passado. Estratégias de construção do patrimônio cultural*. São Paulo, Condephaat e Brasiliense, 1984, pp. 23-58.
——. "A família e a mulher". *In: Família e sociedade*. Centro de Estudos Rurais e Urbanos. Cadernos 18, 1ª série, pp. 7-48. São Paulo, maio 1983.
EGAS, Eugênio. *A cidade de São Paulo*. Revista do Instituto Histórico e Geográfico de São Paulo, XIV, pp. 287-296, 1912.
ELIAS, Norbert. *O processo civilizador. Uma história dos costumes*. Trad. R. Jungmann. Rio de Janeiro, Zahar, 1990.
ELLIS JÚNIOR, Alfredo. *Capítulos da história social de São Paulo*. São Paulo, Nacional, 1944.
ELLIS, Myriam (dir.). *O café. Literatura e história*. São Paulo, Melhoramentos, Edusp, 1977.
ETZEL, Eduardo. *Vivendo transformações; um médico do século XX*. São Paulo, Nobel, Edusp, 1987.
EXPILLY, Charles. *Mulheres e costumes no Brasil*. Trad. Gastão Penalva. São Paulo, Nacional, 1935.
FABRIS, Annateresa (org.). *Ecletismo na arquitetura brasileira*. São Paulo, Nobel, Edusp, 1987.
FAUSTO, Boris. *Crime e cotidiano. A criminalidade em São Paulo (1880-1924)*. São Paulo, Brasiliense, 1984, p. 109.
——. *Pequenos ensaios da história da República, 1889-1945*. São Paulo, Cebrap, 1972.
——. *São Paulo na Primeira República*. Rio de Janeiro, Iuperj, 1989. (Série Estudos, 75)
——. *Trabalho urbano e conflito social, 1890-1920*. São Paulo. Difel, 1977.
——. (dir.). *O Brasil republicano, 1889-1930. Estrutura de poder e economia; sociedade e instituições*. Rio de Janeiro, Difel, 1977. (Col. História Geral da Civilização Brasileira, III)
——. (dir.). *O Brasil republicano III. Sociedade e política (1930-1964)*. São Paulo, Difel, 1981. (Col. História Geral da Civilização Brasileira, v. 3)
FERNANDES, Florestan. *A revolução burguesa no Brasil. Ensaio de interpretação sociológica*. Rio de Janeiro, Zahar, 1975.
—— (org.). *Comunidade e sociedade no Brasil. Leituras básicas de introdução ao estudo macrossociológico do Brasil*. São Paulo, Nacional, Edusp, 1972.
FERREIRA, Miguel Angelo. *Meio século de São Paulo*. São Paulo, Melhoramentos, 1954.
FICHER, Sylvia. *Ensino e profissão. O curso de engenheiro-arquiteto da Escola Politécnica de São Paulo*. Tese de Doutoramento, FFLCH-USP, 1989.

FOUCAULT, Michel. *Microfísica do poder*. Trad. Roberto Machado. 2ª ed. Rio de Janeiro, Graal, 1986.

FRAGOSO, Maria. "A questão da mulher", *A Cultura Acadêmica*, ano 1, nº 1, pp. 233-239, jul.-ago. 1904. Dir. J. E. da Frota Vasconcelos.

FREIRE, Victor da Silva. "A cidade salubre", *Polytéchnica*, nº 48, pp. 319-354, nov. 1914.

———. "Melhoramentos de São Paulo", *Polytéchnica*, nº 33, pp. 91-145, fev.-mar. 1911.

FREYRE, Gilberto. *A casa brasileira*. Rio de Janeiro, Grifo, 1971. (Enciclopédia da Vida Brasileira, 1)

———. *Casa-grande & senzala. Formação da família brasileira sob o regime de economia patriarcal*. Rio de Janeiro, Maia & Schmidt Ltda., 1933.

———. *Ingleses no Brasil. Aspectos da influência britânica sobre a vida, a paisagem e a cultura do Brasil*. 2ª ed. Rio de Janeiro, José Olympio; Brasília, MEC, 1977.

———. *Ordem e progresso. Processo de desintegração das sociedades patriarcal e semipatriarcal no Brasil sob o regime de trabalho livre: Aspectos de um quase meio século de transição do trabalho escravo para o trabalho livre; e da Monarquia para a República*. 2ª ed. Rio de Janeiro, José Olympio, 1962, 2 t.

———. *Sobrados e mocambos. Decadência do patriarcado rural no Brasil*. Ed. il. São Paulo, Nacional, 1936.

———. *Um engenheiro francês no Brasil*. Com prefácio do professor Paul Arbousse-Bastide. Rio de Janeiro, José Olympio, 1940.

FRIEDEL, Robert. *Material World*. Washington D.C., National Museum of American History, Smithsonian Institution, 1988.

FUKUI, Lia F. G. *Estudos e pesquisas sobre família no Brasil*. (Resenha bibliográfica) BIB. Rio de Janeiro, nº 10, pp. 13-23.

GAY, Peter. *A educação dos sentidos. A experiência burguesa da Rainha Vitória a Freud*. Trad. Peter Salter. São Paulo, Cia. das Letras, 1988.

GIEDION, Siegfried. *Espacio, tiempo y arquitectura*. Trad. Isidro P. Boada. 2ª ed. Barcelona, Hoepli, c. 1958.

———. *La mecanización toma el mando*. Trad. Esteve R. Suari. Barcelona, Gustavo Gili, 1978.

GOFF, Jacques Le. *A história nova*. Trad. Eduardo Brandão. São Paulo, Martins Fontes, 1993.

———. *História e memória*. 2ª ed. Trad. diversos. Campinas, Unicamp, 1992.

GRAHAN, Richard. *Grã-Bretanha e o início da modernização no Brasil*. Trad. Roberto M. de Almeida. São Paulo, Brasiliense, 1973.

GUADET, Julien. *Eléments et théorie de l'architecture. Cours professé à l'École Nationale et Spéciale des Beaux-Arts*. 5ª ed. Paris, Librairie de la Construction Moderne, s. d. (1ª ed. 1901-1904).

HABERMAS, Jurgen. *Mudança estrutural da esfera pública. Investigações quanto a uma categoria da sociedade burguesa*. Trad. Flávio Kothe. Rio de Janeiro, Tempo Brasileiro, 1984.

HAUSER, Philip M. "Urbanização: vista geral". *In*: HAUSER, Philip & SCHNORE, Leo F. (org.). *Estudos de urbanização*. Trad. Eunice Ribeiro da Costa. São Paulo, Pioneira, 1975, pp. 1-44.

HOBSBAWN, Eric. *A era das revoluções, 1789-1848*. Trad. Antonio Cartaseo. 2ª ed. Lisboa, Presença, 1982.

———. *A era do capital: 1848-1875*. Trad. Luciano Costa. Rio de Janeiro, Paz e Terra, 1977.

HOLANDA, Sérgio Buarque de. *Raízes do Brasil*. 2ª ed. Rio de Janeiro, José Olympio, 1948.

HOLANDA, Sérgio Buarque de & CAMPOS, Pedro Moacyr. *O Brasil monárquico; a herança colonial; declínio e queda do Império*. Rio de Janeiro, Difel, 1971. (Col. História Geral da Civilização Brasileira)

HOMEM, Maria Cecília Naclério. "Carlos Ekman, um inovador na arquitetura paulista". *In*: *Boletim Técnico nº 10*. Vila Penteado. São Paulo, FAU-USP, 1993.

———. *Higienópolis. Grandeza e decadência de um bairro paulistano*. São Paulo, Prefeitura Municipal/DPH, 1979. (Col. História dos Bairros de São Paulo)

———. "Mudanças espaciais na Casa Republicana. A higiene pública e outras novidades." *In*: *Pós*. Revista do Programa de Pós-Graduação em Arquitetura e Urbanismo da FAU-USP, nº 3, pp. 3-18. São Paulo, jun. 1993.

———. "O palacete do ecletismo: implantação". *In*: *Revista de paisagismo da FAU-USP*, nº 6.

———. *O prédio Martinelli. A ascensão do imigrante e a verticalização de São Paulo*. São Paulo, Projeto, 1984.

HOMEM, Maria Cecília N. & MACHADO, Lúcio G. (coord.). *Vila Penteado*. São Paulo, Secretaria de Ciência, Cultura e Tecnologia, FAU-USP, 1976.

HUTCHINSON, Bertram (dir.). *Mobilidade e trabalho. Um estudo na cidade de São Paulo*. Rio de Janeiro, MEC/Inep, 1960.

INNOCENTI, Thais F. de B. P. *Dona Veridiana Valéria da Silva Prado. Uma imagem e seus espelhos*. Dissertação de Mestrado, FFLCH-USP, 1985.

KATINSKY, Júlio Roberto. *Arquitetura brasileira no Brasil colonial*. São José do Rio Preto, Ibilce/Unesp, 1981.

———. Casas bandeiristas. *Nascimento e reconhecimento da arte em São Paulo*. São Paulo, FAU-USP, 1972 (mimeo.).

KOSSOY, Boris. *Álbum de photographias do Estado de São Paulo, 1892: estudo crítico*. São Paulo, CBPO, Cosmos, 1984.

KUZNESOF, Elizabeth Anne. "A família na sociedade brasileira: parentesco, clientelismo e estrutura social (São Paulo, 1700-1980)". *In: Revista brasileira de história*, v. 9, nº 17, p. 62, set. 1988/fev. 1989.

LAMPARD, Eric. "Aspectos históricos da urbanização". *In*: HAUSER, Philip & SCHNOR, Leo F. (org.). *Estudos de urbanização*. Trad. Eunice Ribeiro da Costa. São Paulo, Pioneira, 1975, pp. 487-520.

LANG, Alice Beatriz da Silva Gordo. *Adolfo Gordo, senador da República: representação e sociedade*. Brasília, 1989.

LANGENBUCH, Juergen Richard. *A estruturação da Grande São Paulo. Estudo de geografia urbana*. Rio de Janeiro, Instituto Brasileiro de Geografia e Estatística, Departamento de Documentação e Divulgação Geográfica e Cartográfica, 1971.

LEITE, Miriam F. Moreira *et alii*. *Mulher brasileira*. São Paulo, Fundação Carlos Chagas, Brasiliense, 1979.

LEME, Luiz Gonzaga da Silva. *Genealogia paulistana*. São Paulo, Duprat, 1903-1905. 9 v.

LEME, Marisa Saenz. *Aspectos da evolução urbana de São Paulo na I República*. Tese de Doutoramento, FFLCH-USP, 1984.

LEMOS, Carlos A. C. *A arquitetura paulistana no período entre 1880 e 1920. Dezenovevinte; uma virada no século*. São Paulo, DEMA, Pinacoteca do Estado, 1986, pp. 8-9.

———. "A casa colonial paulista". Separata da Revista do Guarujá-Bertioga, 5, 9, pp. 77-112, 1974.

———. "Acompanhando a evolução". *Revenda*. São Paulo, ano II, nº 11, pp. 22-27, maio 1990.

———. *Alvenaria burguesa*. São Paulo, Nobel, 1985.

———. *Arquitetura brasileira*. São Paulo, Melhoramentos e Edusp, 1979.

———. *Cozinhas, etc... Um estudo sobre as zonas de serviço da casa paulista*. 2ª ed. São Paulo, Perspectiva, 1978.

———. *História da casa brasileira*. São Paulo, Contexto, 1989. (Repensando a História)

———. "O morar em São Paulo no tempo dos italianos". *In*: DE BONI, Luís Alberto (org.). *A presença italiana no Brasil*. Porto Alegre, Escola Superior de Tecnologia; Turim, Fondazione G. Agnelli, 1990.

———. "O morar no Modernismo paulistano". *O caderno de São Paulo*. São Paulo, Rhodia, 1979.

———. *O que é arquitetura?* São Paulo, Brasiliense, 1981. (Col. Primeiros Passos)

———. *Ramos de Azevedo e seu escritório*. São Paulo, Pini, Grupo Lix da Cunha, 1993.

———. *Transformações do espaço habitacional ocorridas na arquitetura Brasileira do século XIX*. Ex. dat. cedido p. A.

LEMOS, Carlos A. C. & LEFEVRE, R. *São Paulo e sua arquitetura: Colônia e Império*. São Paulo, Nacional, Edusp, 1974.

LEONZO, Nanci. *O "mundo elegante" de Eduardo Prado*. São Paulo, Tese de Livre-Docência, FFLCH-USP, 1989.

LEVI, Darrell E. *A família Prado*. Trad. José Eduardo Mendonça. São Paulo, Cultura 70, 1977.

LIMA, Jorge da Cunha (org.). *Matarazzo: 100 anos*. São Paulo, CL-A Comunicações, 1982.

LOUREIRO, Maria Amélia. *Evolução da casa paulistana e a arquitetura de Ramos de Azevedo*. São Paulo, Voz do Mestre, 1981.

LOVE, Joseph. *A locomotiva. São Paulo na federação brasileira, 1889-1937*. Trad. Vera A. C. da Silva. Rio de Janeiro, Paz e Terra, 1982.

LOWRIE, S. Herman. "Origens da população da cidade de São Paulo e diferenciação das classes sociais". *Revista do Arquivo Municipal*, XLIII, pp. 195-212, jan. 1938.

MACEDO, Silvio Soares. *Higienópolis e arredores. Processo de mutação da paisagem urbana*. São Paulo, Edusp, Pini, 1987.

MACHADO, Alcântara. *Vida e morte do bandeirante*. São Paulo/Belo Horizonte, Edusp/Itatiaia, 1980.

MALUF, Marina. *Ruídos da memória*. São Paulo, Siciliano, 1995.

MALUF, Marina Zancaner Brito. "Mulher de elite: trabalho invisível". *In: História em debate. Problemas, temas e perspectivas. Anais do XVI Simpósio da Associação Nacional dos Professores de História*. Rio de Janeiro, CNPq/InFour, 1991.

MARCÍLIO, Maria Luísa. *A cidade de São Paulo. Povoamento e população, 1750-1850*. Trad. da autora. São Paulo, Pioneira/Edusp, 1973.

MARCONDES, José V. Freitas & PIMENTEL, Osmar (org.). *São Paulo. Espírito, povo e instituições*. São Paulo, Pioneira, 1968.

MARTIN, Jules & PESTANA, Nestor R. *São Paulo antigo e São Paulo moderno*. São Paulo, Vanhorden, 1905.

MARTINS, Ana Maria. *República; um outro olhar*. São Paulo, Contexto, 1989. (Repensando a História)

MARTINS, Antônio Egydio. *São Paulo antigo (1554-1910)*. 2ª ed. São Paulo, Diário Oficial, 1912.

MARX, Murillo. *A cidade brasileira*. São Paulo, Melhoramentos/Edusp, 1980.

——. *Nosso chão: do sagrado ao profano*. São Paulo, Edusp, 1989.

MASCARO, Sonia Amorim. *A Revista Feminina: 1916-1930*. Dissertação de Mestrado, ECA-USP, 1982.

MATOS, Odilon Nogueira de. *Café e ferrovias*. São Paulo, Edições Arquivo do Estado, 1981. (Col. Monografias)

MAURO, Frédéric. *La vie cotidienne au Brésil au temps de Pedro Segundo (1831-1889)*. Paris, Hachette, 1980.

MAYER, Arno J. *A força da tradição. A persistência do Antigo Regime, 1848-1914*. Trad. Denise Bottmann. São Paulo, Cia. das Letras, 1987.

MELLO, Zélia Maria Cardoso de. *Metamorfose da riqueza: São Paulo, 1845-1895. Contribuição ao estudo da passagem da economia mercantil-escravagista à economia exportadora capitalista*. São Paulo, Prefeitura Municipal e Hucitec, 1985.

MENESES, Raimundo de. *Aconteceu no velho São Paulo*. São Paulo, Difel, 1970.

MILLIET, Sérgio. *Roteiro do café e outros ensaios. Contribuição para o estudo da história econômica e social do Brasil*. 4ª ed. São Paulo, Hucitec, Instituto Nacional do Livro, Fundação Nacional Pró-Memória, 1982.

MOMBEIG, Pierre. *La croissance de la ville de São Paulo*. Grenoble, Institute et Rêvue de Géographie Alpine, 1953.

——. *Pionniers et planteurs de São Paulo*. Paris, Armand Colin, 1952.

MOREIRA, Silvia. *São Paulo na República; as elites e a questão social*. São Paulo, Brasiliense, 1988. (Col. Tudo é História)

MORSE, Richard. *Formação histórica de São Paulo. De comunidade a metrópole*. 2ª ed. dir. por Fernando Henrique Cardoso. São Paulo, Difel, 1970.

MOTTA FILHO, Cândido. *A vida de Eduardo Prado*. Rio de Janeiro, José Olympio, 1967.

——. *D. Veridiana e o meio aldeão paulista*. Man. de conferência no arquivo de Ana Cândida Sampaio Ferraz.

MOTTA, Flávio. *Contribuição ao estudo da "Art-Nouveau" no Brasil*. São Paulo, 1957.

——. "*Art nouveau*: um estilo entre a flor e a máquina". *Cadernos Brasileiros*, nº 28, março-abril de 1965, pp. 54-65.

MUMFORD, Lewis. *A cultura das cidades*. Trad. Neil R. da Silva. Belo Horizonte, Itatiaia, 1961.

——. *El mito de la máquina*. Trad. D. Nañez. Buenos Aires, Emecé, 1967.

——. *Technics and civilization*. 2ª ed. Nova York, Harcourt, Brace and Co., 1934.

OLIVEIRA, Jandira Lopes de. *Contribuição para a história da saúde pública paulista; o projeto de revitalização do Museu de Saúde Pública "Emílio Ribas"*. Dissertação de Mestrado, PUC-SP, 1986.

ORTIZ, Renato. *Cultura e modernidade. A França no século XIX*. São Paulo, Brasiliense, 1991.

——. (org.) *Pierre Bourdieu: sociologia*. São Paulo, Ática, 1983, pp. 71-75. (Col. Grandes Cientistas Sociais, 39)

PALLARES-BURKE, Maria Lúcia G. "Ousadia feminina e ordem burguesa". In: *Estudos feministas*. v. 1, nº 2, Escola de Comunicação UFRJ, 1993, pp. 247-249.

PAULA, Eurípedes Simões de. "A segunda fundação de São Paulo; da pequena cidade à grande metrópole de hoje". In: *Revista de história*. São Paulo, ano V, nº 17, pp. 169-179. jan.-mar. 1954.

PEARSON, Donald. "Habitações de São Paulo; estudos comparativos". *Revista do Arquivo Municipal*. São Paulo, LXXXI, 1942.

PEREIRA, Paulo Cesar Xavier. *Espaço, técnica e construção: o desenvolvimento das técnicas construtivas e a urbanização de morar em São Paulo*. São Paulo, Nobel, 1988.

——. *Questão da construção: urbanização e industrialização em São Paulo. 1872-1914*. Tese de Doutoramento, FFLCH-USP, 1990.

PERROT, Michelle (org.). *História da vida privada, 4. Da Revolução Francesa à Primeira Guerra*. Trad. Denise Bottmann e Bernardo Joffily. São Paulo, Cia. das Letras, 1991.

——. "Modos de habitar: la evolución de lo cotidiano em la vivenda moderna". In: *A & V*, nº 14, pp. 12-17, 1988.

——. *Os excluídos da história. Operários, mulheres e prisioneiros*. Trad. Denise Bottmann. Rio de Janeiro, Paz e Terra, 1988.

PETRONE, Maria Thereza Schoerer. *O Barão de Iguape*. São Paulo, Nacional, MEC, 1976.

PINHO, Maria Lúcia. *Desenvolvimento urbano e habitação popular em São Paulo, 1870-1914*. São Paulo, Nobel, 1989.

PINHO, Wanderley. *Salões e damas do II Reinado*. 3ª ed. São Paulo, Martins, 1959.

PINTO, Adolpho Augusto. *História da viação pública de São Paulo.* São Paulo, Vanhorden, 1903.

PINTO, Alfredo Moreira. *A cidade de São Paulo em 1900.* Rio de Janeiro, Nacional, 1900.

PORCHAT, Milcíades. *Do que precisa São Paulo.* São Paulo, Casa Duprat, 1920.

PRADO JR., Caio. *A cidade de São Paulo.* 13ª ed. São Paulo, Brasiliense, 1983.

———. *Evolução política do Brasil e outros estudos.* 9ª ed. São Paulo, Brasiliense, 1975.

———. *Formação do Brasil contemporâneo.* 13ª ed. São Paulo, Brasiliense, 1973.

———. *História econômica do Brasil.* 18ª ed. São Paulo, Brasiliense, 1976.

PRADO, Luís da Silva. *Biografia de D. Veridiana Valéria da Silva Prado*, manuscr., São Paulo, 1948.

PRADO, Nazareth. *Antônio Prado no Império e na República.* Rio de Janeiro, F. Briguet & Cia., 1929.

PRADO, Yan de Almeida. *Arquitetura de São Paulo em 1880. Habitat*, nº 3, pp. 50-55, 1951.

———. "Depoimento sobre o bairro dos Campos Elíseos". *In*: CAMPOS, Fernando Furquim de & FERREIRA, Eder Olivato. *Do Campo Redondo aos Campos Elíseos.* Ex. dat. ced. p. aa.

———. "São Paulo antigo e sua arquitetura". *In*: *Ilustração brasileira.* Rio de Janeiro, ano X, nº 109, set. 1929. (número especial: "A arquitetura e as artes afins em São Paulo").

PRIORE, Mary del. *A mulher na história do Brasil.* São Paulo, Contexto, 1988. (Repensando a História)

PUPO, Celso Maria de Mello. *Campinas, município do Império.* São Paulo, Imesp, 1983.

QUEIROZ, Carlota Pereira. *Um fazendeiro paulista no século XIX.* São Paulo, Conselho Estadual de Cultura, 1965.

———. *Vida e morte de um capitão-mor.* São Paulo, Conselho Estadual de Cultura, 1969.

QUEIROZ, Maria Isaura Pereira de. "A estratificação e a mobilidade social nas comunidades agrárias do Vale do Paraíba entre 1850 e 1888". *In*: *Revista de História*, ano 1, nº 2, pp. 195-218, abril-jun. 1950.

QUEIROZ, Maria Isaura Pereira de et alii. *Reflexões sobre a pesquisa sociológica.* Textos Ceru. São Paulo, nº 3, 2ª série, 1992.

RAFFARD, Henrique. "Alguns dias na Paulicéia". *In*: *Revista do Instituto Histórico e Geográfico do Brasil.* Rio de Janeiro, LV, II, pp. 159-258, 1892.

RAINVILLE, César de. *O Vinhola brasileiro.* Rio de Janeiro, E. H. Laemmert, 1880.

RAPOPORT, Amos. *Vivienda y cultura.* Trad. Conchita D. Espada. Barcelona, Gustavo Gili, 1972.

REIS FILHO, Nestor Goulart. "Arquitetura residencial brasileira no século XIX". *Anais do Museu Paulista.* São Paulo, nº 18, pp. 147-158, 1965.

———. *Quadro da arquitetura no Brasil.* 4ª ed. São Paulo, Perspectiva, 1978.

———. *Urbanização e teoria. Contribuição ao estudo das perspectivas atuais para o conhecimento dos fenômenos da urbanização.* São Paulo, s. c. p., 1967.

RÉMOND, René. *O século XX: de 1914 aos nossos dias.* Trad. de Octavio Mendes Cajado. São Paulo, Cultrix, 1974.

REYNAUD, Léonce. *Traité d'architecture.* 4ª ed. Paris, Vve Dunod et P. Vicq., 1991, v. 4.

RIBEIRO, José Jacinto. *Cronologia paulista*, 2 v. São Paulo, 1899-1901. *In*: Efemérides; Homenagem ao Conselheiro Antônio da Silva Prado. *O Estado de S. Paulo*, 25 fev. 1978.

RIBEIRO, Renato Janine. *A etiqueta no Antigo Regime; do sangue à doce vida.* 2ª ed. São Paulo, Brasiliense, 1987. (Col. Tudo é História)

ROLNIK, Raquel. *Cada um no seu lugar. São Paulo, início da industrialização: geografia do poder.* Dissertação de Mestrado, FAU-USP, 1981.

ROUANET, Sérgio Paulo. *As razões do Iluminismo.* São Paulo, Cia. das Letras, 1989.

SAES, Décio. *A formação do Estado burguês no Brasil, 1888-1891.* Rio de Janeiro, Paz e Terra, 1985.

———. *Classe média e sistema político no Brasil.* São Paulo, T. A. Queiroz, 1985.

SAES, Flávio Marques de. *As ferrovias de São Paulo, 1870-1940.* São Paulo, Hucitec, Instituto Nacional do Livro, MEC, 1981. (Estudos Históricos)

SAES, Flávio A. M. *A grande empresa de serviços públicos na economia cafeeira. Um estudo sobre o desenvolvimento do grande capital em São Paulo, 1850-1930.* Tese de Doutoramento, FFLCH-USP, 1979 (mimeo.).

SAIA, Luís. *Morada paulista.* São Paulo, Perspectiva, 1972. (Col. Debates)

SAINT-HILAIRE, Auguste de. *Voyage dans les provinces de Saint-Paul e de Saint-Cathérine.* 1 tome. Paris, Arthur Bertrand, 1851.

SALLES, Iraci Galvão. *Trabalho, progresso e sociedade civilizada. O Partido Republicano Paulista e a política de mão-de-*

obra, 1870-1889. São Paulo, Hucitec, Instituto Nacional do Livro, Fundação Nacional Pró-Memória, 1986.

SALMONI, Anita & DEBENEDETTI, Emma. *Architectura italiana a San Paolo*. São Paulo, Instituto Cultural Ítalo-Brasileiro, 1953.

SAMARA, Eni de Mesquita. "A estrutura da família paulista no começo do século XIX". In: *Revista do Museu da Casa Brasileira*. Governo do Estado de São Paulo, Secretaria do Estado de Cultura, s. d., pp. 28-38.

——. *A família brasileira*. São Paulo, Brasiliense, 1983.

——. *As mulheres, o poder e a família; São Paulo, século XIX*. São Paulo, Marco Zero, Secretaria da Cultura, 1989.

—— (org.). "Família e grupos de convívio". In: *Revista Brasileira de História*. São Paulo, v. 9, nº 17, set. 1988-fev. 1989.

SAMPAIO, Teodoro. "São Paulo de Piratininga no fim do século XIX". In: *Revista do Instituto Histórico e Geográfico de São Paulo*. São Paulo, VI, 257, 1900-1901.

SANTOS, Maria Cecília Loschiavo dos. *Escola Politécnica (1894-1984)*. São Paulo, Reitoria da USP, 1985.

SCHMELING, Gila do Amaral von. *A família Souza Queiroz e a "Associação Barão de Souza Queiroz de Proteção à Infância"*. São Paulo, s. c. e., 1974.

SEGAWA, Hugo. *Alguns aspectos da arquitetura e do urbanismo em São Paulo na passagem do século*. São Paulo, FAU-USP, 1979.

——. *Construção de ordens; um aspecto da arquitetura e do urbanismo em São Paulo na passagem do século*. Dissertação de Mestrado, FAU-USP, 1979.

SENETT, Richard. *O declínio do homem público. As tiranias da intimidade*. Trad. Lygia Watanabe. São Pauo, Cia. das Letras, 1988.

SEVCENKO, Nicolau. *Literatura como missão; tensões sociais e criação cultural na Primeira República*. São Paulo, Brasiliense, 1983.

SICA, Paulo. *História del urbanismo*. Trad. Joaquim Hernandez Orozco. Madrid, Instituto de Estudios de Administración Local, 1981.

SILVA, Janice Theodoro da. *São Paulo: 1554-1880; discurso ideológico e organização espacial*. São Paulo, Moderna, 1984.

SILVA, Sérgio. *Expansão cafeeira e origens da indústria no Brasil*. São Paulo, Alfa-Ômega, 1976.

SILVEIRA, Floriza Barbosa Ferraz. *Páginas de recordações*. Ex. dat. cedido por Carlos Eugênio Marcondes de Moura.

SILVEIRA, Joel. "Grã-finos de São Paulo". In: *Diretrizes*. Rio de Janeiro, 1945.

SIMMEL, George. "A metrópole e a vida mental". In: *O fenômeno urbano*. Rio de Janeiro, Zahar, 1967, pp. 13-28.

SINGER, Paul. *Desenvolvimento econômico e evolução urbana. Análise da evolução econômica de São Paulo, Blumenau, Porto Alegre, Belo Horizonte e Recife*. 2ª ed. São Paulo, Nacional, 1977.

SODRÉ, Nelson Werneck. *História da burguesia brasileira*. 2ª ed. Rio de Janeiro, Civilização Brasileira, 1967.

SOMBART, Werner. *Lujo y capitalismo*. Trad. Luís Isabel. Madrid, Alianza Editorial, 1979.

SOUSA, Pedro Luís Pereira. *Casa do Barão de Iguape*. São Paulo, ed. do A., 1959.

——. *Meus cinqüenta anos na Companhia Prado Chaves*. São Paulo, 1950.

SOUZA, Everardo Valim Pereira. "A Paulista há 60 anos". *Revista do Arquivo Municipal*. São Paulo, CXI, pp. 53-65, 1946.

SOUZA, Gilda de Mello e. *O espírito das roupas. A moda no século XIX*. São Paulo, Cia. das Letras, 1987.

SPOSATI, Aldaíza de Oliveira (org.). *Memórias da higiene e saúde municipal*. São Paulo, Secretaria Municipal da Cultura/DPH, 1985.

STIEL, Waldemar C. *História dos transportes coletivos em São Paulo*. São Paulo, McGraw Hill do Brasil/Edusp, 1978.

STORCH, Robert D. "O policiamento do cotidiano na cidade vitoriana". In: *Cultura e cidades. Revista Brasileira de História* 8 e 9, 1985.

SUMMERSON, John. *A linguagem clássica da arquitetura*. Trad. Sylvia Ficher. São Paulo, Martins Fontes, 1982.

SZMERECSANYI, Maria Irene (org.). *Anais do Encontro "Cotidiano, cultura popular e planejamento urbano"*. São Paulo, FAU-USP, 1985.

TADDEI, Maria Diva Vasconcelos. *A imagem do anúncio de jornal; São Paulo 1850 a 1914*. Dissertação de Mestrado, FAU-USP, 1977.

TAUNAY, Affonso Escragnolle de. *História da cidade de São Paulo no século XIX, 1801-1822*. São Paulo, Divisão do Arquivo Histórico, 1956.

——. *História do café*. Rio de Janeiro, Depto. Nacional do Café, 1939, v. 7 e IX.

———. *Velho São Paulo. Evolução da cidade sob o Império.* São Paulo, Melhoramentos, 1954. (Contribuição para as Comemorações do Quarto Centenário da Cidade de São Paulo, III)

THOMPSON, Paul. *A voz do passado. História oral.* Trad. Lólio Lourenço de Oliveira. Rio de Janeiro, Paz e Terra, 1992.

TOLEDO, Benedito Lima de. *Álbum iconográfico da Avenida Paulista.* São Paulo, Ex. Libris, João Forbes Engenharia, 1987.

———. *São Paulo: três cidades em um século.* São Paulo, Duas Cidades, 1981.

———. *Victor Dubugras e as atitudes de inovação em seu tempo.* São Paulo, Tese de Livre-Docência, FAU-USP, 1985.

TRIGO, Maria Helena Bueno. *Ser e parecer. Estudo sobre as práticas de reprodução social do grupo cafeicultor paulista.* Dissertação de Mestrado, FFLCH-USP, 1989.

URSEL, Charles d'. *Sud-Amérique.* Paris, E. Plon & Cie, 1872.

VASCONCELLOS, Barão de & VASCONCELLOS, Barão Smith de. *Arquivo nobiliárquico brasileiro.* Lausanne (Suisse), La Concorde, 1918.

VAZ, Eulália. *A ciência no lar moderno.* São Paulo, Casa Garraux, 1918.

VAZ, Maria Luísa Albiero. *Mulheres da elite cafeeira em São Paulo. Conciliação e resistência – 1890/1930.* Dissertação de Mestrado, Depto. de História, FFLCH-USP, 1995, pp. 97 e 67.

VEBLEN, Thorstein. *A teoria da classe ociosa. Um estudo econômico das instituições.* Trad. Olivia Krahenbuhl. São Paulo, Pioneira, 1965.

VIANA, Godofredo. "Reparos ao código civil; posição da mulher em face do código". *Revista do Supremo Tribunal.* Rio de Janeiro, 1915, pp. 57-58.

VIANA, J. F. de Oliveira. *Populações meridionais do Brasil.* 5ª ed. Rio de Janeiro, José Olympio, 1962.

VICENTE-BUFFAULT, Anne. *História das lágrimas.* Trad. Luís Marques, Martha Gambini. Rio de Janeiro, Paz e Terra, 1988.

VIEIRA, Antônio Paim. *Chácara de capão.* (Separata da *Revista do Arquivo Municipal/DPH*), São Paulo, 148, pp. 113-141, 1952.

VIOLLET-LE-DUC, E. E. *Histoire d'une maison.* Paris, Bibliothèque d'Education et de Récréation, s. d.

———. *História de la habitación humana.* Trad. M. A. Dominguez. Buenos Aires, Victor Leru, 1945.

WALLE, Paul. *L'État de São Paulo au pays de l'or Rouge.* Paris, Augustin Challamel, 1921.

WEBER, Eugene. *França fin-de-siècle.* Trad. Rosaura Erichenberg. São Paulo, Cia. das Letras, 1988.

WILHELM, Jacques. *Paris no tempo do Rei-Sol (1660-1715).* Trad. C. R. da Silveira e D. M. Pegorim. São Paulo, Cia. da Letras, Círculo do Livro, 1988. (Col. A Vida Cotidiana)

WIRTH, Louis. "Urbanismo como modo de vida". Trad. A. M. Gonçalves. São Paulo, FAU-USP, s.d., extraído do *The American Journal of Sociology*, v. XLIX, nº 1, pp. 1-24, 1938.

WOLFF, Maria Cristina de Carvalho. "O Palacete da Rua Pirapitingui". *In: Memória – Eletropaulo.* São Paulo, IV, 14, pp. 23-26, abr.-maio-jun. 1992.

Catálogos e publicações sem especificação de autor

A capital paulista comemorando o Centenário da Independência. São Paulo, Sociedade Editora Independência, 1922.

A cidade da Light, 1899-1930. Edição comemorativa das 5.000.000 de ligações. São Paulo, Superintendência de Comunicação, DPH, Eletropaulo, 1990, 2 v.

A cidade iluminada. Tecnologia e política a serviço da Light no início do século. São Paulo, Sesc Pompéia, Eletropaulo, 1989 (catálogo).

A Constituição do Brasil, 1898. 2ª ed. Rio de Janeiro, Imprensa Nacional, 1898, pp. 360-363, 176-177, 396-397.

Anúncio oferecendo governante. *O Estado de S. Paulo.* São Paulo, 4 maio 1914.

Bens culturais arquitetônicos no município e na região metropolitana de São Paulo. São Paulo, SNM, Emplasa, Sempla, 1984 (catálogo).

Campos Elíseos. Um estudo de área de interesse. São Paulo, Condephaat, 1982.

Casa, café e cortesia. Viagem pelo Interior paulista. São Paulo, Museu da Casa Brasileira, 1988 (catálogo).

Catálogo de desenhos de arquitetura da biblioteca da FAU-USP. São Paulo, FAU-USP, "Vitae", 1988.

I Centenário do Conselheiro Antônio da Silva Prado. Coletânea de discursos, artigos, comentários e noticiários publicados na imprensa brasileira na passagem do primeiro Centenário do Conselheiro Antônio da Silva Prado, ocorrido em 25 de janeiro de 1940. São

Paulo, Empresa Gráfica da Revista dos Tribunais Ltda., 1946.

Centro de Estudos Brasileiros. Grêmio da Faculdade de Arquitetura e Urbanismo da Universidade de São Paulo. Depoimentos I e II, 1960.

Código de Posturas do Município de São Paulo. São Paulo. PMSP, 1873.

Código de Posturas do Município de São Paulo. São Paulo, PMSP, 1886.

Coleção das Leis e Decretos do Estado de São Paulo de 1889-1891, 1894, 1911, 1918. 2ª ed. São Paulo, Impr. Oficial do Estado, 1938.

"Começo do Palácio foi um sonho de fazendeiro". *Jornal da Tarde.* São Paulo, 18 out. 1967, p. 7.

Companhia Prado Chaves Exportadora, 1887-1947.

Correio Paulistano. São Paulo, 11 jan. 1859, sp.

Correio Paulistano. São Paulo, 28 mar. 1867, sp.

Correio Paulistano. São Paulo, 7 ago. 1867, sp.

Correio Paulistano. São Paulo, 6 set. 1868, sp.

Edições Melhoramentos. São Paulo antigo, São Paulo moderno. Álbum comparativo. São Paulo, 1953.

"Il Brasile e gli italiani". São Paulo, *Fanfulla*, c. 1907, p. 1.036.

Impressões do Brasil no século XX. Londres, Lloyd's Greater Britain Publishing Company Ltd., 1913.

In memorian. Martinho Prado Júnior (1843-1943). São Paulo, 1944.

Leis e actos do município de São Paulo do ano de 1916. São Paulo, Casa Vanhorden, 1917.

Leis e resoluções da Câmara Municipal da capital do Estado de São Paulo. Casa Vanhorden, 1892-1916.

"Limites da incapacidade jurídica da mulher casada. Appellação civil nº 1.252". In: *Revista do Tribunal de Justiça de São Paulo.* Typographia da Indústria de São Paulo, 1898.

Palácio dos Campos Elíseos. São Paulo, Governo do Estado, Secretaria de Indústria, Comércio, Ciência e Tecnologia, s. d.

Relatório da Comissão de Exame e Inspeção das Habitações Operárias e Cortiços no Distrito de Santa Ifigênia, apresentada à Câmara Municipal pelo Intendente Cesário Ramalho da Silva, em 1893. São Paulo, Typ. Espíndola, Siqueira e Cia., 1894.

Resumo sintético da mortalidade na capital de janeiro a dezembro de 1893. São Paulo, Typ. do Diário Oficial, 1895.

São Paulo em três tempos. Álbum comparativo da cidade de São Paulo 1862-1887-1914. São Paulo, Governo do Estado: Casa Civil, Secretaria da Cultura e Arquivo do Estado, 1982.

Traité de la composition et de l'ornement des jardins. 6ª ed. Audot, 1859.

Literatura, memórias e cartas

ALENCAR, José Martiniano de. *Sonhos d'ouro.* 7ª ed. Rio de Janeiro, José Olympio; Brasília, Instituto Nacional do Livro, 1977. (Romances Ilustrados de José de Alencar, 6)

ALMEIDA, Júlia Lopes de. *A falência.* São Paulo, Hucitec, 1978.

AMERICANO, Oscar. *São Paulo naquele tempo, 1895-1915.* São Paulo, Saraiva, 1957.

———. *São Paulo nesse tempo. 1915-1935.* São Paulo, Melhoramentos, 1962.

ANDRADE, Mário de. *Amar, verbo intransitivo*; Idílio. 7ª ed. São Paulo, Martins, 1978.

———. *Táxi e crônicas no Diário Nacional.* Estabelecimento de texto, introdução e notas de Telê Porto Ancona Lopes. São Paulo, Secretaria de Cultura, Ciência e Tecnologia, Duas Cidades, 1976.

ARRUDA FILHO, Orôncio Vaz. *Andanças.* São Paulo, Nobel, 1987.

———. *Memorando.* São Paulo, Governo do Estado de São Paulo, 1979.

AZEVEDO, Aluísio. *O cortiço.* 22ª ed. São Paulo, Ática, 1990.

AZEVEDO, Manuel A. Álvares de. *Cartas.* Comentários de Vicente de Azevedo. São Paulo, Academia Paulista de Letras, 1976. (Col. Biblioteca da Academia Paulista de Letras, 1)

BARRETO, Eliza. *A redoma* (contos). Rio de Janeiro, Cátedra, 1974.

BARROS, Maria Paes de. *No tempo de dantes.* São Paulo, Brasiliense, 1946.

BINZER, Ina von. *Os meus romanos. Alegrias e tristezas de uma educadora alemã no Brasil.* Trad. A. Rosse e L. G. Cerqueira. 2ª ed. Rio de Janeiro, Paz e Terra, 1980.

BRUNO, Ernani da Silva. *Memória da cidade de São Paulo. Depoimentos de moradores e visitantes, 1553-1958.* São Paulo, Prefeitura Municipal/DPH, 1981.

DUPRÉ, Maria José. *Éramos seis*. 23ª ed. São Paulo, Ática, 1978.
——. *Gina*. 2ª ed. São Paulo, Brasiliense, 1945.
EÇA de QUEIROZ, José Maria de. *Últimas páginas*. Manuscritos inéditos. 5ª ed. Porto, Lello, 1925.
——. *A cidade e as serras*. 6ª ed. Chardron, de Lello & Irmão, 1919.
FREITAS, Afonso A. de. *Tradições e reminiscências paulistanas*. 2ª ed. São Paulo, Martins, 1955.
GRAHAM, Maria. *Diário de uma viagem ao Brasil e de uma estada nesse país durante parte dos anos de 1821, 1822 e 1823*. Trad. e notas de Américo J. Lacombe. São Paulo, Nacional, 1956.
GRÜNSPUN, Haim. *Anatomia de um bairro: o Bexiga*. São Paulo, Cultura, 1979.
LOBATO, Monteiro. *Idéias do Jeca Tatu*. São Paulo, Brasiliense, 1948.
MARQUES, Cícero. *De pastora a rainha*. (Memórias). São Paulo, Ed. Rádio Panamericana, 1942.
——. *Tempos passados*. São Paulo, Moema, 1942.
MESQUITA, Alfredo. 2ª ed. *Silvia Pélica na Liberdade*. São Paulo, Duas Cidades, 1979.
MESQUITA, Esther. *Memórias quase sem importância*. São Paulo, Duas Cidades, 1979.
MOTTA, Heloísa Alves de Lima e. *Uma menina paulista*. São Paulo, Totalidade Editora, 1992.
MOURA, Paulo Cursino de. *São Paulo de outrora. Evocações da metrópole*. São Paulo, Martins, 1943.
OCTAVIO, Laura Oliveira Rodrigo. *Elos de uma corrente*. Rio de Janeiro, São José, 1974.
PENTEADO, Jacob. *Belenzinho 1910. Retrato de uma época*. São Paulo, Martins, 1962.
QUARTIN, Maria da Glória (Dorotéa). *Reminiscências de uma velha*. Notas de 1893 a 1916. São Paulo, ex. dat.
RIBEIRO, Júlio. *A carne*. São Paulo, Ed. Três, 1972 (Obras Imortais da Nossa Literatura, 4)
TÁCITO, Hilário. *Madame Pomméry. Crônica muito verídica e memória filosófica de sua vida*. 2ª reed. São Paulo, Academia Paulista de Letras, 1977. (Col. Biblioteca da Academia Paulista de Letras, 6)
TEIXEIRA, Maria de Lourdes. *Raiz amarga*. 2ª ed. São Paulo, Martins, 1961.
——. *Rua Augusta*. São Paulo, Martins, 1962.
VIEIRA BUENO, Francisco de Assis. *A cidade de São Paulo. Recordações evocadas de memória*. São Paulo, Academia Paulista de Letras, 1976 (Col. Biblioteca da Academia Paulista de Letras, 2)
ZALUAR, Augusto Emílio. *Peregrinação pela província de São Paulo (1860-1861)*. São Paulo/Belo Horizonte, Edusp/Itatiaia, 1975.

Elementos cartográficos

Planta da cidade de São Paulo. Cia. Cantareira e Esgotos Henry B. Joyner, 1881.
Planta da capital do Estado de São Paulo e seus arrabaldes. Jules Martin, 1890.
Planta geral da capital de São Paulo. Sob a direção de Gomes Cardim, 1897.
Manchas de ocupação que antecederam o bairro de Higienópolis nos anos 1880, da autora.
Amostragem dos sobrados e das chácaras existentes na cidade de São Paulo durante o século XIX (Partes I e II), da autora.
Planta da cidade de São Paulo, levantada pela Divisão Cadastral da Diretoria de Obras e Viação da Prefeitura Municipal. Ed. prov., escala 1:20.000, São Paulo, 1916.
Mapa topográfico do município de São Paulo, executado pela empresa Sara do Brasil S. A., pelo método Nistri de Aerofotogrametria, para a Prefeitura Municipal, nas escalas 1:20.000 e 1:5.000. São Paulo, 1930.

Créditos da iconografia

As referências das ilustrações encontram-se identificadas ao longo do texto de forma abreviada. A complementação dos dados é feita através das fontes bibliográficas.
As reproduções das fotos antigas e dos documentos originais foram realizadas pela equipe técnica do Laboratório de Fotografia "Produção e Didática" da FAU-USP, sempre que não especificadas nas legendas.
As plantas e os desenhos apresentados foram copiados e padronizados pelas estagiárias Regina Mitie Suzaki e Ilza Fujimura, sob a supervisão do Prof. Dr. Carlos Lemos. Adelaide Maria Witzler D'Esposito elaborou o esquema do sobrado e a planta da casa de José de Souza Queiroz.

ABREVIATURAS E SIGLAS

Condephaat — Conselho de Defesa do Patrimônio, Histórico, Artístico, Arqueológico e Turistíco do Estado de São Paulo.

DIM/DPH/SMC/PMSP — Divisão de Iconografia e Museus, Departamento do Patrimônio Histórico, Secretaria Municipal de Cultura, Prefeitura Municipal de São Paulo.

FAU — Faculdade de Arquitetura e Urbanismo

FFLCH — Faculdade de Filosofia, Letras e Ciências Humanas

USP — Universidade de São Paulo

ÍNDICE DAS RESIDÊNCIAS APRESENTADAS

Chácara do Pacaembu de Cima, 37
Sobrado do Barão de Iguape, 42
Sobrado de Domingos de Paiva Azevedo, 42
Chácara de Manuel Carlos, 64
Chácara Velha, 66
Chácara das Palmeiras, 37, 68, 69, 134
Chácara Loskiel, 70
Chácaras das Família Gavião, 72, 73, 75
Chácara de D. Veridiana Valéria da Silva Prado, 76, 77
Solar do Marquês de Três Rios, 75, 78
Sobrado do Brigadeiro Tobias, 81, 88
Palacete do Barão de Piracicaba II, 86, 89, 90, 91, 93, 94
Palacete de D. Veridiana Valéria da Silva Prado, 96, 97, 98, 100
Sobrado do Cel. Carlos Teixeira de Carvalho, 106, 109, 111
Sobrado do Barão de Tatuí, 114
Chácara do Carvalho, 119, 121, 122, 124, 127, 128, 130, 131, 132
Palacete de D. Maria Angélica Aguiar de Barros, 134, 135, 136, 137, 157

Palacete de Elias Chaves, 138, 139, 163
Palácio dos Campos Elísios, 140, 142, 143
Palacete do arquiteto Francisco de Paula R. de Azevedo, 148
Palacete de D. Olívia Guedes Penteado, 152, 155, 175
Palacete da Condessa de Parnaíba, 160
Residência de Manuel Lopes de Oliveira, 162
Palacete de Hermann Burchard, 166, 168
Casa de Numa de Oliveira, 170
Palacete de Ramos de Azevedo, 146, 148, 173
Residência de Francisco Matarazzo, 170
Palacete de José de Souza Queiroz, 206, 207, 208, 221, 222
Residência de Waldomiro Pinto Alves, 210, 212, 213, 214, 223
Palacete do Dr. Nicolau Moraes Barros, 217, 218, 229
Palacete de Numa de Oliveira, 170, 222, 233
Palacete do escritor René Thiollier, 226, 228
Residência da Baronesa de Arari, 58, 236, 237
Residência de Alexandre Siciliano, 238, 240
Residência de Egídio Pinotti Gamba, 243